不登校（登校拒否）の教育・心理的理解と支援

佐藤修策

北大路書房

はじめに

　筆者がわが国初といわれた『登校拒否児』という単行本を発刊して30数年が経つ。この間，登校拒否の状態も，登校拒否を取り巻く社会状況も変わった。呼称は，学校恐怖症→登校拒否→不登校と変遷した。登校拒否の原因についても，母子関係や家族関係に重点を置く家族病理論から，制度も含めて学校のあり方に重点が置かれるようになった。さらに，社会そのものにポイントを置いた理論も展開されている。

　本書は，筆者がほぼ50年間にわたる登校拒否の子どもとの交流で感じたこと，思ったこと，してきたこと，あるいはカウンセリングを核とした教育・心理的支援で取ってきた態度などをまとめたものである。また，筆者が心理学的立場のカウンセラーとして持っていた方がよいと日頃考えてきた知識，たとえば医学的な情報などもまとめてみた。

　登校拒否に限らず子どもの問題についての見方や対応の仕方などは，これを取り上げる立場や場所によって違いが生まれる。登校拒否は医師，心理学の専門家，教育の専門家，福祉の専門家，教師など，いろいろの人がかかわっている。また，相談の場所も，たとえば，病院，児童相談所，教育センター，福祉事務所，少年補導センター，その他がある。これらの違いは登校拒否の見方や対応の仕方に影響してくる。

　筆者は臨床心理学の立場から登校拒否のカウンセリングを中心とした支援に関わってきた。支援場所は5か所であった。

①岡山県中央児童相談所：精神科医の所長のもとで，ケースワーカーと心理判定員とチームを組んでの支援　1954～1967年
②高知大学教育学部子ども相談室と高知市教育研究所教育相談部における支援：前者は研究室に個人設置したもの。後者はいまでいう適応教室の形態をとっていた。1967～1980年
③兵庫教育大学生徒指導講座で院生とチームによる支援　1980～1989年
④登校拒否の子供と共に歩む親の会『愛和会』でカウンセラーとしての支援　1989年～

⑤阪神地区の中学校におけるスクールカウンセラーとしての支援　1997～2003年

　本書では思春期登校拒否を焦点においてまとめた。1967年の自著『登校拒否児』は，児童相談所における小学生についての臨床経験をもとにまとめられた。当時，登校拒否は小学生に多くみられた。ここでは結果的に，通所形式の遊戯療法を核とした心理臨床経験が中心となっている。筆者は1967年に教員養成系の大学に転じた。ここでは学校教育がいつも意識されることになり，筆者は少しずつ教育の立場を重視するようになった。とくに，教育研究所の教育相談活動に参加し，小中学校の教員と登校拒否の子どもを中に挟んで展開される支援活動にはじめて接したとき，子どもへの接し方には，心理療法に限らずいろいろあることを実感した。続いて，現職教員の継続教育を主な使命とした兵庫教育大学に転じた。現職教員である院生とチームを組んで登校拒否の子どもの支援活動を展開した。彼らは3年以上の教員経験があり，しかも，各県から選抜されて大学院に進学してきた優秀な人材であった。学習指導においても，遊びの指導においても，優れた能力をもつ人材でもある。いきおい，彼らの子どもへの関心はカウンセリングのみでなく，子どものニーズに応じて学力補充活動や社会性の発達を目指した集団生活活動に広がっていた。

　兵庫教育大学を任期満了で退職したとき，登校拒否は学校と密に関係しているので，学校の場に身を置いて登校拒否を経験したいと思った。そして，5年間，主に中学校においてスクールカウンセラーとして教員の動きを見つめ，保護者の気持ちに接し，登校拒否の子どもの感情をある程度知ることができた。加えて，登校拒否の子どもに対する級友の態度や対応の実態のいくつかを見聞した。学校からみた登校拒否の問題は，相談機関の場からみたものとはかなり違う，という印象を強くもった。

　本書はこれらの経験をもとにまとめた。基本的には登校拒否の子どもへの支援は，彼らが抱いている発達課題を明らかにして，これを解決することであると考えている。そして，登校拒否の指導は，カウンセリングを核としながら学力の補充，社会性の発達，進路の保証等，幅広い教育・心理的支援が必要であると，確信している。

　筆者は，不登校は子どもの状態を意味していて，登校拒否はその一つであると考えている。登校または学校について強い緊張と葛藤をもっていて，不登校の中で対応が難しいのが登校拒否である。思春期登校拒否を理解し，その対応を知ることはその他の不登校の理解に役に立つと思っている。

　本書の出版に際して，約50年間の登校拒否の支援において出会い，つきあってきた多くの子どもと保護者に，また筆者を指導してくださった方々に感謝の気持

ちを捧げたい。

　中でも，約40数年前，岡山県中央児童相談所に勤務していた頃にご指導いただいた精神科医で同所長であった竹内道眞先生と，京都大学医学部精神医学教室の高木隆郎助教授に深甚の謝意を捧げたい。竹内所長には，大学を卒業して間もなくの筆者に対して「臨床の心」ともいうべきもの，そして登校拒否臨床の重要性などについて，ご教示いただいた。

　高木先生はその後京都市で開業なさっていると聞いたが，筆者の登校拒否臨床の初期に，筆者が2, 3組の母子を同伴して，京都大学を訪問したとき，研究室で登校拒否の子どもの診断や対応について，ケースに添って，こまかく，温かくご指導をいただき，登校拒否臨床に動機づけをいただいた。

　最後に，本書の出版に快諾いただいた北大路書房社長といろいろなご配慮をいただいた編集者の奥野浩之氏にお礼を申し上げたい。

平成17年2月　吉日
著者しるす

目 次

はじめに i

第1章　不登校（登校拒否）の意義　1

第1節　登校拒否の概念規定とその状態像の成り立ち　1
  1　登校拒否の概念　2
  2　登校拒否の成り立ち　2
第2節　生徒指導における登校拒否の意義
　　　　──発達課題の解決への営みとしての登校拒否　10
  1　生徒指導の意義　11
  2　発達課題の解決への営みとしての登校拒否　13

第2章　登校拒否の呼称や状態像の変遷　17

第1節　呼称の変遷　17
第2節　登校拒否の状態像と見方の変遷　18
  1　分離不安説──分離不安型　20
  2　神経症的中核説──葛藤型　20
  3　自我未熟説　29
  4　内閉神経症説　29
  5　学校病理説　31
  6　社会病理説　33
第3節　文部行政に見る登校拒否観，状態像と見方の変遷　39
  1　名称と基準の変遷　40
  2　文部行政における登校拒否観等の変遷　40
第4節　まとめ──原因論をめぐる三つの潮流　53

1	潮流Ⅰ　登校拒否の個人・家庭還元論	53
2	潮流Ⅱ　登校拒否の学校還元論	54
3	潮流Ⅲ　登校拒否の医学還元論	58

第3章　各種統計に見る登校拒否の現状と課題　61

第1節　文部科学省統計から見た現状と課題　61
第2節　専門機関（病院）の統計から見た登校拒否の推移　64
第3節　年齢からみた登校拒否発現数の推移　65
第4節　性差にみる登校拒否　67
第5節　潜在的登校拒否の問題　69

第4章　登校拒否とその見極め
────主としてスクリーングとしての見極め　73

第1節　見極めの構造　73
第2節　登校拒否のスクーリング　74
　1　主訴の中心としての登校拒否　76
　2　からだの異常または障害　76
　3　発達障害，統合失調症，うつ病など　77
　4　非行　78
　5　親の教育についての理解や家庭経済上の問題　78
　6　学校から登校停止を求められていない　79
　7　進路変更のための登校拒否ではない　80

第5章　登校拒否とその見極め
────主として登校拒否と周辺障害との識別　81

第1節　登校拒否と怠学　82
　1　心理臨床的な識別のポイント　84
　2　子どもの内的体験からみた識別のポイント　86
第2節　登校拒否と統合失調症（精神分裂病）　87

1	統合失調症の発現年齢	89
2	統合失調症の発症経過	89
3	統合失調症の前駆症状	91
4	統合失調症の子どもの病前性格	92
5	登校拒否と児童統合失調症	93

第3節　登校拒否とうつ状態　　95
1. 子どものうつ病の概要　　96
2. 子どものうつ病の症状　　97
3. 登校拒否とうつ病の発現率・発現年齢　　99
4. 登校拒否とうつ病・うつ状態　　100
5. 登校拒否とうつ状態・うつ病との識別　　101

第4節　登校拒否と強迫性障害　　104
1. 子どもの強迫性障害の概念・診断基準　　104
2. 子どもの強迫症状とその特徴　　106
3. 強迫症状の発現頻度・発現年齢　　107
4. 登校拒否と強迫性障害　　107

第5節　登校拒否と発達障害　　108
1. 登校拒否と知的障害　　108
2. 登校拒否と自閉性障害　　110
3. 登校拒否と学習障害　　113

第6節　登校拒否と起立性調節障害　　120
1. 起立性調節障害の診断基準　　120
2. 登校拒否と起立性調節障害　　121
3. 登校拒否と起立性調節障害との識別　　122

第6章　登校拒否の子どもの心理　　125

第1節　登校拒否の経過　　125
第2節　登校拒否のきっかけ——凝集因子　　130
1. 学校生活での影響　　132
2. 家庭生活での影響　　137
3. 本人の問題　　138

第3節　登校拒否の初発時期　　141
第4節　登校拒否の前兆　　144

1	身体的不調	145
2	登校準備の行動の変調	145
3	家庭生活の変調	145
4	学校生活についての不満	146

第5節　登校拒否の状態　146

1	一次的問題としての学校欠席	148
2	一般的状態	148
3	神経症的状態	153
4	行動的状態	157
5	単なる欠席状態	163

第7章　親への教育・心理的支援　165

第1節　親の，不登校をめぐる気持ち　166

1	まさか，わが子が！大きな驚きと戸惑い	166
2	学校への反感，批判，失望	166
3	子どもの将来についての不安	167
4	自責感・罪業感	168
5	家族関係の綻び	168
6	世間体へのとらわれ	170
7	学校教育へのとらわれ	170
8	親の成長・発達	172

第2節　登校拒否への治療法　174

1	治療観の変遷	174
2	支援の方法	175
3	専門機関における治療方法	177

第3節　親への教育・心理的支援――一般的課題　178

1	カウンセラーからの親への期待	179
2	安定性回復への支援	182
3	学校束縛からの解放――登校拒否の意義	183

第4節　親への教育・心理的支援――特殊的課題　188

1	疑心の時期における主な課題	188
2	不安・動揺の時期における主な課題	194
3	開きなおりの時期における主な課題	207

  4 啓蟄の時期における主な課題 219

第8章　子どもへの教育・心理的支援——家庭訪問中心に 233

第1節　教師による家庭訪問のための準備 234
 1 校内支援体制の整備 234
 2 支援のキーパーソンの確認 235
 3 教育・心理的支援の方向性の確立 236
 4 有効な家庭訪問のための，子どもと親に向けた準備 239
第2節　教師の家庭訪問による教育・心理的支援 240
 1 訪問に関する親・子どもとの契約 240
 2 教師の子ども・保護者への関わり方の基本 245
第3節　教師の，教育・心理的支援における2，3の課題 255
 1 電話，配布物の送付，手紙，交換日記などの利用 255
 2 クラスの子どもの指導と協力 258
 3 学校復帰の進め方 261

第9章　登校拒否の予後 299

第1節　再登校基準からみた予後研究 300
第2節　社会適応からみた予後研究 302
第3節　比較的に，長期にみた登校拒否の経過 303
第4節　長期の予後を規定する要因 310
 1 予後と関連因子 310
 2 タイプ別の予後研究 314
第5節　中学校卒業時またはその後の進路 319
 1 中学校卒業時点での進学・就職の状況 319
 2 臨床的予後研究からみた進路状況 321
第6節　登校拒否の子どもから見た不登校経験の評価 322
 1 斉藤の研究 324
 2 森田の研究 327

文献 333

第1章

不登校（登校拒否）の意義

　登校拒否は不登校の一種で，広義には心理的理由によって生まれたものであり，狭義には神経症的な登校拒否（以下，単に登校拒否という）を意味している。本書では不登校は子どもが学校へ行っていない状態，out of school, non-attendance at school を意味し，〈不登校〉は分類的意味で使用している。その一例に，後述の文科省の概念がある。

●第1節　登校拒否の概念規定とその状態像の成り立ち

　子どもの不登校は，その背景からいろいろに分けられる。筆者は表1-1のように分類している。登校拒否の見極め（医学でいう診断）でみると，これは第1段階であるスクーリングに当たり，次のような7条件に置き換えられる。
　①不登校が訴えの中心である。
　②不登校の因となる身体または知能の障害はない。
　③自閉症などの発達障害，または統合失調症（精神分裂病），うつ病などの精神疾患はない。
　④非行はない。
　⑤就学について親の理解や家計には問題がない。
　⑥学校から登校停止を求められていない。
　⑦進路変更のための不登校ではない。

表1-1　学校へ行っていない状態（佐藤 1992b）

(1) 経済的または親の教育的関心の貧困によるもの
　　教育に対する親の無理解や，家庭の経済的貧困のために学校に行けない場合。
(2) 心身の疾病によるもの
　　身体的に虚弱であるとか，慢性の病気をもっていたり，また精神的な病気があるために学校に行けない場合。
　　①身体疾患，障害によるもの
　　②精神障害によるもの
(3) 精神遅滞または重い学業不振によるもの
　　知能の発育の遅れや学習障害などのために学習の課題についていけなかったり，学習に興味がもてなくなって学校に行けなくなる場合。
(4) 心理的理由によるもの
　　主として，人間関係の不調による心理的な不安や葛藤のために学校に行けない場合。①「学校に行きたいが，どうしても行けない」状態になる場合，②「横着休み」や「非行」に走り，学校に行かない場合，③学校へ行く意欲がなく「無気力」のために学校へ行かない場合，④学校が子どものニーズに対応できていないことから，学校を回避する場合。
　　①神経症的登校拒否──分離不安型，自己喪失型，性格未熟型
　　②非行，怠学的登校拒否
　　③無気力的登校拒否
　　④学校回避的登校拒否
(5) 合理的・客観的事由によるもの
　　だれからみても学校へ行けない明らかな事由がある場合，たとえば，友だちに暴力を振るわれているとか，ひどいいじめにあっていて学校に行けない場合。
(6) 意識的意図によるもの
　　学校に行く意義を認めず，自分の好きな方向を選んで学校へ行かない場合。
(7) 一過性のもの
　　転校などで学校になじめないために，一時的に学校へ行けない場合。

　これらの条件が満たされた不登校の中に（4）心理的理由による①神経症的登校拒否が存在する。スクーリングの7条件については第4章で述べている。

1　登校拒否の概念

　これらの条件が満たされた不登校のうち，「心理的あるいは社会的原因によって，学校や登校をめぐって不安，葛藤などをもち，自宅に一時的に退避（withdrawal）しているもの」を登校拒否と，筆者は考えている。

　従来，この種の不登校は学校恐怖症，神経症的登校拒否，登校拒否症，あるいは単に登校拒否と呼ばれてきた。本書では単に登校拒否という。

2　登校拒否の成り立ち

　登校拒否の成立は，図1-1のように，社会，学校，家庭，子どもの4側面より考察しなければならないと考えている。子どもの教育・心理的支援では社会は背景として存在することになり，子どもが一次的に，そして学校と家庭が二次的に

それぞれ前景となる。

　教育・心理的支援の実際では，登校拒否の成り立ちは目前にいる個々の子どもについて特殊化された形で検討されていく。ここでは，多くの場合，心理機制が取り上げられ，支援の具体的な方法と内容が明確にされる。一方，カウンセラーは，自分なりに登校拒否の成り立ちについて一般的な仮説をもっている。筆者は図1-2の仮説をもっている。

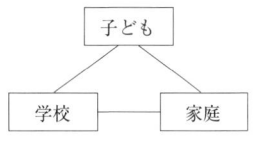

図1-1　登校拒否の理解枠

　以下，この図を使って，登校拒否の多彩な神経症的な顕症の成り立ちを概念的に説明したい。

1）登校・学校行動の成立とその阻害条件

　不登校の対語は登校である。学校では教科学習という授業，委員会活動，部活動，生徒（児童）会活動，特別活動などがあり，他に業間の休憩に展開される自由活動がある。これらの諸活動への参加・活動を，ここでは「登校・学校行動」と仮に呼んでおく。杉山（1996a）を参考に登校・学校行動の成立要件を考えると，少なくとも次の4種がある。

① Separation〈分離と独立〉親元を離れて学校に向かい，一定時間の間，落ち着いて学校にいることができる。
② Belonging〈所属と参加〉学校にいて仲間に加わり，所属感を味わう。
③ Achievement〈達成感〉学習，遊び，人間関係などにおいて試行錯誤を伴いながらも成功し，達成感を経験する。
④ Value system〈規範の受容〉学校のもつ社会的，文化的価値，あるいは学校を支配している，学校内の価値体系を受け入れる。

(1) 分離と独立

　子どもは6歳に達すると，小学校へ入学する。当今，ほとんどの子どもは入学前に保育園や幼稚園の生活経験をもつ。しかし，両者には大きな差がある。小学校では学級単位で諸活動が展開され，その核は授業である。幼児教育では年齢も考慮されているが，小学校ほどには厳密に区別されてはいない。教育活動は「遊び」の形をとって展開される。これに対し，小学校では教科書によって系統的に学習指導が行われる。しかも，時間単位で授業は変わっていく。幼児教育ではどんな活動も遊びの形をとり，時間による変化は急ではない。小学校では遊びと仕事が分化していて，業間の休み時間には自由に遊べるが，時間がくると遊びを止めて，教室の授業となる。仕事から遊び，遊びから仕事へと，気持ちの切り換え

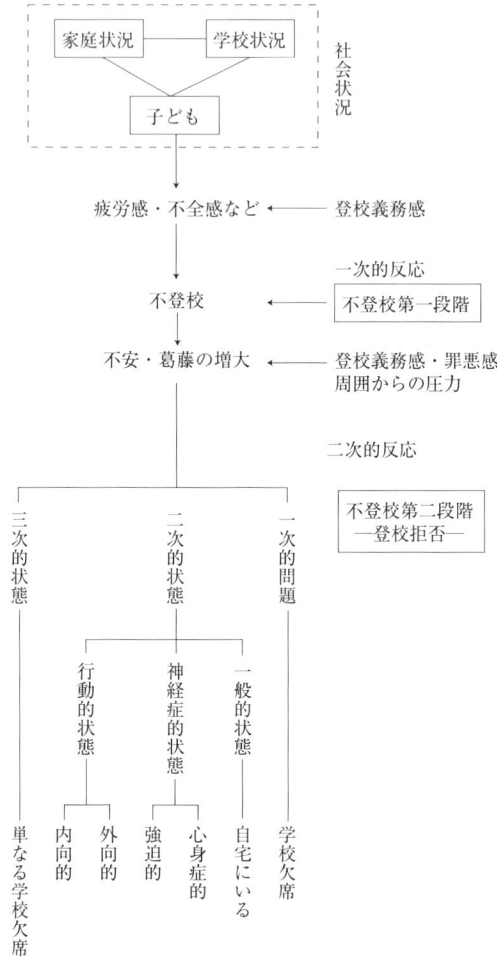

図1-2 登校拒否の状態像の成り立ち

が求められる。適応的な変化が必要となるのである。

　朝，登校すると決められた場所にもち物を置き，授業がはじまると本やノートを机上に取り出し，授業の準備をする。体育の時間になると，着替えをしなければならない。これらの活動は自分で行う。学校でつらいことがあっても，決められた時間にならないと，帰宅できない。

　登校・学校行動が成立するためには，子どもは一定時間家庭・親から離れて，

自分一人で学校にとどまり，自分の手で万事ことを運ばなければならない。これは親からの分離と独立を意味していて，小学校1，2年生の頃に課題となる。親がつきそっていないと登校できなかったり，親が傍にいないと教室にいることができない，いわゆる分離不安型の登校拒否は，何らかの事由によって「登校・学校行動」が阻害された具体例である。

　分離と独立に不利に働く要因の中で多いのは，過保護の下に養育され，基本的生活習慣が家庭で十分形成されない場合である。子どもに焦点を当てると，内向的で，社会性が育っていない場合には，当初，集団生活に入りにくいことが多い。また，不安定で，あるいは攻撃的で集団を乱す行動傾向をもつ子どもも集団に入りにくい。

(2) 所属と参加

　同じ年頃の子どもが互いに出会い，一緒に遊び，活動し，互いに認め合い，社会的要求を満たし合う，という一連の活動は「所属と参加」の過程である。

　いま，わが国では少子化現象や子どもの生活環境，遊びの内容の変化などによって，地域社会で集団遊びをする子どもの姿はあまりみない。極端にいうと，これは学校でしかみられない。

　「所属と参加」は子どもグループの存在を想定している。学校でみると，これには人為集団と自然集団とがある。前者は学校教育上必要とされるもので，これには学級，生徒（児童）会，委員会，学校行事などがあり，後者にはクラブ，仲間集団あるいは遊び集団などがある。子どもにとって「所属・参加」欲求（社会的欲求）が最も充実して満たされるのは自然集団であり，そして仲間集団である。

　我々意識，または仲間意識が芽生える小学校3年頃以後になると，人為集団である学級においても，仲間集団が自然発生的にできる。年少の子どもでは，自宅が近い，通学路が同じ，教室で机が並んでいるなど，物理的な近似性が仲間づくりに貢献している。年長の子ども，特に中学生になると，趣味，人柄，相性など個人的な近似性が強く働く。また年少児では身体的に，あるいは能力的にも個人差はそれほど大きくない。中学生では身体的にも，能力的にも，また趣味においても，個人差は大きくなる。従って，仲間集団も分化していく。小学校時代に比べて，中学校の時期には仲間としてのグループの壁は厚く，子どもは，あるグループから出て他のグループに簡単に移行できない。一方，客観的，合理的な理由からでなく，当人にはよくわからないままに，ある子をグループから弾き出す力学を仲間集団はもっている。弾き出された子どもは他のグループに入ることもできず，学級で「まよえる羊」となって孤独感などを味わう。それのみでなく，あるグループから押し出された子どもは，他の子どもから攻撃を受けても，かばっ

てくれる仲間はいない。森田（1986）のいう「いじめの4構造説」もこのような状況に置かれた子どもを描写している，とみることもできる。

　子どもが登校・学校行動を適切にとるためには，人為集団としても自然集団としても，グループに所属し，一緒に活動し，相互に認め合うという「所属と参加」を必要とする。

　「所属と参加」に不利な条件があると，登校・学校行動の成立を阻害することとなりやすい。登校拒否との関係からみると，いじめを筆頭として，おとなしすぎる，他人が気になりすぎる，対人関係で緊張しすぎる，多動的または衝動的な行動傾向，能力的に劣るなどは集団への参加に不利に働き，登校拒否を誘発する要因となりうる。

(3) 達成感

　困難なこと，優れたこと，またはある目標が成し遂げられた時に，個人は達成感を経験する。「登校・学校行動」には学業，運動，芸術的活動などもあって，子どもは自分で，または親や教師などの求めで，設定した目標を超えようと努力する。これが実現できた時に，子どもは達成感あるいは成就感を味わう。

　学校では学年が進行するにつれて学習内容は高度になり，拡大していく。それに伴って子どもの側に，それ相応の知的能力をはじめ，自発性や積極性が求められることとなる。いまの学校では40人学級制で，単一の教科書で一斉に授業が展開されていく。従って，子どもの能力を含めて，個性に応じた教育が保証されにくい状況があり，それだけ，子どもにとって達成感を経験する機会が少なくなっていく。

　達成感の経験は子どもの能力・資質や，提示される課題や問題の量や質によって決まる面もあるが，子どもの主観も大きくかかわる。そのひとつが目標のレヴェルである。子どもの能力に比べて高すぎる達成目標が立てられると，課題の遂行は困難になる。反対に，低すぎると，達成感はわいてこない。ことばを変えると，現実目標と理想目標との関係が達成感を決めることとなる。理想目標が高すぎて，現実目標との差が大きすぎると，ことの達成は困難となる。差が小さすぎると，達成の喜びは少ない。

　課題を解決しようとする時，理想目標をどこに置くか，これが達成感の体験の仕方を決める。ある程度の試行錯誤の末に，課題が解決され，目標が現実に達成される範囲内に目標を設定するのがよいが，目標の設定には子どもの個人的状況がかかわってくるので難しい。登校拒否の支援で時に経験することであるが，一学年300人規模の進学校の，30番以内であれば国内のどの大学にも合格できるといわれてきた学級で，いつも2, 3番の成績を取っていた生徒が，ある時の試験で

13番になった。これがきっかけとなって，登校拒否に発展した。親も教師も，進学は心配ないと説得に努めたが，彼の挫折感を断ちきれなかった。

達成目標の設定の仕方は，思春期以後の子どもになると，その主観によるところが大きい。しかも，この主観は，成長過程において親や教師，友人など，周囲の人から取り入れられていて，子どものパーソナリティに基礎をおいている。幼少時から「よくできる」「いつも成績はトップ」「何をしても，人に負けない」と評価され，そしてこの期待にこたえてきた子どもには，他の子どもに劣るという現実経験は容易に受け入れることはできない。現実の経験によって目標設定の仕方を変えるという柔軟性に欠ける特性があると，状況はもっと厳しいものとなる。

達成感は学業成績，試験のみでなく，スポーツ，音楽，美術など，子どもが自我関与する学校活動のすべてに関係してくる。筆者の事例で経験した失敗や挫折が登校拒否のきっかけとなったものに，試験や成績以外に，野球，陸上競技，吹奏楽などの分野がある。

登校拒否の形成論の中で，有名なレベンタール（Leventhal, T. 1964）の自己像論や鑪（1963）の自己理論は達成感に関連して理解することもできる。

(4) 規範の受容

学校は，大きくいうと，人類が築き上げた文化を伝達する場所といえる。教科の学習をはじめとして，ことばづかい，挨拶の仕方など日常生活の隅々までに，学校の所属している文化がもつ価値の受容が大切にされる。

登校・学校行動の成立のためには「学校へ行かなければならない」という社会的価値が子どもと親に受容されていなければならない。後述の森田（1991）のいう「現代型不登校」はこれが受容されていないことから生まれたものである。一方，登校拒否においては「学校へ行かなければならない」という価値規範が子どもと保護者を強く支配している反面，「どうしても行けない」状況が子どもの内面に生まれている。登校をめぐって子どもの内面に分裂状態が起こっているわけである。

学校は教育のために設けられた人為的，目的的な社会施設であるので，その目的遂行のために，いろいろの制限または規制が設定されている。授業時間からはじまって，服装，頭髪，日常の立ち居ふるまいにいたるまで，生徒が守るべき事柄が「校則」として決められていて，「生徒手帳」という形で生徒に明示されている。学校によっては朝の登校時に正門で教師の出迎えを受け，服装などが点検される。茶髪の子どもは黒に染め変えなければ正門から入れない，と決めている学校もある。

このような規制の根底には，規範の受容以外に「服装や態度の乱れは非行のは

じまり」という生徒指導観がある。これは中学校において顕著である。
　概して，登校拒否の子どもは規則や校則に従順で，子どもによっては過剰なほどで，超自我が強すぎると思われる場合もある。このため，時に本人の思いとは裏腹に，教師や級友と歩調が合わなくなることとなる。たとえば，彼らは真面目で，行動に裏表がなく，相手に合わせて，自分の出方を変えることは苦手である。グループで行動する時，教師に注意されるのは真面目な彼だけとなる。要領のよい他の子どもは教師の前でサラリと態度を変えている。いつも損ばかりしている真面目で要領の悪い弟に，「馬鹿みたい。お姉ちゃんのように，相手に合わせて自分の被る面を変えなさい」と慨嘆した姉があった。
　非行傾向のある怠学の子どもでは，規則や校則の遵守に背を向けているものも少なくない。時にはこれを破ることに喜びを感じているのではないかと，教師を悲しませる事例もある。

　登校・学校行動の成立要件の意義は子どもの年齢とも関連する。「分離独立」は小学校低学年の子どもにおいて問題となることが多い。「規範の受容」は思春期以後の子どもにおける課題である。「所属と参加」は子どもの側に我々意識や集団意識が芽生える9歳前後から話題となることが多い。「達成感」は自我意識とその自己評価にかかわっているので，思春期以後の子どもと深い関連が生まれる。
　学校と家庭との関係についてみると，子どもは家庭で養育され，家庭で生活している。ここでパーソナリティーの核がつくられ，学校で社会化されていく。学校で獲得した知的体験は家庭生活を芳醇にする。家庭内のできごとは子どもの学校生活に影響し，学校の生活は家庭生活に反映する。子どもを中に挟んで，家庭と学校は相互に関連していく。従って，登校・学校行動には子どもの性格はいうまでもなく，家族関係も無縁ではなく，相互に絡み合っている。登校拒否と同様に，登校・学校行動の成立の状況も，子ども，家庭，学校の三極関係の中で理解されなければならない。
　以上，「登校・学校行動」の成立と阻害要因について概説した。阻害または不利（に働く）要因を大別すると，①子ども要因，②家庭要因，③学校要因となる。登校拒否に固有の子どもの性格や家庭はないという考えは一般的には妥当なものであるが，個々の子どもの登校拒否の見極めではこれらの阻害または不利要因の有無についても慎重に検討することとなる。不利に働く要因について具体例をあげておきたい。
　①子どもの要因：身体の状況（特に慢性疾患，身体虚弱など），性格の状況（極度の恥ずかしがり，内向性，高い対人的緊張性，完全主義傾向，その他），学業に対する高い期待，学業成績，その他

②家庭要因：親の，子どもへの保護過剰や期待過剰，心配過剰，父親のあり方，その他
③学校要因：学校が制度としてもつ問題（画一主義的教授法，管理主義，40人学級，子どものニーズにこたえられない学校の硬直性，その他），教師の指導力不足，教師の知識経験の貧困，受験競争，厳しい部活動，いじめをはじめとした子ども間の争い，その他

これらの他，要因の具体例はいろいろある。第2章の表2-1の「形成因」がひとつの参考になる。

2)「疲労感・不全感」などの形成

学校において何らかのきっかけ，あるいはできごとで「登校・学校行動」が阻害されると，家庭で子どもは疲労感を訴えたり，学校，教師や友人への不満を口にする。はじめ親は疲れただけであろうと，あまり気にしていない。多くの場合，子どもは，頭痛，腹痛，疲れなど身体的不調を訴えて学校を休む。親は2，3日休めば元気になるだろうと，あまりためらわずに欠席を認める。

3) 一次的な不登校の発現

欠席と決まると，子どもは自宅で普段と変わりなく生活している。朝に訴えていた身体の不調は午前中には消えているか，軽くなっている。親は安心している。しかし翌日になると，不調を訴える。これが2，3日つづくと，親は病気ではないかと，小児科に行く。小児科ではそれなりの診断を経て，薬や助言を受けて，親は子どもの欠席を認めることとなる。

欠席していても，子どもは「自分は病気だ」と思っているので，必要に応じて簡単な外出はできる。小児科への通院も平静にできる。友達がくると，一緒に遊ぶ。

4) 登校拒否の発現と不安・葛藤の増大──登校拒否への発展

一週間も休むと回復して登校するだろうと，気軽に構えていた親も，休みがつづくと心配になり，登校拒否ではないかと危ぶむ。小児科医に相談すると，体の不調はなおっているはずという。親の登校拒否への不安が高まっていく。登校しようとしない子どもを見て，登校拒否ではないか，ずる休みではと心配になり，登校をすすめたり，説得する。しかし意に反して，子どもは親のいうことをきかない。それのみでなく，時に反抗する。あるいは口をきかなくなる。登校拒否になっては困ると，親の登校への願望や圧力は次第に強まっていく。これに担任教師も加わってくる。「学校へこないと，将来が閉される」とか，「進級できない」

とか，教師は登校に一所懸命になる。一方，子どもには幼少期から家庭あるいは学校教育を通じて「学校には行かなければならない」という価値観が受け入れられている。しかし現実には学校について不安があり，登校できない状態に陥っている。「学校に行きたいが，行けない」という葛藤が子どもの日常を彩ってくる。

親からも，教師からも，また自分自身の気持ちからも，学校は行かなければならないといわれているが，どうしても行けない自分に，罪業感さえも抱く。また，みんな登校しているのに自分は登校できていないと，同級生グループからの脱落感や劣等感などをもつようになる。また子どもは，自分の内部に起こっている異常状態や将来どうなるかなどについても，不安を抱くことになる。登校や学校に関する葛藤と不安は増大していく。

親をはじめ，周囲から，そして子ども自身の内部から登校への圧力が加われば加わるほど，子どもは追い詰められていく。そして，いろいろの特有な反応や状況が顕現してくる。

5）多彩な二次的反応の出現

病気または体の不調と認識していた時には，子どもは自由に外出できていたが，登校拒否と周囲からいわれ，自分もその評価を受け入れると，外出しなくなり，教師や友人をはじめ，家族以外の来訪を拒否するようになる。そして，不安・葛藤の増大と共に，対人関係の回避，情緒の日中動揺（日内動揺），多彩な心身症的顕症，強迫的行動，家庭内暴力など様々な状況が出現する。この詳細は第6章にまとめられている。

登校拒否に伴うこれらの二次的反応は，あまり葛藤がみられない一次的反応としての不登校の時期と違って，家庭や学校側の対応を困難にする。加えて，子どもの対人間関係の回避傾向などによって専門機関の利用の，大きな障害となる。その結果，不登校の長期化をもたらすこともある。

●第2節　生徒指導における登校拒否の意義
——発達課題の解決への営みとしての登校拒否

登校拒否は，教育制度も含めていまの学校教育のあり方を根源的に問う現象であって，学校教育の変革が求められている。その有効な回答はまだ得られていない。この意味では登校拒否は問題の提起でしかないが，登校拒否は学校教育にいろいろの貢献をしている。そのいくつかをみると，①カウンセリングの，学校への導入と拡充・強化への貢献，②スクールカウンセラー制度の創設（学校教育分野に教師以外の専門家が制度として配置された）への貢献，③学校外教育（適応

指導教室，大学入学検定試験などにみるフリースクール）の容認への貢献などがある。かくて1960年代から今日まで増加しつづけた不登校が，学校教育相談またはスクールカウンセリングの発展に寄与したことは誰も否定できない。

筆者は1967年，児童相談所の心理判定員から教員養成系大学の教員となった。研究室で教育相談室を開く一方で，地元の市立教育研究所の相談活動に参加した。当時，この研究所ではいまでいう適応指導教室活動が行われていた。児童相談所で精神科医の所長をリーダーとして，小児科医，ケースワーカー等と遊戯療法，カウンセリング，ケースワークなどを仕事としてきた筆者の目には，養護学校や養護学級出身の教師を主体とした適応指導教室活動は新鮮で，強烈な印象であった。同時に，登校拒否への対応にはいろいろの道があって，ただひとつに限られたものではないと知った。そして，学校教育における登校拒否への対応のあり方が筆者の関心事となった。この時，筆者が児童相談所ではじめて登校拒否の子と出会ってから十年余が経っていた。その後，現職教員の継続教育を目的とした兵庫教育大学に配置替えとなり，生徒指導講座で小・中・高の現職教員である大学院生と登校拒否の問題に取り組んできた筆者にとって「生徒指導」の中での登校問題がメインな課題となった。臨床相談機関と違う学校の場で，それにふさわしい考え方，対応の仕方などを模索することとなった。そのひとつが「問題行動観」である。

1 生徒指導の意義

文科省（1981, 1988），佐藤（1981b, 1986a），中西（1994）などを参考に生徒指導の意義について簡単に考えてみたい。文科省の資料（1988）では生徒指導を次のように，規定している。「生徒指導とは，本来，一人ひとりの生徒の個性の伸長を図りながら，同時に社会的な資質や能力・態度を育成し，さらに将来において社会的に自己実現できるような資質・態度を形成していくための指導・援助であり，個々の生徒の自己指導力の育成を目指すものである。そして，それは学校がその教育目標を達成するためには欠くことのできない重要な機能のひとつなのである」。

この定義について，1981年の文部省の資料と中西の解説を参考に少し説明を加えたい。

①生徒指導は，個別的かつ発達的な教育を基礎とするものである。

児童生徒は能力，適性，興味，進路の希望などがそれぞれ違うし，教育や発達の背景も異なる個性的存在なのである。一人ひとりの個性を具体的に理解した上で正しく指導する必要がある。生徒指導は問題行動の指導や治療であると理解されがちであるが，むしろ児童生徒の，より望ましい発達を促進させ，子どもが

種々の場面で自己を適切に統制できる能力，すなわち自己指導能力の育成を目指す積極的な教育活動である。

②生徒指導は，一人ひとりの生徒の人格を尊重し，個性の伸長を図りながら，同時に社会的な資質や行動を高めようとするものである。

生徒指導の基礎は一人ひとりの生徒を人間として尊重することにある。かけがえのない一個の人格として大事にし，個性の成長発達を図ると共に，社会生活を円滑に進めていける資質，能力，態度を育成することである。

③生徒指導は，生徒の現在の生活に即しながら，具体的，実際的な活動として進められるべきである。

生徒の現在の生活の中に課題を求めたり，発見して，それを解決するように生徒を支援し，これを通じて生徒の個性を伸長し，望ましい態度・行動を育成することが大事である。そのため，生徒のいまの生活が充実するように，具体的で実際的な活動について指導することが肝要である。

④生徒指導は，すべての生徒を対象とするものである。

生徒指導は特定の生徒，たとえば登校拒否，非行，その他の行動問題をもつ生徒への指導ということの他に，生徒の人格の発展を図るという積極的な目標をもつ教育機能である。

⑤生徒指導は，統合的な活動であり，学校教育において欠くことのできない教育機能である。

ここでいう統合的な活動には二つの意味がある。そのひとつは人格に関するもので，身体的，知的，情緒的，社会的な諸側面が統合的に発達するように指導を図ることである。

他のひとつは，図1-3のように，生徒指導は多方面に渡る指導であるが，これ

```
              ┌─ ①個人の生活・行動に関する指導
              │    基本的生活習慣，生活態度や行動，余暇善用，生き方などの指導
              ├─ ②友人関係，対人的技能・態度の指導
              │    交友関係，人間関係の技能や態度などの指導
              ├─ ③学業生活の指導
  広義の      │    学び方，類型・教科科目の選択，学業生活への適応などの指導
  生徒指導 ───┤─ ④進路の指導
              │    自己理解，進路探索，進路の選択・決定，進路計画の達成，適応や自己実現など
              │    の指導
              ├─ ⑤健康や安全の指導
              │    心身の健康，体力増強，安全生活などの指導
              └─ ⑥集団への適応の指導
                   学校，家庭生活，ホームルームやクラブ等への集団活動，家庭や地域社会における
                   集団活動などの指導
```

図1-3　広義の生活指導（中西 1994）

らが人格の全人的な発達を中心に統合されるように配慮することである。
　以上，生徒指導は，学校を中心として，どこでも，いつでも，どの生徒にも，展開される教育機能であって，それは調和のある，全人的な人格の発達を目標とした教育活動である。行動問題のひとつである登校拒否についてみると，治療という限られた目標に向けられた専門の相談機関の活動と違って，生徒指導における支援は学校教育活動の中の一部である。
　学校教育は，本来，子どもの可能性を育てる営みであり，子どものよさを見いだし，それを育み，人格の調和的発達を図り，将来において社会的に自己実現できるように発達を進める教育的営みである。この営みの中では子どもに欠点や負の側面があったとしても，それに焦点をおいて教育が展開されることはない。一人の人間として，多面的に，総合的に，また統合的に発達するように教育することによって，欠点や負の側面も取り込まれていくのである。「治療」とか，また「問題」の子どもとか，「問題」の性格あるいは行動という観点は，学校教育，そして生徒指導の本質になじまない。筆者は学校教育にふさわしい用語として，「発達課題」を提案してきた（佐藤 1986a，1986b，1991）。

2　発達課題の解決への営みとしての登校拒否

　筆者の所見を鮮明に浮き上がらせるために，従来の問題行動観を概観する。

1）厄介物としての問題行動観

　教師や保護者が子どものある行動またはある状態を「困ったこと」あるいは「厄介なもの」と受け取った時，その行動は問題行動となる。言語障害の分野に吃音診断起因説がある。幼児期でどもるような状態は，言語の正常発達の過程にもみられる。気にしなければ，2, 3か月のうちに消失するが，母親が過敏に受け取り，「吃音になった」と深刻になると，本当に「どもり」になるという，ジョンソン（Johnson, W. et al. 1956）の意見もある。このような現象は学校でもある。小さな物事にも心配して生徒にかかわろうとする教師の担任の間は問題視された生徒が，学年が変わって，小さいことにこせこせしない教師の担任になったら問題がなくなった，という事例はめずらしくない。
　ラウティド（Louttit, C.H. 1947；佐藤 1986a）によると，親や教師は盗みや異性問題など反社会的な行動を重視するが，心理学や精神衛生の専門家は抑うつ，非社会性などを重要視するという。厄介物としての問題行動観には「みる人」の主観が働くのである。

2）異常としての問題行動観

　医学や心理学などの専門分野でもよくみられる考え方で，正常対異常という2分割的に子どもの行動をみるのである。たとえばIQ75以下の知能は知的障害とするという文科省の基準はこの一例である。あるいは社会的に望ましくない行動，たとえば異性との「不純」交友を非行とみるのもこの一例である。

　平井（1972）は子どもについて，正常と異常の判断基準には，①統計的基準，②病理的基準，③価値的基準，④発達的基準，⑤環境的基準があるという。後二者は子どもに固有の基準である。

3）不適応または障害としての問題行動観

　子どもはうまく環境に適応できていないと，絶えず欲求不満状態に置かれ，その結果として問題行動が現れるという。情緒障害のとらえ方がその一例である。山崎他編の『教育用語辞典』（2003）によると，情緒障害とは，心理的要因や気質・機能的要因から基本的欲求をはじめ，いろいろの欲求が阻害されたり，満たされなかったことから生まれる，社会的関係における感情的，情緒的あつれきをいう。登校拒否は情緒障害である。

4）学習の結果としての問題行動観

　これは，問題の行動は正常な行動と同様に，学習されたものとする考え方である。行動療法の分野での見方である。

　以上の問題行動観は学校教育分野でよく使われている用語である。山本（1998）もいうように，問題行動のとらえ方には①悪いもの，②本人や他者にとって苦悩や不利益をもたらすもの，従って，③できるだけ早く除去すべきものという常識的前提がある。換言すると，この見方には子どもの人格の否定が含まれている。教育では子どもの人格の発達は強調されても，その否定はありえない。この点からも学校教育にふさわしい用語が求められる。この立場から，筆者は「発達課題論」を提唱している（佐藤 1986a，1986b，1991）。

5）発達課題としての登校拒否

　発達課題はハビガースト（Havighurst, R.J.）の用語で，人間には発達のそれぞれの段階で解決すべき課題があるという。これが各段階で解決されていると個人には幸福がもたらされるが，そうでなければ，次の発達段階に進んでも，その段階の課題をうまく達成できないと考えられている。わかりやすい具体例として日本の子どもには幼児期の発達課題として日本語の習得がある。この課題が達成さ

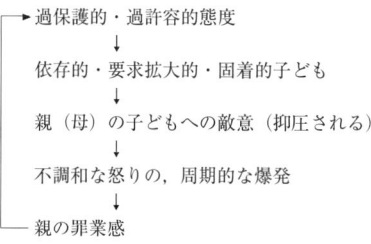

図1-4　補償的過保護の発達図式（Eisenberg 1958）

れないで，つまりことばが習得されないで児童期に進んでも，ここで解決されなければならない課題——たとえば同年齢の子どもと仲よくする——はうまくいかないのである。

　古典的と位置づけられている分離不安による登校拒否を例に，発達課題観についてみよう。アイゼンベルク（Eisenberg 1958）は分離不安の発現の背景に，図1-4のように，「保障的過保護の発展」を想定している。長期間の不妊などいろいろの要因によって，親は子どもに過保護または許容しすぎるようになる。たとえば，母親は子どもの世話をしすぎるし，その欲求を満たし過ぎる。そして子どもは母親に依存し，固着する度合いを強めていく。この依存と固着は，次第に母親の自由な行動を束縛し，彼女の中で子どもへの敵意が生まれる。しかし母親はこれを容認・受容できず，抑圧していく。何か事があると，母親は時に怒りを爆発させる。よい母親でありたいとの願望は自分が内々に抱いている敵意や怒りに対して罪業感となっていく。そしてこれが循環して，過保護や過度の許容性を高めることとなる。

　アイゼンベルクは，母親の態度の矛盾の中に登校拒否の本質を見いだしている。彼女は子どもを過度にかわいがっていると思えば，子どもに敵意をもっている。矛盾した母親への子の反応として，子どもの側に母親への分離不安が生まれ，子どもは母親の側から離れたがらなくなる。ここに登校拒否が発現する。

　分離不安説にはいろいろあるが，総じてここでは依存的，固着的な母と子の関係が登校拒否の背景を成していると，考えられている。

　筆者は，この理論を認めないというのではなく，たとえそうであっても，母子の病理に重点を置かないで，子どもにとって母からの分離と独立が発達課題で，それを解決することが教育・心理的支援であると考えている。ここでは母による依存的，固着的関係は受容こそされ，批判されない。

　発達課題的な立場が問題行動観と違う点は次の通りである。

①登校拒否は子どもの状態であって，本質的には登校が善で，不登校が悪と二分

できるものではない。登校拒否がなおっても子どもが以前に比べて元気がなくなり，おとなしく，よい子になりすぎることもある。登校できはじめたと関係者が喜んでいた時に，原因不明の自殺未遂を起こした例もある。また中学校3年間，1日も登校しなかった子どもが高校3年間1日も欠席しなかったケースもめずらしくない。

　極端にいうと，発達課題的な支援では，登校できるかどうかよりも，子どもが発達しているかどうかが常に問われる課題なのである。
②先に述べた，常識的な前提に立てば，問題行動はすべて除去すべきものである。登校拒否も同様で，1日も早く登校拒否を終わらせたいと，みな願う。ここでは何らのよさも見いだされていない。カウンセリングの経験によると，登校拒否という「問題行動」には肯定的な側面もある。後述の，小泉のいう「優等生の息切れ型」の登校拒否は親の理想像を取り入れすぎて「よい子」として歩んできた子の，親に向けたはじめての反乱である。登校拒否という形で自己主張し，親から分離・独立に向かって自己形成していると理解するところに，問題行動の肯定的側面がある。登校拒否を人間形成への子どもの意思と受け取り，それを進めていくのが教育・心理的支援なのである。

　発達課題的な支援ではいわゆる「問題行動」の肯定的側面にも関心を向けて，「問題行動」をもつ子どもを一人の人間として理解していきたいとの願いがある。
③発達課題的支援では親または家庭に原因があるかどうかには，あまり関心は向けない。過保護的母子関係が登校拒否の形成に関与しているとしても，親は批判されない。親は理解され，受容され，支持され，カウンセラーと共に子どもの発達を進めるための「同行二人」なのである。

第2章

登校拒否の呼称や状態像の変遷

　登校拒否の臨床的研究は1960年頃までにさかのぼる（佐藤 1959，鷲見 1960）。その後40～50年間に家庭，学校そして社会状況も変化し，それに応じて登校拒否の呼称も状態像も変化した。

●第1節　呼称の変遷

　鑪他（1992）は1991年末までに発表された1008の文献を分析して，呼称の変化を図2-1，図2-2にまとめている。これでみると，登校拒否の呼称が圧倒的に

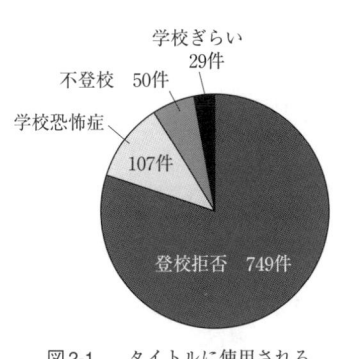

図2-1　タイトルに使用される用語の割合（鑪他 1992）

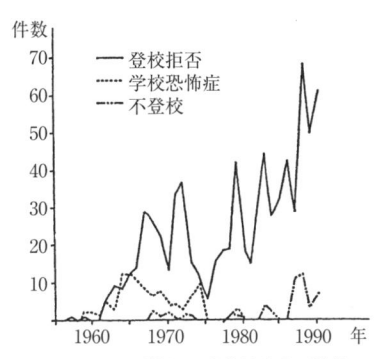

図2-2　用語使用の時代的変化（鑪他 1992）

多い。1960年以後の年次的推移をみると，学校恐怖症の語は1965年当時に多用されており，1975年以後ほとんど使われていない。これに対し，登校拒否の用語は1962，3年頃以降から次第に増加している。不登校の用語は1970年前にも少し使われている。その後，図でみる限り，1990年頃までには登校拒否の用語に比べてその使用頻度は小さい。

鑢の調査年次以後，1990年代半ば頃から不登校の用語がかなりの頻度で使用されはじめた。

法務省はもともと不登校の用語を使用してきたが，これは人権擁護の立場から使用された概念である（法務省 1989）。文科省は1997年までは登校拒否を使用していたが，翌年から不登校の用語に行政的に統一した。わが国では学校教育は中央集権的な色彩を帯びている。用語の行政的転換は地方自治体の教育委員会を動かし，瞬時に全国の学校教育分野では不登校の用語一色となった。

筆者の経験を紹介すると，ある県の教育センターで夏期講習の講師として，「登校拒否の教育・心理的理解と援助」というテーマで講義した。翌年，同教育センターから昨年と同じ内容で講義してくれと要望され，昨年の講義レジュメを送った。2，3日後，担当者から「本年から不登校という用語を使うことになった。レジュメの登校拒否を不登校に直してよいか」との電話があった。

専門分野における呼称をみると，「児童青年精神医学とその近接領域」誌上で不登校の呼称をはじめて使用したのは清水（1978）であった。その後，1980年頃からこの専門誌でも次第に使用されはじめた。第34回児童精神医学会（1993）のシンポジウムでは「不登校をどう考え，どう対応するか」で議論が展開された。

不登校の用語は専門分野でも文部行政分野でもさかんに使用されるようになった。推測でしかないが，いまは登校拒否よりも，不登校の語が多く使用されているのではないかと思われる。

用語の変遷には単なることばだけの変化でなく，登校拒否を含む不登校の状態像の変化と，これに伴う見方の変化がある。

●第2節　登校拒否の状態像と見方の変遷

不登校状態はいうまでもなく，登校拒否状態は個々の子どもによってかなり違う。登校拒否と専門家が呼称しても，その内容は一律ではない。従って，4，50年間にわたるわが国の登校拒否状態の変遷を取り上げるようにしても，多くのケースを包括できるように変遷をたどることは至難である。ここでは専門誌で取り上げられた代表的な状態像を年次的に取り上げて変遷としたい。

清原（1992），佐藤（1996a，2003），根岸他（1999）らの所見を参考に，登校

拒否の状態像，登校拒否観，呼称などの変遷を図2-3と2-4にまとめてみた。少し説明する。

図2-3の円形の表示では，年代を経るに従って同心円の数が増え，2000年代に

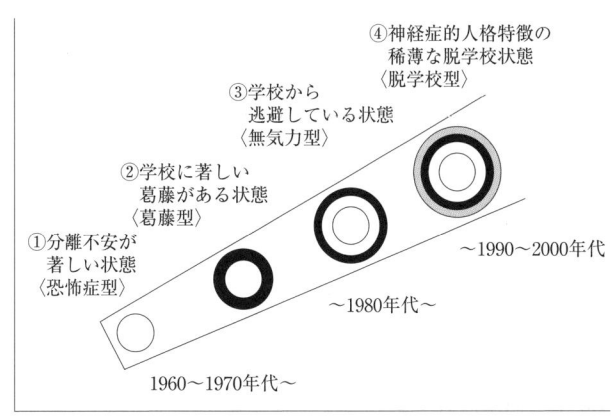

図2-3 登校拒否（不登校）の変遷

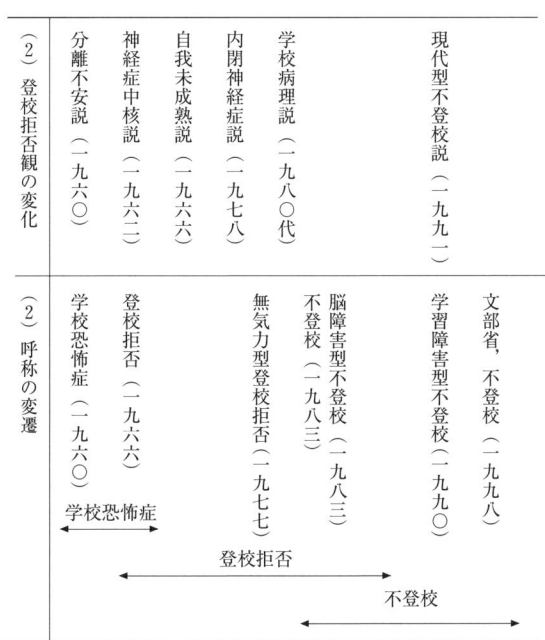

図2-4 登校拒否の状態，見方，用語等の変遷

4重となっている。これは登校拒否の質的変化を示しており，分離不安型からはじまり，いまは脱学校型のものもある。円の大きさは不登校全体の量的増大を示す。外側の円が大きく，そして中心に近い円は小さく表示されているが，これは相対的な量の変化を示すものではない。たとえば，分離不安型の登校拒否も2000年にも存在するものとして表示されている。

図2-4には，登校拒否観と呼称の変遷を対応させてまとめている。これはおおまかな対応にすぎない。

以下で，登校拒否の本態観の変遷を取り上げるが，その前に，おおまかなひとつの資料として，成因論にふれた主な論文の要約を表2-1に掲げる。ここに引用した文献は各執筆者によって自由に書かれたもので，統一はない。ある人は概論的に，他の人は重点課題に応じてまとめている論文の中から，筆者が該当項目を取捨選択した。

まず，本態観の変遷について主な登校拒否観や不登校観を中心に考察したい。

1　分離不安説――分離不安型

佐藤（1959）や鷲見他（1960）を代表としたもので，アメリカ（Johnson, A.M. et al. 1941）の影響を受けたわが国初期の登校拒否論である。ここでは固着的，依存的な母子関係が想定されており，子どもまたは母親が学校内外の事件（きっかけ）によって相互に分離への不安を覚え，その結果，学校へ行かないで二人寄りそって自宅にいる事態が登校拒否であるという。

学校恐怖症（schoolphobia）という語が使われており，その本態は，子どもと母との分離不安が学校に置き換えられた（displacement）ものである。これからすると，学校恐怖症という呼称は適切でないが，子どもが登校時に，または学校に強い恐怖を示す状況にふさわしいことばであるとして使用されてきた。

登校拒否の発現が中・高校生など年長の子どもに拡大するにつれて，分離不安の枠内で理解できない事例も増えたこと，また専門的には，学校恐怖症は精神医学でいう恐怖症（phobia）といえないこと，あるいは症（疾病）ではないことなどから，学校恐怖症という呼称は次第に使われなくなった。しかし登校拒否の心理機制は別として，登校拒否状態に分離不安を伴う事例はいまも在在する。

2　神経症的中核説――葛藤型

高木の所論（1965）がその代表で，彼は，分離不安が登校場面に限って表現される点に着目し，図2-5のように，学校場面における不適応の結果，家庭に逃避した状態を登校拒否とした。

表 2-1 登校拒否の形成要因（1）

No.	報告者（報告年）	子ども	家庭	学校	社会	備考
1	佐藤 (1959) (1967)	・子どもの性格：神経質傾向，社会性未熟，内向性，自己中心性，情緒発達未熟，知能平均以上	・経済，養育制度に恵まれる・遺伝的背景，固着的，過保護的家族関係・欠損家庭少，恵まれた家庭・父親像：内向的で非社会的，母性代行，内向的，無力的で父子関係の薄い父親・母親像：服従型過保護，支配的過保護，固着的過保護	・入学当時，集団不適応・宿題について完全主義的・消極的，受動的な友人関係・教師との関係は皮相的ではあるが問題はない	—	雑誌論文，単行本
2	鷲見 (1960)	I 群（小1～小2）：知能は良い，他人との関係を持つことを嫌う。友達と遊ばない，神経症的（几帳面，小さいことが気になる）II 群（小3～小6）：反面，学校で目立たない，成績は平凡。学校や兄弟をいじめる。物配性。年下の兄弟のことにとにく神経質。心身症になる。物質的欲望が強いIII 群（中～高校生）：知能は上位，成績も。幼少時疎開，または外地に住む経験あり。学業優秀でない子	I 群：いずれか一方の親に極度に依存。母子，父子間に相互依存顕著。相互に分離不安II 群：母親，または父親に異常に依存。信頼していない。母も子どもに拒否感と罪悪感を持つIII 群：両親は強い期待を持つ	—	—	雑誌論文
3	平井 (1966)	・自己中心的な面が多く，自我未成熟・欲求不満耐性に弱い→つらさを乗り越える気持ちの不足	・学校に比べ，家庭は温床，子どもの欲求充足・母親は子どもを保護し子どもに奉仕してくれる・両親老齢（末子が多い），父に権威なく母に不安あり→つらさに耐える気持ちを養えず	・毎日いろいろの困難がある，いろいろの波風あり（学習，友人関係，教師関係など）	—	雑誌論文

表 2-1 登校拒否の形成要因 (2)

No	報告者(報告年)	子ども	家庭	学校	社会	備考
4	田中(1966)		・父親についての限定研究ー ・無力、受身的で家庭内では頼りがいのある父親や夫として振舞えず。対社会的に孤立傾向。母親からすると、男性としての、または父親としての希望さから頼りなさを感じる、無力感をもたらす			雑誌論文
5	小泉(1973)		・都市化・勤労者の家庭 核家族→親子間の心理的距離の近さ 孤立化←家庭内密着→一方、危険性に弱い 消費の場、教育の画一化、学歴・出世主義、過剰な期待、家庭における父親像の喪失 ・母子関係の特徴：子どもを抱きこみ自立を許さず、離れまいとする父親の翼下に囲い込む←過保護的母子関係 ・父親のあり方：細やかな優しいと、居るか居ないか品め影の薄いと、仕事一途の父、密着した母子関係に入れない	・経済の高度経済成長政策の進行とともにー 詰め込み主義、能力主義重視の受験体制 一方、価値観の多様化で、「学校を休む」ことに意識の変化	・産業構造の変化、労働人口の都市集中・都市における家族の孤立化、人間関係の喪失 ・生産力の発展→大量生産、大量消費、生産商品の画一化、オートメーションと商品の画一化→個人の主体性、自発性の減退 ・情報化社会の進展→受動性 ↓ 人間生活で生きがいの喪失	単行本
6	若林(1980)	・性格特性 ・パーソナリティーの男女差 ・知能・学習意欲 ・行動的なことが不得意	・母子関係・家族関係 母親の性格 子どもに対する態度 両親間の関係 過保護的とは限らない、父親の性格 親子関係	・学校状況は家庭状況によって生み出される子どもの不安の投影 ・凝集因子 ・教師との関係 ・友人関係 ・学校に対する態度	・戦後のアメリカの影響（教育制度、生活のアメリカ化） ・社会構造と教育政策の変化（高度経済政策、消費文化、テレビ・電気機器の普及、価値観の変化） ・新しい家族構造の形成	単行本、法研究のまとめ

第 2 章　登校拒否の呼称や状態像の変遷　23

7	平田 (1980)	・周産期異常が多い。習癖異常 ・情緒障害多い。第一反抗期をとびこして神経質、依存的、消極的、心配性、自己中心的、内向的	経済成長、産業構造の急激な変化が伝統的な親子関係を急激に変えた。 (1) 急激な核家族化 (2) 動物的に弱くなった母親・母親でなければ伝えられない人間としてのあり方を伝えることができなかった。 (3) 父親の権威の喪失 (4) 深層心理との子育(勉強以外の事には甘い母親)	経済成長に伴う急激な変化に対応しきれない学校 (1) 高校進学率・大学進学率の急上昇、知的教育への偏見 (2) 教育産業の発達、子どもはエデュケイショナル・アニマルとなった (3) 個に対応しきれない学校：多量個に対応した教育内容。教育課程の過密化詰め込み教育	産業構造の変化に伴って複雑な多様な変動が生まれる。登校拒否に焦点をあてると、 (1) 地域開発、都市化から遊び・文化の喪失 (2) 便利な生活から病弱な子へ (3) 情報化から受動的な子へ	単行本中の論文
8	白橋 (1982)	ー	1. 生育環境としての背景 ・親の希望を満たす良い子への願望 ・有名大学へよい社会的地位への親の路線を歩んではしいとの親の願望 2. 両親の問題 ・父の性格：非社会的、対人関係に弱く、子どもに控えめ、不確実、消極的、情緒的なかかわりにかける。・母親の権威にかく ・母の性格：期待、干渉過多。過保護、情緒不安定、自己確実、男まさり	・進学達成志向が低い ・知育偏重 ・登校拒否の発機 いじめ、クラス委員、転校、進学、クラス編成、授業での失敗、教師の不適切発言 ・登校拒否前後の教師と生徒、家族の関係		推薦論文
9	星野 (1985)	・核家族、母子家庭が多い ・「父：放任型、母：過保護と干渉、祖父・母：過保護型 ・特殊問題例として夫婦共稼ぎ、夫婦関係不和、嫁姑間不和、母子家庭、両親の病気・入院		・交友関係は限定され、教師関係も消極的、遠避的		雑誌論文

表2-1 登校拒否の形成要因（3）

No.	報告者 (報告年)	子ども	家庭	学校	社会	備考
10	梅垣(1984)	・自宅では、依存的・自己中心的、情緒的未熟さが目立つ・家庭外ではまじめ、従順、素直、温和、よい子・内気で対人関係の緊張高く、自己抑制的	・母は、情緒未熟で神経質・過保護、溺愛的・女性らしさに欠け、男性的役割を持つ→過干渉的・父親：影の薄い父親→弱々しく男らしさに乏しい仕事一途→家事育児は妻まかせ。両者とも養育父親としての役割に乏しい・家庭内力動：母子密着型と父親の心理的不在・強い母性、弱い父性、家庭内力動の中で生まれるのが登校拒否	・誘因としての学校・友達関係：豊かでない、いじめ、思春期危機としての交友関係・教師との関係：依存的、批判的、拒否的・学校との関連：特定教科への嫌悪感、子どもの期待水準にとどかない成績	登校拒否発現の時代的特色（昭和30年代）高度経済成長政策による経済構造の転換、消費文化と近代化による生活様式の変貌・核家族化：自由な生活、手さぐりの養育、過保護、干渉・生活様式の近代化→家庭の電化、インスタント食品、自家用車の出現か化や価値観の転換。余力が子どもに向かう→遊びのエネルギーが子どもに向かうらか、動から静へ、自然空間から人工空間へと変化・生活の便利化→子どもの体力の低下・高学歴志向：経済の発展により一流会社志向、受験中心の教育、知的教育の重視	単行本
11	若林(1988)	登校拒否の発現は社会、学校病理のみでなく、思春期の加速現象、青年期の延長、心理的自覚として同一性の確立など、個人の病理も関連あり	(1) 家庭機能の変化・父親の権威の喪失・電化によって母は家事から解放される、夫への不満が子どもへの期待→過保護・学校場面と家庭場面の心理的圧力の均衡 (2) 子どもの減少・家事労働から解放された母親は、モーレツ社員の夫をみて、子どもに高い経済的・社会的地位を望み一流大学→一流会社への就職を望みこんでいる	(1) 進学率の変化→進学・受験競争の激化→進学・受験競争本位の教育→教育の歪み (2) 男女差の減少傾向：1973年頃から登校拒否の男女差がみられなくなる。進学・受験状況がきびしい	戦後の社会体制の変化 登校拒否は1960年頃に発見。この時期は、戦後10年くらいに当り、軍国主義から民主主義に急変。社会教育制度も変わる (2) 経済の高度成長 昭和30年代に高度経済成長期に移行。人口の都市集中化。核家族化。社会的に高学歴志向、共に進学率の向上。教育の歪み、知育偏重	雑誌寄稿論文

第2章 登校拒否の呼称や状態像の変遷

12	髙木 (1984)		・母親に比べて父親の影響がうすい（伝統的役割の喪失） ・父親が家長としての機能を失い、家族を統率できない ・核家族機能の喪失 ・社会化のモデルとしての父親の喪失 ・母親の依存欲求		・経済成長に伴う家族の変化 ・家族機能の喪失 ・社会の学校教育への異常な関心→学校教育からの離脱への不安	雑誌、論文
13	生野 (1990)		・家族の変化→核家族、兄弟の減少 ・家族保護機能の低下→父親不在、単身赴任、共働き、離婚等の増加 ・都市化、地域連帯の希薄などによる家族の孤立化 ・他家族との競合のエスカレート、虚飾化 ・母親の負担の増加 ・父親の弱力化		・学歴社会、高学歴志向 ・高度経済成長、都市化、情報化 ・社会的価値観の多様化 ・生活様式の変化	単行本 (論文)
14	稲垣 (1991)	・引っ込み思案、緊張過多、非社会的、強迫的、情緒発達未熟、依存的、鋭敏な感受性 (1991) ・最近、登校拒否になりやすい性格はない という (1991)	・父の権威喪失 (1972) ・父の自covery覚失、母に依存、母は父に依存、夫婦の役割の逆転 (1963) ・父はさけている、接触が乏しい、家長としての責任回避 (1965) ・父の存在感の希薄、母の干渉過多 (1988) ・夫婦間不和、嫁姑間不和 (1985)	・自己概念の抵抗 (1963) ・学校場面における失敗不安、級友に自分だけが遅れていることの不安 (1972) ・教育課程の高度化 (1974) ・進学競争の激化 (1979) ・管理的生徒指導、いじめの多発	・第二次世界大戦後の社会状況の変化 (経済的発展) (1982) ・戦後の「高度工業化社会」への移行の中での「いえ」制度の崩壊。父権の喪失、高度教育の普及と高学歴社会 (1972) ・進学率の増加と男女差の解消 (1982)	論文、文献考察
15	清水 (1979) (1992)		・強い母と存在感のうすい父親の組合せが登校拒否の因とするのはおかしい、そんな家庭は多い (1992) ・親子関係の歪み、親に責任ありとする親原因論は不適切 (1992)	・カリキュラム構造：40人の子どもへの関心、カリキュラムの提供 (1989)	・親の義務感としての学校教育の期待 ・高学歴構造 (1989) ・日本人の教育への夢：親子の努力で高等教育を通じて社会的成功を得る (1989) ・高学歴、高資格取得への願望 (1989)	論文

表 2-1　登校拒否の形成要因 (4)

No.	報告者(報告年)	子ども	家庭	学校	社会	備考
16	鑪 (1989) (1992)	—	—	—	・学校教育の普及 (高校進学95%, 大学進学35%) ・社会的機会均等の理念 (努力によって誰でも教育の機会は得られる) ・入試競争の激化 (社会的に有効な地位につける) ・学校教育の序列化 ・児童・生徒の心の世界の二重化 (能力にふさわしい学校に入れるか, 目的の大学に入れるか)	雑誌論文
17	石川 (1988)	—	—	—	(登校拒否変容の背景には) 学校への社会構造の変化あり。昭和50年代には学歴至上主義で, 学校教育のあとに子どもの可能性を見出していった。学校進行とも言うべき一種のいわゆる宗教的ブームあり。最近ではみんなが学校に依存してみると学歴の価値も低下しはじめ, 学校進行の空しさをかんじはじめた ・近代日本の工業化による社会構造の変化が関係している	論文
18	森田 (1991)	—	—	・神経症的登校拒否, 怠学など, 従来の不登校に加えて現代型の不登校の存在を提案 神経症的登校拒否は「学校には行くべきだ」との価値観を受け入れて子どもに起こる不登校で,「行きたいが行けない」との葛藤が見られる。現代型の不登校では, 学校へはいかなければならないとの価値観を持っていないところに特殊性がある。「不登校問題」の背景には現代社会の「myth 化」現象の流れがある。学校を支えていた価値観が揺らぎ, 学校は子どもに「学校に行く」ことによる報酬性を与えることができなくなっている。たとえば, 学校のよい成績→社会的地位の向上→将来の幸福な生活の保障という説得力を失った。また, 地位の向上だけが幸せではないと考えられるようになった。現代の学校社会は子どもを学校へ引っ張り込むだけの報酬を保障しなくなった	—	単行本

第2章 登校拒否の呼称や状態像の変遷　27

19	渡辺 (1992)	・不登校の要因を機械的に子ども自身とその養育環境においた見方は、かたよった見方である	・不登校発現には学校教育状況とも深い関係にある 1. ストレスとしての学校教育状況：学校に在籍している子どもには欠席への罪業感が強い。多様多彩な子どもが意欲的に参加することはありえない 2. 学校教育制度の本質として：もともと富国強兵の国策のために制度が設けられた。教育を行う側の論理が優先された。工業製品のように一定レベルに均質化することが教育と信じられている 3. 学校教育の歪み：子どもを知らない教師が多数生まれ、子どもを十分に掌握できていない。工業製品のように一定レベルに均質化することが教育と信じられている	・社会は登校拒否について子どもの資質や両親の育児が問題だと信じ、強い偏見をもっている。（学校状況をみると）不登校は、知らずに腐ったものを食べたときに生じる嘔吐や下痢のようなものである ・登校拒否についての社会的偏見が家族と子ども自身の上に乗りかかっている	単行本
20	滝川 (1998)	・子ども本人や家庭の養育の仕方、父親像や母親像に登校拒否の原因を求める「内在因論」は妥当性をもっていない。このような問題がなくても、不登校となっている事例や、その逆の事例もある	・知育重量教育、教育内容の高度化、多様な、多彩な子どもに対応できていない、など、学校環境に原因を求める［外在因論］、高学歴社会、受験体制、高度の経済の成長などに原因を求める［外在因論］も妥当でない ・19世紀に生み出された公教育には理論的に無理がある。30、40人の子どもを同じ教科内で一律に授業をしようとしている。しかし多くの子どもは同じ授業には行けている。個人にとっても、学校が貧しい此岸（現実）である。多くの子どもを学校に生かしている方法、学校がもつ「聖性」から豊かで文明的な彼岸（未来）へと自分たちを導いてくれる門戸であった ・不登校は、学校に寄せられてきた「学校の聖性」が低下してきたことから生まれた	単行本(論文集)

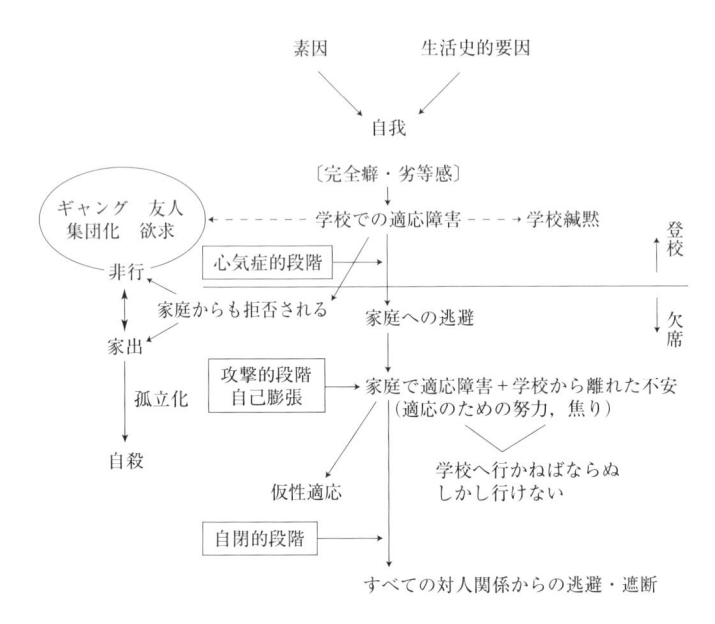

図2-5 学校恐怖症の成立の図式（高木 1965）

　高木は劣等感あるいは完全癖を背景として学校で適応障害が生まれ，その結果，心身症的訴えをもって登校拒否となるとみている。一方，家庭内には子どもを学校に押し出すだけの絶対的な権威も決め手もなく，子どもを家庭にとどめ，欠席を受け入れる条件が存在すると，学校と家庭との間の力関係に言及している。後述のように，高木は登校拒否の症状形成について段階説をとり，心身症的段階，攻撃的段階，そして自閉的段階があるとしている。学校に行けないことについて心身症的訴えでもって登校拒否がはじまり，そして登校をめぐって家庭内に緊張や不安が高まり，子どもと親との関連の中で次の第2段階に進み，子どもの側に合理化・攻撃がみられる。この段階で子どもが抱く最大の不安は学校に行っていない，または学校状況から離れたことに起因する不安だとしている。第3段階では，子どもは外界からの刺激を全面的に遮断することによって，自我防衛を試みる自閉的状態となるのである。

　高木は「保護者のすすめにもかかわらず心理的理由で子どもが学校へ行くことを拒む現象を登校拒否」とし，そして「学校に行かなければならないという自覚，または学校に行きたいという意志をもっているにもかかわらず，神経症的な機制のために登校不能となり，特有の神経症状態を示すものを登校恐怖症」として，

両者を区別している。本書で対象としているのはこの種の登校拒否，神経症的登校拒否である。

高木の所論は分離不安説への反論として展開されたもので，学校への不適応から登校拒否がはじまり，学校を休んでいる子どもに不安や葛藤，そして家庭内力動が生まれ，それに応じて，子どもに種々の神経症的状態が発生するとみている。

いまからみると，高木の所論は妥当な意見で，めずらしくない。しかし，当時わが国の専門分野では分離不安を中心としたアメリカの登校拒否論が盛んであった時代的状況からみると，これは卓越した所論であった。

筆者（1968）は高木の登校拒否論を「場面逃避説」と名づけた。症状形成について段階説を提唱していること，そして家族内力動から理論を展開し，学校と家庭の，子どもに及ぼす力関係に注目している点にも，高木の独創性がみられる。

3 自我未熟説

これは平井（1966）の所論で，登校拒否の子どもの行動には自己中心的な面が多く，自我の未成熟が認められ，情緒反応は幼児期の段階にとどまっている子どもが多い。欲求不満に対する忍耐力は乏しい。すなわち，「つらさを乗り越える気持ち」が不足している。

一方，学校生活には，日々，各種の困難がある。学習，友人関係，教師との関係などにおいて学校生活は必ずしも円滑にいくとは限らない。自我の未熟な子どもはこれに耐えられない。学校の状態に反して，家庭はまことに温床である。子どもは自己中心的に行動しても，保護し，奉仕してくれる母親によって，許容される。

つらさを乗り越える気持ちの不足によって，つらい学校から家庭に帰り，労せず生活している状況が登校拒否であって，「自我が未成熟なまま年齢を加えており，これが登校拒否の中核である」と，平井はいう。

平井は図2-6の「発生機序」を展開している。小児科医として登校拒否の臨床に携わった平井の理論はわかりやすく，家族病理を前面に出しているところに特色がある。

4 内閉神経症説

これは山中（1978）の「学校恐怖症」の精神病理に関する理論で，彼は思春期にちょっとしたきっかけで不登校がはじまり，高木のいう「自閉的時期」に一気に進行し，長期化する事例に関心をもった。そして，この中核構造をなす特性を次の通りとした。

①登校強迫

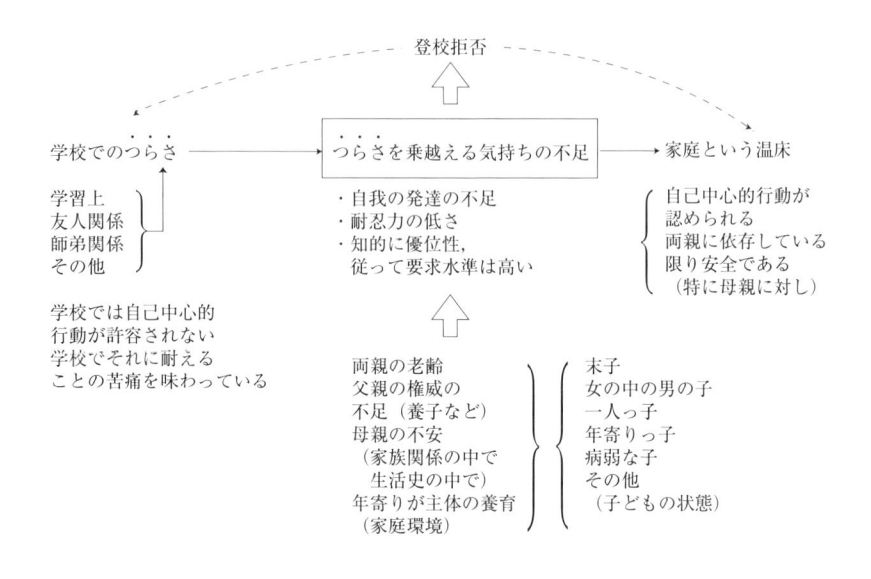

```
                              登校拒否
                                ↑
   学校でのつらさ  →  つらさを乗越える気持ちの不足  →  家庭という温床
   ┌学習上        ・自我の発達の不足              ┌自己中心的行動が
   │友人関係      ・耐忍力の低さ                  │認められる
   │師弟関係      ・知的に優位性,                 │両親に依存している
   └その他          従って要求水準は高い          │限り安全である
                                ↑                └(特に母親に対し)
   学校では自己中心的
   行動が許容されない    ┌両親の老齢      ┌末子
   学校でそれに耐える    │父親の権威の    │女の中の男の子
   ことの苦痛を味わって  │不足(養子など)  │一人っ子
   いる                  │母親の不安      │年寄りっ子
                         │(家族関係の中で)│病弱な子
                         │(生活史の中で)  │その他
                         │年寄りが主体の養育└(子どもの状態)
                         └(家庭環境)
```

図2-6 登校拒否発生の機序(平井 1966)

② 引きこもり
③ 性同一性拡散
④ 先取り的思考
⑤ 高い自尊心
⑥ 興味極限

　山中はこれらの特徴を踏まえて,「学校恐怖症」は強迫神経症でもなく,不安神経症でもなく,また境界例を経て分裂病に近接するケースもあることから,新たに〈内閉〉の概念のもとに「内閉神経症」の概念を提案した。これは成因論からでなく,治療実践からの提案であった。

　「内閉神経症」の子どもは,高い〈自尊心〉をもっているが,その基盤は弱く,ふとしたことで〈学校社会〉という社会場面における適応に失敗し,家の中に深く閉じこもってしまう。そして,学業以外の,他人からみると,他愛のないこと(筆者が第6章で取り上げている興味の極限)にエネルギーを用いるほか,何もしていないことが多い。

　男性例では,競争社会で他人を蹴落とし,一点でも多く点数を取って人生の表街道を突っ走る「男の道」を嫌い,それから退いたものであるため,むしろ心優しいが,彼らは〈ゆとり〉の中にあるのではなく,内心の緊張が強く,外へ出ると周囲への配慮だけで疲労してしまうため,必然的に引きこもることとなる。女

性例ではアニムス（女性にみられる男性原理）優位で，男性例と違って，むしろ積極的に外界とかかわろうとする姿勢は示すが，たいていは幾度もこれを試み，失敗して傷つき，結局深く内閉することが多い。

　山中はこの〈内閉〉には外的には社会的未熟とされる消極面をもつが，内的には〈退行〉，しかもそれは次なる〈新生〉をもたらすための〈蛹の時期〉とでもいうべき積極面をあわせもっている，ここに治療への出発点があるとしている。

　治療の基本として，彼らの〈内閉〉をできる限り保障することが第一歩である。登校を強制することはしない。彼らの話に〈耳を傾け〉，しっかりと彼らの〈内的な旅〉の同行者としてつきあい，ひたすら彼らの〈内的な成熟〉を待つ。そして，夢，絵画，詩などの〈イメージ〉の展開や，読書とか音楽鑑賞など彼らの局限した興味の〈窓〉を尊重し，それをとおしての体験を共にしたり，甲虫や小鳥育て，草花の種子を丹念に育てていくといった象徴的な〈成熟〉の過程を共にする。

　このように，彼らの〈内閉〉を保護し支えていくうちに，何らかの外的な事件が，自我の成長と共時的に起き，それに対して彼らが適切にかかわることが可能になると，それまでの〈内閉〉の状態を脱して，新しい状況（登校，その他の試み）へと巣立っていく。

　中山の所論は登校拒否の，神経症における位置を探求しているところにひとつの意義がある。それ以上に，筆者が注目するのは〈内閉〉の保障という治療論であって，これは思春期の急性登校拒否への重要なアプローチで，いまも多用されている。登校拒否の教育心理的支援で，閉じこもりは〈青虫の羽化〉だとか，〈卵からの雛の誕生〉と積極的に解釈したり，子どもが登校拒否から脱却するには，〈時熟〉や〈待つ姿勢〉が必要であるという支援論は，山中の〈内閉〉保障論と軌を一にしている。

　山中（2000）は，最近の不登校児の質的変貌にふれて，「……一昔前までの不登校児には何らかの〈窓〉が開いている子が多かったのだが，最近，その窓が全く見当たらず，〈何にも興味がわかない〉〈何をしてもおもしろくない〉〈死にたい〉とばかりいう子が，俄然，増えてきた」と，述べている。

5　学校病理説

　60年代，70年代の登校拒否研究や臨床の分野では，子どもの性格や家庭関係などの個人病理ないし家庭病理から登校拒否を理解するアプローチが支配的であったが，1970年代後半から学校状況に関心が集まってきた。その転換点のひとつを児童精神医学学会のシンポジウム（1979）にみることができる。

　このシンポジウムには思春期登校拒否の治療処置をめぐって精神医学や心理学

の専門家6名がシンポジストとして，また2名の専門家が指定討論者として参加している。このうち，小泉は都立教育研究所の教育相談活動をもとに所論を展開し，学校との関係について「……学校や教師に登校拒否の原因があるというより，個人的要因が強いと考えるほうが妥当でなかろうか」と述べている。つづいて「……登校拒否とは究極するところ，症児のパーソナリティの問題であり，治療とはその再形成を図ることである」と，自論を展開している。

この小泉の所論は従来の考え方にそったものである。当時，学校には登校拒否のきっかけを提供するところといった役割しか与えられていなくて，登校拒否は主に子どもと家庭の問題とみられていたので，小泉の所論は奇とするものではない。

筆者が興味をもったのは，小泉と同じ席にいた精神医学の専門家が，小泉とは独立して，登校拒否は子どもの問題，家庭の問題というよりも，現代の学校教育状況が深く絡んでいると力説した点である。そして指定討論者が，小泉と精神医学の専門家との間に橋をかけるように，ここ10年間の変化に時代の流れを感取している。

渡辺は，登校拒否状態にある子どもについて精神的資質を問題にし，個人病理に基づくものとしがちな従来の見方を否定した。すなわち，子どもにみられるいろいろの行動や症状は，子どもが不登校状態に陥った結果発現したものであり，子どもは意識的に学校に行かないのではなく，〈行こう〉と意図しても，なおかつ〈行けない〉のである。不登校状態は意識的，意図的ではない。〈行けない状態〉の発現は，子ども自身の心理的要因のみによるというよりも，学校状況との相互関係の中で現れてくるという。

「学校教育は，本来的に，子ども自身のためのものであり，子どもにとっての教育の本質は，子どもが本来有する個別の価値を尊重し，その成長・発達を助けることである。しかし，もしも子どもの本質が無視され，歪曲され，そのため成長・発達が阻害され，個別の価値が侵害されたら，その状況に直面する子どもは本能的に自己防衛的行動を無意識にとり，その危機的状況を回避しようとするのは当然である。……登校することが困難か不可能となる」という。

結論的に渡辺は，家族は「……学校教育の状況では登校拒否の発現は当然のことと認識し，むしろ，登校拒否という現象は，子どもの発達を保障しきれない学校教育の窮状に対する子どもの生き方の訴えであると理解できるようになる」ことが大切であると述べる。

渡辺ほどには明確ではないが，十亀や清水も学校状況を積極的にとらえている。

学校病理から登校拒否をみる観点の台頭について，指定討論に立った小沢（1979）は次のように述べている。登校拒否にかかわっていた10年ほど前には，

「私自身が登校拒否を単に負の価値をもったもの，つまり登校は善で，不登校は悪と考えていた。……いまシンポジストの討論をきき，10年ほど前の登校拒否に関する議論のありさまの変化に感概深いものがある。登校拒否を〈学校問題〉としてとらえ直す，すなわち，単に成因論としての〈学校〉のみでなく，現代の教育場面における矛盾の表現として登校拒否をとらえ，個人と学校状況とのかかわりの中で考えていこうとすることは正しい」。

渡辺はシンポジウムから約10年後，『不登校のこころ』を発刊し，その中で，「登校拒否に際してその中心的状態といえる不登校の要因を多くの人々が機械的といえるほどに，子ども自身とその教育環境においてきたことは，あまりにも単純で，偏った見方をしてきたものだと，驚かされる」と述べ，さらに「ストレスとしての学校教育」「学校教育の本質として」「学校教育の歪み」の3点から学校教育状況を分析したのちに，「学校教育における不登校は，知らずに腐ったものを食べた時に生じてくる嘔吐や下痢のようなものである」と述べている。

学校病理説では学校教育制度，学校内対人関係，教育活動などと，子どもとの力動的関係の中に登校拒否の形成が求められている。しかし，ここでは子ども個人の問題は登校拒否発現の背景としても取り上げられていない。高木の神経症的中核説では学校要因が取り上げられていたが，子どもの学校への不適応として子ども個人と学校との関係が説明されていた点に，学校病理説との相違点が認められる。

6　社会病理説

社会病理としての登校拒否論では，日本社会そのものの変化，これに伴う学校の変化の中に，登校拒否を生む病理性があると提案されている。

1）ボンド（絆）論

森田（1989，1991，1994）の所論は社会病理説のひとつである。彼は，中学2年の生徒を対象に生徒の自己申告による不登校欠席状態と教師の把握結果とをつきあわせて，1988年の不登校の統計等を分析した。そして潜在群（学校へ行くのは嫌いだが，それでも我慢して休まずに登校している生徒）を入れると，不登校現象は中学2年生の67％にまでに及ぶ現象であり，「……もはや学校嫌いといわれる不登校現象が特別な傾向をもったごく一部の子どもに起こる現象ではなく，中学生活の日常的な身の回りのできごととして一般化している」と述べている。この見解は文部省の登校拒否に関する視点の転換（1991，1997），「登校拒否はどの児童生徒にもおこりうるもの」の統計的な支持データともなっている。

従来，子どもたちが「なぜ学校へ行かないのか」の設問で種々意見が提出され

たが，森田はハーシイ（Hirschi, T.）の犯罪原罪論としてのボンド論を援用して，子どもたちが「なぜ学校へ行くのか」と問いかけ，不登校の動機をもちながらも欠席しない原因をさぐるという方法に着目した。この方法によって，子どもたちが学校を離れていく要因ではなく，学校に結びついていく要因を明らかにできるとした。少し長くなるが，その所論を紹介する。

森田は不登校の発現の背景には社会においても，学校においても私事化（privatization）が浸透している，とまず指摘し，ついで子どもと学校とを結びつけているボンド（絆）の糸が細くなって不登校が発現するという。

まず，私事化現象について，これまで日本社会を支え構成してきた様々な価値が揺らいで現れている。戦後，日本社会の価値意識が「献身的価値」から「充足価値」へと転換した。国家への献身的価値（筆者はその最大のものは天皇を頂点とした戦前の日本国家への滅私奉公意識にみるが）は極度に低下した。それまで日蔭の存在でしかなかった自分の幸福を追求する，個人本位の「充足価値」がその存在性を認められ，積極的価値となった。これは公的価値から私的価値への転換といってよい。

現代社会の人々には，自分を犠牲にしてまで，周囲や地域社会はいうまでもなく，企業や集団につくすことはほどほどにして，自分の私的な領域（ワタシゴトの世界）を確保したいという欲求がある。この社会的動向を森田はいわゆる私事化現象と呼んだ。

私事化現象は企業や組織のみでなく，学校社会にも現れている。学校は，いまや子どもたちにとって献身価値のみでなく，充足価値さえも失っていると，森田はみている。

学校は献身に価する報酬性を生徒に与えることができなくなっている。そして「学校へ行ってどうなる」という冷めた学校観が生徒にみられる。

森田によれば，わが国では明治期以降，学校教育は，その成績によって社会的地位を上げることができる自由さと公平性を人々に与えてきた。学校の成績は「個人の幸福」を保障するものだった。よい成績→社会的地位の向上→幸福な生活という人生の連鎖は，子どもには献身価値をもつべきものと受け取られてきた。しかし，いまこの連鎖は揺らいで，神話と化している。大別して，3つの揺らぎがこれに関係している。

① 「えらい」とか「えらくない」とか，階層が「上」か「下」かという評価が変化し，多様化してきた。たとえば学歴が高くても収入は低い，大企業に就職しても，収入は高くないなど。
② 地位の上昇だけが将来の幸せではないという考え方が現れてきた。子どもたちは生活の安定と豊かさの中で育ち，豊かな社会では達成志向を高く掲げて

あえて苦労や努力をしなくても，そこそこの安定を得られるという実感をもっている。いまの子どもたちは自分の身の丈に合った目標を設定し，いま我慢して将来の幸福や地位の上昇を求めるよりも，「いま」の時間をいかに充実させるかに関心を強く集中させている。

③いい成績→いい大学というラインの結びつきに関して，いま65.5％の子どもが大学進学を希望している。この中で，「いい成績」をとることがすべての子どもに可能なわけではないことを知ってきた。そして子どもは自分の身の丈に合った人生を志向する意識をもち，いい成績→いい大学という達成価値が相対的に低くなった。

中学2年生を対象とした調査で，「勉強のできる子」は同性からも異性からも低い位置に置かれている。

子どもたちの献身価値を主体的に引き出すほどのインセンティブになる報酬性が学校にどれだけ存在するか。このままいくと，とめどもなく学校では私事化が起こり，学校社会内で意味の充足の放棄と諦観が生まれ，求められない欲求の渇望は，学校社会の外へと充足を求めて広がっていく行動となって現れる。

昔は学校へ行くことがあたりまえだったし，これを誰も疑わなかった。登校は子どもが無条件に服従しなければならない義務的規範体系に属する行為であったが，いまは行くか行かないか，選択してもよい選択価値体系になりつつある。この傾向は登校のみでなく，校則をはじめ学校生活の様々な領域で進行している。以前に増して，学校はどんな意味をもっているかを考える傾向が子どもに強くなっている。不登校現象は，ひとつには学校生活の中に意味を見いだそうとする子どものまなざしと，学校社会の現実とのはざまの中で発生している。

ついで，森田は次の4つの要素が不登校現象の生成に関係があるとして，ボンドモデルを提唱した。

①対人関係によるボンド

これは，両親，教師，友人など子どもにとって大切なキーパーソンに対して，子どもが抱く愛情や尊敬の念，または他者の利害への配慮などによって形成される対人関係のつながりをいう。森田は，学級内友人関係や教師関係を統計的に分析し，「関係性へのポーズ」が日常的に薄まってきていることが不登校の背景因を構成しており，そこにきっかけ要因が加わり，不登校行動が発現するとしている。しかもこの背景因は出席群の生徒にも共通にみられる要因であり，これにきっかけとなる引き金要因が付加されれば，出席している生徒も不登校に陥る可能性は否定できないと述べている。

②手段的自己実現によるボンド

たとえば，現在の学校生活における学習活動をはじめいろいろの活動や役割が

子どもの未来の目標を達成する手段として，たとえば高校入試が子どもの中にどのように位置づけられているかは，子どもと学校のつながりが決まる要素のひとつとなる。入試に例をとると，授業は子どもにとって高校入試の手段であって，授業は，高校入試にあまり役立たないとの学校不信感に結びつくと，学校へのボンドは弱まっていく。

③コンサマトリーな自己実現と離脱の回路

いまの活動それ自体の中に充足価値を補足させるものがあるか否かによってその活動の場への結びつきの強さは変わってくる。たとえば，学校には授業，学級会，部活動，学校行事など，いろいろある。これらの活動が窮屈さ，苦痛，無意味さを子どもに与えると，子どもと活動の場とのつながりは弱まる。反対に，これらの活動の中で子どもが充足価値を見いだすことができれば，活動の場へのつながりは深まる。そのためには，これらの行動や活動の場が学校社会の離脱の回路として機能していることが大切である。

ここでいう「離脱」とは学校社会から離れてしまうことでもなく，逸脱した行動をとることとも異なる。離脱の回路とは，その社会（学校）の日常行事としての活動や制度として決まっている活動の中に埋めこまれた，相対的に自由な空間であり，そこで自己表出や自己実現が可能となる活動の場があることである。たとえば，部活動や学習活動，あるいは体育祭や文化祭などを学習の場とみなして，学校の教育活動の一環に組み込まれてしまうと，これは日常の授業の一環となる。さらに，たとえば学校行事や部活動が評価され，高校入試に影響することになると，これらは生徒には授業と同じ場となる。

これに対して，たとえば部活動も学習のひとつではあるが，子どもに好きな活動を主体的に選ばせ，個性を伸ばし，自分らしさを感じさせることになれば，部活動も離脱の回路となる。業間の休みの中では友達同士自由に会話し，遊び，自己表現できる場所であれば，これは学校社会の離脱の回路として機能し，充足価値をもつこととなる。

現代の学校社会は，様々な社会的期待のために，教育，学習機能をますます強める傾向にある。この中にあって離脱の回路はストレスやフラストレーションを解消させる表現的（expressive）な機能領域を担当する。

この回路が学校社会で閉ざされれば，子どもは学習，教育という課題をこなす動機づけを弱め，学習意欲は低下し，逸脱への存在的圧力を強めることになる。時には子どもは学校社会の外に離脱への回路を求め，アニメ，テレビゲーム，音楽，ファッションなどがこれになる。

④規範的正当性への信念によるボンド

この要素は規範（たとえば校則）へのつながりであって，子どもはこれを守ら

なければならないとされる。決められた校則が生徒手帳にのっているだけでは，これを守るということにならない。この規範が生徒集団から妥当なものであり，これを厳守することによってそれなりの有益が認められる場合に限って，集団メンバーを順法的な世界につなぎとめることができる。

　学校に時間通り登校し，授業に出席することは規範を構成する重要な部分であり，どの学校でもそれを守る義務について，校則などに明記されている。森田が「現代型不登校」と呼んでいる子どもたちでは，登校や出席に関する道徳的義務感情が揺らぎはじめ，休んでも，遅刻や早退をしても，あまり罪障感をもたないのである。

　規範の正当性への信念は，守る側である生徒の「規範へのつながり」だけでなく，これを運用する学校や教師の運用や執行が公平さをもち，正直者が馬鹿をみないように，当を得たものであることも大切である。

　結局のところ，学校社会のもつ権威とその構造を承認する態度が生徒の中に形成されていると，規範へのつながりをもつことになる。生徒がこれに反感をもつと，学校社会とのつながりはきれてしまう。

　以上のように，森田は4つの要素からボンド理論を展開し，図2-7のようにモデル化している。ここでは不登校現象は，4つの要素の組み合わせによって起こる現象だという。

　4要素のボンドがすべてきれていると，不登校が起こる確率は高くなる。ボンド要素のひとつまたは複数の要素がつながっていても，不登校が発生する。たとえば，規範の正当化へのボンドができていても，コンサマトリーな自己実現ができなければ，学校とのつながりは細いものとなる。加えて対人関係のボントが断ちきれていれば，そのつながりの糸はますます細くなり，不登校が発現しやすくなる。

　要するに，ボンドモデル論は，4要素を束ねもつ学校社会と子どもたちの間にあるつながりの糸の太さがボンドの強弱となり，糸が細くなることによって不登

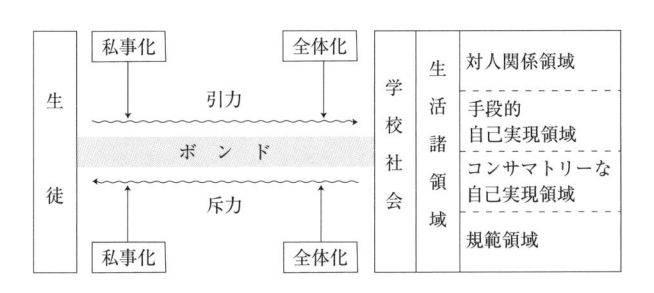

図2-7　不登校現象生成メカニズムのボンド・モデル（森田 1991）

校現象が発生すると考えている。

2）学校の聖性喪失論

　滝川（1998）の所論をここでは便宜的に聖性喪失論と呼んでおく。明治5（1872）年にわが国に「学制」が敷かれ，就学率は明治25年代にはすでに90％を越えた。滝川はこの力は何だったかと問い，それは，社会的に学校に与えられた聖性によるとした。そして，いま，学校がその聖性を喪失したところに，不登校増加の背景があるという。

　滝川は，明治5年以降に敷かれた公教育（義務教育）には本来的に無理なやり方が内在しているとみている。本来的に，義務教育制度は日本社会の近代化，近代的な国家を建設しようという国家的な要請によってつくられた教育制度であった。ここでは，30～40人の子どもをひとつの場所に集めて，同じ教科書で一律に授業するという形をとっていて，方法論的に無理な教育をしている。子どもにはそれぞれ個性があって，これについていけるものもあれば，そうでない子もいる。教師が有能であっても，すべての子どもの個性に応じた教育はできない。

　このように，方法論的に無理と考えられる公教育制度の中で，大多数の子どもが頑張って登校しているのはなぜか。子どもを学校に向かわせる力はどこにあるのかと，滝川は設問し，それは学校のもつ聖性にあるとした。

　「聖性」とは何か。「聖なる場所」というのは此岸から彼岸へと橋渡しするところである。お寺やお宮は此岸である現世から彼岸（あの世）へと，人々をつなぐ入口で，聖なる場所である。同時に，他界への通路であるから，畏敬に近い怖れを引き出すことになる。

　「必ズ邑ニ不学ノ戸無ク，家ニ不学ノ人ナカラシメン事ヲ期ス」としてスタートした義務教育は，貧しい此岸（現在）から豊かで文明的な彼岸（未来）へと自分たちを導いてくれる門戸（聖化）――そういうものとして義務教育はわが国の民衆の中に浸透した。

　学校のもつ聖性はいくつかの具体例の中にみることができる。昭和20年代前に生まれた世代は，台風で避難する時も，教科書だけは後生大事にもっていた。いまは，親として「教科書だけは手放すな」とはいわない。水害の時，ペットを抱えている子どもをテレビでみることはできるが，教科書を抱えている子どもの姿は絵にならない。教科書は非常に貴く，神聖なものという観念は，いまはない。

　学校は聖なるところというイメージをもつ世代では，教師は学校を司る聖職者（子どもに対して無償で献身的な存在であると共に真理の厳しい導き手）としてのイメージが民衆の側から教師に与えられていた。

　かつて日本教職員組合と文部省の間で，教師は聖職者か労働者かをめぐって激

しい議論があった。そして，いま，我々の心の中にはかつての聖職的な教師像は失われている。

運動会にしても，昔は，地域社会と一体化した地域ぐるみの祭りであった。グランドには座台が並び，地面には茣蓙を敷き，もってきた重箱のごちそうを家族みんなで食べながら運動会をみていた。祭りの中心となる場は本格的に聖なる場所であった。

いま運動会では保護者は子どもと別の場所に座っている。昼食は教室でとる。保護者のとび入りといった余興的なプログラムもないし，運動会は体育競技会となって聖性は失われた。

此岸（現在）と彼岸（未来），経済的，文化的に貧しい此岸から豊かな彼岸（一例に出世して故郷に錦を飾る）とのかけがえのない通路たることによって，学校は聖なる場所として，絶対性も，またある怖れをももたらす場となって社会に根を下ろし，人々を学校へ向かって吸収していた。

わが国は西欧に追いつき，経済的には西欧を追い越し，超近代的文明社会をつくり上げた。明治5年に公布された義務教育制度はその目的を完全に果たした。いまもつづいているこの教育制度がもつ無理な部分が，つまり個人に対して負荷として働く部分が，いま，我々が出会っている問題なのである。そのひとつが長期欠席率の上昇である。

かつては彼岸のものであった豊かな社会や生活が現実のものとなってしまうと，学校はもはや此岸から彼岸へと導く聖なる場という役割，そういうイメージを帯びることもできなくなった。理屈抜きに学校は大事（神聖）なところで，休むなんてとんでもないいう意識は，現在，社会全体に薄れている。

イメージだけでなく，学校は現実の機能も弱っている。たとえば，英語は大学で学ばなければならなかったが，いまは生涯教育施設としても英語学習の場は沢山ある。学校で学ぶ英語は受験用で，生活の役に立たないといわれてもいる。

学校は様々な知識や技能を特権的に独占伝授する場という「知」の占有性をもっていたが，いまは情報社会，生涯学習社会であって，学校は「知」の学習の，唯一の，かけがえのない場という機能も低下しつつある。

19世紀につくられた公教育の役割は完全に終わっている。今後，このシステムをどのようにつくり直していくか，これからの考えどころである。

●第3節　文部行政にみる登校拒否観，状態像と見方の変遷

わが国の学校教育は文部科学省の行政下に置かれている。教科書もすべて国の検定を経たものが出版され，それらの中から教育委員会が中心で選択し，子ども

に渡る仕組みになっている。学校教育課題のひとつにすぎない登校拒否問題にしても，文部行政の下に置かれている。

登校拒否を含め不登校は学校に密接にかかわっているので，不登校にかかわる人はすべて文部行政における不登校の見方や支援のあり方などを知っておくことが大切である。また，文部行政における登校拒否などの不登校観の変遷を辿ることは，精神医学や臨床心理学などの専門分野の不登校観の変遷にも関係しているので，興味深いところである。

1　名称と基準の変遷

文科省行政では制度的に登校拒否は昭和41（1966）年度間学校基本調査において長期欠席者理由別の項に，新しく「学校嫌い」が設けられた時にはじまる。ここでいう「学校嫌いとは，他に特別の理由がなく，心理的理由などから登校を嫌って長期欠席した者」と規定され，その後，これが学校教育分野で登校拒否と呼ばれたのであった。

昭和63（1988）年度間調査以後，「学校嫌い」の定義から「他に特別な理由なく」の文言が削除され，平成9（1997）年度間調査までこれが使用された。そして，平成10年度間以降の調査では登校拒否に代わって〈不登校〉の名称に変更された。

学校基本調査で「学校嫌い」あるいは〈不登校〉の名の下に調査対象となったのは，昭和41年度間～平成2年度間では年間50日以上欠席した児童生徒である。平成3年度間～平成10年度間では欠席日数50日以上と30日以上の基準が併用された。そして，平成11（1999）年度間以後には30日以上に一本化された。従って，昭和41年度以降つづいた50日以上欠席の児童生徒数は発表されていない。

2　文部行政における登校拒否観等の変遷

登校拒否の見方や指導などについて，文科省は主なものとして次の生徒指導資料を発刊している。

- 「生徒の健全育成をめぐる諸問題――登校拒否を中心に――中学校・高等学校編」昭和58（1983）年
- 「登校拒否（不登校）問題について――児童生徒の『心の居場所』づくりを目指して――」平成4（1992）年
- 「登校拒否問題への取り組みについて――小学校・中学校編――」平成9（1997）年
- 「今後の不登校への対応のあり方について」平成15（2003）年

どの報告書も，文科省内外の専門家からなる協力者会議で研究され，報告され

たものである。専門家の中には昭和58年の報告では稲村博，内山喜久雄，玉井収介，平成4年では稲村博，柏木恵子，上出弘之，服部祥子，平成9年では梅垣弘，河合隼雄，平成15年では森田洋司，斉藤環などの氏名がある。これらの専門家は当時の登校拒否に関する指導的な精神科医と臨床心理学の専門家で，立派な業績をもっている。また，既述のように，森田氏は社会学者として登校拒否について卓越した理論を展開している。

　以下で，これらの資料から文部行政における登校拒否観などの変遷を概略的に見てみたい。ある意味においては専門の学会分野や専門相談機関分野で，それぞれの時期で通用してきた登校拒否観が反映されているので，前述の「登校拒否の呼称や状態像の変遷」と重ね合わせて読むと，変遷が具体的にわかる。

1）子どもと家庭に重点を置いた多面的な登校拒否観
──昭和58年度生徒指導資料（58年版）にみる──

　この資料は，文科省がはじめてまとめた体系的な概説書である。研究協力者会議では次の観点から審議が進められた。「校内暴力などの反社会的な問題行動も憂慮すべき状況にある。学校は子どもの人格形成上，極めて重要な意義をもっている。登校拒否は学校生活への不適応であって，学校，家庭，社会の様々な因子が複雑に絡み合って生じたものである。学校，家庭，社会がそれぞれの教育機能をもちつつ，一致協力して対応策を進める必要がある」

　生徒指導資料の冒頭において，次のように登校拒否が定義されている。「登校拒否とは，主として何らかの心理的，情緒的な原因により，客観的に妥当な理由が見いだせないまま，児童生徒が登校しない，あるいはしたくともできない状態にある」。

　ここでいう「客観的に妥当な理由が見いだせない」とは，けがや病気，家庭の経済状態や家事の都合，あるいは親の学校教育に対する無理解などをいう。従って，登校拒否は広義に取られている。これは表2-2にみることができる。ここでは神経症的拒否を含めて，精神障害的拒否，怠学，身体や学力の遅滞による拒否，転校や入学時にみる拒否，学校生活の意義が見いだせないという考えによる拒否などを態様としてあげている。

　登校拒否の用語やとらえ方についてもふれていて，昭和30年代初期には「怠け休み」に加えて，「学校恐怖症」という名称のもとに児童生徒の性格や行動の分析が行われたり，学校が調査されたり，治療法なども検討された。昭和30年代後半から40年代になって，学校に恐怖をもって登校をしなくなるものばかりでなく，家庭内の人間関係，学校における状況，本人の自我の問題など様々な要因が複雑に絡みあった，多面的な理解が必要な登校拒否が登場した。登校しないという現

表 2-2　登校拒否に関する教育相談の件数（文部省 1983）　　　　　　　　（件）

			昭和55年度			昭和56年度		
			計	中学生	高校生	計	中学生	高校生
登校拒否に関する教育相談の件数			3,243	1,530	1,713	3,404	1,690	1,714
	教育相談総件数に占める割合（％）		48.3	44.7	52.1	43.0	39.5	47.2
態様別内訳（件数）	1	不安を中心にした情緒的な混乱によって登校しない，神経症的な拒否の型	(61.4) 1,990	(66.9) 1,024	(56.4) 966	(63.6) 2,164	(65.7) 1,110	(61.5) 1,054
	2	精神障害による拒否で，精神的な疾患の初期の症状と見られる型	(5.1) 165	(3.9) 60	(6.1) 105	(4.7) 161	(3.6) 60	(5.9) 101
	3	怠学すなわちいわゆるずる休みによる拒否で，非行に結び付きやすい型	(7.3) 238	(6.8) 104	(7.8) 134	(7.3) 247	(8.1) 137	(6.4) 110
	4	身体の発育や学力の遅滞などから劣等感をもち，集団不適応に陥り，登校を拒否する型	(7.6) 247	(10.1) 154	(5.4) 93	(7.6) 260	(8.5) 144	(6.8) 116
	5	転校や入学時の不適応，いやがらせをする生徒の存在などの客観的な理由から登校を拒否する型	(5.7) 186	(5.9) 90	(5.6) 96	(6.7) 227	(8.3) 141	(5.0) 86
	6	学校生活の意義が認められないというような独自の考え方から，登校を拒否する型	(2.5) 82	(1.0) 16	(3.9) 66	(2.9) 100	(1.1) 19	(4.7) 81
		不明	(10.3) 335	(5.4) 82	(14.8) 253	(7.2) 245	(4.7) 79	(9.7) 166

（注）（　）内は，登校拒否に関する教育相談件数に占める構成比（％）である。

象は同じでも，形態内容や原因，背景などは様々であり，それらをまとめ，総称として「登校拒否」という用語を使うことにしたとしている。

最近の登校拒否の傾向として，次の点をあげている。

①最近，特に，増加傾向が著しく，また，その形態が多様化すると共に内容的にも深刻さを増している。従って，学校教育のみならず，家族の生活に及ぼす影響も大きく，社会的な問題として関心を集めている。

②本人には登校の意思が十分ありながらも登校できないという，理解困難で神経症的な症状を示す登校拒否が中心となっている。

③登校拒否の中には怠学傾向のものや神経症をはじめ，うつ病や精神病的なものに起因すると思われるものも含まれている。

④登校拒否の様相として，家庭内暴力や非行化傾向など，様々な他の問題行動と関連して生じる場合も少なくない。

登校拒否という用語は総称として使われているので，いろいろの特性から分類してみることが指導上大切になるとし，昭和40年代に児童精神医学や臨床心理学の専門分で提唱されていたいろいろの分類について解説されている。
①症状からみた分類：（1）神経症的症状を中心した拒否，（2）消極的な性格の傾向に起因する拒否，（3）精神病の初期症状としての拒否
②症状の進み具合からみた分類：（1）登校を渋る時期，（2）強い不安や暴力を振るう時期，（3）昼夜逆転や閉じこもる時期
③自我の発達の程度からみた分類：（1）欲求耐性が弱く，自己中心的な自我のもち主の拒否，（2）周囲の期待や価値観をそのまま受け入れ，ある時期に不適応となった拒否
④発症の仕組みからみた分類：（1）分離不安型の拒否，（2）抑うつ型（抑うつ性の精神障害）の拒否，（3）逃避行動型の拒否，（4）性役割葛藤型の拒否
⑤原因と症状の両者に着目した分類
　　（1）不安を中心にした情緒的な混乱によって登校しない，神経症的な登校の型
　　（2）精神障害による拒否で，精神的な疾患の初期にみられる登校拒否の型
　　（3）怠学，すなわち，いわゆるずる休みによる拒否で，非行に結びつきやすい登校拒否の型
　　（4）身体の発育や学力の遅滞などから劣等感をもち，集団不適応に陥り，登校を拒否する型
　　（5）転校や入学時の不適応，いやがらせをする生徒の存在などの客観的な理由から登校を拒否する型
　　（6）学校生活の意義が認められないというような独自の考え方から，進路を変更するまたは変更したいために登校を拒否する型
　①〜④の分類は，当時の学会など専門分野のものをまとめたものである。⑤は文科省のものである。
　ついで，多様な原因や背景でおこる登校拒否について，本人，家庭，学校，社会の4側面に渡って特徴や要因を解説している。これらは1970年代の考え方を示していて，大変興味深い。簡潔に，筆者が表2-3にまとめた。
　表からはわからないが，本文を読むと，58年版でも多様な原因といいながらも，登校拒否の原因を家庭や本人に帰属させている。たとえば，学校要因の中の「クラブ活動・部活動」の項で，「耐性が身についていない生徒は，ルール通り行動できず，粘りに欠けたり，練習に消極的で，引込思案になったりする。このため仲間から排斥され……登校拒否のきっかけとなる……」。また，学校内の人間関係についても，「登校拒否の生徒の多くは，前述のような性格や行動傾向のため

表2-3 登校拒否の原因・背景 (文部省 1983)

子ども本人	家庭	学校	社会
・不安傾向が強い ・優柔不断 ・適応性に欠く（退行，自閉，自己中心性，抑うつ） ・柔軟性にとぼしい（まじめ，きちょうめん） ・社会，情緒未熟 ・神経質	①養育態度 　過保護，子どものいいなり，過干渉 ②父親の性格 　┌社会性に欠く，無口で内向的，男らしさ・積極性に欠く 　└父親としてのモデルにならない 　子どもに専制的，仕事中心→子どものモデルにならない ③母親の性格 　不安傾向，自信欠如，情緒未成熟，依存的，内向的 　　→　過保護になりやすい ④家族の人間関係 　人間関係は子どもに大きな影響を及ぼす ⑤学校教育についての価値観 　教育への関心が高い→学歴志向→学業成績への関心大	中学校・高校では ①学習 　教育内容が次第に高度化，教科成績の重視 ②部活等 　組織的，目標志向的，訓練的になる→耐性の弱い子はついていけない ③対人関係 　前記の性格などが対人関係につまずく	1) 学歴偏重の社会 　受験競争，学業成績の重視 2) 社会環境の急激な変化 　物質的豊かさ，他人への思いやりの欠如，地域社会の連帯感の弱化，核家族化，少子化

対人関係において適切に対応することが苦手である。……これらの対人関係における孤立的，回避的な行動は学校拒否のひとつの要因となる」と述べて，最後には登校拒否の原因を子ども本人に帰属させていて，本質的には，前記の，平井や小泉の登校拒否観と変わらない。

　学校における指導の基本姿勢について次のようにまとめている。項目のみを列挙する。
　①学校としての指導体制の確立
　　（1）全教師が登校拒否に対する理解を深めること
　　（2）教師間の連携・協力を図ること
　　（3）教育相談の機能の充実を図ること
　②学校生活の改善充実
　　（1）学校の集団生活の改善を図ること
　　（2）授業の内容や方法の改善に努めること
　　（3）集団活動への参加を重視すること
　③登校拒否の早期発見とその指導
　　（1）早期発見に努めること
　　（2）粘り強く指導すること
　④家庭や関係機関との連絡
　　（1）家庭との連絡を密にすること

(2) 関係機関との連携を密接にすること
　生徒指導の資料では，この後，具体的に指導のあり方についていろいろ解説されている。ここでは省略する。

2)「どの子どもにも起こりうる登校拒否」という新しい登校拒否観
──心の居場所づくり──平成4年度生徒指導資料にみる

　登校拒否の増大を受けて，文部省は平成2（1990）年に「学校不適応対策調査研究協力者会議」を立ち上げ，1992年に「登校拒否（不登校）問題について─児童生徒の『心の居場所』づくりを目指して─」を公刊した。ここでは児童生徒本人の性格傾向に問題があるために，登校拒否になるという従来の個人病理論を否定して，次のような新しい5つの基本的座を導入し，文科省は登校拒否観を転換した。
　①登校拒否は，どの児童生徒にも起こりうるものであるという視点に立ってこの問題をとらえていく必要があること。
　②いじめ，学業の不振，教師に対する不信感など，学校生活上の問題に起因して登校拒否になってしまう場合がしばしばみられるので，学校や教師一人ひとりの努力が極めて重要であること。
　③学校，家庭，関係機関，本人の努力などによって，登校拒否の問題はかなりの部分を改善ないし解決することができること。
　④児童生徒の自立を促し，学校生活への適応を図るために多様な方法を検討する必要があること。
　⑤児童生徒の好ましい変化は，たとえ小さなことであっても，これを自立のプロセスとしてありのままに受け止め，積極的に評価すること。
　「協力者会議」では用語も検討し，「……登校拒否という語も，不登校という語も一長一短があり……どちらのことばが用いられる場合も，その意味する状態はほぼ同じである。……現在のところ，……教育関係者の間では〈登校拒否〉が用いられるのが一般的であり，……不登校の用語も用いられつつあり，……当面は『登校拒否（不登校）』と呼ぶことにするが，以下ではこれを単に『登校拒否』と表現する」としている。そして，登校拒否を次のように規定している。「登校拒否とは，何らかの心理的，情緒的，身体的，あるいは社会的要因・背景により，児童生徒が登校しない，あるいはしたくともできない状況にあること（ただし，病気や経済的な理由によるものを除く）をいう」
　「協力者会議」では登校拒否の現状について分析し，その増加の状況にふれている。そして，表2-4と2-5のように，新しく「登校拒否になった直接のきっかけの区分」と「登校拒否のタイプ（態様）」を作成した。

表2-4 登校拒否になった直接のきっかけの区分（文部省 1992）

区分	内容
学校生活での影響	・友人関係をめぐる問題（いじめ，けんか等） ・教師との関係をめぐる問題（教師の強い叱責，注意等） ・学業の不振（成績の不振，授業がわからない，試験が嫌い等） ・クラブ活動，部活動への不適応 ・入学，転編入学，進級時の不適応 ・学校のきまり等をめぐる問題
家庭生活での影響	・家庭の生活環境の急激な変化（父親の単身赴任，母親の就労等） ・親子関係をめぐる問題（親の叱責，親の言葉・態度への反発等） ・家庭内の不和（両親の不和，祖母と母親の不和等本人にかかわらないもの）
本人の問題	・病気による欠席 ・その他本人にかかわる問題

表2-5 登校拒否のタイプ（態様）（文部省 1992）

区分	区分の説明
学校生活に起因する型	いやがらせをする生徒の存在や，教師との人間関係等，明らかにそれと理解できる学校生活上の原因から登校せず，その原因を除去することが指導の中心となると考えられる型。
あそび・非行型	遊ぶためや非行グループに入ったりして登校しない型。
無気力型	無気力でなんとなく登校しない型。登校しないことへの罪悪感が少なく，迎えに行ったり強く督促すると登校するが長続きしない。
不安など情緒的混乱の型	登校の意志はあるが身体の不調を訴え登校できない，漠然とした不安を訴え登校しない等，不安を中心とした情緒的な混乱によって登校しない型。
複合型	登校拒否の態様が複合していていずれが主であるかを決めがたい型。
意図的な拒否の型	学校に行く意義を認めず，自分の好きな方向を選んで登校しない型。
その他	上記のいずれにも該当しない型。

「協力者会議」では「登校拒否問題への取り組みの現状について」分析し，そして今後の対応について，いま述べた5つの基本的視座に立って次のように提言している。項目のみを列挙する。

①学校における取り組みの充実
　(1) 真の児童生徒理解に立った指導の展開——予防的対応のために——
　　a. 自主性，主体性を育む観点に立った指導の充実
　　b. 適切な集団生活を行い，人間関係を育てる工夫
　　c. 学習指導方法及び指導体制の工夫改善
　　d. 主体的な進路選択能力の育成を目指す進路指導の充実
　　e. 児童生徒の立場に立った教育相談
　　f. 開かれた学校づくり

　　　　ア　学校と保護者とのかかわり
　　　　イ　学校と地域とのかかわり
　　　　ウ　家庭との連絡を密にした対応
　②登校児童生徒への対応
　　(1) 教師の意識啓発と指導力の向上
　　(2) 登校拒否児童生徒への対応に当たっての留意点
　　　a. 早期発見, 即時対応
　　　b. 一人ひとりの児童生徒を大切にした対応
　　　c. 専門機関への協力要請
　　(3) 再登校時の指導に当たっての留意点
　以上, 平成4年の「学校不適応対策調査研究協力者会議」の報告書について概略的にまとめた。

3) 学校関連問題としての登校拒否観
　　　──心の居場所づくり──平成9年度生徒指導資料にみる

　平成9年の, 生徒指導資料「登校拒否問題への取り組みについて」に関する協力者は, 平成4年の主査, 坂本昇一氏以外すべて交代していた。しかし, 内容は平成4年の報告を教育的に発展させたものである。
　まず, 登校拒否について認識を転換することの必要性について, 従来の登校拒否の考え方をまとめている。登校拒否が教育課題として認識されはじめたのは昭和30年代からで, その後, 40年もの年月が経ち, その間に考え方は変化した。
　特徴的な考え方として, 昭和60年代の初期までは登校拒否は特定の児童生徒に起こる現象とされ, 次のような認識傾向がみられた。
①登校拒否は, 本人の性格に起因すると考えられた。不安傾向が強い, 適応性に欠ける, 社会的・情緒的に未熟であるなど, 登校拒否を起こしやすい性格があって, それが何らかのきっかけにより登校拒否となるというものだった。
②登校拒否を起こしやすい児童生徒の性格は家庭に起因すると考えられていた。そのため親の養育態度の改善を重視することが多かった。
③登校拒否を一種の心の病ととらえる傾向がみられた。閉じこもり, 家庭内暴力, 昼夜逆転の生活など登校拒否の状態は, 精神分裂病(統合失調症), うつ病など精神病の初期症状とみなされる場合があり, その対応には精神科医や臨床心理士などの協力が必要というものであった。
　これらの登校拒否に関する従来の認識の具体例は先に紹介した, 昭和58年版にみることができる。そこでも述べたように, この登校拒否観は文科省独自の考え方ではなく, 当時の学会の一般的な考え方でもあった。

その後，このような従来の考え方はなじまないとして，平成4年版の報告にあるように，「登校拒否はどの児童生徒にも起こりうる」と，登校拒否観を転換した。そして既述の，5つの新しい基本的視座は平成9年度の報告書に引き継がれている。また，登校拒否という用語の使用も，登校拒否の定義も同様である。

　平成9年版では，同4年版の報告書で提案された，「登校拒否のきっかけ」と「登校拒否の態様区分」の書式を使って「登校拒否の現状」が統計としてはじめて報告された。そして，登校拒否のタイプ（態様）として，「学校生活に起因する型」「遊び・非行型」「無気力型」「不安など情著的混乱の型」「意図的な拒否の型」「複合型」「その他」の7分類が提案され，それぞれについて解説されている。

　昭和58年版では，既述のように，統合失調症やうつ病などの精神病も登校拒否とされていたが，平成9年版からは除外されている。

　平成9年版では「登校拒否はどの児童生徒にも起こりうる」とか，「学校生活上の問題に起因する場合がしばしばある」など，登校拒否が学校関連問題でもあると明瞭に認めた点が大きな特色のひとつである。

　登校拒否への対応について，「指導体制の確立」「学級担任の役割」について述べ，ついで「保健室登校」について留意点も含めてかなり詳しく解説している。また，「家庭との連携」について一節を立て，保護者と学校との協力が重要としている。学校が保護者と連携する時の一般的な配慮事項として次のようにまとめている。

(1) 家庭との連携にどう配慮するか
　①学校や教師の基本姿勢
　　a. 家族の気持ちに耳を傾ける姿勢をもちつづけること
　　b. 子どもの健全な成長を願う保護者の思いを大切にし，謙虚な気持ちをもちつづけること
　　c. 共に歩む姿勢をもちつづけること
　　d. 様々な家庭があることを理解し，配慮すること
　②学校と家庭の信頼関係の構築
　　a. 関係を絶やさないこと
　　b. 日常の学校の様子を伝える
　③学校と家庭の連携の具体的なあり方
(2) 家庭への援助の内容と方法
　①情報の提供・交換
　②児童生徒や保護者・家庭に即した助言
　③登校拒否の各段階に応じた保護者や家庭に対する援助の実際：初期の段階，中期の段階，終期の段階

家庭との協力，連携について具体的にふれているところに，平成9年版の特色がある。
　これまで文科省は，昭和58年版にみるように，登校拒否問題は家庭の問題とみる傾向がつよかった。
　平成9年の報告書では，最後に「心の居場所となる学校を目指して」いう章を立て，学校は本来児童生徒の自立を支援する場所である。彼らにとって「安心して自己を生かせる場，個性や能力，自主性や主体性を発揮できる場であること，つまり心の居場所であることが望まれる」と，結んでいる。
　昭和58年版では登校拒否について多面的立場の重要性を強調しながらも，結局のところ，登校拒否の理解と対応において子ども個人と家庭を強調していた。また，精神障害による不登校も登校拒否としていた。〈客観的に妥当な理由が見いだせない〉不登校はすべて登校拒否と見ていた。これは当時の登校拒否に関連する学会など専門分野の考え方でもあった。積極的にいうと，昭和58年版は昭和40年，同50年代はじめまでの学会など専門分野の考え方のまとめであった。平成4年版，そしてこれを基礎にまとめられた平成9年版の大きな特色は，①「基本的視座」の設定と共に，登校拒否の概念規定を明確にして，精神障害，身体発育不全や学力遅滞などによる不登校を登校拒否からはずしている，②学校の役割を前面に出し，反面，子ども個人とその家庭を背景に置き，学校が主体的に登校問題に取り組む姿勢を打ち出している，③保健室登校や適応教室など多様な対応が必要であるとしている，などにまとめられる。

4）学校を取り巻く社会の変化にも着目し，自立支援・進路形成を目指す登校拒否観――平成15年度報告書にみる――

　平成15（2003）年版，「今後の不登校への対応の在り方について」によると，調査研究会議では，平成4年の報告書に盛られている，「登校拒否はどの子にも起こりうる」との観点を代表とした基本的視座などの提言は，いまでも変わらぬ妥当性をもつと評価すると共に，これらの提言が関係者に正しく理解され，実践されているか，またその後の年月の変化によって新しい状況が生まれているかなどを検証していくことが目的とされた。具体的には「……学校復帰及び自立を支援する」観点から，①不登校問題の実態の分析，②学校における取り組みのあり方，③学校と関係機関との連携のあり方，④その他不登校問題に関連する事項などについて調査研究された。
　15年版では報告書名の中に登校拒否ではなく，不登校の語が使用されている。これは，平成10年度に文科省が登校拒否の用語を取り止め，〈不登校〉の用語に統一したことによる。

この用語についてはいまも議論のあるところで，たとえば，児童精神医学や児童臨床心理学分野では，文科省と違って，怠学や非行を伴う不登校を〈不登校〉としない専門家が多い。既述のように，筆者は，本書では不登校は子どもが学校に行っていない状態を意味していて，文科省のように診断名あるいは態様（タイプ）名に使っていない。15年版では登校拒否に代わって，〈不登校〉を使用しているが，平成4年版と同9年版の概念がそのまま使用されている。
　調査研究では社会の変化にふれて，複雑な諸要因の絡み合いの背後に，個人の生きがいや関心の「公」から「私」への私事化，社会における「学びの場」としての学校の相対的な位置づけの変化（本章の森田の私事化・ボンド理論，滝川の聖喪失論参照），学校に対する保護者・子ども自身の意識の変化などに言及している。たとえば，保護者の中には「学校に通わせることが絶対ではない」という意識をもつ人もある。不登校中に「学校へ行かないことに何ら心理的負担はなかった」という子どももいる。森田が有力な委員として参加しているので，このような社会の変化に関する見解には驚かない。しかしこれは学校教育の否定にも行き着く可能性をもっているためか，深く検討されたり，ここに視点をおいた不登校への対応はあまり提言されていないように，筆者には思われる。
　報告書では「不登校の現状」について，森田を代表とした現代教育研究会の資料も含めて文科省の資料を使い，従来の報告書に比べて，「自前」の資料で分析され，まとめられている。その多くは平成9年版のものと大きな差はない。目新しい分析として，「指導の結果」について，平成13年度では25.6％の児童生徒が学校復帰したという。また，中学校卒業後5年間にわたって進路状況を追跡し，「不登校」経験者の4分の1は進学率が低く，進路も決まらず，就職も決まらず，進路を模索しているという。この事実から，後述のように，〈不登校〉の指導は「心の指導」としてのみでなく，「進路の問題」としてとらえる必要があると指摘している。
　平成9年版以後の変化について分析し，「不登校の背景や社会の傾向は，子どもにおいても，家庭や学校においても，多様化し，複雑化している。加えて，不登校との関連で新たに指摘されている課題――たとえば学習障害LD，注意欠陥・多動性障害ADHD，虐待なども不登校との関連性が指摘されている」とまとめている。
　不登校への対応は多様であるが，そのためには，まず，適切な実態把握が必要となる。その際の問題点として，たとえば①心因性の病気，虐待等の家庭の問題，保護者の考え方や事情による意図的な長期欠席等について，その実態の把握が必ずしも明確にされていない，②LDやADHD等と診断された場合，その取り扱いが明らかでない，③遊び・非行による欠席など不登校と整理することに疑問があ

る，また④不登校の「態様」の分類で「複合」が多すぎる等が指摘されている。
　これらの数行にまとめられた疑問点はまことに当を得たものである。
　新しく関心を集めている「引きこもり」についても言及されている。不登校との関連について，1年間の相談件数のうち，約40％が小・中・高での不登校の経験をもっている。これは引きこもり状態にある者のデータであって，不登校が必ず引きこもりになると誤解してはならない。これを防止するためにも不登校への適切な対応が重要であるとしている。
　報告書では，以上の調査研究を経て「不登校に対する基本的な考え方」として次のようにまとめている。
　(1) 将来の社会的自立に向けた支援の視点
　　　①不登校の解決の目標は，社会的自立に向けて支援することである。学校に登校するという結果のみを最終目標にするのではなく，児童生徒が自らの進路を主体的にとらえ，社会的に自立することを目指すことが必要である。
　　　②不登校は，たとえば，いじめによるストレスから回復するための休養期間としての意味や，進路選択を考える上で自分を見つめ直す等の積極性をもつこともある。しかし同時に，不登校による進路選択上の不利益や社会的自立へのリスクがある場合もある。……不登校を「心の問題」としてのみでなく，「進路の問題」としてとらえ，児童生徒の将来の自立に向けた支援が必要である。
　(2) 連携ネットワークによる支援（略）
　(3) 将来の社会的自立のための学校教育の意義・役割
　　　①社会的自立を目指す上で，対人関係能力や集団における社会性の育成などの「社会への橋渡し」あるいは学びへの意欲や学ぶ習慣を含んだ生涯学習の基礎となる学力を育てることを意図する「学習支援」の支援が必要である。
　　　②従って，すべての児童生徒にとって学校が自己を発揮できる場であると感じ，楽しく通うことができるよう，学校教育の充実が重要である。
　(4) 働きかけることやかかわりをもつことの重要性
　　　①不登校の児童生徒が主体的に社会的自立や学校復帰ができるように環境をつくることへの支援が必要である。彼らが自分の力で立ち直る力を信じることが重要であるが，自分の力で立ち直るのを何のかかわりをもつことなく，……ただ待つだけでは，状況の改善にならない。
　　　②不登校の背景や態様は様々で，働きかけの方法は児童生徒によって異なる。……本人の状態やその環境を踏まえた上で適切に働きかけることが

重要である。
③平成4年報告の,「登校拒否（不登校）はどの子どもにおこるもの」「登校への促しは状況を悪化してしまうこともある」の文言について，その趣旨を誤解し，働きかけをいっさいしないとか，必要なかかわりをもつことまでを控えて時期を失してしまうことがある点について見直す必要がある。
④学校への働きかけのあり方を短絡的にとらえ，画一的に「する」「しない」といった対応はすべきでない。状況への配慮や理解し共感しようとする姿勢なしに，強引な登校への促しは適切でない。
⑤登校への働き方を考える時，不登校の当事者の声に耳を傾けることも大事である。
(5) 保護者の役割と家庭への支援（略）

「学校の取り組み」について次のようにまとめている。項目のみあげる。
(1) 魅力あるよりよい学校づくりのための一般的課題
　　不登校への取り組みは事後的な対応になりがちであるが，不登校にならない，魅力ある学校づくりが大切である。
　　児童生徒にとって，自己が大事にされている，認められている等の存在感が実感でき，かつ精神的な充実感の得られる「心の居場所」として，さらに，教師や友人との心の結びつきや信頼感の中で主体的な学びを進め，共同の活動を通じて社会性を身につける「絆づくりの場」として十分に機能する学校づくりが求められる。
　①新学習指導要領のねらいの実現
　②開かれた学校づくり
　③きめ細かい教科指導の実施
　④学ぶ意欲を育む指導の充実
　⑤安心して通うことのできる学校の実現
　⑥児童生徒の発達段階に応じたきめ細かい配慮
(2) きめ細かく柔軟な個別・具体的な取り組み
　①校内の指導体制及び教職員等の役割
　　a. 学校全体の指導体制の充実
　　b. コーディネーター的な不登校対応担当の役割の明確化
　　c. 教員の資質の向上
　　d. 養護教諭の役割と保健室・相談室等，教室以外の「居場所」の環境・条件整備

e. スクールカウンセラーや心の教育相談員等の連携協力
　　②情報共有のための個別指導記録の作成
　　③家庭への訪問等を通じた児童生徒や家庭への適切な働きかけ
　　④不登校児童生徒の学習状況の把握と学習の評価の工夫
　　⑤児童生徒の立場に立った柔軟なクラス替えや転校等の措置
(3) 不登校児童生徒の実態に配慮した特色ある教育課程の試み（略）
　その他，適応教室，地域ネットワークづくり，NPO，ITなどの利用・協力についても簡単に解説されている。

●第4節　まとめ——原因論をめぐる三つの潮流

　以上，呼称や状態像などの変遷をみてきた。昭和30（1955）年当初にわが国に台頭した学校恐怖症（登校拒否）とその臨床（支援）は50年に近い歴史を重ねてきた。社会状況の変化と共に，登校拒否は状態像においても，原因論においても変遷の過程をたどってきた。本節では原因論の流れを取り上げて，本章のまとめとしたい。

1　潮流Ⅰ　登校拒否の個人・家庭還元論
　「登校拒否の状態像と見方の変化」でみたように，登校拒否の支援活動のごく初期には「分離不安説」を代表として，未成熟な母—子関係によって登校拒否が形成されるとした。ここでは母の側にも，子どもの側にも葛藤があり，登校拒否は子どもの，そして母親のパーソナリティの問題とされた。その後，高木（1963）にみるように，父親のあり方が問題にされた。固着的，依存的な母—子関係に介入する役割や権威の象徴としての同一化の役割において父親に問題ありと，指摘された。そして，子ども—母親—父親の三極関係の中で登校拒否が形成され易い状況にも関心が寄せられことになった（内山 1970，佐藤 1985）。
　このような原因論の枠内では，子どもや親の性格，親子関係，家族関係などが取り上げられてきた。換言すると，登校拒否は個人病理と家族病理の視点から理解されてきた。そして，登校拒否の支援ではこれらの病理の解消に力点が置かれた。親はいうまでもなく，学校の教師も，またカウンセラーも，登校拒否は家庭や親子関係と密接に関係し，「登校拒否を生む家庭」「登校拒否をつくる親」「登校拒否になりやすい子どもの性格」という一元的な原因論に支配されていた。特に，学校教育分野ではこの傾向が強く，教師の多くは子どもの性格が弱いとか，親が甘い，過保護しすぎるなど，簡明率直に，親に向き合っていた。一方，「学校」ときいただけで子どもの状態は一変し，情緒的に不安定になるし，また登校

拒否の理由をきくと，学校内のできごとをあげるので，多くの親は，教師の認識と違い，わが子の登校拒否の発現は学校に関係があると，思っている。しかし，専門家も家庭に焦点を置いた対応をしていたので，親の心中にある学校原因論は隠蔽されていた。「登校拒否は私の責任だ」との親の原罪論も作用して，親は教師とあからさまな対決の道を歩まなかった。

2　潮流Ⅱ 登校拒否の学校還元論

　図3-1からわかるように，昭和50（1975）年初頭の頃から登校拒否は増加の道をたどりはじめた。これは中・高校生など年長の子どもに顕著であった。表3-1の結果からある程度推測できるが，年長児の登校拒否は発現時の学年期間内で，またはたとえば中高の3年間の教育期間内にみな解決するものではない。中学生では3分の2ぐらいは解決しないままで，中学校を終わり，あるいは高校生では中退し，そして，ある期間を経て社会人となり，何らの遜色もなく社会活動したり，「大検」を受けて大学へ進学するものも少なくない。あるいは，親が登校拒否に苦しむ子どもに，「学校を休んでよい。心配しなくてよい」と，きっぱり宣言すると，家庭での行動が落ち着き，次第に元気を回復していくケースも観察された。このような経過をたどるケースを経験していくと，登校拒否の支援では学校復帰に力点を置くことに疑問がもたれることとなっていく。「登校拒否の子どもの指導は学校を超えたところで……」とか，「学校に行かないことも子どもの権利だ」などの主張が新聞紙上に踊ることにもなる。

　これらの登校拒否の支援の経過の結果は，学校場面を離れると，子どもが情緒的に安定し，元気を回復するにいたるケースがあることを如実に示すこととなる。この状況では，親の側では押さえてきた学校側の対応についての不満，また子どもからきいた登校拒否をもたらした学校内状況についての教師の理解不足，登校拒否の責任を子どもと親だけに押しつけることへの反発などが顕現しやすくする。ここに，担任教師と親の間に，学校のあり方をめぐって緊張と衝突が生まれることになる。極端な場合には，親は「登校拒否の原因は学校にある」という。これに対して，学校における教育を使命としている教師は学校不要論，学校教育否定論につながる考え方を容認することはできず，「不登校の責任は親，家庭にある」と断定する傾向を強めていく。実際に，両者間に争いが生まれることもある。

　一方，専門の支援分野では古くは精神医学者の高木（1963）が，当時，専門分野で主流を占めていた「分離不安説」を批判して，登校拒否は学校への適応障害であるとし，学校の役割を指摘した。高木は学校への適応障害の因を学校そのものに求めないで，子どもの性格や父親のあり方に注目していた。ところが，「学

校病理説」でふれているように，1970年代後半頃から登校拒否の発現因を直接的に学校に求める所論が提唱されだした。提唱者の一人として，精神科医の渡辺の考え方をすでに紹介した。

渡辺よりもさらにストレートに学校状況に言及したカウンセラーの内田（1990）は，「私たちが出会う子どもたちは，学校生活に疲れ果てている子どもが実に多い」と述べ，学校状況と登校拒否との関連を次のようにまとめている。担任が猫の目のように変わり，そのため教室のルールが変わり，価値基準の混乱が起きる，いじめのターゲットにされる，親の転勤にともなう転校，部活や通塾による学習からくる疲れ，テストのための味気ない授業，相対評価や内申制度による授業管理，人権侵害につながる校則，体罰による生活管理などの学校状況がある。「従って，いま，日本の学校に通っているすべての子どもが登校拒否を起こす可能性をもっている……登校拒否をしている子どもはいるが，登校拒否児はいないこと，また『行けない登校拒否』でなく，『行かない登校拒否』といった理解が大切である」と結論し，内田は，登校するか否かは子どもの選択行動であると見ている。

「学校病理説」では登校拒否の原因を現代の学校状況に置き，学校の変革が求められた。ここでは子ども個人も親も登校拒否の発現との関連から問題にされることはなかった。

このようにして，1980年初頭の頃から登校拒否の原因をめぐって個人病理と学校病理の二つの流れができあがった。この流れは登校拒否の予防や支援（治療）の方向を決めるもので，家庭病理の立場では子どもや親に視点をおいた支援となり，後者では学校の変革が求められることになる。後者の登校拒否観（登校拒否の子どもに固有の性格はない，また登校拒否児を生む親の性格などはない）の台頭によって家庭病理の立場に立っていても，子どもや親の性格等は研究ではあまり取り上げられなくなった。学校病理の立場にいても，いますぐに目前の登校拒否の子どもの支援に間に合うように，長い歴史をもつ学校制度を抜本的に変えることはできない。学校病理論では，通学していた学校に復帰することよりも，退学もよし，転学もよし，就職もよし，大切なことは子どもが自己実現を図ることが大事であるとする。もちろん，自己実現の途中で学校に進路を切り換えることを否定していない。子どもによっては，大学への進学を目指して「大検」を受験することもある。カウンセラーは子どもの進路選択にそって自己実現を支援していくことになる。

学校病理観を短絡的に受け入れると，「学校を超えた所で……」「学校の外で……」しか子どもの支援はないとの思いに駆られることにもなる。そして，親は不登校のまま子を家庭に放置していたり，あるいはフリースクールを活用することとなる。この種のアプローチでは子どもは嫌いな，または葛藤をもたらす学校に

対決する必要はなくなる。中には，「君たちが行っていた学校はつまらないところだ」といって，子どもの不登校にまつわる罪業感を消去しようとするフリースクールの指導者もある。

　個人・家族病理観と学校病理観との対立は，文科省が平成3（1991）年「不登校はどの子にも起きる」と登校拒否観を転換し，あまり家庭状況を前面出さなくなったので，後者が勝ちを占める状況にあるように，筆者には感じられる。加えて，文科省の願いに反して，教師の側では担任中に起きた子どもの登校拒否について緊張感は薄れていったと，筆者は思っている。スクールカウンセラーとして中学校にいると，プライベートなつきあいの中で，「登校拒否は誰にもおこるもので，担任である私に限ったことではない」と，本心をかたる教師にも出会う。さらに，「登校刺激は加えないほうがよい」との，カウンセラーの助言も利いて，積極的に動かない教師も生まれた。教師はその職務からして学校を大事に見ているので，学校病理観に与するわけにもいかず，といって，個人・家族病理に傾注すると，学校病理を重視する専門家や世間から批判される。ともかく，積極的に自信をもって教師は動けない状況もめずらしくない。このような教師の状況を受けて，既述のように，文科省は，2003年の報告書で自立支援・進路形成を目指す登校拒否観を発表し，単に「待つ」だけでなく，積極的なかかわりも必要であるとした。これがうまく展開することを願うが，登校にエネルギーが集まり，神経症的な反応が増大する懸念もある。

　個人家族病理と学校病理の二大潮流は，教育・心理的支援において，また，広くカウンセリングにおいて支援者がそれぞれの実践において統合させている面もあるが，本質的には両者は統合されていない現状にあって，日常の支援では個人・家族病理が重視され，研究・発表ではこの側面は押さえられがちとなる。

　統合されていない二大潮流が流れている不登校（登校拒否）のカウンセリングの現場からいくつかの懸念の声がきかれる。その主なものを取り上げてみよう。

①不登校の軽度化と難治化

　往時に比べて，いま，不登校について世間は深く理解し，寛容である。以前には子どもや親は近隣の目を気にし，自宅から外に出ることも抑制がちになっていて，神経症的反応が多く生まれていた。しかし今日では「不登校は誰にも起こる」「不登校は学校における疲労だから，休ませるとよい」「いまは生涯学習時代であるので，不登校で勉強できなくても，学びたくなった時に，学校にいけばよい」「不登校は学校に起因するものだ」等の見方が学校教育や専門分野でも流布されており，これは不登校の子どもと親に安心感をもたらす。一方，特に，中学校では一クラスに一人，二人の不登校の子どもがいて，PTAの会員にも，不登校はめずらしいものでない。加えて，「社会病理」に関連して，森田は「登校するかど

うかは選択価値となっている」とか，「現代型の不登校」の子どもの出現を紹介している。彼らは緊張もなく，学校に行きたくないから，行かないというのである。

これらの状況は不登校を増加させる方向に働くし，不登校の子どもにあまり緊張感や罪業感を与えない。往時に比べて，子どもは「気楽に」家庭で生活できるし，「不登校の指導のポイントは子どもが動き出すまで待つことだ」との支援観に先導されて，保護者も不登校の解決に躍起にならない。結果として，不登校は増加した。そして，不登校に伴う神経症的反応は少なくなった。しかし，直りにくいという状況が生まれていると，いうこともできる。

杉山（1996）は，「近年，不登校の増大はとどまるところ知らない。しかし臨床の庭からの経験をいうなら，やや不謹慎の誹りをまぬかれないが，確かに増えているが，軽くなってきている。しかしなおりにくい。だが，従来からの登校拒否症の子どもにとっては，やりやすい世の中になったようにも思われる」と述べている。

②自我確立の機会の喪失

思春期にはいると，子どもには自我の確立が求められる。これは親，友人，教師など周りの人々との関係の中で展開されるが，中でも，生き方について，たとえば，進学，就職などに関連して，父親との交流，時には対立を通じて自我のあり方が子ども自身に問われてくる。また，友人との親密な交流，競争あるいは対立の中で自分が比較され，吟味され，自我が形成される。

「学校病理観」に傾斜し，「登校できないのは学校がよくないからだ」という結論だけになると，「学校に行けない，または学校に行かない」ことから生まれる苦しみ，悲しみ，絶望感，喜びなどが経験されないで，自己を見つめる機会にならない。あるいは苦しみに耐え，乗り越えて，強固な自我の形成の機会にならない。思春期，青年期は自我形成にとって大事な時期である。不登校に関連して自我の形成というチャンスが利用できないということになる。

③疾病の早期発見

第4章，第5章，そして第9章に述べているように，不登校という子どもの状態にはいろいろの背景因があり，重い場合には統合失調症とか，うつ病が背景となっていることもある。不登校＝学校病理と短絡的な理解だけでは子どもの状況が十分に分析されないで，疾病が見落とされがちになる。

④学校を超えたところで生きる

「学校還元論」の立場に立つ人の中には「学校を超えたところで生きる……」とか，「学校に行かなくても，生きられる……」などの主張もある。事実，筆者も「登校刺激を加えない」「無理に登校させなくてもよい」という考え方をもっ

ているが，これは支援（治療）戦略であって学校否定論ではない。時機がくれば，学校復帰も可能となるものも多い。その方向に向かってカウンセラーは支援していくことになる。

　教育・心理的支援において「学校から完全に解放されると，この子どもの状況は一挙に好転する」と考えられても，「学校に行かなくても，生きられる」と自信をもって宣言できない。わが国の社会では，学校に代わる教育社会機関は整備されていないし，家庭で学校教育を実施できる法的制度はない。学校に行かない子どもに，生涯生活できるだけの資産を残すことができる親はほとんどいない。一方では，わが国は資格免許社会で，しかもこれは高度化されている。栄養士養成においても，管理栄養士制度が導入され，短期大学では取得できない。教員養成にしても，専修免許状は大学院で取得することになっている。

3　潮流Ⅲ　登校拒否の医学還元論

　登校拒否がわが国ではじめて関心を集めた昭和30（1955）年代初頭では怠学，精神分裂病（統合失調症），うつ病，自閉症，そして新しく学校恐怖症が分別されたにすぎない（佐藤 1967）。学校恐怖症という新しい登校問題は他の4種と違うという，差別化のために神経症的登校拒否，簡略化して登校拒否と呼んだのである。その後，登校拒否議論は，大体，この5つの枠の中で展開された。

　ところが，1980年代に入ると，脳障害と不登校との関連が医学分野で話題になりはじめた。1990年代では学習障害，高機能性自閉性障害，注意欠陥/多動性障害などと不登校との関係が話題になった。特に，学習障害や注意欠陥/多動性障害と不登校の関連は，文科省が特別支援教育（旧特殊教育）の対象障害としたことに影響されて，学校教育の分野でも関心を集めている。また，2000年前後になると，いわゆる社会的引きこもりが時に犯罪との関係からマスコミに取り上げられ，社会的にも関心を呼んだ。いま，2，30歳代にみられる社会的引きこもりと，登校拒否の経過として起こる，筆者のいう閉じこもりが同一視され，登校拒否自体も引きこもりの中に包括される傾向にある。引きこもりの研究会に参加してみると，登校拒否がメインの課題であることもある。社会的引きこもりの青年の中に既往歴として中・高学校時代に不登校があった者が少なくないことも事実であるし，登校拒否自体も学校社会から家庭への閉じこもり（withdrawal）でもある。両者には共通点もかなりあるが，また特殊性もあるので，それぞれ特化できると，筆者は考えている。引きこもりは，図2-8に例にみるように，それぞれの病態に細分されている。

　不登校にみる潮流Ⅲ，「登校拒否の医学還元論」では，不登校（登校拒否）という用語に取って代わって「脳障害」「学習障害」「注意欠陥／多動性障害」など，

脳機能障害という医学用語が使用されている。加えて，米国精神医学会のDSM診断基準の影響から，怠学，不登校という語は消え去り，たとえば，「行為障害」「過剰不安障害」「分離不安障害」「回避性障害」「強迫性障害」等の用語で論議されることもある。これはDSMには不登校または登校拒否の概念がないことからきている。

昭和30年代の初頭に，学校恐怖症という新しい登校問題がわが国に台頭し，それまで存在していた，精神分裂病，うつ病，自閉症に伴う登校問題や怠学などと区別するために，新たに神経症的登校拒否（単に，登校拒否）という呼称が提唱されたが，いまでは怠学と登校拒否は，いま述べたように，医学化の潮流によってさらに細分化の方向に傾いている。この流れをつくった主因はDMSにあるが，これによって治療（支援法）が有効に細分化されていくだろうか。

| 精神分裂病圏 |
| 気分障害圏 |
| 不安障害圏 |
| 摂食障害圏 |
| パーソナリティ障害圏 |
| PTSD |
| 家庭内に限局した行為障害圏 |
| 発達障害圏 |

図2-8　青年期引きこもりケースの精神医学的背景（近藤 2001）

ここで筆者は，太田原他の研究（1968）を想起する。当時，筆者は児童相談所に判定員として勤務していた。太田原らは大学医学部の若手研究者で，意欲的に児童の脳波研究を進めていた。この研究の被験者はすべて筆者のいた児童相談所に一時保護されていた児童であった。中でも，登校拒否の児童には筆者はすべてタッチしていた。大学医局から脳波の結果を知らされて，非行Ⅰ群と行動異常Ⅰ群における脳波異常は容易に理解できたが，行動異常Ⅱ群，中でも，登校拒否の結果には違和感を覚えた。脳波異常があるとされた登校拒否の子どもとない子どもとの間に臨床的に大差がなかったので，違和感は大きかった。しかも，治療につ

表2-6　行動異常児童の脳波（太田原他 1968）

グループ	症状	脳波の分類			
		児童数	正常	境界	異常
非行Ⅰ群	盗み，恐喝，暴行，乱暴，放火	98 (100.0)	13 (13.5)	4 (4.1)	79 (82.4)
非行Ⅱ群	性的非行，嘘，浮浪，浪費	16 (100.0)	4 (25.0)	2 (12.5)	10 (62.5)
行動異常Ⅰ群	過動，不穏，注意散漫，不安	66 (100.0)	3 (4.6)	0 (-)	63 (95.4)
行動異常Ⅱ群	登校拒否，緘黙，不活発，反抗，拒絶，興味限定	32 (100.0)	4 (12.5)	6 (6.3)	26 (81.2)

(注)（ ）内は％。

いて医局の指示はなかった。

「医学化」で不登校がさらに細分化されていくと,「不登校」や「登校拒否」はほとんど残らなくなってしまう。しかも,診断的細分化にふさわしい治療の細分化が伴わないということになると,登校問題は混乱に陥ってしまう。

まとめの最後に,「社会病理説」について教育・心理的立場から所見を述べると,筆者はこれを子ども,家庭,学校の3極関係から登校拒否を考えるときに,その関係を支えている社会的基盤を成すものだと思っている。もちろん,たとえば森田のボンド論から学校や学級経営を考えるときに,子どもの学校生活に自由な空間を保障し,私事化現象をもつ いまの社会に生きている子どものニーズに合うように配慮することが必要であると,提案できる。聖性喪失論では,新しい学校教育への転換が求められよう。

個人に焦点化した教育・心理的支援では,社会的支援基盤としての社会病理説は,いまの子どもは誰でも登校拒否になりうる可能性をもっており,特定の子どもが登校拒否になるとはいえないことを暗示している。学校へ行くのはよい子,行かないのは問題の子どもという2分割論に立つ子どもの理解は否定され,行くか行かないかを超えて,子どもの生活に等しく,また広く共感でき,しかも登校拒否の子どもの苦しみを深く,等しく,また広く理解し,容認できる視点を,社会病理説は我々に与えてくれる。

第3章

各種統計にみる
登校拒否の現状と課題

　本章では主に文部科学省の学校基本調査の資料をもとに登校拒否の現状についてまとめる。従来，文科省は登校拒否の語を用いていたが，既述のごとく，平成10（1998）年に〈不登校〉の語を使いはじめた。しかし，呼称は時代の流れにそったものとはいいながら，その概念規定は変わっていない。本書では不登校を上位概念として，登校拒否を下位概念として使う。

　不登校はいうまでもないが，登校拒否も単一の実態ではなく，いろいろなものが含まれているので，各機関の資料を単純に比較できない。また，同じ態様（タイプ）でも，学校，児童相談所，病院などの資料をそのまま比較できない。困難度とか，病理水準などに差があるからである。たとえば，学校では軽い，あるいは初期の登校拒否が多いが，精神科では重いものが多い。従って，資料としての数値とその意味は変わるのは当然である。

●第1節　文科省統計からみた現状と課題

　文科省では，毎年，5月1日に全国的に学校基本調査を実施し，その中で「学校嫌い」の項目を設定し，登校拒否の発現統計を発表してきた。図3-1は昭和42（1967）〜平成10（1998）年間の小・中学校における登校拒否の発現数の変遷である。参考までに，全国の児童生徒在籍数もプロットした。

　1974年頃までは発現率は徐々に減っているが，その後，上昇に転じたまま上昇

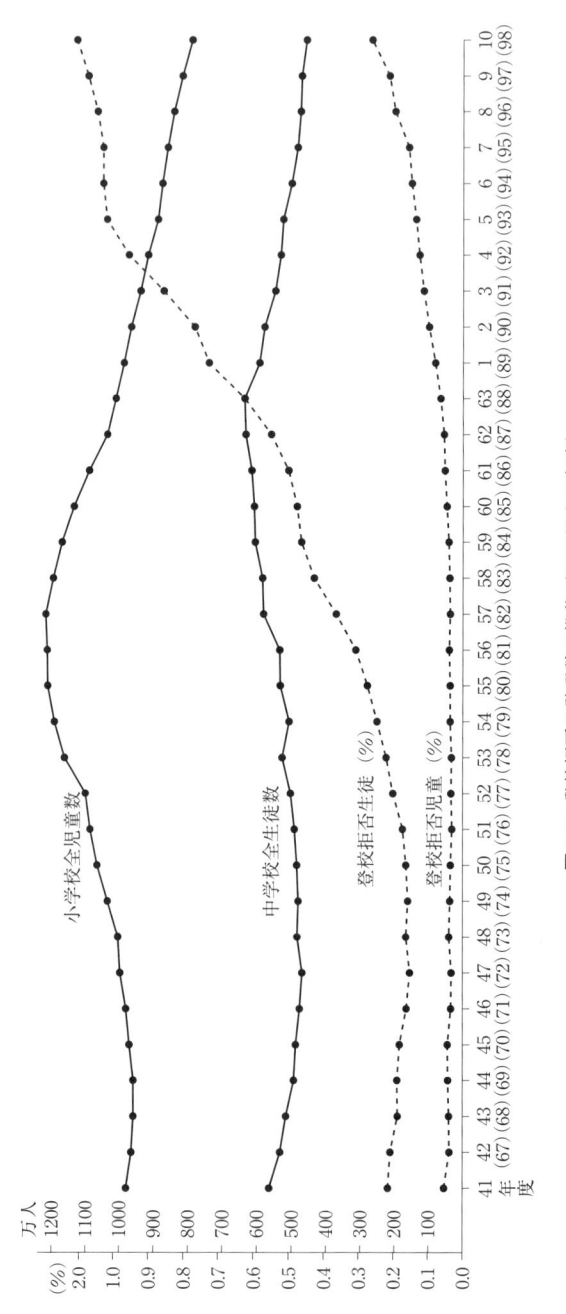

図3-1　登校拒否の発現数の推移（50日以上の欠席）
(注) 年間30日以上の基準による統計は省略。この不登校も増加している。

をつづけ，1999年には小学校で0.27％，中学校で1.96％となっている。

　もっとわかりやすく，小・中学校別に棒グラフにまとめると，図3-2のようになる。小学校では微増傾向にあるが，中学校では増加傾向は著しく，いま学校分野で問われている登校問題は中学校の教育課題といってよい。わが国全体の児童生徒数が図3-1のように，小学校では昭和57（1982）年，中学校では昭和63（1988）年を境にそれぞれ減少していることを考え合わせると，登校拒否数の増加は，いっそう強くその意味を我々に問いかけてくる。

　文科省の登校拒否発現に関する年次グラフにかかわる問題点，または課題にふれたい。

① この統計値は，当該年度に新しく生まれた登校拒否数ではない。前年度から引きつづいて登校していないものも含まれている。新しく生まれた登校拒否が年度内にどれくらい解決しているかは興味あるテーマである。高階他（1996）によると，1993年度間に30日以上欠席したもののうち，同年度間内に登校できるようになったものは約3割であった。また文科省（2003）の統計は表3-1にまとめている。全体的に，年度内に学校復帰できたものは4，5割となっている。小学校4年生以後，前年度から継続して不登校にあるものの割合が増加している。これが中学3年生で6割となっている。中学1年における前年度からの継続数の比率の低下は，小学校6年生に比べて，中学校1年時に登校拒否が急増していることによる。実に，小学校6年時の2.7倍である。

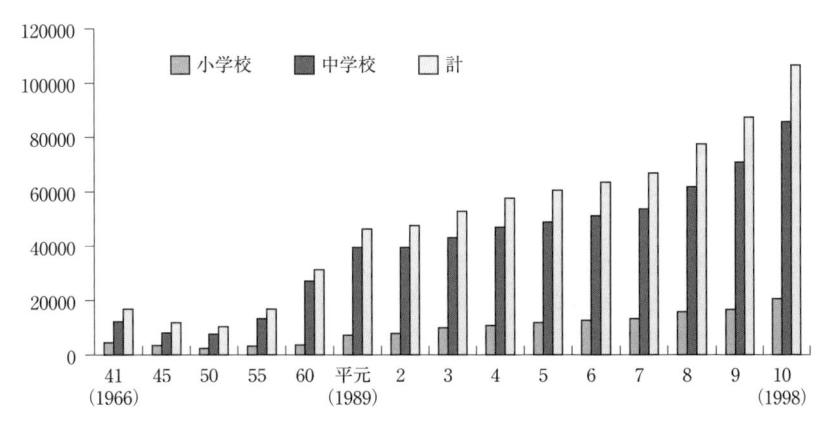

図3-2　不登校（登校拒否）児童生徒（50日以上欠席）数の推移（文科省 2002）

表3-1 不登校の前年度からの継続の状況（文科省2003）

区分	小学校						中学校				合計
	2年生	3年生	4年生	5年生	6年生	計	1年生	2年生	3年生	計	
12年度不登校児童数	2,153	3,214	4,453	6,509	8,552	24,881	23,460	37,677	44,950	106,087	130,968
うち11年度から継続	736	1,230	1,966	2,925	4,220	11,077	7,669	18,514	27,664	53,847	64,924
比率（％）	34.2	38.3	44.2	44.9	49.3	44.5	32.7	49.1	61.5	50.8	49.6

②登校拒否の発現数は，1975年頃を基点に増加していて，とどまるところを知らない。しかし，その事由は明らかになっていない。根本的な解決策が見いだせないところに問題がある。

③文科省統計では年間50日（平成10年以後30日）以下の欠席は登校拒否に算入されておらず，暗数となっている。これらを入れると，登校拒否数は膨大なものとなる。事実，森田（1989）によると，中学2年生の調査対象生徒のうち，50日以上の欠席者は0.9％（46名）であったのに対して，49日以下の欠席者は3.0％（154名）であった。いずれも，教師の報告による。

④登校拒否の発現率は小学校に比べ，中学校で急増している。これは，後述のように，小中学校における文化差の問題とみることもできる。学校の努力で小中間の，この段差を取り除くことができれば，中学校の発現率を3割ほど抑えることができる。

⑤統計は年間50日以上の欠席のものとされている。連続50日以上のものもあれば，とびとびの欠席で年間合計50日以上の欠席となったものもある。指導上からすると，両者には大きな相違がある。後者の場合には，とびとびの状況を受容した上での指導もひとつの方法である。指導上大きな問題は連続して50日以上の欠席である。中学校では中学3年間まるまる欠席しているケースもめずらしくない。

●第2節 専門機関（病院）の統計からみた登校拒否の推移

子どもが不登校になると，親だけで，または子どもを連れて専門の相談機関を訪ねる。小児科や精神科病院，児童相談所，教育センターなどが主な専門相談機関である。各相談機関では活動状況を相談件数で公表しているが，単年度のものが多い。これらの中で経年的にきちんとした報告のひとつが名古屋大学のものである（若林 1998）。標本数が小さいので滑らかな曲線ではないが，全体として1961年頃から登校拒否相談が増加し，1972年頃にいったん減少し，1979年頃から

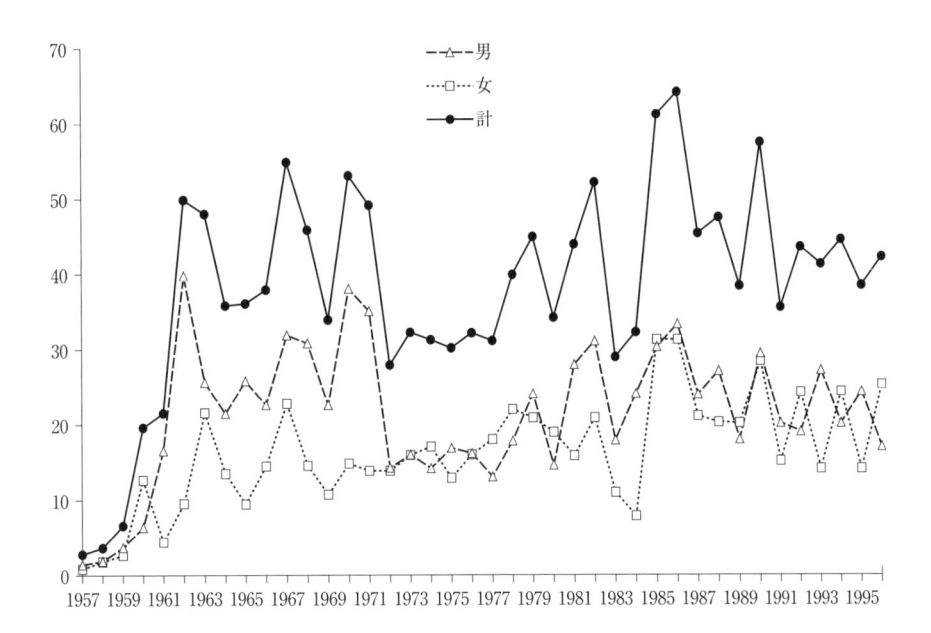

図3-3　名古屋大学精神科における登校拒否数の推移（若林 1998）

再び上昇している。また，他のひとつの傾向として，1971年頃間では男子に多く出現していたが，1973年頃から性差がなくなっている。

●第3節　年齢からみた登校拒否発現数の推移

　文科省では，時々，年齢からみた推移を発表している。図3-4は平成13（2001）年の文科省の結果（2003）である。小学1年生から，学年の進行と共に発現数は増加しつづけているが，中学1年生でカーブは急峻である。また，中学校では小学校以上に，学年と共に発現数は上昇しているが，中学2年から中学3年にかけて上昇度は小さい。

　図3-5は名大付属病院精神科外来の統計である（大高 1991）。標本数が小さいので，バラツキがあるが，12, 3歳前後から14歳頃まで，外来数が急増していることがわかる。

　観点は違うが，杉山（1988）は9,166人の小中の子どもを対象に年齢と情緒の障害との関係を調査した。その中で図3-6, 3-7にみるように，登校拒否と怠学の推移をまとめている。杉山は次のように解釈している。「登校拒否は小6年より

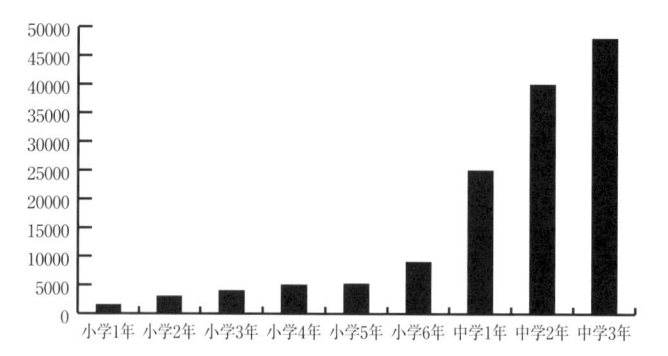

図3-4　年齢からみた登校拒否の出現数の推移（文科省 2003）

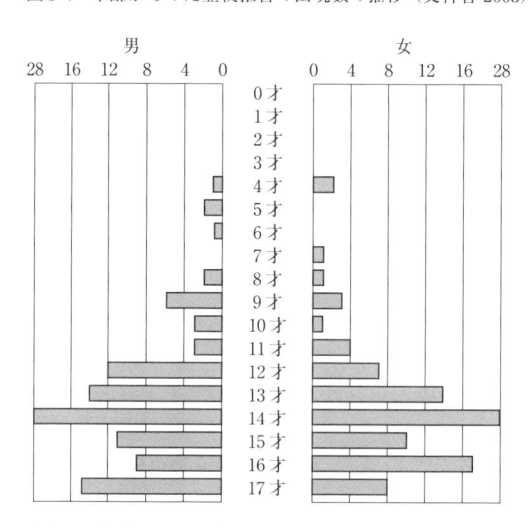

図3-5　年齢からみた外来の登校拒否数の推移（大高 1991）

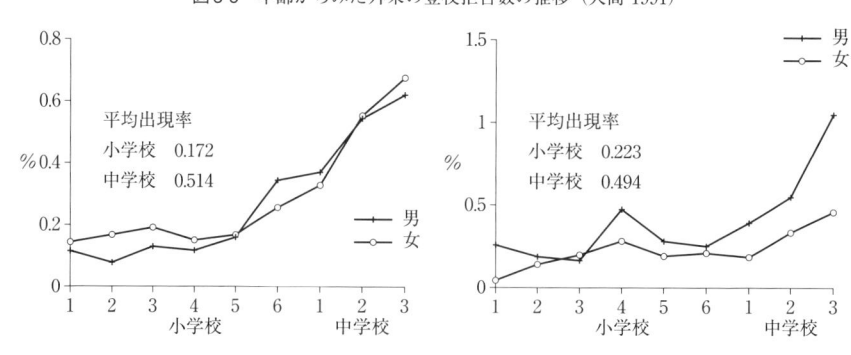

図3-6　登校拒否の発現数の推移（杉山 1988）　　図3-7　怠学の発現数の推移（杉山 1988）

急な立ち上がりをみせ，男女接近あるいは逆転を特徴としている。……行動化への傾向が強いが，葛藤に乏しく，不安の表面化しがたい怠学群は登校拒否に匹敵する量を認めた。これは登校拒否に比べると，男子に多いものであり，中3の立ち上がりが急峻で，中3であることと深い関係をうかがわせる」

これらの統計からみると，登校拒否は思春期に入って増加している。中でも，小学6年生から中学1年生にかけて増加が著しい。これは思春期の特性に加えて，小学校から中学校への移行に伴う学校文化差によるところが大きいと，推測される。具体例をみると，教科担任制，ハードな部活動，そしてはじめての異年齢集団の経験，管理的傾向の強い生徒指導などは中学校文化で，中学に進んだばかりの子どもには精神的に負担になりやすい。中でも，筆者のスクールカウンセリングの経験では中学1年1学期末，ないし2学期はじめからの登校拒否の発現は部活動，特に体育系の部活動における人間関係の不調に起因していると，推測されることが少なくない。

小学6年から中学1年の時期は学校文化差との出会いと共に，その背後に児童期から思春期への本格的な移行期があることで，問題が生まれやすい。この時期には，子どもは自意識に目覚め，他を意識し，対人関係で緊張しやすい。また，心身を通じて個人差が顕著になる。

●第4節　性差にみる登校拒否

性差にみる登校拒否の推移は一般統計と病院の受診統計でみることができる。前者は特定地区の学校を対象とした調査の統計であり，後者は大学病院などの統計である。

表3-2には主な統計値がまとめられている。一般統計は1980年の頃のもので，その後はこの種の統計はほとんど報告されていない。本城を除き，どの報告においても登校拒否は男子に多い。

大学病院の統計は対象数100以上のケース研究報告からまとめた。当然のことであるが，特定の病院で100例以上の症例の蓄積には年月がかかる。表中の調査期間はこれを示す。表の結果は年数を無視しているので，一般統計のように，性差の年次推移を正確に示しているとはいえない。しかし，おおまかに見て，各報告共に，本城を除いて登校拒否は男子に多い。

森田の報告は特殊なもので，1993年度に，文部省統計で不登校と計上された中学3年生の，卒業後5年の予後調査の結果である。ここでも男子優位である。

性差の研究について，森脇（1966）はアメリカでは登校拒否は女子に多いが，わが国で男子に多いとして，その差を文化差に求めている。すなわち，わが国で

表3-2 性差から見た登校拒否の推移

	研究者	発表年度	比率 男	比率 女	対象数	調査期間	調査対象区分
一般統計	若林ら	1965	57.9	42.1		1964.1学期	名古屋市小学校全体
	森脇ら	1966	57.1	42.9	209,159		1965 東京都小学校
	小川ら	1968	71.4	28.6	30,906		徳島県下全小学校
	〃	1968	68.6	31.4	13,530	1966.4～1967.4	徳島県下全中学校
	小野ら	1972	58.1	41.9	82,957	1967.2～1968.2	香川県全小学校
	〃	1972	63.4	36.6	47,336	〃	同全中学校
	岡崎ら	1980	71.4	28.6	50,181	1973.4 同9	島根県小学校
	〃	1980	59.6	40.4	28,580	〃	〃 中学校
	北村ら	1983	65.9	34.1	4,061	1968～1980	某中学校の15年間の統計
大学病院等統計	梅垣	1966	64.2	35.8	109	1957～1965	名古屋大学名古屋大学で受験したもの
		1966	66.1	35.9	68		同上（中学生）
	本城	1987	47.7	52.3	88	1972～1974	名古屋大学精神科
	〃	1987	63.6	36.4	111	1982～1984	外来
		(計)	56.3	43.7	199	1972～1984	
	小児科研究	1988	52.8	47.2	216	1984～1987	国立病院共同研究
	小崎G	1986	50.0	50.0	108	1984～1986	国立病院
	福間G	1978	70.6	29.4	126	1961～1975	鳥大精神科,児童相談所（小学校）
	〃		72.5	27.5	62	同上	同上（中学校）
	吉田	1983	58.4	41.6	221	1965～1981	小児保健82.2～精神科
	猪ら	1992	1対1.1		176	1986～1986	名古屋大学精神科 外来
文部省	森田	2001	65.9	34.1	78,875	1993	文部省統計で平成5年度不登校と認定された中学3年生

はアメリカと違って進学や就職において男子優位であって，ストレスが多く，それが反映しているのではないか，と仮説を提案している。

ところが，1970年代に入って男女差が小さくなり，女子の増加が目立つとの報告がみられはじめた。1973に，小笠原は「最近の特記すべき傾向として女子の増加，特に，男子に伍して競争できるほどの，〈よくできる子〉の増加が指摘できる」という。同じ頃，若林（1983）は大学病院外来の資料を分析し，図3-8のように，1972（昭和47）年から「男女差がみられなくなり，年によっては男女の逆転がみられる」としている。そして若林は，この傾向は進学率の上昇によるのではないか，としている。すなわち，1969年から女子の進学率が男子のそれを上回っており，また，大学・短大への現役進学率も1975年から男子よりも女子で高くなっている，としている。しかし，本城は（1987）同じく同精神科外来の資料をさらに細かく分析し，資料が不十分で性差の経年的変化について結論は明確にできないと，いっている。

以上，文科省をはじめ，専門機関の外来あるいは入院件数からみた登校拒否の発現率をみたが，これは，それぞれの機関が独自の基準のもとに「登校拒否」と

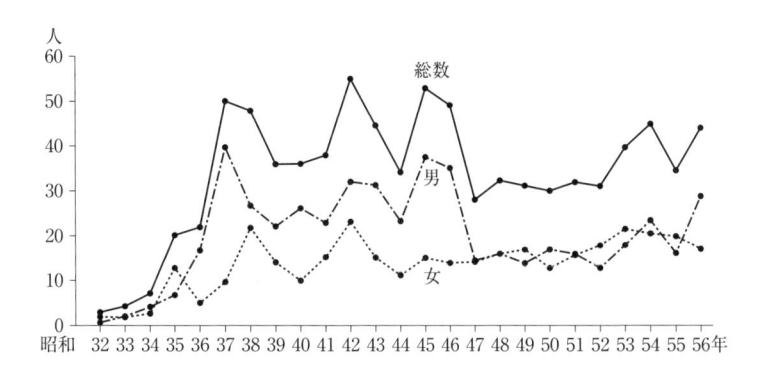

図3-8 名古屋大学精神科における登校拒否の推移（若林 1983a）

判断したケース数によっていることに留意しておく必要がある。文科省では50日または30日以上欠席したものを登校拒否としている。病院などの専門機関では欠席日数に関係なく、所定の手続きに従って診断し、登校拒否かどうか決めている。

第5節　潜在的登校拒否の問題

　ここでいう潜在的登校拒否（latent school refusal）とは登校拒否予備軍ともいうべきもので、学校について不適応感ないし、できれば登校を回避したいとの感情をもちながら登校している状態をいう。筆者の臨床経験によると、子どもはある日、ある時に突然に登校を拒否するものではない。表面的にそのようにみえたとしても、さかのぼって検討してみると、登校拒否になる前に、ある期間、学校忌避感情や不適応感を抱き、そして何らかの事件や経験がきっかけとなって登校拒否が発現している。たとえば、二学期はじめに登校拒否になったケースをみると、多くの場合、一学期末、早いもので5月、または6月頃から部活、教師、友人などへの不満をいったり、あるいは帰宅すると、「疲れたー」と横になる。一学期は何とか休まないで終わる。そして、夏休みには従来とは違った過ごし方――たとえば、登校日を休む、宿題をしない、何となく怠惰な生活を送る、友達と遊ばない――がみられる。親は子どもの状況が何となく昨年と違うと思いながら、夏休みが終わる。そして9月はじめから登校しないという事態を迎える。

　子どもが1学期から抱いていた学校忌避感情や学校不適応感が長い夏休みの間に醸成され、学期はじめに結実して登校拒否となったと考えられる。

　潜在的登校拒否問題にまとまってふれたのは森田（森田他 1989、森田 1991）である。森田らは中学2年生を対象に「教師報告に基づく不登校」と「生徒報告

に基づく不登校」の2方向から不登校現象を社会学的に調査し，図3-9のように，不登校現象の全体像を描き出した。その結果のひとつとして登校回避感情経験の有無でみると，何らかの頻度で「学校へ行くのが嫌いになったことがある」と答えた生徒は，全体の70.8％に達しているという。不登校，欠席，遅刻，早退などの根底には生徒が幅広くもっているこの回避感情があり，これは「不登校への傾斜」過程ということができると解釈している。

図3-9の，不登校の全体像を登校回避感情と絡めて分類すると，次の3群となる。

①回避感情は示すが，我慢して登校している生徒
②回避感情を示し，遅刻，早退行動をとる生徒
③回避感情を示し，遅刻，早退を含めて欠席行動にいたる生徒

森田は，「我慢して登校している生徒」群は不登校の潜在的供給源としての性格をもち，早期発見と早期予防のために重要な存在と位置づけ，この群を潜在群と呼んだ。

先に述べた筆者の夏休みを挟んだ登校拒否の醸成過程は，まさに，森田のいう不登校への傾斜過程であって，この時期に回避感情に対して適切な対応がとられると，登校拒否への醸成が阻止できる。

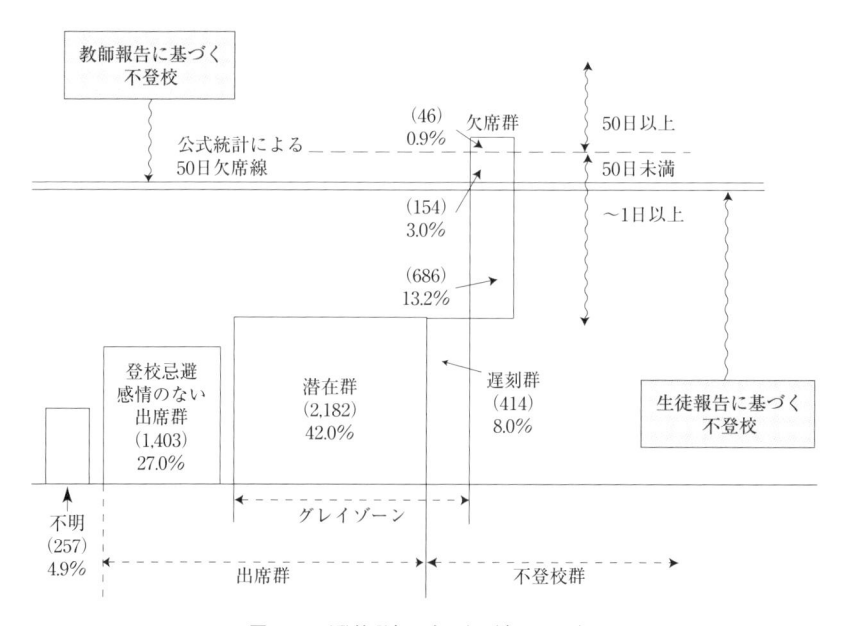

図3-9 不登校現象の広がり（森田 1991）

学校回避感情の解明は登校拒否の未然防止と早期対応の観点から重要で，森田以外にも，河合（1985），猪俣（1986），永井（1994），梅垣（1996）などの報告がある。研究者によって回避感情の規定，対象，方法などに違いがあるので，その結果にも10.3〜90％の差があるのもやむをえない。

　梅垣は大学新入生を対象に，小，中，高，時代を回想させて，登校回避感情体験を調査した。その結果，感情体験をもったものは330名中，約94％に達し，これを全くもたなかったものは20名にすぎなかった。回避感情をもつにいたった理由として，「体がだるい」「少し休憩したくて」「朝起きられなくて」「疲れてしまった」などの，心身の不調が1〜6位の高回答率であった。つづいて，「授業がつまらなくて」「勉強がいや」などの学習不安が高い回答率であった。

　回避感情をもっていたもののうち，欠席，遅刻などの登校回避行動をとったもの46％，行動化にいたらなかったもの54％であった。行動化にいたらなかった理由として，「学校に行かなければならないと思ったから」「休む勇気がなかったから」「それほど深刻ではなかったから」などをあげている。

　小，中，高校時代に登校回避感情を抱かなかった20名にその理由をきくと，「友達と話したくて」「文化祭や体育祭などの行事が楽しくて」「クラブ活動が楽しくて」など，友人関係，学校行事，部活動などが回避感情を抑え込んでいる。

　いずれにしても，学校回避感情をもつ子どもは文科省統計の10数倍以上に達している。

　以上，登校拒否にいたる過程に学校忌避感情があり，ある事をきっかけとして登校拒否が結実する，との結論となる。門真（1998）の指摘──適当な息抜き，たとえば，遅刻，早退，仮病など，疲れたら早く休むことによって学校回避感情が解放される──もひとつの見方であろう。

第 4 章

登校拒否とその見極め
―― 主としてスクリーングとしての見極め

　本章では登校拒否の見極めについて教育・心理的支援の立場からまとめたい。医学的には，これは診断に相当する。不登校問題には，教師，スクールカウンセラー，教育センターの相談員などが先に携わることが多い。ついで，身体不調のために，親が訪れるのは小児科医である。精神科医への相談はもっとも遅い。他の機関や専門家に相談しても，見通しが得られない時，または専門家の紹介で精神科を受診することになるからである。

　教育相談機関では精神科医や小児科医がいても，すべての子どもが診断を受けることにはならない。カウンセラーの判断によって医師に委託することが多い。これは相談数が多いことによる。

　勢い，登校拒否の相談には，精神科医や小児科医以外の専門家が当たることが多い。本章では筆者も含めて，非医学的立場のカウンセラーからみた登校拒否の見極めについて述べたい。なお，従来，精神分裂病と呼ばれていた精神障害は，わが国では2003年に統合失調症という呼称に変わった。本書ではこれに従う。

●第1節　見極めの構造

　ひとつの機関として，あるいは個人として特定の子どもの登校拒否問題にはじめて接する時には，見極めが必要となる。筆者は教育・心理的見極めの手続きを4段階に分けている。

Ⅰ段階：受理面接
Ⅱ段階：スクリーニングとしての見極め
Ⅲ段階：識別としての見極め
Ⅳ段階：登校拒否としての最終の見極め

　簡単に説明する。専門機関では受理面接は，その機関のベテランの職員が担当する。5, 60分かけて面接し，相談内容のあらましを聞き取る。そして，受理面接者はもち込まれた相談に対応できる物的，人的能力が自分の相談機関にあるかどうかを判断する。相談に対応できると判断されると，Ⅱ段階に進む。この段階では，筆者は表1-1にまとめている不登校の背景を中心に親に面接し，状況をきく。実際には親がかたる子どもの状況の中から，その背景について検討していく。親がひとまずかたり終わって後に，必要と思われる事柄があれば，面接者が質問していく。もちろん，一問一答式ではない。

　Ⅱ段階での課題は「第2節登校拒否のスクリーニング」にまとめている。ここにまとめられている事項のすべてに渡って，面接者は吟味・検討していくことになる。そして，もち込まれた登校問題が「登校拒否」に該当するとなると，Ⅲ段階へと進む。ここでは必要に応じて，生育歴の聴取，各種検査や調査などが行われる。と同時に，たとえば，「知的障害はない」とか「統合失調症ではない」などの識別・見極めも行われる。図4-1の山崎の診断チャート（山崎 1995）とほぼ同じ方向で行っている。図表中の下線は筆者が引いたもので，山崎は，怠学をはじめ睡眠覚醒リズム障害まで13の疾病や障害について鑑別診断（識別・見極め）を想定している。

　結論的に，Ⅲ段階で「登校拒否」となれば，Ⅳ段階へと進む。この段階では第6章にまとめられている「登校拒否の子どもの心理」を中心に，子どもの状況について子どもや親，あるいは担任の教師との面接によって明らかにされていく。

　これは理論的な手続きで，実際のカウンセリングでは各段階は明確に分けられないのはいうまでもない。

●第2節　登校拒否のスクリーニング

　登校拒否のカウンセリング，あるいは教育・心理的支援の第1段階は登校拒否のスクリーニングである。筆者は，既述のように，不登校の中で次の条件を満たした事例の中に，登校拒否の子がいると考えている。
①不登校が訴えの中心である。
②不登校の因となる身体または知能の障害はない。
③自閉症などの発達障害，または統合失調症，うつ病などの精神疾患はない。

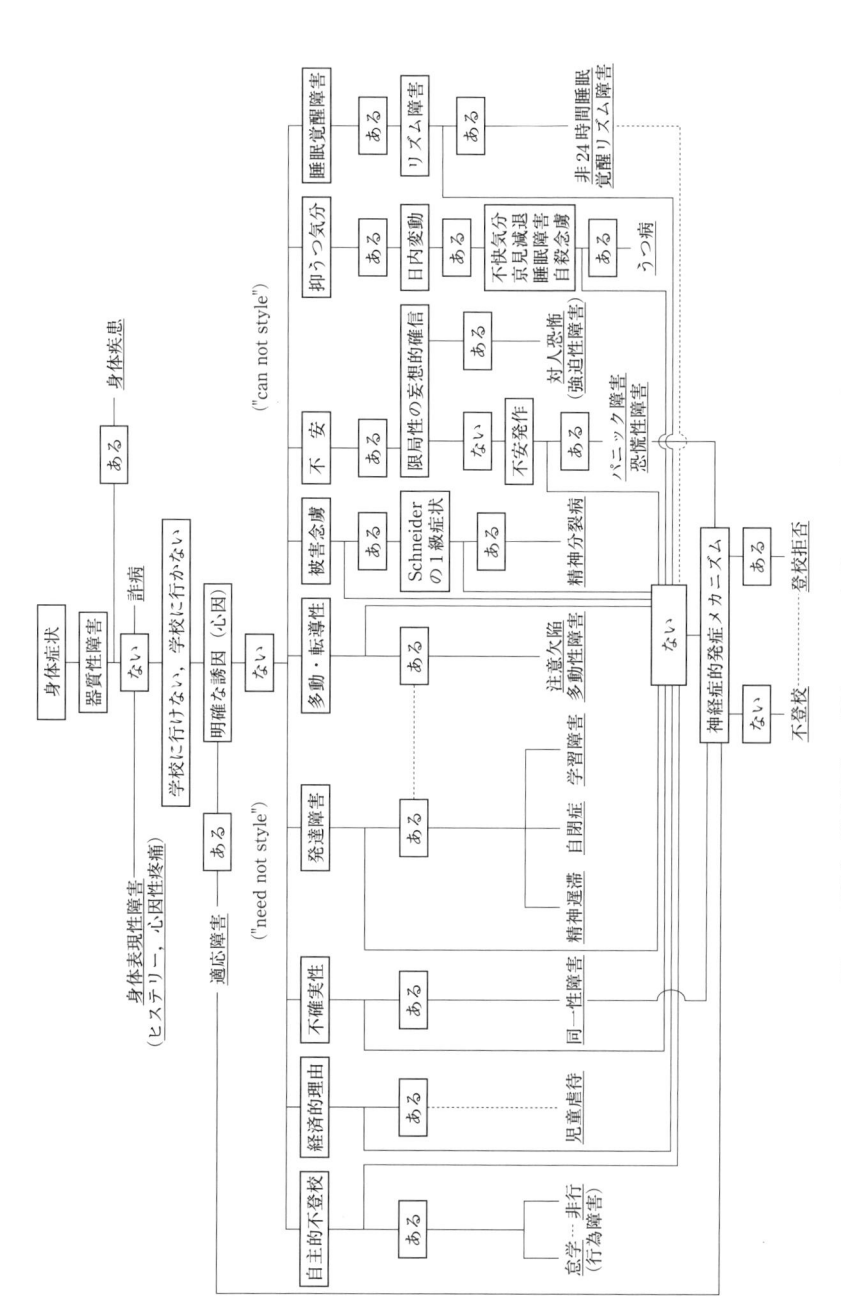

第 4 章 登校拒否とその見極め——主としてスクリーニングとしての見極め　75

図 4-1　不登校（登校拒否）の診断チャート（山崎 1995 より修正引用）

④非行はない。
⑤就学について親の理解や家計には問題がない。
⑥学校から登校停止を求められていない。
⑦進路変更のための登校拒否ではない。

　これは約35年前に，筆者（1967）が設定した条件である。ここ35年間に登校拒否の状況や見方あるいは背景は変化したが，基本的にはこれらの条件はいまも成り立つと考えている。同種の条件は鷲見（1966），相川（1983），西尾（1988），岩本（1996）などにみることができる。
　登校拒否または不登校の背景の多様化も考慮しながら，以下で7条件について少し解説したい。

1　訴えの中心としての登校拒否

　カウンセリングで出会う子どもについての訴えは，多くの場合，ひとつではない。子どもよりも，親や教師などによってかたられることが多いが，いろいろの訴えがカウンセラーの前でかたられていく。たとえば，学校に行かない，遅くまで寝ている，勉強が遅れる，だらだらして何もしない，部屋が汚い，わがままをいう，暴れるなど，訴えが多方面に渡っている。
　保護者や教師の訴えの中でどれが中心であるか，まず，見極める必要がある。親は子どもの将来を心配しているので，不登校を中心に置いて訴えをかたっていく。親が副次的にかたる，「おとなしすぎる」「ものをいわない」「よく独り言をいっている」などの奥に，「精神障害」の傾向が看取されて，最終的に統合失調症と診断される場合もある。あるいは「不登校前に，教室で落ち着きが全くなかった，気が散り，物事に集中できなかった」という訴えの中に，学習障害が暗示されることもある。
　登校拒否が訴えの中心であるとは，不登校状態以外の訴えが登校拒否から二次的に発現しているということである。保護者や教師の訴えの消長を，学校が開かれているか否か，朝と夕方とではどんな差があるかなどの関連から検討する。学校が休みの時や夕方などに，訴えられている状況が弱まったり，消失すると，それらは二次的なものとみてよい。また，子どもが登校できた日に訴えの状況が軽くなると，二次的なものとみてよい。
　あるいは登校を求めると，子どもの状況が悪化するが，登校にふれないでいると，よくなると，これは二次的と考えられる。

2　体の異常または障害

　これは登校を阻害する，あるいは登校を不利にする体の異常障害がないことを

意味している。

　これは，登校拒否臨床の初期の頃，1960年頃に設定された条件で，具体的には肢体不自由児や知的障害に向けられたものであった。当時，この条件は大事なものであった。昭和54（1979）年に障害児の就学が義務化されるまでは，毎年，2，3月になると，筆者の勤めていた児童相談所には，就学猶予や免除のための証明書の発行を求めて，親子の来談がつづいた。証明書はみな教育委員会で受理されていた。学校側も，障害児の就学に非常に消極的であった。これは教育・社会的な貧困による不登校といってよい。

　いま，体の障害あるいは異常による不登校には自律神経失調症，起立性調節障害，神経性食思不振症などが考えられる。これらは心身症であり，医学的治療が優先するという意味で，身体的な条件といってよい。この条件に関する専門的判断には主に小児科や精神科の医師が当たることとなる。

　自律神経失調症や起立性調節障害と登校拒否との間には症状において類似点もある。従って，両者の識別（鑑別診断）が必要な場合もある。

3　発達障害，統合失調症，うつ病など

　この語は1987年のDSM‐Ⅳで用いられたが，1994年のDSM‐Ⅳで発達障害は使用されておらず，「通常，幼児期，小児期，青年期にはじめて診断される障害」とされている。これには知的障害，学習障害，運動能力障害，コミュニケーション障害，広汎性発達障害，注意欠陥，その他が含まれている。

　登校拒否の臨床では，従来から，知的レベルが平均値以上の子どもが対象とされ，それ以下の子どもは対象とされない傾向があった。このため，登校拒否の子どもの知能には障害はないとの報告が多い。平均知以下の子どもにも不登校は発現するが，この場合には，養護学級や養護学校などへの進路変更の問題と考えられていたのであった。

　文科省のいう「無力型」の「不登校」とか，「明るい登校拒否」といわれる登校問題をもつ子どもの中には，境界レヴェルの知能をもつものもいる。登校拒否の見極めには，WISC知能検査の実施が必要となることもある。

　自閉性障害と不登校との関係も話題になっている。特に，高機能性の自閉性障害との関係が指摘されている。これは，脳機能の障害，特に認知機能の障害を基礎にもち，周囲の人との交流，コミュニケーションの障害のために不登校になることもある。

　近年，学習障害（learning disabilities LD）と登校問題との関係に関心をもつ人がある（森永 1992，上野編 1992，星野 1993，1995，石川 2000，文科省 2002）。簡単にいうと，第5章で述べているように，LDは脳の機能不全を背景として，読

む，書く，数えるのどれかの能力に障害があって学習に遅れがみられるものいう。LDには固有の行動の障害が伴うこともある。脳の機能不全に着目すると，これも「体の障害」に入れられる。

注意欠陥／多動性障害（attention deficit/hyperactivity disorder ADHD）も近年注目され，LDと同じように，登校拒否との関係が指摘されている。これは年齢に比べて非常に注意散漫で，落ち着きなく，多動で，衝動的な状態をいう。これは幼児期に気づかれることが多い。

以前にはLDもADHDも微細脳機能不全症候群（minimal brain dysfunction MBD）のひとつの状態像であった。よく売れていたMBDの本が中身をそのままで，LDの本にすげ変わった（石川 2002）というほどに，いずれも，類似の障害で，背景に脳の機能不全が仮定されている。

筆者は，LDとADHDと登校拒否との関連について，両者は二次的関係にあると考えている。たとえば，LDにみる「読み」能力の障害は学業不振をもたらし，ADHDにみる衝動性という行動障害から生まれた友人関係の不調とあいまって，二次的に不登校の発現の背景となる。

登校拒否の子どもにLDやADHDの疑いがあると，脳波による検索や微細な神経学的検査や心理的検査などを行い，鑑別診断が必要になる。

統合失調症やうつ病と不登校の関係は，不登校がその前駆症状であることもあって，従来から，注目されてきた。また，追跡研究から，登校拒否としてカウンセリングを受けていたところ，その後，統合失調症の治療をうけたケースもあった。うつ病においても同様な結果になった事例もある。強迫神経症や強迫神経症様反応と登校拒否との関係も話題となることもある。

4 非行

従来から，怠学は非行への幼稚園とか，花園といわれてきた。怠学の子どもは，登校拒否の子どもと違って，学校を休むと，町中で遊び，非行の子と知り合いになりやすい。非行集団に組み込まれることもある。不登校が非行への前兆であったり，非行と重なり合っていることもめずらしくない。

5 親の教育についての理解や家庭経済上の問題

筆者が登校拒否に関心をもちはじめた昭和30（1955）年頃は第二次世界大戦が終わって10年ほど経った頃で，敗戦の爪痕が都会の町の隅々に残っていた。世の中全体が経済的に貧しく，学生服が買えない，雨の日には傘がない，などの理由で学校を休む子もめずらしくなかった。親を助けて，また親に代わって就労し，家計を助けていた子もいた。また，昭和24年に現行の学校教育制度が敷かれ，義

務教育が中学校3年まで延長された。瀬戸内海に面した漁村に行くと,「小学校だけで学校は十分」と,中学校教育に関心をもたない親もかなりいた。

登校拒否（学校恐怖症）がわが国で注目されはじめた昭和30年頃は,このように,親の教育への関心は低く,家庭も経済的に貧しく,学校に行っていない子も多かった。従って,登校拒否のスクリーニングの目安のひとつとして,本基準は重要であった。

昭和35年に池田内閣が登場し,高度経済成長政策が展開され,その後約20年間,わが国は経済活動に明け暮れた。中学生が「金の卵」として,都会の労働市場に「集団就職列車」で送り込まれた。また親たちも労働の担い手として,都会の工場に吸収されていった。

産業構造の変化によって家庭の経済状況は改善され,高校や大学への進学率は次第に向上した。

筆者は昭和42（1967）年に児童相談所を離れ,大学に転職した。平成8（1996）年大学を終え,約30年振りに,スクールカウンセラーとして阪神地区の中学校に出向いた。大学でも登校拒否の子との出会いをつづけてきたが,ここでは貧困な家庭や教育への関心のない親には出会わなかった。中学校「現場」における登校拒否相談で,豊かないまの世の中でも貧困を背景とした不登校が存在することに驚いた。

いま出会う親の教育的関心の貧困さや家計の貧しさは昭和30年代と違い,親の側に固有の問題があるものばかりであった。離婚による単身家庭や親の病気などで子どもの教育までに関心を寄せることが難しい状況もみられた。数は少ないが,今日的な教育的関心のもち方もあった。「学校なしで生きる」「学校を超えたところで不登校を考える」との方針で運営されているフリースクールに入れることで,親が3人の子どもを自宅に置き,放縦といってよいほどの家庭生活を送っているケースにも出会った。「学校なしで生きる」「学校へ行かないという選択もあってよい」という考え方を誤って受け取り,学校や教育委員会の要望は完全にシャットアウトされていた。

6　学校から登校停止を求められていない

ふつう,義務教育では,伝染性の疾患以外に,学校が積極的に子どもに登校停止を求めることはない。スクールカウンセリングでの経験では,いじめに会った子どもに,ある期間,家庭学習を認めたケースくらいである。高等学校では処分として「家庭謹慎」が実施されることがある。

7 進路変更のための登校拒否ではない

　時に，高校生や大学生にみられるもので，進学先の学校が期待したものとかけ離れていて，受験し直したいとの理由で，登校しない場合がある。

　針路変更のための不登校の中には，その根底に情緒的葛藤が隠されていることもある。

　不登校状態にある子どもと保護者との面接で，アセスメントの段階ではカウンセラーはこれらの条件を頭におきながら，いろいろの側面に渡って話をきく。そして，これらの条件すべてに適合しない不登校がある時，登校拒否ではないかと，仮説を立てることになる。次の段階では登校拒否について積極的に「見立て」または「見極め」へと進む。もちろん，これは理論的な順序にすぎず，実際には同時的に進行していく。

第5章

登校拒否とその見極め
——主として登校拒否と周辺障害との識別

　筆者は心理臨床の立場から登校拒否にかかわってきた。その過程で，非医学的なカウンセラーにも関連障害についてある程度の知識が必要と考えてきた。筆者が児童相談所の心理判定員時代には所長が精神科医であったので，関連障害が疑われる場合には，みな「所長診断」となった。専門機関を離れて一人カウンセラーになると，他機関の精神科医や小児科医への診断依頼となる。以下，登校拒否にかかわるカウンセラーに必要な知識と考えられる範囲で関連障害についてまとめたい。

　発熱の背景に種々の疾病があるように，不登校もいくつかの背景をもって顕現してくる。牧田（1982）にならって，主な関連障害としてまとめると，図5-1となる。

　不登校の背景がすべてこの図表にきちんと分類できるわけではない。その代表事例をみると，器質症候群としては脳障害，発達障害には知的障害，自閉性障害など，精神障害としては統合失調症やうつ病，人格障害としては境界型パーソナリティなど，それぞれを背景にもつ不登校，そして神経症，心身症などを背景にした不登校，神経症的顕症としての

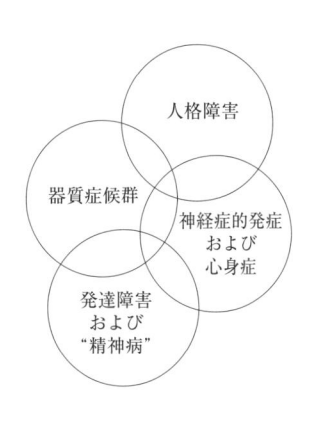

図5-1　問題の性格（牧田 1982）

登校拒否，怠学などがある。本書で取り上げている不登校は神経症的顕症で，登校拒否である。

以下で，思春期までに臨床的によく経験する不登校の背景としての主な関連障害を概観してみよう。

●第1節　登校拒否と怠学

4，50年前にわが国に学校恐怖症ないし神経症的登校拒否が台頭する以前から，怠学は存在していた（佐藤 1967）。当時，筆者は児童相談所に勤務していたが，児童福祉行政では怠学は「教護」に分類されていた。児童福祉施設に「教護院」（現児童自立支援センター）があり，ここには14歳未満の非行傾向のある子どもが収容されていた。怠学は非行と親和性があり，非行の前兆または非行への幼稚園とみられていた。つまり怠学の子どもは学校をさぼり，親や教師の知らないままに町をさまよい，よくない友達とつきあい，時に非行に走ることがあると，考えられていた。事実，近年でも，警察から「触法児」として児童相談所に送致されてくるケースの40％〜60％に怠学がある（上林 1990）。

登校拒否臨床の初期に当たる，1960年前半では精神医学の専門家（高木 1964）は登校拒否と統合失調症との関係に関心をもっていたが，我々児童福祉関係者は非行関連の怠学の対応に悩んでいたので，怠学と登校拒否との違いに関心をもっていた。そして，筆者（1967）は登校拒否のスクーリングのひとつの判断の目安として，「非行関連症状」がないこととした。

外に目を向けると，学校恐怖症研究の先駆者であるブロードウィン（Broadwin, I.T. 1932）は「怠学」の中に神経症的メカニズムの事例を含めていたが，1941年に，ジョンソン（Jhonson, A. M）らが両者を分け，大きな不安をもって学校をする事例を学校恐怖症と名づけたのは周知の事実である。その後，臨床分野では登校拒否と怠学とを区別するようになった。

登校拒否と怠学との区別についてはグレイサー（Glaser, K. 1959），ハーソフ（Hersov, L.A. 1960），ミラー（Miller, T.P. 1961），ワーネックス（Warnecks, R. 1964），ウイナー（Weiner, I.B. 1970）らが関心をもち，それぞれ見解を発表している。筆者（1979）はこれらの所見をもとに両者の識別点を表5-1のようにまとめた。この表から怠学では反社会的傾向が，登校拒否では非社会的傾向が看取できる。登校拒否では学校への不安を中心とした葛藤状況が濃く，登校刺激に不安が表現される。怠学では学校への葛藤はあまりみられない。また，学校欠席中，拒否の子どもは自宅にいるが，怠学の子どもは自宅にいるとは限らず，外出し，町で遊ぶことも多い。これらの特徴のうち，両者をはっきり分ける識別点は登校

表5-1 登校拒否症と怠学との識別視点（佐藤 1979）

視点	神経症的登校拒否	怠学
学校への態度	在校中—規則，きまりに従順 拒否中—学校復帰を願望，学校へ恐怖，不安あり	規則，きまりを破る 学校復帰をいやがっている 学校に嫌悪感
拒否の理由	非合理で，客観性に欠く	それなりに合理性あり
登校刺激への反応	情緒的反応，時にパニック 自宅を出る時，または親と別れる時に不安あり	時に反抗するが，情緒的葛藤は少ない
親の態度	休んでいることを親は知っている。子どもの欠席に悩んでいるが，登校させるだけの強さがない	親は知らないことが多い。子どもの欠席に困っても悩んでいることは少ない
拒否中の行動	大体自宅にいる（自宅にいるか，学校にいるかのいずれか）	自宅にいるとはかぎらない
随伴症状	心身症的愁訴あり 食事障害，睡眠障害など神経質傾向あり	夜尿や反社会的行動あり

刺激への反応である。怠学の子どもに比べ，登校拒否の子どもは親や教師が学校にふれると，一挙に情緒的不安を示し，時には顔面蒼白，泣く，わめく，暴れる，拒食，便所への逃避，そして，追い詰められると，リストカットなどの自殺企図などを示すこともある。一方，誰も学校にふれないでいると，心理的に落ち着く。この急激な不安反応について，筆者（1959）は「おじ草的反応」と呼び，梅垣（1984）や文科省（1997）は「すくみ反応」と呼んだ。筆者の登校拒否と怠学との識別点は梅垣（1984）や北海道立教育研究所（1984）とほぼ同じである。

1980年代になって，これらの識別点では十分でないケースがみられはじめた。すなわち，「明るい登校拒否」（小泉 1988），「無力型登校拒否」（和田 1979），「学校教育無関心型」（鑪 1989）と呼ばれる事例が注目されはじめた。また，「学校へ行かなければならない」との文化的価値基準に関心のない子どもにみる不登校，森田（1991）のいう「現代型」不登校も出現した。従来の神経症型登校拒否とは違い，無力型，あるいは明るい登校拒否では何となく繰り返し休み，登校刺激に過敏に反応しない。学校への葛藤はあまり表現されない。教師や保護者の指示によって登校することもあるが，長くつづかない。非行へ発展することはほとんどない。現代型不登校では「何で学校に行かなければいけないの」という質問を出し，学校に行くことの意義自体を認めていない。

表5-2に，文部省（1997）の神経症的登校拒否と無力型登校拒否などとの，識別点を引用しておく。

無気力型または明るい登校拒否が従来型の神経症的登校拒否や文科省のいう情緒的混乱型の登校拒否と本質的に違うか否かについて，筆者は臨床的に疑問をも

表5-2 情緒的混乱型・無気力型・遊び非行型の比較（文部省 1997）

項目＼タイプ	情緒的混乱型	無気力型	遊び・非行型
登校拒否を始める前の状況	・頭痛、腹痛、発熱、気分不良など心身不調を訴えて登校をぐずる ・月曜日や連休明けに休むことが多い	・何となく学校を休むことがある ・心身不調の訴えはほとんどない	・学校よりも校外の遊びに関心を示す ・心身不調の訴えはほとんどない
学校を休んでいるときの様子	・一歩も外に出ない ・対人的な接触を避ける ・昼夜逆転の生活をする	・家でぶらぶら過ごす ・外出（一人歩き）はできる	・仲間と群がって出歩く ・逸脱・反社会的な行動を起こしやすい
登校への働き掛けに対する反応	・すくみ反応が顕著に認められる	・すくみ反応はほとんど認められない ・登校勧誘に応じ一過性に登校することがある	・すくみ反応は全く認められない ・反抗的な態度を示すことが多い

ってきた（1994）。教育・心理的支援で，試しにこれらの事例で登校刺激を加えたり，家庭からの分離を図ると，家庭への強いしがみつき反応が出現したり，閉じこもりや対人関係の回避傾向などが現われる場合もある。

　無気力型あるいは明るい登校拒否の中には，登校拒否をめぐる社会的認識の変化（第1章参照）も色濃く反映し，本質的には神経症的なものもあると考えられる。また，神経症的なメカニズムをもつ登校拒否であっても，欠席が長くつづき，慢性化したものの中には明るい，あるいは無気力的な生活を送っているものもいる。

　神経症的拒否，無気力型登校拒否，そして怠学の識別には，最終的には不登校の状態，生育歴，家族関係，子どもの性格，学校における状況など，いろいろの側面から分析，検討が必要である。これは見極め（診断）そのものにかかわっている。

　その識別について，心理臨床的ポイントと社会学的なポイントをみてみよう。

1　心理臨床的な識別ポイント

　上林（1990），梅垣（1990，1996），稲垣（1991a，1994）らの考え方も参考に，登校拒否を中心に三者の特質を大まかに見てみよう。

1）登校刺激への反応にみる特質

　登校拒否の場合には，子どもは登校刺激に不安を示し，いろいろの情緒的反応が現れる。その1，2をみると，午前中，特に登校時間帯に，不機嫌，怒り，起居動作の緩慢などのうつ傾向や拒食などがみられる。登校を求めると，顔面蒼白，反抗，自傷行為などをみせることもある。家庭内に，登校誘導の雰囲気がなくな

ると，子どもは落ち着く。

登校刺激への特有の反応は，子どもに，「学校へ行かなければならないが，行けない」という葛藤のメカニズムが働いていることを意味している。

無気力型のケースではこの葛藤のメカニズムはあまり働いていない。従って，登校刺激に対して顕著な不安反応は現れない。登校刺激を加えても，のれんに腕押しのようで，一人相撲を取っているように親は感じることもある。

怠学・非行ケースでは日常的に学校や教師を嫌い，時には教師に反抗や敵意をもち，鋭く批判することもある。登校刺激に従順，軽い反抗，無視などで応じるが，子どもの言動の中には登校についての内的な葛藤はあまりない。

無気力型や怠学・非行のケースでは〈力のある〉教師が強く登校を求めると，登校する。しかし登校指導体制を解くと，欠席し，登校は長くつづかない。また，運動会，文化祭，修学旅行などの学校行事の日には，登校するものも少なくない。登校拒否ケースでは教師によって登校したり，しなかったりすることはない。そして，学校行事の日にも登校できないことが多い。

2）欠席中の行動にみる特質

登校拒否では，自宅への閉じこもりや，興味・関心の極限などがみられる。小学校低学年の子どもを除いて，子どもは学校の開かれている時間帯に自宅から外に出ることはあまりない。簡単にいうと，登校していない日には他人との交流を避ける。思春期以降の子どもになると，この傾向は強まり，学校のない時間帯でも，自宅から外に出ない。時には自室から出ないこともある。

自宅にいても，子どもの多くは，終日，自分の好きなこと——たとえば，テレビの視聴，テレビゲーム，パソコン，漫画など——に熱中している。親は「よくも飽きもしないで……」と，その継続に驚いたり，「一生，このようなことをして暮らすことになっては……」と不安がる。

無気力型では登校拒否ケースほどの閉じこもりや興味の局限はみられない。授業のある時間帯には外出は抑えられるが，夕方近くになると，買い物や遊びに外出する。また，ギターなどの習い事に通うものもいる。しかし交友の機会は少なく，あまり友人は求めない。彼らは，これといって熱中するものもなく，何となく日を過ごしている。非行はない。

怠学・非行ケースでは午前中，自宅にいても，午後には外出し，町をぶらつき，ゲームセンターや町の公園で気心の知れた友人グループと遊ぶ。時には，喫煙，シンナーの吸引，無免許運転などへと発展する。帰宅が夜遅くなることもめずらしくない。

3) 親の意識・関心にみる特質

登校拒否の子どもの親は，不登校の初期には，子どもの欠席をしぶしぶ容認している。ある期間が経つと，表面的には，親は登校をあきらめている。しかし子どもの状況が好転してくると，登校願望が親の言動に出てくる。すると，子どもは不安定になる。親には「登校してほしいといいたいが，いうと，子どもが不安定になる」との自己抑制の日々がつづく。親の気持ちの根底には，上級学校への願望の火が小さい炎となって燃えつづけている。

無気力型の子どもの親は，多くの場合，強く，またはしつこく登校を求めることはない。中学校を卒業すると，進学もよし，就職もよしと，あまり進路にこだわらない。面接しても，親の，子どもへの期待は大きくないとの印象が強い。

怠学・非行の子どもの親では進学よりも非行の進展に関心が大きい。非行が止むことを望んでいる。中には子どもの非行への関心が薄いケースもある。

登校拒否の子どもの親には問題意識が強く，相談機関にも積極的に通う。学校との協力関係もよい。時には学校の対応に不満をもつこともある。無気力型の子の親は相談機関に通う意欲に乏しい。学校からすすめられて相談機関に行っても，長くつづかない傾向がある。これは，もともと意欲がないことによるよりも，カウンセリングを受けても子どもの生活が変わらないことからきた，あきらめの心境によるところが大きい。怠学・非行の場合，総体的に相談機関や学校との協力関係はつくりにくい。

以上，登校拒否を中心に無気力型，怠学型などの比較を試みた。表5-3に，これらの所見を簡単にまとめた。

2　子どもの内的体験からみた識別のポイント

いま述べたポイントは子どもにとって重要な人（母親）から得た臨床的な知見を基礎にしている。不登校体験をもつ子ども自身の内的体験による識別のポイントは臨床的知見の妥当性をみるためにも必要である。

森田（2001）は，1993年に公立中学校3学年に在学していた生徒のうち「学校嫌い」（登校拒否）を理由に年間30日以上欠席していた25,992人について，1998年にアンケート調査を実施した。その中で「不登校時の様子」について因子分析し，①自我防衛，②離脱志向，③学歴志向，④フラストレーション傾向，⑤安心空間志向，⑥方向喪失の6因子を抽出した。そして，図5-2（次々頁）の布置連関図を作成した。図中「網掛け」されている項目はそのグループにおいて有意に選択率が高い項目で，濃い黒は「よくあった」薄い黒は「少しあった」白は「なかった」と図示して，それぞれ評定された。

「情緒的混乱」グループは筆者のいう登校拒否に，また「非行・遊び」グルー

表5-3 登校拒否と怠学との識別点

	登校拒否	無気力型	怠学・非行
1. 登校への葛藤状況	＋	±	－
2. 登校刺激への反応	反発	一時的受け入れ	関心にとぼしい
3. 閉じこもり	＋	－	－
4. 興味の極限状況	＋	－	－
5. 欠席中の外出状況	－	±	＋
6. 交友関係	－	±	＋
7. 欠席状況	継続的	断続的	断続的
8. 家庭内暴力	＋	－	－
9. 非行	－	－	＋
10. 担任の家庭訪問	拒否的	受け入れ	反抗的
11. 校則違反	－	－	＋
12. 家庭学習への意欲	±	－	－
13. 相談機関の利用	＋	±	－
14. 親の登校願望	強い	強くない，あきらめ	あきらめ

プは怠学にそれぞれ対応している。これら三者にはそれぞれ特殊性がある。情緒的混乱グループでは自我防衛体制と解釈された「体調がすぐれない」「あせりや不安を感じる」「他人の目が気になる」「孤独や寂しさを感じる」「くやんだり，情けなく思う」と，「イライラする」などが顕著である。また，「趣味を楽しむ」「ぼんやりして集中できない」なども指摘されている。臨床的なことばでは不安傾向，対人的注視念慮，焦燥感，孤独感，あるいは興味の局限などに置き換えられる。「無気力」グループでは「やる気がおきない」という「方向喪失」の兆候が顕著で，「くやんだり情けなく思う」一方，「家から外出」し，「友人とつきあう」などが評定されている。「非行・遊び」グループでは「家から外出」「学校の友人とつきあう」「学外の友人とつきあう」「夜遊びなどをする」などの「離脱傾向」が顕著で，加えて，「口論やけんかをする」「ものに当たる」「イライラする」などのフラストレーション傾向がみられる。

以上，森田の社会学的分析をみたが，これらは先にみた心理臨床的な所見とかなり一致している。

●第2節　登校拒否と統合失調症（精神分裂病）

不登校は失調症の早期発見のひとつの指標である（大沢 1991）といわれるように，不登校を主訴に精神科を受診し，失調症と診断されたり，神経症圏内の不登

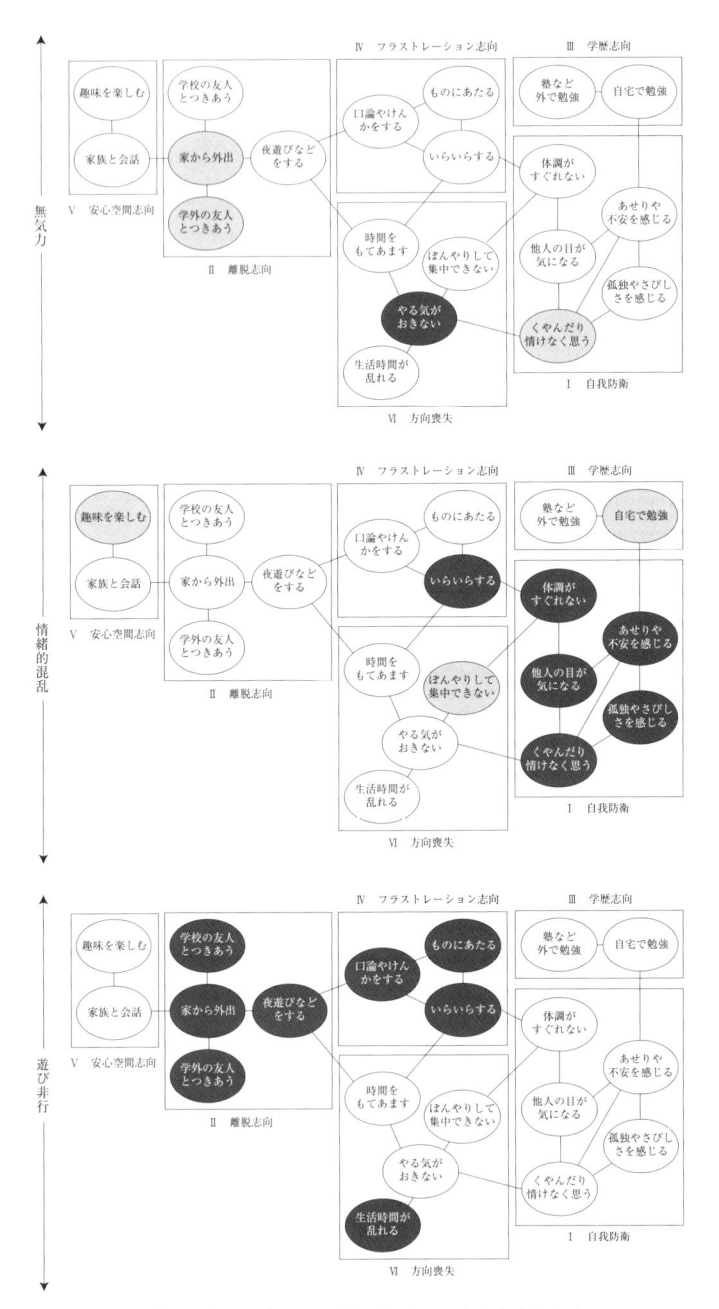

図 5-2　情緒的混乱型・無気力型・遊び非行型の比較

校，いわゆる登校拒否との診断によってカウンセリングを受けているうちに失調症の症状が顕在したり，あるいは治療終結後数年して入院，あるいは生涯診断によって失調症と診断された事例もある。

中根他（1991）は1986〜1989年間に都立梅が丘病院に登校拒否ないしそれに相当する診断名で入院していた87名について，1991年における診断名を調査して，表5-4の結果をまとめている。52名中22名（25.3％）が統合失調症であった。

表5-4　18〜36ヵ月後の疾患分類学的診断（中根 1991b）

	男	女	計	％
分裂病	15	7	22	25.3
適応障害	12	4	16	18.4
抑うつ性障害	3	10	13	14.9
境界例	3	6	11	12.6
強迫性障害	3	0	3	3.5
その他の不安性障害	4	6	10	11.5
その他*	10	2	12	13.8
計	52	35	87	100.0

*多動性障害，精神遅滞，境界知能など

この数値は都立病院の入院患者のもので，一般化できないが，第9章の予後のところで述べているが，登校拒否と統合失調症との関係については，教育・心理的支援においてカウンセラーはいつも留意しておく必要がある。

以下で，医学以外の立場のカウンセラーにとって知っていたほうがよい程度の範囲で概要を述べたい。具体的には心理的立場にある筆者が日常のカウンセリングで必要と感じてきた範囲である。

1　統合失調症の発現年齢

松本（1990）は「成人に準じた基準で失調症と診断される時，発症年齢の下限はほぼ7，8歳であり，10歳以下は極めて稀である」といい，弟子丸他（1996）は内外の報告事例を概観して，「診断可能の多くは，少なくとも，9歳以上である」と結論している。また，住吉らは国立療養所で治療した15歳以下の失調症の事例を分析して，「10歳以下の発病は少なく，13歳以上の発病が多い」と述べている。

まとめると，失調症は10歳以下の発現は稀で，ほぼ10歳前後と見てよい。

2　統合失調症の発症経過

不登校と失調症との関係は後者の前駆症状との絡み合いの中で問題になる。前駆症状の中には，不登校や他人の視線が気になるなど，症状や生活の状況が登校拒否のそれらと紛らわしいものもある。

児童期失調症に関する臨床的研究では前駆症状にふれているものが多い。前駆症状とは「retrospectiveに先行している諸変数で，当時，それ自体は受診の標的症状をなさないが，発病に直接，連続する異常事態」(坂口 1997) と定義されたり，「疾患として活動期に入る前の，明らかな機能低下を示し，消長はあれ，おおむね継時的に進展しつつ分裂病（失調症）にいたった一連の症状」(弟子丸他 1996) と規定されている。両定義の表現は異なるが，子どもの失調症の多くは，ある日ある時期に突然発病するものではなく，何週間か，あるいは何年か前から準備され，状況によっては失調症へと発展するようないろいろの変調がみられるという。

前駆症状がみられる時期は前駆期といわれ，この期の有無，または長短，失調症の発症経過から次の3型に分けられている（坂口 1997）。

①急性型：ほとんど前駆期らしい期間が認められず，数日か，数週間のうちに失調症の主症状が出揃うもの。

②亜急性型：前駆期が数か月から10数か月に渡った後に発病したもの。

③潜行型：前駆期が数年つづいた後に発症したもの。

この3型の具体例として弟子丸（1998）の事例図を引用しておく（図5-3）。

児童統合失調症の発症形式について，松本（1988）では急性31.6％，亜急性26.3％，潜行型42％，また坂口（1997）では同じく12歳以下の27例において11.1％，33.3％，55.6％となっている。

一般的に，若年の発病では急性型は少ない（村田 1992, 飯田他 1995, 松本 1988, 岡崎 1995）。村田（1990）は子どもの失調症の経過について「子どもでは急性発病は少ない。いろいろの愁訴があったり，問題行動を示したり，対人様式

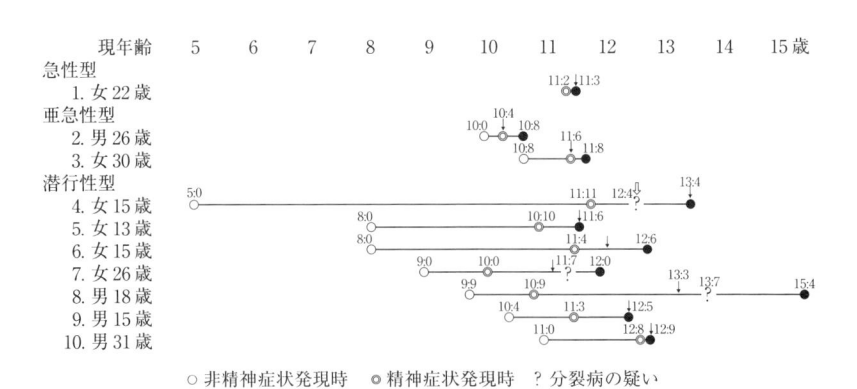

図5-3 登校拒否（不登校）の変遷（弟子丸 1998）

が異なったり，風変わりな子どもとみなされたり，または発達の様子がいささか偏っていたりして，それがじわじわと拡大された形で発病している」と，潜行型発病の状況を簡単に説明している。

3 統合失調症の前駆症状

前駆症状は非精神病性のものと精神病性のものとに分けられている。先に引用した弟子丸の事例図にその一例にみる。すなわち，

- ①非精神病症状：奇妙な常同行動（3），不登校（3），不機嫌・反抗的態度（2），
- ②心身故障：訴え（1），盗み，虚言（1）など
- ③初期の精神病症状：強迫症状（4），易怒・刺激的，攻撃的行動（母親や身近な人へ）（4），不安・不穏，まとまりのない行動（2），不安，夜間恐怖（1）寡動・寡言状態（1），摂食障害（1），憑依状態（1）など（（　）内は頻数）

統合失調症の前駆症状にはいろいろあって，これだけ知っていれば十分だというものではない。前駆症状の理解を一歩進めるために，参考までに，前駆症状について2,3の報告を表5-5にまとめた。事例の中で述べられているものの一部だけを筆者が恣意的に取り出すことには無理があることは承知している。

表5-5 統合失調症の前駆症状

研究者	症状
弟子丸 1988	(1) 学校にいかないか，学校で集団にとけ込めず孤立状態を示す（被注察感や被害・関係妄想に起因することが多い。） (2) 純麻した，平板で，あるいは不適切な感情表現または感情表出にとぼしく，知的優位な考え方 (3) 身辺の清潔と身だしなみの障害 (4) 教室の中での奇妙な行勤，又は抑制なく，唐突でその場にそぐわない行動 (5) 強迫行為の存在（例，髪を小学1年生から切らない，洋服は1枚のみ，首ふり，数かぞえ，食事の50回かみ，階段の2段上がりなどの常同行動） (6) 反抗的，攻撃的行為（頻回でしつようで衝動的，身近かな人に向かう） (7) 自主体験（勝手に考えが浮かぶ，命令する）および自我分裂（もう一人の自分がいる） (8) 異常な意味知覚（視線が気になる，クラスでうわさしている，馬鹿にするなどの訴え）
松本 1988	不登校，奇異な行動，衝動・暴力行為が中心
飯田 1995	不登校，著しい学業成績の低下，注意念慮と強迫症状，風変わりな観念，魔術的思考，反抗的，暴力や純麻した，又は不適切な感情，自発性や興味の欠如，強迫観念（疾病恐怖），強迫行為（手荒強迫，確認癖，計算癖，家庭への巻き込み現象）
大沢他 1991	腹痛，頭痛，発熱，下痢，不登校，授業中ボーっとする，忘れ物，成績低下，不眠，暴力，衝動行為，食欲不振，過食，抑うつ気分，強迫確認行為，その他

4 統合失調症の子どもの病前性格

事例報告を読むと，罹患前の子どもの性格にふれているものが多い。これらの報告も失調症の理解にある程度役立つ。表5-6には筆者が恣意的に症例報告から子どもの病前性格を取り出してまとめた。これらの報告を読んで，筆者は登校拒否の子どもの拒否前の性格によく似ている面も少なくないと，印象づけられた。現在，登校拒否研究論文では子どもの性格が取り上げられることはほとんどない。

表5-6 子どもの病前性格

報告者 報告年	症例数	病前性格
広沢 1997	15	3例に明るさ，優しさが認められたが，残り全部で分裂気質が認められた。
松林 1995	10	おとなしい，反抗的でなく，養育に手がかからない（6例），多動だが，友達もおおく，よく遊ぶ（2例），おとなしいが，ガンコ（5例），活発で明るい（1例），（内向的，ひきこもり傾向，多動，ものおじしない，自分勝手，奇妙な積極性）に一致
松本 1988	19	内向的，過敏，非社会的，神経質傾向が大部分の事例で認められる。一方，明るく，外交的で友達が多いという性格傾向が3例にあり，第1反抗期少ない。
飯田ら 1995	39	内向的，過敏，几帳面，完全主義，神経質
大沢ら 1991	28	おとなしい，内向，孤立，神経質（18例），明朗，人気者，ユーモアあり（3例），成績優秀，がんばり屋（4例），完全主義，プライドが高い（1例）
松本 1995		分裂病の顕在化までの経過と臨床的特徴 第Ⅰ群：胎・周生期には特に問題は認められない。ほとんどの症例が乳幼児期・児童期をとおして，「よい子」，「優しい子」，「いつもニコニコしている子」などの評価をうけている。対人関係で対立せず表面的に合わせることで適応していると考えられる症例が多く認められる。また第一反抗期も認められず，激しいいたずらや甘えもなく，一言でいえばおとなしくて，手がかからず育てやすい子どもであるといえる。小学校入学時に一時的に強迫的になったり，あるいは乳幼児期や児童期を通じて他児より些細なことで動揺しやすい症例もあるが，ほとんどの症例は本人も周囲も問題を意識せず，"引っ掛かりなく"育ち，思春期課題に遭遇し，混乱した結果顕在化してくる一群である。小学校入学後，環境に恵まれればかなり活発に行動できるため，「あんなによい子で元気な子がなぜ？」と感じられることもある。 第Ⅱ群：胎・周生期には特に問題は認められない。乳幼児期は本人が祖父母に依存・共生の関係であったり，あるいは他の兄弟に手が掛かったりしたために，母子関係は極めて稀薄なまま過ごしている。一人遊びが多く，対人関係は消極的で孤立的である。エネルギーが乏しいため，第Ⅰ群の症例のように相手に合わせることもせず，あるいは第Ⅲ群の症例のように神経症的あるいは心身症的な表出もせず，対人関係を拒否したり孤立したりすることで継過した群である。児童期には乳幼児期と同様消極的で孤立的であり，友達に支えられれば遊ぶことができる。 第Ⅲ群：胎・周生期に特に問題は認められない。幼児から強迫症状（5名，50％），心身症症状（1名，10％）などが出現し，第Ⅰ，第Ⅱ群に比べて極めて育てにくく，付き合いにくいのが特徴。……対人関係や母子関係は極めて表面的かあるいは形成困難であることが多い。……。 第Ⅳ群：遅滞群（3名）と自閉症的な群：略

これには，「不登校はどの子にも起こる」との，文科省の基本的観点や「不登校の子どもに固有の性格はない」という社会病理的な見方が背後にあると思われる。これはこれとして従来，登校拒否の子どもの性格と指摘されてきたものを表5-6から取り出すと，おとなしい，内向的，非社会的，過敏，神経質傾向，几帳面，完全主義-，第1反抗期が少ない，よい子，やさしい子，母子関係の希薄などがある。

　松本の「統合失調症顕在化までの経過」をみると，ここでもまた，第Ⅰ群と第Ⅱ群の経過と臨床的特徴の記述は，失調症と断ってなければ，登校拒否のものと読み違えるほど類似した面がある。

　これらの類似性には，両者に何か通ずるものがあるのではないかと考えさせられる。筆者にはこれに明確に答える資料はないが，村田（1992）の見解はひとつの糸口を提供する。「不登校の子どもたちのなかで，失調症になるものは極めて少数である。しかし失調症に発展する可能性を秘めた子どもに悪条件が重なり，内的緊張，不安が高まった時，不登校という前駆症状を呈することは当然かもしれない」。

5　登校拒否と児童統合失調症

　失調症の前駆症状のひとつとして不登校がどの程度みられるかは，見極め・識別（診断）の上から難しい問題である。いくつかの研究をみると，安藤（1985）15例中6例（40％），松本（1989）19例中6例（32％），飯田他（1995）59％，弟子丸他（1996）31例中21例（67.7％），中根（1991a）65例中44例（65％）などとなっている。30～68％の開きがある。これらの差は，子どもの年齢，時期，診断方法など，いろいろの条件の違いから生ずるのであろう。また，失調症の医学的診断の難しさを示しているのであろう。

　失調症の発症経過との関連から不登校を考えると，急性の発症型では陽性症状（誰が見ても異常とわかる症状，大原 1996）がみられるので，不登校についての判断はあまり難しくない。岡崎（1995b）の13歳の子どもの具体例でみると，悪口がきこえてくる，悪口をいわれている，殺される，火をつけられるなどの被害的幻聴や妄想，拡声器の音がきこえる，ツーンという音が耳を貫く，身体を改造される，円盤がみえる，お化けがみえる，祖母の顔が歪んでいるなどの，要素的あるいは空想的な妄想または知覚異常体験が標的症状になっている時には，不登校が神経症的かどうかは問題にならない。すぐに精神科の受診をすすめることとなる。

　亜急性型と潜行型の発症の経過をとる事例では不登校と失調症との見極め・識別について難しい判断を求められることになる。専門家でも，はっきりした妄想

や幻覚などがみられない場合，正確な診断を下すことは難しいという。河合（1992）は登校拒否の予後調査からみえてきた問題のひとつとして登校拒否と失調症との診断の難しさを指摘している。また，弟子丸（1998）は図5-3の10事例について，初診時に直ちに失調症と診断がついたものは4例，残り6例は初診時には神経症圏を疑い，ある期間を経て失調症の診断がついたという。その平均期間は初診後6,7か月であった。

　非医学的立場から不登校にかかわるカンセラーに求められる役割のひとつは，統合失調症の疑いがある時，できるだけ早く精神科医に紹介することである。「不登校はどの子にも起こる」とか，「不登校は社会病理的現象であって，疾患ではない」などの考え方は基本的に誤りではないが，これが普遍化され，不登校の子どもに機械的に適用されると，医学的治療が必要な子どもにとって不幸な事態となることがある。事実，久場川（1994）は，このような考え方から「不登校の子どもが訪れる精神科外来などの医療機関では対応困難な事例や辺縁群といわれる事例が多くなっている」と述べ，「……特に精神科外来で長期間かかる事例の約3割は不登校（登校拒否の意）とはいいがたい」という。

　不登校は社会的病理現象であるとの社会的見方の広がりによって難しい不登校が増加したというのではない。多種多様な不登校が発現している今日，学校に行っていない子どもを，十把一絡げに社会病理から理解し，支援していくことの危険性が指摘されているのである。

　星加（1990）は，登校拒否と統合失調症との識別点について指摘している。
① 児童・思春期に多い破瓜病では意欲や自発性の減退・感情の鈍麻がみられる。自閉・引きこもりも激しく，思考の内容も貧困。登校拒否の子どもでも意欲減退や自閉・引きこもりがみられるが，その程度は軽く，状況（夏休みなど）によって変動しやすい。
② 登校拒否の子どもには，失調症の違いで，幻覚（主に幻聴），被害妄想などの妄想または独語空笑などはみられない。
③ 登校拒否の子どもの家庭内暴力は激しい場合でも，子どもは医師の前ではおとなしい。暴力の対象のほとんどは母親を中心とした家庭に限定されている。失調症では重症になると，妄想に支配され，相手構わず暴力。
④ 登校拒否の子どもでは，閉じこもり，何もしないなどがあっても「興味の局限」など自己活動を展開。失語症ではこれが乏しい。

表5-7　DSM－Ⅳの統合失調症の診断基準（抄）

1. 特徴的症状：以下のうち2つ（またはそれ以上），各々は，1か月の期間（治療が成功した場合はより短い）ほとんどいつも存在
1) 妄想
2) 幻覚
3) 解体した会話（例：頻繁な脱線または減裂）
4) ひどく解体したまたは緊張病性の行動
5) 陰性症状，すなわち感情の平板化，思考の貧困，または意欲の欠如
    注：妄想が奇異なものであったり，幻聴がその者の行動や思考を逐一説明するか，または2つ以上の声が互いに会話しているものである時には，基準Aの症状1つを満たすだけでよい。
2. 社会的または職業的機能の低下：障害のはじまり以降の期間の大部分で，仕事，対人関係，自己管理等の面で1つ以上の機能が病前に獲得していた水準より著しく低下している（または小児期や青年期の発症の場合，期待される対人的，学業的，職業的水準にまで達しない）。
3. 期間：障害の持続的な徴候が少なくとも6か月間存在する。この6か月の期間には，基準Aを満たす各症状（すなわち，活動期の症状）は少なくとも1か月（または治療が成功した場合はより短い）存在しなければならないが，前駆期または残遺期の症状の存在する期間を含んでもよい。これらの前駆期または残遺期の期間では，障害の徴候は陰性症状のみか，もしくは基準Aにあげられた症状の2つまたはそれ以上が弱められた形（たとえば，風変わりな信念，異常な知覚体験）で表されることがある。
4. 分裂感情障害と気分障害の除外：分裂感情障害と気分障害，精神病性の特徴を伴うものが，以下の理由で除外されていること。
1) 活動期の症状と同時に，大うつ病，躁病，または混合性のエピソードが，発症していない。
2) 活動期の症状中に気分のエピソードが発症していた場合，その持続期間の合計は，活動期および残遺期間の持続期間の合計に比べて短い。
5. 物質や一般身体疾患の除外：障害は，物質（例：乱用薬物，投薬），または，一般身体疾患の直接的な生理学的作用によるものではない。
6. 広汎性発達障害との関係：自閉性障害や他の広汎性発達障害の既往歴があれば，統合失調症の追加診断は，顕著な幻覚や妄想が少なくとも1か月（治療が成功した場合は，より短い）存在する場合にのみ与えられる。

●第3節　登校拒否とうつ状態

　躁うつ病またはうつ病は，現在，DSM－Ⅳにみるとおり，国際的には感情障害と呼ばれている。これは統合失調症と並んで精神障害である。
　登校拒否とうつ病との関係は，頻度において統合失調症ほどではないが，ある程度の関係がある。研究者によっては，たとえば，アグラス（Agrass, S. 1959）や堀（1962）等は登校拒否をうつ状態との関係からとらえている。アグラスは，登校拒否（学校恐怖症）のいろいろの症状の背景には抑うつ的不安があって，これが学校恐怖症の基礎となっているとし，これは児童期うつ病（depressive disorder in childhood）ではないかという。筆者（1968）はアグラスの主張を「抑うつ不安説」と名づけた。
　登校拒否，中でも思春期の急性のものでは，ある時期，日中は何もする気がしなくて，ゴロゴロしている，寝つかれない，疲れる，食欲がない，朝は体がだる

くて，なかなか起きられない，おもしろくないなどのうつ状態がみられることが多い。

　不登校にみられるこの種のうつ状態が登校拒否に起因するものか，またはうつ病によるものか，識別に困る事例もある。大井（1978）はうつ状態にある自験例50例中，11例（22％）に登校拒否がみられたという。中でも，大井の分類のひとつである葛藤型うつ病の事例は筆者のいう登校拒否によく似ている。中根（1991）の報告でみると，登校拒否にはじまり，抑うつ性障害と確定診断されたものは，87例中13例（14.9％）あり，そのうち女子が10名を占めていた。

　不登校の支援ではうつ病またはうつ状態との関係を見極める必要がある。

1　子どものうつ病の概要

　子どもの統合失調症と同じく，非医学的立場のカウンセラーがもっていたほうがよいと，筆者が思ってきた程度に，うつ病の概要をまとめてみたい。

　従来，内外の専門分野でも，児童期うつ病の存在に否定的の見解が多かったが，DSM－Ⅳにみる操作的診断基準が一般的に利用されるようになってから，その存在が注目されるようになった。しかも，成人と同じ基準が採用され，その本質において子どもは成人と変わらないとされた。

　うつ病を内包している感情障害（affective disorder）は「基本となる障害として，気分あるいは感情の変化，通常，抑うつ気分が高揚した気分がみられる障害」（ICD－10），あるいは「気分の障害を主要な特徴とする障害」（DSM－Ⅳ）と規定されている。

　感情障害ではうつ病相期と躁病相期が区別されている。ICD－10によると，うつ病相期の症状には抑うつ気分に加えて，興味や楽しみの喪失，疲れやすさや活動の低下を引き起こすエネルギーの減少がみられる。また，集中力や注意の減少，自己評価や自己価値の低下，罪意識や自己無価値観，未来に対する悲観的考え方，睡眠障害，食欲の低下，自傷行為，自殺行為がふつうみられる。これに対して，躁病相期にはすべての活動が亢進する。

　感情障害はその経過からうつ病相期がみられるか否か，そして，躁病相の重症度（軽い躁病相を軽躁病と呼ぶ）がどうかなどから分類されることが多い。図5-4はこの分類を図式的にまとめたものである（佐藤哲哉 1997）。図にみるように，うつ病相がなく，専ら躁病相が繰り返されるものを単極性躁病，うつ病相と躁病相が繰り返されるものを双極Ⅰ型，うつ病相と軽躁病相を繰り返すものを双極Ⅱ型，そしてうつ病相のみを繰り返すものを単極性うつ病と呼ぶ。このように経過から感情障害を分けるのは，病前性格，症状，遺伝負因，予後などからみて，多少独自性があるからである。

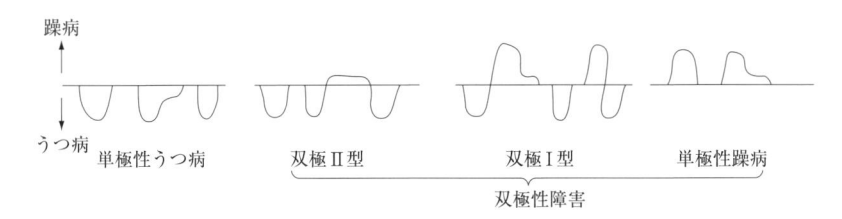

図5-4 感情障害の経過型（佐藤 1997）

2 子どものうつ病の症状

抑うつ状態にある子どもの中心症状は成人と同じく，抑うつ的気分の変化，自己非難そして罪責感などであるが，この感情の変化は子どもの行動や態度にもいろいろの形で反映する。

高木（1980）は文献の概観と自験例から児童期うつ病の特質を次のようにまとめている。高木の研究はDSM基準前のものである。

①精神運動症状が前面に立つ。

臨床像の特徴は，第1に運動の抑制，行動の不活発で，一日中，ゴロゴロと横になっているとか，重い場合には昏迷状態となる。一方，「寂しい」「悲しい」などの，ネガティブな感情状態，悲哀感が訴えられることは少ない。反対に，躁状態では異常な活動性，多動性があって，朝早くから夜遅くまで文字通り興奮して走りまわり，または遊びまわり，極めて多弁となり，時に，ルールを無視して非行に走ることがある。

②いわゆる非定型ないし混合性病像をとりやすい。

急性抑うつ状態が重篤化する過程で，被害・関係念慮が比較的容易に出現し，時に幻聴など，いわゆる緊張病症候群の色彩を帯び，うつ状態は精神運動性抑制から混迷状態に，躁状態は精神運動性興奮から錯乱状態に陥ることがしばしばである。この場合も精神運動が前面に出ており，疎通性も比較的保たれている。

③植物性機能障害及び身体症状。

不眠は児童期躁うつ病における初の，そして重大な症状である。本来，睡眠時間の多い子どもがなかなか床につこうとしない，寝つきにくくなった，夜中に醒める，早朝に起き出すなどが観察されたら，次の病相の襲来のサインである。

成人ではよくみられる頭痛，頭痛感，背痛などは子どもで訴えられることは少ない。

④神経症症状ならびに行動上の問題

外国の文献では，夜尿，強迫症状，学校恐怖症（登校拒否），学習困難，学習成績の低下，神経性無食欲症，強迫的多食症，非行，攻撃性，自殺など，非精神

表5-8 抑うつ症状のまとめ (堤 1990)

1. 抑うつ気分	(1) 子供らしい生き生きとした表情,態度の消失 (2) 口数の減少,時にはほとんど無口な状態 (3) ささいなことですぐ泣いたり,理由なく涙ぐむ (4) 不安
2. 思考,行動の制止	(1) 無気力,無感動 (2) 子供らしい好奇心の減少 (3) 学業意欲の低下 (4) 動作ののろさ
3. その他の精神症状	(1) 罪責念慮 (2) 自己否定的な訴え (3) 離人体験 (4) 強迫症状
4. 身体症状	(1) 睡眠障害 (2) 食欲低下 (3) 胃腸症状,便秘・下痢・腹部膨満感 (4) 胸苦しさ,動悸,全身倦怠感,頭重感
5. 自殺	

病性の症状が報告されている。

　堤(1990)は，内外の文献から抑うつ状態にある子どもの症状を表5-8のようにまとめている。中でも，抑うつ気分，思考・行動の制止，身体症状はわかりやすく，ここに子どもの特質があるといってよい。

　傳田(2002)はうつ病の症状を，もっとも基本的で，みなに共通して存在する症状を中核症状と呼び，個人の人間性(性格，年齢，国民性など)を介して現れる症状を二次的症状と呼び，表5-9にまとめている。うつ病の精神的な中核症状として，①興味・関心の減退，②意欲・気力の減退，③知的活動能力の減退，また，二次的症状として①気分(感情)の障害，②行動の障害，③思考の障害をあげている。身体的な中核障害として①睡眠障害，②食欲の変化，③身体のだるさ，④日内変動を，そして二次症状として頭痛，腹痛，動悸，その他をあげている。

　一口に，子どもといっても10歳頃以下の児童と思春期の子どもでは違う。村田(1988)によると，小児期では憂うつ感，寂寞観，自己呵責，罪業感，自殺企図は前面に出ることは少なく，不安感，イライラ，落ち着きのなさ，しくしく泣く，しょんぼりした態度，誰にも愛されていないのではという心配，自信のなさ，のろのろした話ぶり，また不眠，食欲不振，体重減少，腹痛，頭痛などの身体症状が強い。思春期では成人のうつ病の病像に近くなる。思春期後半になると，自己無価値感，将来への絶望感，自殺念慮などが成人より支配的症状になる。思春期のうつ病で特に目立つものに，自棄的といえる行動がある。耐えがたいうっとうしさをやけっぱちな行為で晴らそうとするものである。

表5-9 子どものうつ病の症状（傳田 2002）

精神症状
　〈中核症状〉
　　興味・関心の減退：好きなことも楽しめない，趣味にも気持ちが向かない
　　意欲・気力の減退：何をするのも億劫，気力がわかない，何事も面倒
　　知的活動の減退：何も頭に入らない，能率低下，集中力低下，学業成績の低下
　〈二次症状〉
　　抑制的な表情・態度：しゃべらない，表情が乏しい，生き生きした表情の欠如
　　抑うつ気分：落ち込み，憂うつ，悲哀感，淋しさ，希望がない，涙もろい
　　不安・不穏：いらいら，そわそわ，落ち着かない，興奮
　　思考の障害：思考制止，決断不能，自責感，微小妄想，罪業妄想，心気妄想，貧困妄想

身体症状
　〈中核症状〉
　　睡眠障害：途中で目が覚める（中途覚醒），早朝に目が覚める（早朝覚醒），寝つきが悪い，ぐっすり寝た気がしない，時に眠り過ぎる（過眠）
　　食欲障害：食欲低下，体重減少（子どもの場合，期待される体重増加がない），時に食欲亢進，体重増加
　　身体のだるさ：全身が重い，疲れやすい，身体の力が抜けたような感じ
　　日内変動：朝が最も悪く，夕方から楽になる
　〈二次症状〉
　　その他の症状：頭痛，頭重感，肩こり，胸が締めつけられて苦しい，動悸，口渇，発汗，寝汗，悪心，嘔吐，胃部不快感，腹部膨満感，めまい，手足の冷え，知覚異常，四肢痛，便秘，下痢

行動症状
　〈二次症状〉
　　行動抑制：動作が緩慢，動きが少なくなる
　　学業問題：不登校，社会的引きこもり
　　落ち着きのなさ：多動，徘徊，じっとしていられない
　　問題行動：攻撃的言動，衝動性，自殺企図，自傷行為，非行，行為障害

3　子どものうつ病の発現率・発現年齢

　子どもにうつ病があるかどうかについて内外共に古くから議論があり，30年ほど前までは否定的であった。しかし，いまも，その存在について慎重な態度をとっている人もあるという（山崎 1992）。この理由について村田（1993）は，精神科医が抑うつ状態の子どもを診る機会が少なかったこと，精神分析の立場から自責感や罪業感を形成するほどの超自我が育っていないという考え方があったことなどを指摘している。

　1970年代になって，アメリカで児童・思春期のうつ状態が急増し，関心を集めはじめた。わが国においても，1970年前後から子どもの抑うつ状態が社会的に関心を集め，いろいろの研究が進んだ。特に，学校関係者から小中学生における無気力，疲れやすさ，自信喪失，引きこもり等が指摘された。

このような社会的背景の中でDMS－Ⅲの登場は子どものうつ病の存在を明確にし，世界的にこの基準に基づく諸研究が報告された。
　子どものうつ病の発現について若林他（1991）は，わが国の報告例として，表5-10をまとめている。牧田の研究は初期のもので，3,000人の対象児の中で1名もいなかったという。その他の報告では0.004〜12.3％の間に分布している。この差は，うつ病の概念，診断基準，症状評価尺度などについて，まだ十分に定見が得られていないことを意味している。

表5-10　子どものうつ病の頻度（若林 1991）

報告者	対象	頻度
Makita（1973）	3,000人の子ども	0
大井（1978）	1,874例の外来受診児童のうち60例	3.3％
村田ら（1988）		
村田クリニック	18歳未満の861例のうち	12.3％
福岡大学精神科	18歳未満の1,095例のうち	3.4％
岐大精神科（1989）	18歳以下の1,438例のうち	1.3％
名大精神科（1987・1988）	18歳未満の400例のうち	1.0％
国立肥前療養所（筆者追加）	18歳未満の967例のうち	0.004％

　従来から，児童期のうつ病は10歳以下の発現は稀にしか観察されないと考えられてきた。若林他（1992）は，「わが国の文献から幼児期のうつ病またはうつ状態の報告はあるが，10歳未満の症例は一般に多くないようである」と述べている。

4　登校拒否とうつ病・うつ状態

　登校拒否のカウンセリングでは，統合失調症と同じく，うつ病との識別が問題になることが少なくない。登校拒否の経過中に子どもの示す日常行動の中に，うつ状態をみることは多い。前述の堤のまとめにしても，傳田のうつ病の特徴論にしても，「うつ病またはうつ状態」のくくりをみないで，内容だけをみると，登校拒否の子どもの状態と誤認するほどである。
　うつ病の研究においても，不登校や登校拒否との関連がよく取り上げられている。そのひとつはうつ病の随伴症状としての登校拒否であり，他のひとつは登校拒否と診断され，治療中にうつ病と確定診断がなされた状況である。
　図5-5は，平野他（1991）が1982〜1987年の5年間に国立療養所外来で受理した18歳以下の子ども967名についてカルテ調査を行い，「臨床的抑うつがある」とした56名（0.06％）について，併存症状をまとめたものである。「学校に行かない」が最も多い。
　うつ病に合併した不登校について大井や中根以外に，若林（1990）では抑うつ状態の22例中6例（27.2％），傳田（2000）では気分障害114例中，16例（14％），

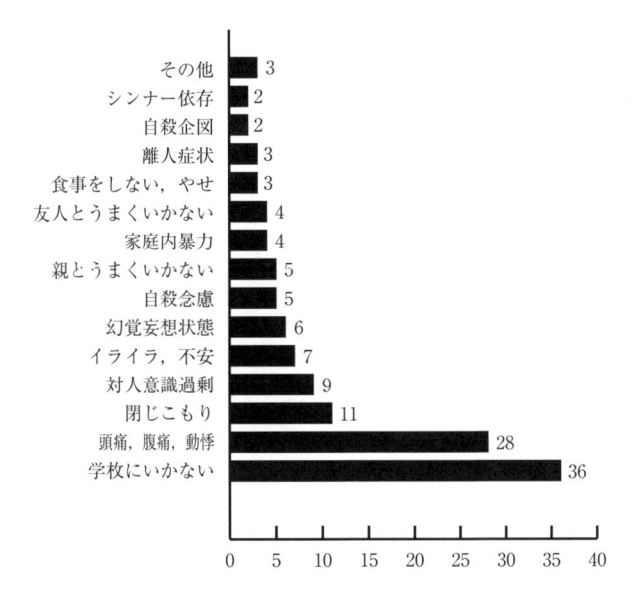

状態	人数
その他	3
シンナー依存	2
自殺企図	2
離人症状	3
食事をしない，やせ	3
友人とうまくいかない	4
家庭内暴力	4
親とうまくいかない	5
自殺念慮	5
幻覚妄想状態	6
イライラ，不安	7
対人意識過剰	9
閉じこもり	11
頭痛，腹痛，動悸	28
学校にいかない	36

図5-5 抑うつ群に併発した状態像（平野他 1991）

若林（1992）ではDSM-Ⅳに合致した24例中，11例（45.8％）にそれぞれ不登校がみられたという。

抑うつと不登校との関係について質問紙法などによる報告もある。村田（1988）はクリニックや福岡大学精神科で受診した195例から，6～12歳の抑うつ状態にある子どもと，ICDで診断した登校拒否の子どもをそれぞれ31名選んで，小児うつ病評価尺度によって抑うつ状態をみた。その結果，抑うつ状態の子どもで得点が有意に高いという。村田（1993），熊代（1991），太田他（1990）によると，登校拒否の子どもとふつうの子どもについて抑うつ状態を比較したところ，登校拒否の子に抑うつ得点が高い。また，永井（1994）は学校好き群と学校嫌い群について抑うつ気分を調査したところ，後者に非常に高い割合で抑うつ気分がみられたという。

5　登校拒否とうつ状態・うつ病との識別

これら両者の間には関係があって，教育・心理的支援では不登校がうつ病の結果か，または不登校の結果としてうつ状態が発現したのか，識別が求められる。

統合失調症と不登校の場合と同様に，登校拒否と診断のうえ，治療してきた事例の中に，後日，確定診断で診断名が変更されることもある。たとえば，表5-4にみるように，都立病院に1986～1989間に登校拒否の診断で入院した子ども87

人について，18～36か月後につけられていた診断名を調べてみると，13名（14.9％）が抑うつ性障害であった。

　このような状況は，診断基準や診断技術などにも関係があるが，登校拒否とうつ病との関連を初期の段階で明確にすることの難しさを物語っている。特に，精神科病院に入院する子どもは登校拒否が慢性化していることが多く，一次的に，感情障害があって学校に行けない状態にあったのか，長い学校欠席によって抑うつ状態が生じたのか，入院の初期に断定できないこともあるだろう。

　大井（1978）は，治療した50名について，TYPE Ⅰ 循環型うつ病，TYPE Ⅱ 性格反応型うつ病，TYPE Ⅲ 葛藤反応型うつ病ないしうつ状態，TYPE Ⅳ その他に分けたところ，TYPE Ⅰ が半数を占めたという。そして，TYPE Ⅰ と Ⅱ の場合，学校を休んでいても，病相の回復と共に比較的容易に登校するため，登校拒否との区別は困難ではない。しかしTYPE Ⅲ では登校拒否との類似状態があるため，登校拒否との区別が困難である。両者の区別について，TYPE Ⅲ ではうつ状態が一次的であり，その結果として登校拒否状態に陥るという。

　結論として，大井は抑うつ状態の現れ方，登校刺激への反応の仕方，課題処理への態度，登校再開の仕方，治療に対する態度などにおいてうつ病と登校拒否との相違が認められるという。さらに，大井（1983）は学校への執着度からうつ病性のものと神経症性のものと区別できるとして，次のように述べている。神経症性登校拒否の子は自分の弱点がさらけ出されることを恐れ，自尊心が傷つく場面から容易に退却し，一方で学校にしがみつこうとする意識が強く，登校刺激に反応する。うつ病性の登校拒否では学校への執着はない。

　傳田（2000）は，登校拒否とうつ病との識別について日内変動と心身症的訴えに関連して次のように述べている。日内変動はうつ病の身体・精神症状を通じてみられる特有な変化である。身体・精神症状全体が，朝目を覚ました時に最も悪く，次第に軽快していき，夕方から夜にかけて大分楽になるというものである。極端な場合には，朝はどうしても起きられず，朝食も食べることができず，午前中は床についたままであるが，昼には何とか起きだし，多少，食事をとり，少しテレビゲームでもしてみる気になる。夕方に家族が帰ってくる頃になると，多少ホッとした気分になり，食事もみなと一緒に何とかとり，好きなテレビを見て，時に笑ったりすることができる。夜が更けるにつれていっそう元気が出て，明日からは学校にも行ってきちんとした生活をしよう，と決心して寝るが，眠りが浅く，翌朝は起きられず，もとに戻ってしまう，というパターンをとる。登校拒否の子どもの中にも，同じようなパターンをとるものもいる。登校拒否の初期には，程度の差はあっても，これは多くの子にもみられる。傳田は，学校へ行かなければならないというプレッシャーがなくても（たとえば，日曜日や学期間の休み），

このような状態がつづく時には，うつ病を疑ってみる必要があるという。
　また，登校拒否の初期には，ほとんどの子どもが心身症的訴えをもっている。すなわち，朝起きた時に，頭痛，腹痛，吐き気，食欲不振，めまい，だるさなどを訴える。このような状態と子どものうつ病の身体症状，精神症状，日内変動との区別は極めて困難である。
　次に，うつ病と登校拒否との識別点について，2，3の専門家の所見を紹介しておく。
　傳田は鑑別のポイントとして，次の4点をあげている。
① 学校に行かなければならないというプレッシャーがない状態においても，同様の状態がつづくならば，うつ病を疑い，プレッシャーがない，たとえば，休みの日には元気になるのであれば，不登校と考えるべきである。
② 休んでいる時に，好きなことを本当に楽しめるかどうかである。テレビゲームや漫画好きでテレビ番組など心から楽しめるのであれば，不登校と考える。
③ うつ病であれば，夕方から夜にかけて症状は軽快するものの，完全に消失するわけではないので，その他の抑うつ症状の存在の鑑別に必要である。
④ 軽度であっても，うつ病の中核症状が揃っているのであれば，心因が明らかであったり，典型的な不登校の状態にみえても，うつ病を疑ってみる必要がある。

　猪子（1993）はうつ病とうつ状態を伴う登校拒否を比較し，病前性格や家族状況は共通しているが，うつ病では苦しみを自ら訴え，うつ病が少しでも回復すると学校に戻るが，うつ病を伴った登校拒否では苦しみを表現せず，対人関係の不安が解決されるまで学校に戻れないと，識別点をまとめている。
　本城（1994）は短周期で病相を繰り返すうつ病と登校拒否との鑑別は比較的に容易であるが，神経症性うつ状態（抑うつ神経症）との鑑別は困難なことが多いことを指摘し，表5-11のような鑑別点を提示している。
　参考資料として，表5-12にDSM－Ⅳの診断基準をあげておく。

表5-11　登校拒否とうつ状態の鑑別点

	登校拒否	うつ状態
受診に対する態度	拒否的なことが多い	それ程抵抗を示さない
症状の日内変動	かなり目立つ	あまり目立たない
日曜，休日等の症状改善	顕著	あまりない
不眠	（－）朝起きられない	（＋）早朝覚醒傾向
抗うつ薬の効果	（－）	（＋）ある程度有効

表5-12 DSM-Ⅳによる双極性障害の診断基準（根岸他 1999）

1. 双極Ⅰ型障害
   患者は完全な躁病エピソードまたは混合性エピソードの診断基準を満たしたことがあり，ふつう入院が必要なほど重症である。大うつ病エピソードまたは軽躁病エピソードを伴うこともある。
2. 双極Ⅱ型障害
   患者は少なくとも1回の大うつ病エピソードと少なくとも1回の軽躁病エピソードを呈したことがあるが，完全な躁病エピソードはない。
3. 急速交代型双極性障害
   躁病エピソードとうつ病エピソードが48～72時間の間隔を空けて，重なることなく交代する。混合性エピソードまたは急速交代制エピソードのある双極性障害は，エピソードが交代しない双極性障害よりも慢性に経過するように思われる。
4. 青年期躁病
   その徴候が物質乱用，アルコール症，反社会的行動などで遮蔽されている躁病
5. 気分循環性障害
   軽躁状態と中等度うつ状態の時期が交代する，より軽症の双極性障害。この疾患は慢性で，精神病的にはならない。症状は少なくとも2年間は存在しなければならない。男女差はない。発症はふつう潜行性であり，青年期後期か成人期早期に始まる。物質乱用がよく見られる。一般人口におけるよりも一親等血縁者に大うつ病性障害と双極性障害が多く見られる。反復する気分変動が社会的，職業的困難を生む場合がある。リチウムに反応することがある。

第4節　強迫性障害

従来，強迫神経症といわれていたが，DSM-Ⅳでは強迫性障害と呼ばれている。

登校拒否の子どもにも，たとえば，不潔恐怖，異形恐怖，洗浄行為などの強迫様の状況が観察される。一方，強迫性障害にも不登校が随伴することがある（本城ら 1998，金生 2002）。

登校拒否の教育・心理的支援では強迫が登校拒否の二次的結果かどうか見極めが難しいことも少なくない。

1　子どもの強迫性障害の概念・診断基準

強迫の概念規定について，郭（2003）はシュナイダー（Schneider, K.）の定義を受けて，自分の「意志に反して」「理屈に合わない」と自分で思うことを「繰り返し」考えたり，行動してしまうこととしている。

表5-13はDSM-Ⅳの診断基準である。内容的には郭とほぼ同じである。すなわち，①強迫観念または強迫行為が反復的・持続的に認められ，止めようとしても，止められない，②自分でも不合理であると認識したことがある，③その個人が強い苦痛を感じ，その生活の重要な領域で大きな障害があるとの三点に絞ることができる。見極め（診断）からみると，③が重要で，強迫性の障害かどうかの判断のポイントとなる。

表5-13　DSM-Ⅳによる強迫性障害の診断基準

A. 強迫観念または強迫行為のどちらか。
　(1) と (2) と (3) と (4) によって定義される強迫観念。
　(1) 反復的，持続的な思考，衝動，または心像で，障害の期間の一時期には侵入的で不適切なものとして体験され，強い不安や苦痛を引き起こすことがある。
　(2) その思考，衝動または心像は，単に現実生活の問題についての過剰な心配ではない。
　(3) その人は，この思考，衝動，または心像を無視したり抑制したり，または何か他の思考または行為によって中和しようと試みる。
　(4) その人は，その強迫的な思考，衝動または心像が（思考吹入の場合のように外部から強制されたものではなく）自分自身の心の産物であると認識している。
　(1) と (2) によって定義される強迫行為。
　(1) 反復的行動（例：手を洗うこと，順番に並べること，確認をすること）または心の中の行為（例：祈ること，数を数えること，声を出さずに言葉を繰り返すこと）であり，その人は強迫観念に反応して，または厳密に適用しなくてはならない規則に従って，それを行うよう駆り立てられていると感じる。
　(2) その行動や心の中の行為は，苦痛を予防したり，緩和したり，または何か恐ろしい出来事や状況を避けることを目的としている。しかし，この行動や心の中の行為は，それによって中和したり予防したりしようとした物とは現実的関連を持っていないし，または明らかに過剰である。
B. この障害の経過のある時点で，その人は，その強迫観念または強迫行為が過剰である，または不合理であると認識したことがある。
　　注：これは子供には適用されない。
C. 強迫観念または強迫行為は，強い苦痛を生じ，時間を浪費させ（1日1時間以上かかる），またはその人の正常な毎日の生活習慣，職業（または学業）機能，または日常の社会的活動，他者との人間関係を著明に障害している。
D. 他の第1軸の障害が存在している場合，強迫観念または強迫行為の内容がそれに限定されていない（例：摂食障害が存在する場合の食物へのとらわれ；抜毛癖が存在している場合の抜毛；身体醜形障害が存在している場合の外見についての心配；物質使用障害が存在している場合の薬物へのとらわれ；心気症が存在している場合の重篤な病気にかかっているというとらわれ；性嗜好異常が存在している場合の性的な衝動または空想へのとらわれ；または大うつ病性障害が存在している場合の罪悪感の反復思考）。
E. その障害は，物質（例：乱用薬物，投薬）または一般身体疾患の直接的な生理学的作用によるものではない。

該当すれば特定せよ：
　洞察に乏しいもの：現在のエピソードのほとんどの期間，その人はその強迫観念および強迫行為が異常であり，または不合理であることを認識していない。

　子どもにもほぼこの基準が使われている。しかし，小さい子どもの場合には，言語の能力は未成熟であるので，苦痛は子どもの状況から推測することになる。また，大きな障害となっているかどうかは周囲の人から見ての判断となる。
　また，子どもでは強迫行為や観念を不合理とか理屈に合わないと認識できないことが多い。この特性から，DSM-Ⅳの②で「子どもには適用されない」と注釈が添えられている。

2　子どもの強迫症状とその特徴

表5-14　強迫症状の内容（A群）（本城他 1998）

1. 強迫観念の内容	性別 男	性別 女	計
不潔恐怖	11	10	21
死へのこだわり	6	2	8
自己の身体へのこだわり	5	3	8
加害観念	5	2	7
不吉な連想	5	1	6
自分がしようとすることと反対の観念が邪魔をする	2	2	4
疑惑癖	3	1	4
不道徳な考え	2	1	3
排泄に対するこだわり	1	2	3
その他	2	4	6

2. 強迫行為の類型	性別 男	性別 女	計
洗浄行為	13	10	23
確認癖	7	7	14
儀式的行動パターン	8	1	9
打ち消しの行為・言葉	4	5	9
唾を吐く	4	4	8
保証を求める	3	4	7
秩序へのこだわり	4	3	7
順序へのこだわり	3	2	5
言葉の繰り返し	1	4	5
排泄の確認・繰り返し	1	2	3
時間へのこだわり	0	2	2
その他，不特定な動作の繰り返し	8	6	14

強迫性障害は不登校とは違って，精神科の専門機関で扱われる。本城他（1998）は名古屋大学精神科外来で1982～1986年に対応した子どもの強迫症状の内容を表5-14のようにまとめている。ここでは割愛したが，本城らは1990～1994年の資料も併記しており，これらの資料の分析から「児童期の強迫症状は症状論的に成人のものと差異はない」と解釈している。金生（2002）も同意見を述べ，ばい菌などによる汚染を恐れて手洗いを繰り返したり，誰かを傷つけてしまうのではないか，傷つけられるのではないかと心配してその事態を避けるために繰り返し戸締り火の元を確認したりするものも多いという。

発達のレベルが成人と違うために，子どもの強迫性障害には2,3の特徴があるといわれる。

①症状に周囲を巻き込みやすい。たとえば親に大丈夫かと繰り返し尋ねて保証してもらわないと気がすまない。巻き込みが激しいために，親が疲れてしまうことも少なくない。本城の事例では子どもの30％にこの現象がみられ，10歳未満では64％に，10歳以上では22％のものにあったという。

②年齢が小さいほど強迫行為が，高いほど強迫観念が前提となる。たとえば，よく手を洗うという洗浄行為や大丈夫かと親にしつこく確認を求めたりするなどの強迫行為は小さい子どもによくみられる。友達を傷つけたのではないか，怒っているのではないかなどの強迫観念は年長の子にみられる。本城の調査では年齢平均11.5歳の子どもに比べて，13.1歳以上の子どもは強迫観念の出現頻数が高く，反対に強迫行為は11.5歳以下の子ども群に多い。また松本他（1985）によると，10～20歳までに強迫神経症になった事例を13歳で区切ると，より年少の子に強迫行為が，そしてより年長の子には強迫観念が症状の多くを占める傾向があったという。

③不合理性の認識が曖昧である。子どもは認識能力から見ても，思考能力の発達からみても，DSM－Ⅳの診断基準Bの不合理性の認識は難しい。従って，DSM－Ⅳにも「これは子どもには適用されない」と注釈がつけられている。

3　強迫症状の発現頻度・発現年齢

精神科を受診した子どもについてみると，本城では1982～1986年間の統計では5％，1990～1994年間のそれは3.7％の子どもに本障害があったという。いろいろの精神科の統計では受診した子どもの3～6％に強迫性障害があるという報告が多い（郭 2002）。

強迫症状の発現年齢について，本城は101名の子どもの統計を図5-6のようにまとめている。最小の年齢は3歳，そして10歳前後より急増するという。また，強迫行為の平均出現年齢は11.0 強迫観念のそれは12.5歳であった。強迫観念に先立って，脅迫行為が出現するという報告は多い。性別にみると，本障害は男子に多いという（郭 2002）。

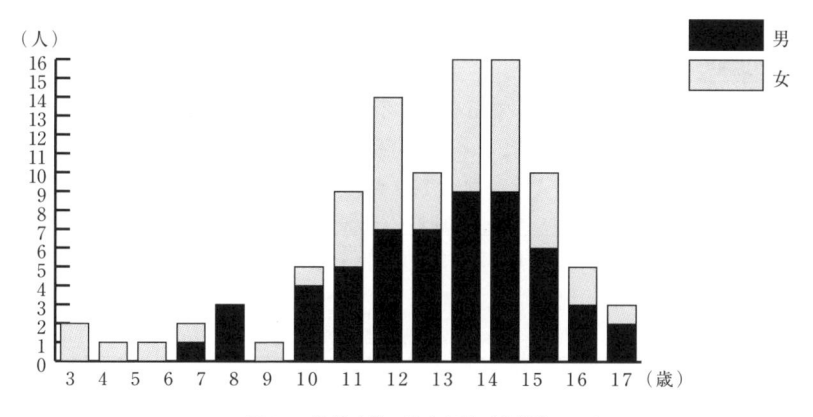

図5-6　強迫症状の発症年齢（本城他 1998）

4　登校拒否と強迫性障害

強迫性障害の随伴症状としての登校拒否は44名中15名（37.5％）あったと，本城他（1988）は述べている。この点について金生（2002）もふれており，「学校が汚いという強迫観念が強いとか，登校するまでに儀式的な行動のために時間を使い果たしてしまうなど，様々である」とまとめている。筆者のケースでは，登校には問題はないが，学校から帰宅すると，体または服にばい菌が着いていると，玄関先で着ているものを脱ぎ捨てたり，時間をかけて手洗いするといった例にか

なり出会った。

　強迫性障害が登校拒否のために二次的に発現したものか否かの判断は難しい。筆者は，強迫性の発現が登校拒否の前か後か，学校がある時とない時に，障害がどのように現れるかに注目して判断している。登校拒否の前に，また学校に関係なく障害が現れることが多いとなれば，強迫性障害が優位に立つと考えている。加えて，本人や家族の生活に著しい障害による影響が出る場合には，すぐに精神科を紹介している。金生の視点と同じく，登校前の状況にも注目して，子どもの登校行動をブロックしている観念または行為の有無も判断の材料にしている。登校拒否と強迫性障害との関係については，最終的には，精神科医の診断によることになる。

●第5節　登校拒否と発達障害

　DMS－Ⅳによると，発達障害には精神遅滞，広汎性発達障害，特異的発達障害などが含まれている。本章では，精神遅滞，自閉性障害，学習障害を取り上げる。

1　登校拒否と知的障害

　DSM－Ⅳでは精神遅滞と呼んでいるが，今日，わが国では知的障害と呼称されることが多い。従来は精神薄弱とか，精神遅滞とも呼ばれていた。

　知的障害の，DSM－Ⅳによる診断基準は表5-15のとおりである。これは操作的に規定されている。表中①では，個別性の一般知能検査で知能指数（IQ）70またはそれ以下で，臨床的に平均以下の知的機能をもつもの，そして②で，適応機

表5-15　DSM－Ⅳの精神遅滞の診断基準

①明らかに平均以下の知的機能：個別施行による知能検査で，およそ70またはそれ以下のIQ（幼児においては，明らかに平均以下の知的機能であるという臨床の判断による）。
②同時に，現在の適応機能（すなわち，その文化圏でその年齢に対して期待される基準に適合する有能さ）の欠陥または不全が，以下のうち2つ以上の領域で存在：意志伝達，自己管理，家庭生活，社会的／対人的技能，地域社会資源の利用，自律性，発揮される学習能力，仕事，余暇，健康，安全。
③発症は18歳未満である。

▼知的機能障害の水準を反映する重症度に基づいてコード番号をつけること：

317	軽度精神遅滞	IQレベル	50－55からおよそ70
318.0	中等度精神遅滞	IQレベル	35－40から50－55
318.1	重度精神遅滞	IQレベル	20－25から35－40
318.2	最重度精神遅滞	IQレベル	20－25以下
319	精神遅滞，重症度は特定不能		精神遅滞が強く疑われるが，その人の知能が標準的検査では測定不能の場合

能の欠陥または不全が2つ以上の領域でみられるものとしている。知的障害の発現は発達期（18歳）までのものとされている。わが国の特別支援教育ではIQでいうと，75以下の知的水準のものが知的障害と規定されている。

わが国の登校拒否の臨床的研究では登校拒否の子どもは知的問題をもたないとの報告が多い（鑪 1963，若林他 1965，佐藤 1966，星野 1986，稲垣 1991b）。これは，わが国の臨床家の多くが，既述のように，登校拒否のスクーリングに際して知的障害の子どもを除外してきたことによる。すなわち，登校拒否は重い学業遅滞に起因していないこと，また，知的障害の子どもの不登校は養護学校などへの進路変更によって解決できるとの考え方が根底にあったのではないか，と考えられる。

知的障害の子どもにも，不登校は発現する。特に，通常学級で学んでいる子どもの中には学業や友人関係などで不調になり，不登校になるものもいる。若林他（1965）は名古屋市内でアンケート調査をして，IQ75以下の子どもで不登校になったものは18.2％，同じく，岡崎（1980）は島根県下の調査でIQ79以下のものは14.1％の結果を得ている。これらの数値は文科省の登校拒否数に比べてかなり高い。

養護学級や養護学校に学ぶ子どもの中にも，不登校は発現する。緒方（1994）によると，養護学級と養護学校に在籍中の小学生266名と中学生201名，計467名を調査したところ，50日以上の不登校は小学生0.75％，中学生4.48％に認められた。緒方は，調査結果を分析し，不登校は男子に多く，しかも軽度の障害をもつ子どもに出現しやすいという。また不登校の原因として，保護者の養育能力不足，母子癒着，仕事の関係で学校に連れて行かれないなどの通学問題など，家庭に原因があるものが多い。教師の側では教師の経験や指導力不足，厳しすぎるといった過剰指導などが原因であった。学力問題，いじめ，友人関係などが原因となったものもある。

知的障害の程度と不登校とは関係があると考える。軽度の子どもは，自分と周囲の人との能力の差や，周りの人からの対応の意味や自分の孤立状況などについて感知できる。それだけ不安や恐怖を感じ，萎縮していく傾向が生まれる。

「無気力型不登校」と呼ばれているケースの中には，軽度の知的障害の子どももいる。また加藤（1989）は，学校が軽度の知的障害の存在に気づいていない子どもの登校拒否事例を取り上げ，「表面的な精神身体症状からみると，通常の神経症の登校拒否のイメージが浮かび上がってくる」と述べ，はじめには登校拒否と考えられたケースが，実際には知的な遅れを中核にもつ不登校であったと指摘している。不登校の支援では知的能力の測定も重要であることを明示している。

2 登校拒否と自閉性障害

　わが国では，従来，自閉症と呼ばれてきた。この中にはカナー（Kanner, L.）の早発性幼児自閉症とアスペルガー（Asperger, H.）の自閉性精神病質（Autisstische Psychopathie）が含まれていた。DSM-Ⅳでは自閉性障害あるいはアスペルガー障害と呼ばれ，広汎性発達障害のひとつとされている。この他の広汎性発達障害にはレット障害，小児期崩壊性障害，そして特定不能の広汎性発達障害などがある。

　発達障害は比較的に新しい概念で，素因を含めて，発達期（18歳未満）の早期に，多くの因子が作用し，脳機能障害を生じ，このために発達が損なわれた状態をいう。これには精神遅滞（知的障害），広汎性（pervasive）発達障害，特異的（specific）発達障害，その他の発達障害などがある。後述の学習障害は特異的発達障害の一例である。ここでは特定の学業，言語，話しことば，あるいは運動能力など，特定の（specific）領域における発達が十分でない状態にある。広汎性（pervasive）は特異的（specific）に対応したことばである。

　DSM-Ⅳの自閉性障害の診断基準は表5-16のとおりである。

　自閉性性障害の基本障害は対人関係や意思伝達の異状並びに活動と興味，関心の特殊性である。簡単に説明しよう。

　対人関係の障害では，その基礎となる非言語的活動に特殊性がある。たとえば，目と目が合うというeye contactを欠いたり，顔を見合わせても，表情に変化がない，低年齢児では友人をつくることに全く関心がない，年長になっても，また友人に関心があっても，友人と共に楽しむ，興味や関心をわかち合う，互いにゲームに参加して楽しむといった感情を交流させることに，あまり関心をもてないでいる。

　意思伝達にも障害がみられ，話しことばの発達が遅れ，全くできないこともある。他人と会話をしたり，それをつづけることに障害がある。同じことばを常に，場に関係なく使ったり，一人称で話すところを二人称でかたるなど，独特のことばづかいがみられる。自発的なごっこ遊びやものまねができない。

　興味・関心の障害としては，人よりも，ものに対する関心が強く，ひとつのものに常に熱中して関心を示す。彼らは同一性にこだわり，小さな環境の変化——たとえば通学路を変えさせられたり，食事時に座る位置が変わったり——に抵抗し，落ち着かなくなる。手拍子，指を叩く，全身を揺する，のぞける，爪先で歩くなどの身体運動を常に行うこともある。

　1990年前後に知的障害を伴わない自閉症，すなわち「高機能性自閉症」の存在が注目されはじめた。また「アスペルガー症候群」と改めて名づけられた自閉症群がクローズアップされている。これは前記のアスペルガーの自閉性精神病質か

表5-16　DSM-Ⅳの自閉性障害の診断基準

1. 1），2），3）から合計6つ（またはそれ以上），うち少なくとも1）から2つ，2）と3）から1つずつの項目を含む
    1) 対人的相互反応における質的な障害で以下の少なくとも2つによって明らかになる：
        a) 目と目で見つめ合う，顔の表情，体の姿勢，身振りなど，対人的相互反応を調節する多彩な非言語性行動の使用の著明な障害
        b) 発達の水準に相応した仲間関係をつくることの失敗
        c) 楽しみ，興味，成し遂げたものを他人と共有すること（例：興味のあるものを見せる，もってくる，指さす）を自発的に求めることの欠如
        d) 対人的または情緒的相互性の欠如
    2) 以下のうち少なくとも1つによって示される意志伝達の質的な障害：
        a) 話し言葉の発達の遅れまたは完全な欠如（身振りや物まねのような代わりの意志伝達の仕方により補おうという努力を伴わない）
        b) 十分会話のある者では，他人と会話を開始し継続する能力の著明な障害
        c) 常同的で反復的な言語の使用または独特な言語
        d) 発達水準に相応した，変化にとんだ自発的なごっこ遊びや社会性を持った物まね遊びの欠如
    3) 行動，興味および活動の限定され，反復的で常同的な様式で，以下の少なくとも1つによって明らかになる：
        a) 強度または対象において異常なほど，常同的で限定された型の1つまたはいくつかの興味だけに熱中すること。
        b) 特定の機能的でない習慣や儀式にかたくなにこだわるのが明らかである。
        c) 常同的で反復的な衒奇的運動（たとえば，手や指をぱたぱたさせたりねじ曲げる，または複雑な全身の動き）
        d) 物体の一部に持続的に熱中する。
2. 3歳以前に始まる，以下の領域の少なくとも1つにおける機能の遅れまたは異常：(1) 対人的相互作用，(2) 対人的意志伝達に用いられる言語，または (3) 象徴的または想像的遊び
3. この障害はレット障害または小児期崩壊性障害ではうまく説明されない。

ら出発してイギリスのウイング（Wing, L.）が命名したものである。簡単にいうと，自閉症の中で知的発達が高いものを指し，知的能力は一般レベルであったり，知的領域によっては水準以上にあるが，社会的・対人的な判断や行動では未熟で柔軟性に欠け，社会的場面でうまく行動できない傾向がある。

　自閉症を核とする広汎性発達障害は0.003％，1000人に3人程度と推定されている。そしてその70～80％のものは知的障害を合併しているといわれる（栗田 1997）。

　不登校・登校拒否と自閉性障害，高機能障害，アスペルガー障害との関係が指摘されている。

　広汎性発達障害の子どもでは，知的障害の子よりも，もっと不登校が生じやすいという（斉藤 1997）。そのよってくるところとして，彼らがもつ固執性または強迫性があり，加えて，社会的基準を認知する社会的発達の障害のために，学校への参加動機づけが弱いことなども，不登校をもたらす因となりやすい。また，彼らが思春期に入ると，友人ができないこと，仲間集団内の荒々しい交流に過敏

となって，妄想に近い被害感や孤立感が高まり，学校忌避感情が高まることも，想定できる。

広汎性発達障害（自閉症 PTD と略）と不登校の関係について栗田（栗田他 1990，栗田 1991）は表5-17のようにまとめている。

この表で，「その他の広汎性発達障害」とは小児期発症の広汎性発達障害及び非定型広汎性発達障害を合わせたものである。精神遅滞（知的障害）とは広汎性発達障害の合併のないものをいう。

表でみると，広汎性発達障害は110名で，うち75名が自閉症，35名がその他の広汎性発達障害で，知的障害は25名である。全対象児135名中，32名（23.7％）に登校拒否がみられた。他の38名（28.1％）では登校をいやがっていたと報告されている。両者を合わせると，全対象児の51.8％に登校問題があったことになる。登校拒否の発現数は知的障害よりも PTD で有意に大きい。

広汎性発達障害の不登校の特質について，栗田の意見では不登校のきっかけは——これが判明した限りでは——大部分が学校に関連していて，いじめが最も多かった。彼らの多く（16％）は親ないし級友が同伴すれば，何とか登校できた。また，欠席の状況についてみると，ある期間つづいて休むというより，ある子どもはとびとびに休み，ある子どもは不規則的にある期間休み，これを繰り返していた。

広汎性発達障害の登校拒否は軽く，対応として登校を励ましていくことが大切であると，栗田は結んでいる。

自閉性障害と登校拒否とは，症状を外見からみると，似ているところもある。たとえば，自閉性という用語は登校拒否の分野でもよく使われたことがある。たとえば高木（1965）は登校拒否症状の発展段階のひとつとして自閉性という語を使用している。いま，これは閉じこもり，あるいは引きこもりと呼ばれている。登校拒否にみる自閉性の本質は，子どもの自我の防衛反応のひとつで，学校という限られた場面，そしてそれを取り巻く社会から一時的に退避（withdrawal）している状態で，選択的な行動である。自閉性障害にみる自閉は仮説的であるが，中枢神経系の機能の障害を背景とした対人的障害で，いろいろの場面で，そして多くの人との関係の中でみられるもので，生活全体に及び，非選択的である。

興味の局限も登校拒否の子どもにも，自閉症の子にも認められる。登校拒否の

表5-17　診断カテゴリー別の登校拒否の出現頻度（栗田 1991）

診断	人数（％）		
	計	登校拒否あり	登校拒否なし
自閉症	75	16 (21.3)	59 (78.7)
その他の広汎性発達障害	35	14 (40.0)	21 (60.0)
精神遅滞（PDD 合併なし）	25	2 (8.0)	23 (92.0)

興味の極限は学校からの退避から起こるもので，自宅に引きこもり，自宅にある文化財，たとえばテレビ，テレビゲーム，漫画などに熱中している。その内容は子どもの発達を反映している。これに対して，自閉性障害の子どもの興味の局限は，単純で，機械的な遊び（たとえば砂いじり，紙の切断など，ごく限られたもの）への局限である。ここでは社会的色彩が少なく，子どもの発達レベルははっきりと反映されていない。

自閉性障害の子どもの多くでは，小学校入学前の幼児期に障害が生まれており，保護者はすでに教育や療養に苦労を重ねている。登校拒否の子どもの場合，登校に関する心身の不調は主に小学校入学後である。

3　登校拒否と学習障害

既述のように，最近，学習障害から二次的に学校不適応として不登校が発現するという報告がある。学習障害は，いまは使われなくなった微細脳損傷（minimal brain dysfunction MBD），または微細脳機能不全症候群 minimal brain dysfunction symdrome）に代わった用語とみてよい（佐々木 1992，石川他 2000）。

1)「学習障害」用語の略史とその基準

アメリカでは1950年代にMBDという概念が登場し，1963年に多様な概念が整理され，何らかの教育が必要という意味でlearning disabilityという名称が提案された。

花田（1998）によると，わが国では1968年に第71回日本小児科学会で「小児の微細脳損傷」についてパネルディスカッションが行われ，1976年に「soft neurological signとminor anomaly」のテーマで「小児医学」第9巻に特集が組まれた。一方，児童精神医学分野では1985年に「児童青年精神医学とその近接領域」第26巻第4号で「学習障害」の特集が組まれ，これを受けて，第26回日本児童青年精神医学会で学習障害についてパネルディスカッションが実施された。

学会では，当時も，学習障害について統一した見解は，十分，でき上がっていなかったし，社会的にはそれほど知られていなかった。

「学習障害」ということばが一般に知られるようになったのは，1992年に文科省が学習障害とこれに類似する学習上の困難をもつ児童生徒の指導法について調査研究をはじめた頃からである。そして，1999年に文科省が学習障害定義を明らかにし，公教育分野で対応しはじめて一挙に社会的に知られることとなった（文科省 1999）。

わが国の専門臨床分野の研究では学習障害の定義はDSM−ⅢまたはDSM−Ⅳ，あるいはICD−10によっている。

DSM-Ⅳでは学習障害は次の4種に分けられている。
①読字障害 reading disorder
②算数障害 mathematics disorder
③書字表出障害 disorder of written expression
④特定不能の学習障害 learning disorder not otherwise specified

DSM-Ⅳの学習障害の診断基準は表5-18のとおりである。少し説明すると，標準化された個別検査で測定された読字，算数，書字のそれぞれの能力が生活年齢，知能検査，あるいは年齢相応に受けた教育の程度などに比べて十分に低いこと（A），そしてAの障害のために学業成績や日常の活動が著しくうまくいっていないこと（B），の二つの条件を満たした時に，学習障害と診断する。Aにおいて「十分に低い」とは標準化された個別検査で測定した読字，算数，書字のそれぞれの成績と，たとえば知能指数との間に2標準偏差以上の差がある場合をいう。Cは感覚器障害に関連した規定で，感覚器障害の程度からみて能力の障害が重いと認められる場合には，これも学習障害とみてよい。

DSM-Ⅳの規定は医学的であるが，文科省は1995年に，以下のように学習障害を教育的に規定している。

学習障害とは，基本的には全般的な知的発達には遅れはないが，きく，話す，読む，書く，計算する，または推論するなどの能力のうち，特定のものの習得と

表5-18 DSM-Ⅳの学習障害の診断基準

読字障害の診断基準
A. 読みの正確さと理解力についての個別施行による標準化検査で測定された読みの到達度が，その人の生活年齢，測定された知能，年齢相応の教育の程度に応じて期待されるものより十分に低い。
B. 基準Aの障害が読字能力を必要とする学業成績や日常の活動を著明に妨害している。
C. 感覚器の欠陥が存在する場合，読みの困難は通常それに伴うものより過剰である。

算数障害の診断基準
A. 個別施行による標準化検査で測定された算数の能力が，その人の生活年齢，測定された知能，年齢に相応の教育の程度に応じて期待されるものよりも十分に低い。
B. 基準Aの障害が算数能力を必要とする学業成績や日常の活動を著明に妨害している。
C. 感覚器の欠陥が存在する場合，算数能力の困難は通常それに伴うものより過剰である。

書字表出障害の診断基準
A. 個別施行による標準化検査（あるいは書字能力の機能的評価）で測定された書字能力が，その人の生活年齢，測定された知能，年齢相応の教育の程度に応じて期待されるものより十分に低い。
B. 基準Aの障害が文章を書くことを必要とする学業成績や日常の活動（例：文法的に正しい文や構成された短い記事を書くこと）を著明に妨害している。
C. 感覚器の欠陥が存在する場合，書字能力の困難が通常それに伴うものより過剰である。

使用に著しい困難を示す様々な状態を有するものである。

　学習障害は，その背景として，中枢神経系に何らかの機能障害があると推定されるが，視覚障害，聴覚障害，知的障害，情緒障害などの障害や，環境的な要因が直接の原因とはならないが，そうした状態や要因と共に，学習障害が生まれる可能性はある。また行動の自己調整，対人関係における問題が学習障害に伴う形で現れることもある。

　この文科省の定義には，5つのポイントがある（上野 1993）。
① 明らかに精神遅滞（知的障害）と診断されたものは基本的に除く。境界レベルの知能の場合には，学習障害が重複していることもある。
② 主として口頭言語（話しことば），書字言語（書きことば），算数の演算と論理的思考における基礎学力の習得と使用に特異な困難が認められる。
③ このような状態の背景には中枢神経系の発達に関する要因が推定される。
④ この状態の発現と継続は児童期だけに限定されない。
⑤ 学習障害は多動などの行動上の問題，社会性などの発達上の問題と重複することもある。

　理解を深めるために，学習障害と精神発達またはその遅れとの関係を具体的に模式図で示せば，図5-7のようになる。「正常発達」では年齢相応あるいはそれ以上の発達レベルに達しており，精神機能間に小さな波動はあるが，大きなものではない。同じく，「精神遅滞」では精神機能の発達は，全体的に年齢に比べてかなり低位にある。「学習障害」では精神機能はほとんどすべてにおいて年齢相応

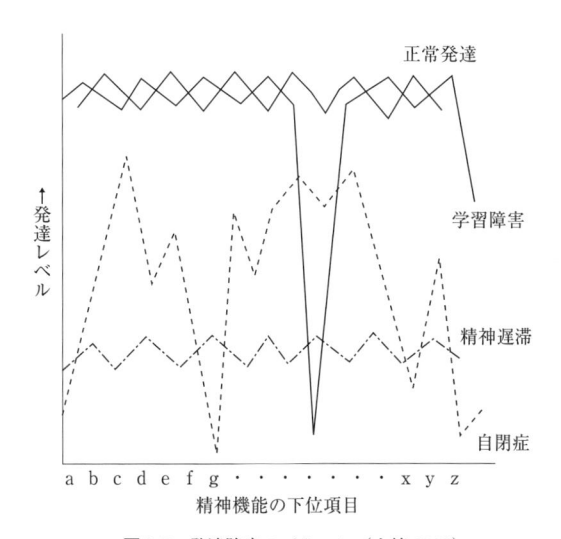

図5-7　発達障害のパターン（山崎 1993）

で，発達に遅れはないが，特定の精神機能（たとえば，計算能力）において精神遅滞レベルよりも，遅れている。

　教育・心理的支援の実際では読字，算数，計算などの能力の測定には，標準学力検査の使用が理想的であるが，多くの場合，カウンセリングや支援の場で評価された学力や学校の成績などを利用することが多い。そして，知能の測定にはWISC，WIPPSIなど，ウェクスラー系の知能検査が使用される。この検査には「算数問題」「単語問題」などの下位検査が組み込まれていて，その結果によって読字，計算などの能力が知能指数に比べて「十分に低い」かどうかが推測できる。

　学校教育分野では，従来から，「読み，書き，そろばん」は道具教科と呼ばれ，このうちのひとつでも遅れていると，教科の成績は上がらず，学習不振のもとになる。

2）学習障害の現れ方

　上述のDSM－Ⅳにみる学習障害は，狭義のものでは，主に学齢期の問題とみることができる。広義には幼少期における話しことばの習得をはじめ，図形の弁別，運動の学習，対人的態度の学習，その他が含まれる。従って，学習の内容の現れ方は子どもの発達によって変わることが予想される。

　納富（2000）は「学習障害のある子どもに関する保護者の相談内容」から，臨床的に学習障害の現れ方を三期に分けている。

①就学前のように，学習障害としての状態像が明確でない時期

　就学前は公教育の開始前で，読む，書く，話す，きく，計算するなど，特定の能力における著しい遅れを判断することは困難で，DSM－Ⅳの診断基準を厳密にあてはめるのは難しい。

　「ことばの遅れ」「文字に関心をもたない」「不器用」などの，発達上のアンバランスや注意欠陥・多動性障害による多動，注意集中困難，衝動性，集団場面への不適応などを主訴として相談がはじまることが多い。

②学童期になり，学習障害として典型的な状態がみられる時期

　この時期には学業の遅れが明らかとなり，知能は遅れていないのに特定の学業に必要な基礎的能力に著しい遅れが問題となる。

③適切な教育的サービスが得られず，学童期後半からの二次的な学校不適応や行動障害，精神症状が顕在化する時期

　「学習障害」と診断され，十分な対応があっても，そこから生まれる可能性のある問題のすべてが予防できるとは限らない。また，学力の著しい低下，そして，これから生じる二次的障害，たとえば，自尊心の低下，学習意欲の低下，抑うつ，非行などが生まれることもある。多くの場合，相談にいたるまで家族は孤立し，

親子関係または家族と教師との関係は屈折しがちである。一方，子どもは安定した自己意識をもてずに，何が問題かわからないまま，いらだち，苦しんでいることが多い。

不登校は，この時期に発現する学校不適応問題である。

上野（1997）は学校教育の観点から学習障害の発達的特長を図5-8のようにまとめている。幼児期ではことばの遅れ，運動発達の遅れ，落ち着きのなさなどが親や教師の目につく。また，感覚が過敏であったり，鈍かったりする。児童期には語彙の少なさ，文法の理解不足などを中心とした言語の遅れ，これに起因する

	主な症状	基本的対応
幼児期	言語発達の遅れ（初語，単語の増大，文への移行などの遅れ） 感覚面（視覚，聴覚，触覚など）のかたより（過敏，鈍感さなど） 運動発達の遅れ，手先の不器用さ 落ち着きのなさ（多動） いっしょに遊べないなど	ていねいなことばの応答 動作やゼスチャーなどを交えたコミュニケーション 楽しく，気持ちよい表出活動（言葉・描画など） 集団参加（遊び・ゲームなど）の経験
児童期	言語発達の遅れ（語彙の少なさ，文法的な習得困難，語義・語用のあやまりなど） 言語的指示理解の悪さ 言語的表出の弱さ（まとまりのなさやパターン化） 教科面でのさまざまな学習困難 学習態度の悪さ（離席・落ち着きのなさ，多弁など） ゲームやスポーツなどへの参加困難 集団場面でのけんかやトラブルなど	基礎的学力の習得と補償 コミュニケーション技能の向上 ソーシャル・スキルの体験的トレーニング 自己有能感の尊重 二次的障害（学習意欲の低下や欲求不満，無気力や不登校など）への配慮 学校以外の地域的な集団活動場面の利用（リソースの拡大）
青年期	集団や社会で期待されるコミュニケーション能力の不全 学習能力の部分的不全（受験や単位取得の失敗など） 感情の理解やセルフ・コントロール不足からくる対人関係（同性・異性）の成立しにくさ 状況認知の悪さや柔軟な課題解決能力の低さからくる仲間関係や職場でのトラブルなど	客観的な自己評価（認知）・自己概念の育成 対人・社会的場面を想定したさまざまなソーシャル・スキル・トレーニング 進路決定への積極的参加 就労意欲や態度の育成と指導 経済観念や余暇活動などに配慮した勤労意欲の向上と保持 非社会的行動や反社会的行動への予防的プログラム

図5-8　学習障害の発達的な特徴と対応（上野 1997）

教科学習の遅れ，多動・多弁による学習態度の形成の不全，友人関係の不調などが目立つ。青年期になると，コミュニケーション能力の不足，感情の理解や自己統制力の不十分さから生じる対人関係上のトラブルなどが生まれる。

これらの困難点は幼児期から青年期まで宿命的につづくものでなく，脳機能の成熟と子どもへの適切な教育や指導によって解消できる。

3）学習障害と注意欠陥／多動性障害

学習障害がMBDと呼ばれていた時代には，いまでいう注意欠陥／多動性障害（attention-deficit and hyperactivity disorder ADHD）にみられるいろいろな症状，たとえば，多動性，衝動性，固執性，注意の転動性などもMBDの症状と考えられていた。事実，中根（1990）は「MBD，注意欠陥障害，多動性障害，学習障害など多様な名称……診断名が異なっても，我々は，同一の障害の，異なった側面をみての名称と考えている」と述べている。その後の報告で，中根らはDSM－Ⅳ以降の医学領域の動向にそってLDとADHDを明確に区別し，外国文献を参考にしながら両者の関係を次のようにまとめている。「ADHDはLDをもたらす主な疾患であり，ADHDの50〜80％に学業の障害があるとされる。また，LDの子どもの41％が多動性を伴っている。ADHDとLDの合併は高頻度であるが，一部のADHDはLDを伴わないと考えられる」。

参考までに，DSM－ⅣのADHDの診断基準を引用しておく。学習障害だけでも，学校不適応が生まれやすいのに，ADHDが合併すると，「注意散漫」「多動性」「衝動性」などの行動傾向が働いて，いっそう，学校不適応が誘発されやすくなる。

4）学習障害等と登校拒否

1990年代に入って，学習障害を背景とした不登校の発現についての報告が相次いだ（稲垣 1991a，星野 1995，柄沢 1997）。

学習障害そのもの発現率は，上野（1997）によれば，少なくとも，内外における過去のデータでは2〜8％程度である。アメリカではDSM－Ⅳによる学習障害は5％であるといわれており，わが国では1995年の文科省の，「学習障害に関する協力者会議」の中間まとめでは，数％となっている。

星野（1991）は，学習障害50例中7例（14.0％）に二次的障害として登校拒否がみられたという。そして，学習障害をもつ登校拒否の子どもには家庭内暴力，頭痛，腹痛などの心身症が随伴しやすいなどの臨床的特徴がみられた。また，経過が長引き慢性化しやすいという。

星野（1995）は大学病院外来に1993年に不登校を主訴として来談した42例の

表5-19 DSM-ⅣのADHDの診断基準

A. (1) か (2) のどちらか：
  (1) 以下の不注意の症状のうち6つ（またはそれ以上）が少なくとも6カ月以上続いたことがあり、その程度は不適応的で、発達の水準に相応しないもの：
  不注意
   (a) 学業，仕事，またはその他の活動において，しばしば綿密に注意することができない，または不注意な過ちをおかす。
   (b) 課題または遊びの活動で注意を持続することがしばしば困難である。
   (c) 直接話しかけられたときにしばしば聞いていないように見える。
   (d) しばしば指示に従えず，学業，用事，または職場での義務をやり遂げることができない（反抗的な行動，または指示を理解できないためではなく）。
   (e) 課題や活動を順序立てることがしばしば困難である。
   (f) （学業や宿題のような）精神的努力の持続を要する課題に従事することをしばしば避ける，嫌う，またはいやいや行う。
   (g) （たとえばおもちゃ，学校の宿題，鉛筆，本，道具など）課題や活動に必要なものをしばしばなくす。
   (h) しばしば外からの刺激によって容易に注意をそらされる。
   (i) しばしば毎日の活動を忘れてしまう。
  (2) 以下の多動性―衝動性の症状のうち6つ（またはそれ以上）が少なくとも6カ月以上持続したことがあり、その程度は不適応的で、発達水準に相応しない：
  多動性
   (a) しばしば手足をそわそわと動かし，またはいすの上でもじもじする。
   (b) しばしば教室や，その他，座っていることを要求される状況で席を離れる。
   (c) しばしば，不適切な状況で，余計に走り回ったり高い所へ上ったりする（青年または成人では落ち着かない感じの自覚のみに限られるかも知れない）。
   (d) しばしば静かに遊んだり余暇活動につくことができない。
   (e) しばしば"じっとしていない"または、まるで"エンジンで動かされるように"行動する。
   (f) しばしばしゃべりすぎる。
  衝動性
   (g) しばしば質問が終わる前に出し抜けに答え始めてしまう。
   (h) しばしば順番を待つことが困難である。
   (i) しばしば他人を妨害し，邪魔する（たとえば会話やゲームに干渉する）。
B. 多動性―衝動性または不注意の症状のいくつかが7歳以前に存在し、障害を引き起こしている。
C. これらの症状による障害が2つ以上の状況において（たとえば学校［または仕事］と家庭）存在する。
D. 社会的，学業的または職業的機能において，臨床的に著しい障害が存在するという明確な証拠が存在しなければならない。
E. その症状は広汎性発達障害，精神分裂病，または，その他の精神病性障害の経過中にのみ起こるものではなく，他の精神疾患（たとえば気分障害，不安障害，解離性障害，または人格障害）ではうまく説明されない。

うち12例（24％）に学習障害があったという。さらに，彼らは42例を，Ⅰ群狭義の登校拒否群20例，Ⅱ群登校拒否に学習障害を伴う群（12例），Ⅲ群神経症による不登校群（10例）に分けて，欠席期間，性格傾向，家族背景，学校におけるストレス状況，病像特徴，家庭内暴力の出現頻度，引きこもりの出現頻度，無気力，治療への反応性などについて，比較した。その結果，

①Ⅱ群では他の2群に比べて，家庭内暴力を示す傾向が高い。
②各群共に83～90％以上の頻度で引きこもりがみられたが，Ⅱ群とⅢ群の引きこもりが重く，しかも，長期に渡ることが多い。
③無気力傾向はⅠ，Ⅱ群間には差がなく，Ⅲ群に多く，しかも重い。
④治療への反応性について，不良のものの割合は，Ⅰ群45％，Ⅱ群75％，Ⅲ群100％であった。

学習障害と登校拒否の関係は二次的なもので，学業の不振，いろいろの行動特性，たとえば多動性，注意散漫，衝動性などのために，学校の集団にうまく適応できなかったことから生まれた適応障害と考えられる。

多動性障害の子どもでは学校で不適応になる可能性は高いが，これは友人や教師とのトラブルが主で，すぐに不登校につながるものではない。むしろ，思春期に入り，孤立への感受性が高まり，仲間との関係に挫折感を経験し，その結果，不登校が出現する可能性が高くなる。しかし，これは学習障害の子どもや一般の子どもにもあてはまることでもある。

第6節　登校拒否と起立性調節障害

起立性調節障害（orthostatische dysreguration OD）は一種の自律神経失調症で，立ちくらみ，めまい，脳貧血，動悸などの循環器系の愁訴，食欲不振，悪心，嘔吐，腹痛などの消化器系の症状，倦怠感，寝起きが悪いなどの精神無力症状，寝つきが悪い，眠れない，イライラするなどの神経過敏症状など，いろいろの訴えを伴う症候群である。

1　起立性調節障害の診断基準

わが国ではODは1958年にはじめて報告され，1959年に高津を中心に起立性調節障害研究班が組織され，診断基準がつくられた。その後，この基準が広く使用され，現在にいたっている。診断基準は，大症状，小症状，起立試験に分けられていて，表5-20のとおりである。

大症状と小症状は医師が面接で明らかにして，大症状1小症状3，大症状2と小症状1あるいは大症状3以上がみられ，しかも器質性疾患が除外された時に，ODと判定される。

ODは，一般的に，年少児では少なく，成長の著しい第二次成長期に当たる思春期の子どもに多い。また，男子よりも女子に多くみられる。

表5-20 起立性調節障害

大症状	
A. 立ちくらみあるいはめまいを起こしやすい。	しばしば……そっと立つ例も含める ときどき……1週に1度 たまに………それ未満
B. 立っていると気持ちが悪くなる。ひどいと倒れる。	しばしば……1週に1度 ときどき……1ヵ月に1度 たまに………2ヵ月に1度
C. 入浴時あるいはいやなことを見聞きすると気持ちが悪くなる。	しばしば……入浴ごと,または熱い湯に入らず,ぬるま湯に入る ときどき……入浴回数の半分以上 たまに………2ヵ月に1度
D. 少し動くと,動悸あるいは息切れがする。	しばしば……少し動いたときの2／3以上 ときどき……少し動いたときの半分 たまに………2ヵ月に1度くらい
E. 朝起きが悪く午前中調子が悪い。	しばしば……1週に3回以上 ときどき……1週に1～2回 たまに………それ未満
小症状	
a. 顔色が青白い　b. 食欲不振 c. 臍疝痛　d. 倦怠あるいは疲れやすい　e. 頭痛	しばしば……1週に3回以上 ときどき……1週に1～2回 たまに………それ未満
f. 乗物酔い	しばしば……乗車ごとまたは車に乗れない例も含める ときどき……乗車回数の半分以上 たまに………2ヵ月に1度
g. 起立試験で脈圧狭小　16mmHg以上 h. 〃　　収縮期圧低下　21mmHg以上 i. 〃　　脈拍数増加1分間21以上 j. 〃　　立位心電図のTⅠ,Ⅱ　0.2mV以上の減高	g～jに関しては,悪心・嘔吐により起立試験に耐えられないときは,起立試験陽性とする。

以上のうちA,Bは「たまに」（+）以上を陽性とする。C,D,Eおよび小症状は「ときどき」（++）以上を陽性とする。またこれらの症状が最近2ヵ月以内に起こっていることが必要。

2　登校拒否と起立性調節障害

　登校拒否のカウンセリングでは,特にその初期には,親や子どもから身体的不調が訴えられることが多い。頭痛,腹痛,体のだるさ,眠れないなどの訴えがあり,時には,小児科で自律神経失調症とか,ODの診断を受けている。反対に,鑑別診断の意図をもって小児科医に紹介すると,ODなどの診断結果がもたらされることも多い。

　心身症的な訴えを中心とした症状では,登校拒否とODとはよく似ていて,識別が難しい事例も少なくない。親からすれば,登校拒否よりも,ODという身体的疾病のほうが受け取りやすい。かなり長期にわたって薬物を服用し,状況が一

向に変化しない場合でも，親はODの診断に固執する。いずれにしても，登校拒否のカウンセリングの初期には両者の関係の見極めが大切である。

　登校拒否と診断された後にODと確定したり，反対に，ODとして治療している途中で登校拒否と確定したケースはどのくらいあるだろうか。興味ある問題である。

　安部（1982）は1973～1987間に小児科外来でODと診断された373名のうち，のちに登校拒否と判明したものは33名（8.8％）あったという。また，安部は同病院で最近12年間に，ODまたはODの疑いで受理した527名のうち45例（8.5％）が登校拒否と後日判明したという。一方，星加他（1988）は不登校で受理した39名にODの診断基準を適用したところ，21名（84％）がこれを満たしたという。また，小松（1982）は，小児科外来で登校拒否の前駆症状として身体症状を訴えて受診した25名について診断基準を適用したところ，これを完全に満たすものはなかったと述べている。

　これらの資料からみると，登校拒否とODとの関係は必ずしも明らかでない。調査対象，診断基準，年齢などいろいろの要因が絡んでいるのであろう。ただ，大切なことは登校拒否にみる心身症状とODの症状とはよく似ていて，カウンセリングの初期ではその識別が容易ではないことである。そして，必要に応じて専門医の判断を求めることになる。

3　登校拒否と起立性調節障害との識別

　両者の識別のついては最終的には治療経過に待たなければならないが，カウンセラーにとって識別のポイントがわかっていると，登校拒否の教育・心理的支援に都合よい。

　安部（1982）は登校拒否児にみられたOD症状とOD児のそれと比較分析し，以下のようにまとめている。

①大症状については，「立ちくらみ，めまい」と「寝起き不良」は同じ頻度で両者にみられたが，他の症状の頻度はOD児より登校拒否児で小さい。特に，「動悸」の出現率はOD児では36％くらいであったが，拒否児では9％であった。

②小症状については，OD児では非特異的な症状であるが，「食欲不振」「易疲労」「頭痛」「乗りもの酔い」などは60％以上の頻度であった。これに対して，拒否児では同じ頻度であった「顔色不良」以外に，およそ10％少なかった。頭痛の頻度はOD児で66％，登校拒否児では39％であった。

　これらの分析から安部らは，OD児と拒否児との識別のひとつのポイントは小症状の多少にあると指摘とした。

登校拒否の身体症状においても，ODの身体症状においても，午前中に症状が重く，午後になると軽快，または消失するという，日内リズムの不安定性が認められる。また，ODが登校拒否の誘因となる可能性もあるし（安部 1982），登校拒否から二次的にOD様症状が発生することもある。両者の識別が難しい場合も少なくない。既述の識別のポイント以外に，治療経過もひとつの参考になる。ODと診断されると，小児科では薬物治療が行われる。薬物治療に3週間以上も反応しない事例では他の疾患や登校拒否などとの鑑別が必要となるという阿部（1982）の意見や，ODの診断基準に合致する事例でも，薬物効果がみられない場合には，登校拒否の可能性について考えてみる必要があるとの星加（1988）の意見も，両者の識別に役立つ。

　以上，登校拒否の周辺障害について概述したが，本章を終わるにあたって，2点について特記したい。
　①障害，特に統合失調症やうつ病について，筆者は研究者のレポートの中から前駆症状について恣意的に取り出した。障害の本質についての理解は，本来，子ども全体が理解されて，はじめて正しいものといえる。
　本章では，非医学的立場にあるカウンセラーや教師の側で，障害に早期に気づき，専門医を紹介する手がかりの1つになればとの期待から，ケースレポートの一部を引用した。
　②小児科医への紹介は「からだ」の不調や異常なので，わかりやすい。これに反して，精神科医への紹介または利用については，小児科医よりもわかりにくい。どんな場合に精神科医に紹介するか，大切な課題である。これを考えるときに久場川の所見（1994）は1つの参考になる。
　久場川は，不登校の子どもとのかかわりの経験から以下の条件が認められる場合，精神医学的関与が必要という。
　①希死念慮を伴った抑うつ症状
　②被害妄想（特に初期の関係注察念慮は見逃しやすい）や幻聴体験を有する事例
　③数か月以上つづく強迫観念や強迫行為
　④長期間に及ぶ内閉的生活
　⑤幻覚・妄想にもとづく攻撃的行動
　⑥薬物依存や非行・反社会的逸脱行動
　これらの提案は，不登校であっても，精神障害が隠されている可能性もあるので，医学的な鑑別診断と，必要に応じて精神医学的治療を受けるのがよいというものである。

第6章 登校拒否の子どもの心理

　非常に単純で，古典的な見解では，行動（B）は個人（P）と環境（E）のからみ合いの中で，すなわち，$B = \int (P \cdot E)$ の中で成り立つという。登校拒否は子ども本人と環境との絡み合いの中で生まれるといえる。少なくとも，図1-1のように，登校拒否は子どもと家庭，そして学校との相互関連の中で考察しなければ，十分でない。加えて，この三者は日本社会の中にあるので，社会状況——たとえば，日本の教育制度，少子化現象，社会の私事化現象など——にも目を向けなければならない。これは，目前の子どもへの支援では理解すべき状況ではあるが，その子どもの在学中に除去できるものではない。

●第1節　登校拒否の経過

　子どもについて述べる前に，登校拒否のはじまりから終わりまでの経過について説明する。登校拒否の中には2，3年以上の長期に渡るものもあり，一口に登校拒否といっても，その初期と，子どもにも親にも厳しく辛い時期とでは，子どもの動きも親の対応も違う。ここに，登校拒否のケースの流れを理解しておくことの必要な事由がある。
　登校拒否の経過にはじめてふれたのは高木（1963）である。彼は次の3段階に分けている。
①第1期：心身症的時期（hypochondriacal stage）

ふつう，子どもは，食欲不振，頭痛，腹痛，悪心，嘔吐，めまい，心因性発熱などの，いわゆる心気症的な訴えをもって，ある朝，登校を拒む。多くの場合，昼頃までにはケロッとする。……略……大方は1～2か月の登校拒否で再登校をするが，若干は次の第2期に移行し，事態はようやく深刻化する。

②第2期：攻撃的時期 (aggressive stage)

1週間以上も欠席がつづくと，子ども自身，最初の理由よりも登校拒否そのものに起因する不安を感じはじめ，両親もずる休みを叱ったり，病院を訪ね，不安を表現しはじめる。……略……登校を強制し，あるいは相談機関に連れていこうとする。

親に，子どもは次第に反抗的になり，家庭でわがままが目立つようになる。……略……朝，無理に起こそうとすると，暴行にでたり，……略……攻撃的な行動をとることも多い。……略……一方，晩になると，翌日の時間割りをみて教科書を揃え，明日は必ず登校すると宣言したりして学校に行きたいという。外出を嫌い，内弁慶，家庭における小さな暴君となり，親は完全に子どもに引きまわされる。

③第3期：自閉症時期 (austistic stage)

子どもの大部分は以上の時期に止まるが，若干は，対近隣社会，学校場面のみならず，家庭の中においてさえ自閉的になり，一見，統合失調症を思わせる様相を生ずる。すなわち，子どもは無口 (mutistic) となり，一室に閉じこもり，常同的に (stereotypically) 一室を歩きまわったり，小児的な蒐集にふけったりする。年長児（高校生）になると，この時期に被害念慮，注察念慮を述べたりして，統合失調症との鑑別が，事実上，困難なことがある。

高木の所論は約40年前の，登校拒否の臨床研究の初期のものであるが，大筋において今日も成り立つ。登校拒否をめぐる社会の見方や親の考え方の変化から，部分的には多少の違いもみられるのはやむをえない。

登校拒否の経過については鑪 (1963)，小野 (1985, 1988)，藤原 (1992) などがある。

筆者は，長期にわたる登校拒否になりやすい思春期の急性登校拒否ケースについて1, 2年以上の親面接から8段階に分けている（佐藤 1988b, 1994b)。

①第Ⅰ期：身体的愁訴の段階

登校時間が近くなると，子どもは頭痛や腹痛，疲れなど，体の変調を訴えはじめる。親も子も風邪などの軽い体の不調で2, 3日休ませれば元気になると思い，学校に病欠の連絡をする。欠席が決まると，または午後になると，不調の訴えはなくなるか，または軽くなる。

2学期はじめから学校を休みはじめるケースもある。調べてみると，これらの

子どもの中に1学期末の，6，7月頃に身体的不調を訴えていたが，夏休みに入り，訴えがなくなった。しかし，前年に比べて夏休みの過ごし方に変調――たとえば部活の日にも登校日にも学校に行かない，または宿題をしない，友人と遊ばない――などがみられて，2学期の初日から登校できないという経過をとるものもある。

　身体的愁訴の段階では不調を訴えて休むが，親も子どももこれを登校拒否の前兆とは思っていない。

　②第Ⅱ期：学校欠席の合理化の段階

　親は2，3日休ませるとなおると考えていたが，なかなかなおらない。小児科や内科を訪れ，医師もたいしたことはない，様子をみよう，と薬を処方する。しかし子どもの体の不調の訴えと欠席はつづく。医師も親もおかしいと，登校拒否を疑いはじめる。そして，いろいろの手だて，たとえば説得，脅す，哀願，無視などでもって登校させようとする。または教師や友達の支援を受けて，あるいは親自身の力で子どもを学校に連れて行こうとする。子どもは登校を拒んだり，登校しても，また休むという状況を繰り返す。どうして学校を嫌うのかと，親は原因を探しはじめる。子どもはいじめ，友人とのトラブル，教師への不平や不満，または学校行事など，学校の中に事由を求める。親は子どものあげる事由を受け止め，担任にその対応を求めたりして，子どもの指摘する事由を除くことに努める。それでも，子どもは登校を拒否している。この段階になると，親は嘘をいう，思いつきだ，いいわけだと，子どものあげる理由を疑う。

　この頃になると，親は，子どもは登校しないことについて正当化しているのではないか，登校拒否ではないかと疑いはじめる。医師もこの見方に同調する。テレビや新聞で登校拒否は知っている親も，まさか自分の子が登校拒否になるとは思っていない。ここで親は不安を覚え，あわてることにもなる。と同時に，登校拒否が本物になっては困ると，前よりも強く子どもに登校を求めることになる。

　③第Ⅲ期：不安・動揺の段階

　子どもが親の求めを拒み，不登校状態がつづくと，一挙に，家庭内に不安・動揺と緊張が生まれ，親と子の間に一種の闘いがはじまる。親は何とか登校させようと，あの手，この手を使う。子どもは反抗，怒り，泣く，無口，逃げるなどの手段でもって，親に立ち向かい，登校を拒む。時には親は気持ちを抑えきれないで，子どもを叩くことにもなる。あるいは引きずり出しても，登校させようとする。子どもは，喚く，物を投げる，親を叩く，便所から出てこないなどで，登校を拒む。

　親と子の登校をめぐる闘いは，子どもの反抗，暴力，家出，自傷行為，自殺企図などをもって，一応，終わりに近づく。子どもの反撃に会い，子どもの状況が

悪化してはじめて親は，自分の対応の仕方では事態は片づかないと知り，自分の方から子どもとの闘いの場を不承不承に去ることになる。そして，親は学校にふれさえしなければ，子どもは機嫌がよく，落ちつくことを知る。しかし親は本心から登校をあきらめてはいないので，子どもの状況が落ち着くと，また登校にふれ，子どもの反撃に会う。

④**第Ⅳ期：絶望・閉じこもりの段階**

親は自分の育て方が悪かったのではないかと，いろいろ反省しながら，子どもの将来に不安を覚える。勉強ができる子どもと，楽しみにしていた将来の進学や進路に赤信号が灯り，将来に絶望感を感じたり，時に気持ちを切り換えて元気を出さなければとも思う。子どもは，登校拒否ではない，自分で学校へ行かないだけだと，思い込もうとしたりする。一方，自分だけが学校に行けなくなった，みんなから外れてしまったとの脱落感を強くする。また自分は一人ぼっちだ，誰も自分の気持ちをわかってくれない，自分はこの世にいなくてもよいのだと，自己抹殺願望さえも，子どもは抱く。

子どもは登校拒否になったのは親の責任だとか，もって行き場のない怒り，不安，孤独感から家庭内暴力も起こすこともある。家具の破壊，親，特に母親への身体的な暴力，冷蔵庫内の食品の汚物化，ゴミ箱のごみを部屋に撒き散らす，家族への罵声，ステレオなどの騒音による家族の安眠の妨害など，子どもによって暴力の内容は違う。

この時期には子どもは自宅に閉じこもり，食事も自室にもってこさせることもある。夜中起きて昼間眠るという昼夜逆転，教科書や学生服など学校に関する物品の破棄または押し入れに入れることなどもめずらしくない。

生活も乱れ，起床も就寝も，また食事の時間が乱れ，子どもの部屋も散らかし放題となる。朝の着替えもしないし，入浴もあまりしなくなる。時には家族，特に父親との出会いを避けることもある。また家族外の人，中でも，担任教師や友人の来訪を拒む。外出もしない。自室内または自宅への閉じこもりが，長い場合には，1年以上にわたってつづくこともめずらしくない。

⑤**第Ⅴ期：あきらめ・自己探索の段階**

絶望・閉じこもりの時期も半ばを過ぎると，親は，あわてても仕方がない，1，2年，学校を休むのもよい，人生80年，長い人生の1，2年だ，と覚悟を決める。親の頭に占める学校の位置は小さくなり，子どもに対し登校や進路のことにもふれなくなる。親子間や家族間の緊張が次第になくなってくる。これに連動して子どもも安定し，自宅で好きなことをして日を過ごすようになる。たとえば，テレビやビデオの視聴，漫画，テレビゲーム，パソコンなどが多い。またアマチュア無線，自動車雑誌，小動物の飼育，深夜のラジオの聴取など，自分の関心と興味

から特定の活動を展開している。この期には特定のものに興味と関心が限られて，終日，それを楽しんでいる。親をして飽きもしないで，くる日もくる日もテレビゲームをしていると驚かせたり，一生涯，これがつづきはしないかと不安がらせたりする。

　昼夜逆転の生活の中では，終夜，落ち着いて自分の興味をもつ活動に没頭している。そして時々，子どもは自分の過去を振り返り，つらかったこと，楽しかったことを想起し，どうして登校拒否になったのかと，自己探索がつづく。登校拒否状態から回復した子どもが「深夜のラジオのパーソナリティのかたらいをきき，慰められたし，また自分の苦しみを独白的にパーソナリティにかたりかけた。死にたい気持ちもやわらいで，救われた」といい，またある子どもは「昼間，閉じこもっている2階の自室の窓辺で，日向ぼっこしている猫を相手に3，40分も対話し，慰められた」という。

　⑥第Ⅵ期：回復の段階

　子どもは日常生活でいっそう落ち着きをみせはじめ，親やきょうだいが学校のことにふれてもいやがらず，時にはその話に乗ることもある。乱れていた日常生活，たとえば起床や就寝時間もリズムを取り戻し，食事も家族と共にとり，自室を掃除する。衣服の着替えや頭髪の手入れもする。日常生活全体に乱れがなくなり，活気が戻る。

　時々，「何もすることがない」とか，「退屈だ」などのことばも出る。普段，目につかない所に置いていた学生服，本やノートなどが子どもの部屋に再び現われはじめる。学校からの連絡物も自分から読み，親に話すこともある。親からみると，次第に，学校へ行っていないだけで，家庭では全く以前と同じまでに回復した状況になる。

　⑦第Ⅶ期：学校復帰の段階

　4月，9月，1月などの学年または学期はじめの日に子どもは親，教師または友人の支援で学校に復帰する。修学旅行や運動会などの学校行事が復帰の手がかりとなることもある。1日，登校できたとしても，つづかないことも少なくない。行ったり，行かなかったりの状況の中から，次第に登校日数が増加していく。

　⑧第Ⅷ期：完全回復の段階

　登校拒否状態から完全に抜け出して，健全な生活がかえってくる。子どもも親も学校へ行けなくなるかも知れないという，予期不安から次第に解放される。

　以上，急性の思春期登校拒否からの回復経過を模式的に述べた。これらをグラフで図示すると，図6-1のようになる。

　この登校拒否の経過はステレオタイプに述べたもので，思春期の急性登校拒否のすべてのケースがこの流れをとるわけではない。第Ⅳ期の絶望・閉じこもりや

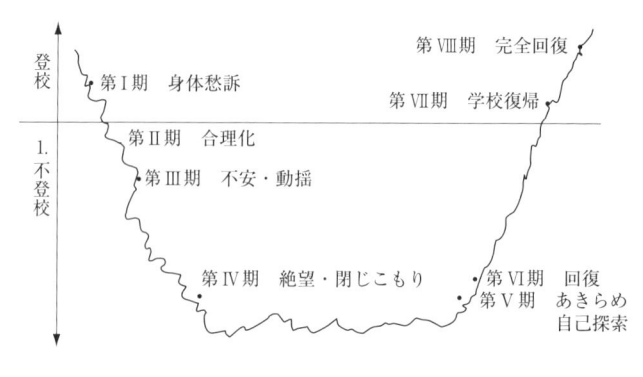

図6-1 登校拒否の経過

第Ⅰ期　身体愁訴
第Ⅱ期　合理化
第Ⅲ期　不安・動揺
第Ⅳ期　絶望・閉じこもり
第Ⅴ期　あきらめ・自己探索
第Ⅵ期　回復
第Ⅶ期　学校復帰
第Ⅷ期　完全回復

第Ⅴ期のあきらめ・自己探索期が明瞭でないものもいる。また各期の時間的長さはケースによって違うのはいうまでもない。

　第1章でふれたように，不登校について社会，親そして教師の見方も変わり，子どもが学校を休むことに以前ほど神経質にならなくなった。昭和3，40年代の親に比べると，いまの親は「登校刺激を加える」やり方をとらないし，「精神的疲れ」から不登校になっているのだから，当分，学校を休んでよいと，まだ早いうちから決断することも多くなっている。時には登校拒否のはじめから子どもは家庭生活を楽しんでいるのではないかとみえるケースもある。全体的に，以前に比べて社会は，そして関係者は登校拒否に寛容になっている。そのため，不安・動揺も少なく，すさまじい家庭内暴力もあまり見かけなくなっているし，自殺企図や自傷行為も少なくなっている。これらの変化を受けて登校拒否の状況も変化し，その経過も変わりつつある。これは，杉山（1996a）の意見，「不登校の増大はとどまるところを知らない。……確かに増えているが，軽くなっている。しかしなおりにくい。だが，従来の登校拒否症の子どもに比べて，やりやすい世の中になったようにも思われる」にも行き着く。また，いま述べた登校拒否の経過をきちんとたどらない事例も少なくないことを示唆している。

　以下で，この登校拒否の経過にそって「子ども」の状況をみてみたい。

●第2節　登校拒否のきっかけ──凝集因子

　子どもが登校拒否になると，親や教師はその理由を知りたがる。多くの場合，普段，子どもには特別問題もなく，親や教師からみて日常生活でも，学校生活でもよい子で，手のかからない子どもである。その上，親はふつう以上の経済力を

もち，教育的関心も高い。子どもの将来を楽しみにしている。このような状況にある子どもが，ある時期から理由もいわずに登校を嫌ったり，登校を拒むようになる。

学校欠席は子どもの成績や将来にも支障になるので，親は拒む理由を明らかにし，早く取り除こうとする。ここに登校拒否のきっかけが関心を集めることになる。また専門家にとっても，きっかけは登校拒否の凝集因子または誘因として関心がある。臨床的には直接，子どもにきいたり，あるいは登校拒否発現の前後に，子どもの生活の中で特に変わったことがなかったかを調査し，凝集因子が推定される。

表6-1は文科省がまとめた直接のきっかけである（文科省 2003）。表中，学校関連の数値は平成13（2001）年度の学校基本調査である。「本人」欄の数値は平成5年に年間30日以上欠席し，中学校を卒業した者が回答した結果である。校種別では小学校では「家庭生活」に，中学校では「学校生活」にそれぞれ最も多くきっかけがあるとしている。登校拒否していた本人では「友人関係」「学業の不振」「教師との関係」などをあげる者が多い。教師の回答に基づく基本調査と本人との間の差は大きい。

文科省の「直接のきっかけ」にそって，登校拒否カウンセリングの経験から多少の説明を試みてみよう。

表6-1 〈不登校〉となった直接のきっかけ（文科省 2003）

	区分	小学校	中学校	小中合計	本人*
学校生活に起因	友人関係をめぐる問題	10.8	21.8	19.7	44.5
	教師との関係をめぐる問題	2.2	1.5	1.6	20.8
	学業の不振	3.2	8.9	7.8	27.6
	クラブ活動，部活動への不適応	0.2	1.4	1.1	16.5
	学校のきまり等をめぐる問題	0.4	3.4	2.8	9.8
	入学・転編入学進級時の不適応	2.9	3.1	3.1	14.3
	小計	19.7	40.2	36.2	—
家庭生活に起因	家庭の生活環境の急変	8.2	4.9	5.5	4.3
	親子関係をめぐる問題	16.5	8.0	9.7	11.3
	家庭内の不和	4.2	3.9	4.0	7.5
	小計	28.9	16.8	19.1	—
本人に起因	病気による欠席	7.3	6.2	6.4	13.2
	その他本人にかかわる問題	29.3	28.4	28.6	19.3
	小計	36.6	34.6	35.0	—
	その他	8.2	3.2	4.1	—
	不明	6.6	5.2	5.5	—
	計	100.0	100.0	100.0	—

1　学校生活での影響
1）対人関係をめぐる問題

　もっとも多いのはいじめである。文部省（1999）では「自分より<u>弱いもの</u>に対して<u>一方的</u>に，身体的・心理的な攻撃を<u>継続的</u>に加え，相手が<u>深刻</u>な苦痛を感じているもの」と，いじめを定義している。この定義では下線をつけたことばに解釈上のポイントがある。これをどのように解釈するかによってある行動をいじめとみるか否かが決まる。ここでは「子ども本人がいやがること」と，広義に定義して論を進める。

　小学生の場合には，排便中に外からドアを足で開けられたとか，自分のもち物を隠されたなど，行動レベルのいじめが多い。中学生になると，ことばによるいじめとか，仲間外れなどが多くなる。前者では悪口をいわれた，欠点を指摘されたなどが多い。仲間外れでは，昨日まで親しくしていた仲間に朝の挨拶をしようと近づくと，みんながスーッと向こうに行った，無視されたとか，昼の食事で仲間に入れてもらえなくなったなどが多い。今日的ないじめとしてITによるもの，たとえば携帯電話やパソコンによる相手に向けた攻撃あるいは否認のことばもある。

　この種のいじめは中学校2年生頃に多い。特に女子にこの傾向が多くみられ，向こうにいる同級生にわざわざ近づいてきて，相手のいやがることをいうものもいる。意地悪としかいえない状況もよくみられる。

　いじめの中には，子どもが生命の危険を感じるものもあるし，しつこく，長い期間，心身に危害を加えたり，軽い意地悪をつづけられたというものもある。

　中学校期の子どもは仲間から目立つことを嫌う。そして，自分が友人にどのように理解されているか，どう思われているかに殊の外，気を遣う。友人に映っている自己のイメージをいつも気にしている。「わが道を行く」式の，自立を志向した自己確信感は中学校期にはまだ生まれていない。換言すると，仲良しグループに所属していることで，心理的な安定感を得ている。このような中学生の心理特性から，仲間外れは子どもの心の傷になりやすい。仲間外れに会ってしょんぼりしている娘を見て，「そんなこと気にしなくて，他の友達のグループに入れてもらったら」と，母親はいいきかせる。しかし事態は母親が思うほどに簡単ではない。というのは「他の友達の仲間グループ」は一般的に閉鎖的で，仲間外れになった子どもを受け入れる柔軟性はない。従って，どのグループにも入れない，「さまよえる羊」となりやすい。

　友人関係が登校拒否のきっかけになる事態のひとつに，学年変えや卒業などによる別離に伴う依存対象の喪失がある。1年間，親しくつきあってきた友人との別離は，初期にはそれほど心に引っかからないが，登校しても，心から話せる人

がいなくて，一人寂しく学校で生活するにつれて，離れた友人への思いが強まり，親友の喪失感が心の安定を脅かすようになる。中学生の多くが友人とのかたらいがあるから登校しているとか，部活動が楽しいのは友人がいるからだという心理を考えると，親友との別離が依存対象の喪失という悲しみをもたらすことは容易に理解できよう。

登校拒否になった子どもの中に，性格的に温和で，社会性に乏しく，友人関係をつくりにくい状況にあって，孤独な学校生活をもっているものもいる。俗にいう仲良しグループに入れない場合には，親しくことばを交わす機会にあまり恵まれないばかりでなく，他からの批判や攻撃に対して他の子どもの弁護が得にくいことにもなる。

要するに，思春期では友人関係のつまずきが登校拒否のきっかけとなることが多いといってよい。いくつかの統計をみると，佐藤（1985）は，364名についてきっかけを調査し，いじめをきっかけとしたものが約55％，無視などが約21％にみられ，これが年々増加しているという。また武井他（1987）は28.6％に，北村（1984）は20％にそれぞれいじめられ体験があったという。また，佐藤（1987）は69％にいじめを契機とした登校拒否がみられたという。両結果はかなり違うが，いじめ体験は子どもにとっては非常に主観的なもので，一致した結果は得にくいように思われる。

2）教師との関係をめぐる問題

佐藤（1985）は，教師の言動が登校拒否の誘因となったものが364名中，14％あったと報告している。

教師の言動を具体的に考えてみると，教師による叱責や心ないことばなどが多い。教師に直接に叱責されて登校拒否となるケースもあるが，叱責されている友人のそばにいて，教師に恐怖を覚えて登校拒否になったケースが予想以上に多い。大声で汚く生徒を叱ったり，怒声をあびせたり，時に突き倒したりしている。この状況を見て，叱られている当人よりも，そばにいた子どもがショックを覚え，登校拒否となる。また，担任が用事のために自習させていたところ，児童が騒いでいたと知って白板を足げりで壊して怒りを現わし，これがきっかけで登校拒否となったものもある。

教師のことばが子どもの心的外傷となった例もある。部活動の教師が親しさのあまり，「お前は太っちょで，色も黒い。お嫁にいけないな」と不用意な発言をした。これが生徒にとっては舌刀となり，2年間の苦しい登校拒否に発展した例もある。

この種の事例では多くの教師は「それくらいのことで……」と，自分の言動が

生徒に及ぼす影響を適切に理解しないで，生徒が弱いのだとか，教師の冗談もわからないのかと，生徒の責任にする傾向がある。教師による叱責は中学校に入学して間もない生徒には，殊の外こたえる。彼らはまだ中学校に馴れておらず，失敗しないか，うまくやっていけるかとの不安をもって生活している。このような時の教師の心ない叱責は生徒の不安を高め，不適応状態を加速させてしまう。

　思春期，特に女子生徒は自分の容姿について悩んでいることが多い。より美しくありたいと願い，何とかならないかと，自分の命の次に大事な問題と思うほど悩んでいる。彼女らは自分の容姿を，自我に取り入れるほどには成熟していない。この不安定な状況にある生徒にとって，容姿についての教師の心ないことばは動揺している心理的安定を一挙に崩してしまう。

3) 学業の問題

　ハーソフ（Hersov, L.A.）の研究以来，登校拒否と怠学・非行を分ける目安のひとつとして学業成績が取り上げられている。それによると，登校拒否の子どもの成績は中以上であるのに，怠学ケースでは下の成績をとるものが多い。また学業の基礎能力である知能でも，登校拒否の子どもでは劣っているものはあまりないという。

　登校拒否と学業成績または知能の関係を考える時に，留意しなければならないのは，登校拒否のスクーリングで多くの場合，知能はふつう（中位）以上という基準が使われている場合が多いことにある。これは，たとえば知的障害をもつ子どもに神経症的な登校拒否問題が起こらないからではなく，処遇の仕方が違う（カウンセリングよりも進路指導がよいなど）という考え方によるものである。

　登校拒否の誘因としての学業の問題は，成績の不振そのものよりも，急激な学業成績の低下による自己イメージの崩壊の危機に関連している場合もある。たとえば，中学校まではいつも学年でトップだった子どもが，進学校との評価をもつ高校でトップになれないで，たとえば300人中30番位の位置にとどまっていたり，実力テストの成績が一挙に30番下がって，300人中40番目になったことによって自分は誰よりもできるという自己イメージが崩壊しそうになり，これをきっかけに登校拒否になることがある。少なくとも，登校拒否前に重い学業不振があってこれがきっかけとなったケースは少ない。

　以上の誘因としての学業の問題は思春期に多いが，小学校では学業に対する完全主義的態度が誘因になることが少なくない。たとえば，沢山の宿題を1晩で全部こなすのは難しいと親が思っても，子どもによっては自力で全問解かないと学校に行けないと，夜遅くまで頑張っている。母親は明日の登校を心配して手伝うというと，子どもは自分でするようにと教師がいったとして，母の手伝いを拒む。

その結果，宿題が完成しなかったり，または夜遅くまで時間をとられて翌日登校できないものもいる。

既述のように，学習障害（LD）をもつ子どもでは，「読み，書き，計算」のどれかの能力に問題があって，これが全面的な学業不振をもたらし，不登校へと発展し，登校拒否または怠学となっていく。「読み，書き，計算」はいわゆる道具教科であって，このうちどれかひとつに能力の障害があると，多くの教科学習の障害となる可能性があることは容易に想像できよう。加えてLDの場合には，行動に衝動性や固執性，注意の転動性を伴うことも少なくないので，これが学級内不適応を促進し，不登校が生まれることもある。

テストへの予期不安が登校拒否の誘因になることもある。誰でも入学試験など，人生を決める選考テストや面接では面接に入る直前に，うまくできるだろうかと，いくらかの不安を覚える。しかし，面接に入ると，この不安は消えることが多い。これは現実不安と呼んでもよい。これに対し，予期不安とはテストや面接日の前からテストなどの事態を想像して不安が高まり，非常に落ち着かない状態になることをいう。予期不安のために入眠できなかったり，食欲不振になることもある。予期不安の背後には，親や子ども自身のよい成績への期待や完全主義的な願望が伏在していることが多い。

4）クラブ活動や部活動等への不適応

中学1，2年生の登校拒否の誘因として部活動は注目に価する。特に中学1年2学期の初頭からはじまる登校拒否の場合には，この誘因の関与の有無を考えてみる必要がある。

小学校では，主に同じ学校またはクラス単位で学校生活が展開される。中学生になると一転して，先輩後輩関係・異年齢関係を軸とした部活動へと生活が切り換わる。中学1年生は上級生の指導下に置かれ，絶対服従とまではいわないまでも，命令-服従の色彩を帯びた人間関係がつくられていく。文化サークルではそれほどでもないが，体育系の部活では新入生にはかなりきつい生活が待っている。「朝練」という名の，授業開始前の練習がよく行われ，また放課後，暗くなるまで部活動がつづく。土曜日も日曜日も，そして学期間の休みの期間にも，活動が展開される。夏休みには炎天下のスポーツとなる。

小学校では経験しなかった異年齢集団の中で休む日もない部活動は子どもによっては厳しい生活で，疲労感を生みやすい。また上級生という年長生徒との服従的関係は精神的疲労をもたらす。加えて部活動の顧問教師の大声による叱正，励まし，時に叱責は新1年生には時に怯えや不安の因となっていく。

このようにして，6，7月頃には子どもによっては帰宅すると，疲れたと，すぐ

寝ころんだり，学校がおもしろくない，友人がいない，先生が嫌いなどと訴えたりするようになる。親は，これが学校不適応のサインと考えないで，はじめての中学校生活で疲れもあると，安易に受け止めることが多い。何とか1学期を終わり，夏休みに入ると，子どもは前年の夏休みに比べ宿題をしなかったり，登校日に欠席したりなど，夏休み生活に活力がみられない。時には教師が夏休みに部活動を休んでいる生徒を訪問して，そんなことでどうすると，ハッパをかけることもある。これが子どもに圧力となって，マイナスに働くことも少なくない。

1学期の終わり頃から生じた学校不適応感が夏休みに解消されないまま，あるいは夏休みに醸熟されて9月はじめの登校拒否となる。

中学2年生頃の部活動による不適応には体の疲労はあまり大きな役割を果たさない。これに代わって自己イメージを壊す恐れのある脅威経験が誘因となる。たとえば，小学生の頃から少年野球チームで活動してきた新入生が中学校入学で期待をもって野球部に入部する。そして真面目に努力して，よい選手になろうとする。夏休みには3年生に代わって2年生から正選手が選ばれる。正選手になりたいと努力してきた生徒が望みが実現しなかったために登校拒否へと発展したものもいる。また吹奏楽部で得意としてきた楽器が教師から与えられなくて，登校拒否となったものもいる。同じく，吹奏楽部で指揮者の役割を十分に果たしえなかったことが登校拒否のきっかけとなったものもいる。

将来，野球選手になりたいと，野球を中学校生活の生き甲斐としている子どもには正選手に選ばれた否かは死活にかかわるほどの意味をもつ。すなわち，野球を得意として形成された自己像が破壊されるかもしれないという脅威が子どもの内面に生まれて，精神的な安定感が損なわれることになる。

部活動への不適応の結果，学校や登校を嫌う子どもに，親や教師は「そんなにいやなら止めたらよい」と退部をすすめる。しかし子どもはそれに従わないことが多い。親も教師も退部しない子の気持ちがわからない。子どもには，退部は仲間グループからの脱落であり，子どもは落伍者とみられることを恐れる。大人の思いとは違って，子ども世界は，ある部から出て他の部に器用に入ることを許さない閉鎖的な色彩のあるサークルなのである。

運動系の部には，子どもの世界で一種のヒエラルキーがある。たとえば，野球部が人気最大のサークルであり，サッカーが次に位置している学校もある。人気抜群の野球部から，たとえば音楽部に変わると，友人たちの関心を呼び，なぜ？となってしまう。目立つことを嫌い，グループの中に所属することで心理的安定を図っている中学生にとっては，この種の関心には耐えられない。

2 家庭生活での影響

登校拒否の誘因を家庭の中に求める傾向は，登校拒否の本態観にも関連していて，登校研究の当初から存在していた。主なものをみてみよう。

1）家族との別離

家族，特に親の死亡，中でも予期しない場合には家庭は混乱し，残った親と子どもは悲嘆のどん底に突き落とされる。父の死は経済力の低下をももたらし，母の死は愛情の荷ない手，依存対象の喪失となっていく。

一般的に，家族の死亡が登校拒否へと発展していくのは，家族の死亡直後からでなく，悲嘆の時期が経って，家庭が少し落ち着きをみせはじめた頃からが多い。家族の死がどんなに寂しさをもたらすか，生前には少しも意識していなかった親への依存によって毎日がどれくらい楽しかったかなどが，残された家族の生活の中でひしひしと体験される頃から，登校拒否がはじまる。

時には短期間に家族の死が重なることもある。親，きょうだい，または親と祖父母という組み合わせとなることがある。中でも，親の死が子どもには一番影響し，家庭内にうつ感情が充満する。

2）両親の離婚

これは子どもに依存対象の部分的喪失体験を味わせ，「寂しさ感情体験」に駆り立てる。加えて，経済力の弱い母親との生活は家計の苦しさを伴いがちで，もちもの，服装の貧しさなどとなって現われ，友人への劣等感ともなっていく。父に代わって母が働き，学校から帰宅しても，以前のように，にこやかに迎えてくれる母はいない。久し振りに，またははじめて働きに出ている母は疲れて帰宅し，落ち着かない。子どもとのいい争いも，増えてくる。

離婚は，ある日，突然に生まれるものではない。1，2年またはそれ以上の，父母のいい争い，別居などをはじめ，いろいろの経過を経て離婚となっていく。この経過も子どもの心理的安定を脅かしつづけることになる。

父母が離婚し，母と子どもが住居を新しくし，子どもは転校することもある。新しい土地やはじめての学校は，離婚のショックに加えて，子どもには新しい環境への適応が課題となっていく。友人がすぐにできればよいが，学校でいつも一人ぼっちの生活を送らざるをえない事態となると，家庭に加えて学校でも「寂しさ感情」を体験することにもなる。そして，別れた，前学校での親しい友人の想起と思慕が子どもの寂しさ感情をいっそう強めることにもなる。

3) 家族，特に親の長期入院

　これは離婚による寂しさ感情と同じ感情をもたらす。また長期の入院は子どもに，親の死の不安を呼び起こすこともある。親の死の予期不安は，親との分離不安を生み，親のそばにいたいという願望となり，これが登校拒否へとつながっていくこともある。

4) 単身赴任

　父親の単身赴任が登校拒否の誘因となることがある。それも単身赴任の初期に多いように思われる。父親の不在によって母親の心理的安定が損なわれたり，パパッ子でありすぎた子どもが依存対象の喪失に似た感情を体験してしまう。そして，学校の小さいできごとが子どもの心理的バランスを崩して，登校拒否へと発展していくこともある。

　単身赴任と登校拒否発生との関連を考える時に，単身赴任中の父親の，家庭への態度や留守をあずかる母親の性格や生活態度に注目する必要がある。父親がいつも残してきた家族を思い，電話や手紙を通じてのコミュニケーションや一時帰宅などで家庭の安定を図ったり，または母親がしっかり家庭を守ることができていれば，登校拒否は心配ない。また，「単身赴任によって新しく問題が生じたというよりも，単身赴任を契機にそれまで潜在していた問題が露呈したと考えるべき場合が多いように思われる」との笠原の意見（1988）も参考になる。

3　本人の問題

1) 病気による欠席

　病欠という誘因は，表6-1にみられるように，小，中学校共にほぼ等しく，6，7％台にとどまっている。病欠と登校拒否の発現経過を心理臨床的にみると，次のようになる。

　数日，軽い病気で学校を休む。そして家族や医師は病気はなおったと思っても，子どもは体の不調を引きつづき訴える。まだ十分回復していないかも知れないと，その訴えを親が認める。しかし，これがいく日もつづき，親は登校拒否と知る。

　軽い病気による欠席が登校拒否に発展する経過を追っていくと，軽い病気そのものが学校における心身の不調の結果であることも少なくない。そして病気欠席と保護によって心理的に心身の不調がさらに強まり，無気力が醸成され，登校拒否になることがある。

　国立病院小児科の統計で誘因としての疾病をみると，108例中26名（24.1％）となっている。また，三原他（1986）は心気症的訴え，たとえば頭痛，頭重感，腹痛，全身倦怠感，易疲労感，悪心，嘔吐，などが147例中86名（54％）にあっ

たという。登校拒否への支援機関によって違うことがわかる。

2）その他本人にかかわる問題

文科省の統計では「極度の不安や緊張，無気力などで，他に直接のきっかけとなるような事柄が見当たらないもの」と規定して，これが小学校29.3％，中学校26.7％にみられたとしている。実に4分の1の子どもにこの誘因が働いているとしている。具体的なきっかけが見当たらない子どものうち，不安感や緊張感などが顕著であったり，無気力な傾向をもつ時に，この誘因が存在すると認定されたのであろう。

心理臨床的な経験によると，不安感，緊張感，無気力感は，第三者からはみえにくい事件をきっかけとして生まれることもあるし，一方，これらの感情傾向を体質的にもつ子どもは，些細な，他の子どもでは影響されない事件によっても容易に登校拒否を発展させていくことがある。

「その他本人にかかわる問題」は，専門家の統計では「誘因不明」とされることが多く，これが20～30％あると報告されている（牧原 1985）。従って文部省統計の「原因不明」の5.6％と「本人にかかわる問題」の26.7％を加えて不明としても，あまりおかしくはないように思われる。

以上，文科省の誘因統計を中心に心理臨床的な経験に基づいて誘因について2，3考察してきた。誘因は，「登校拒否の発現前後に，子どもの生活の中で起きた非連続的できごと」を意味している。非連続とは，いままで「突然に」とか，「思いもかけない」などの形容詞があてはまるように，子どもにとって毎日の生活の中で，新しく，思いもよらない経験として体験される状況をいう。

誘因は，子どもによってかたられることもあるが，子ども，特に小学生では，きいても「わからん」と深く考えないで回答することも多い。本人とのラポートが十分ではなく，または自分の都合が悪いので，回答が得られないこともある。しかし多くの場合，日常生活で登校拒否とある経験を関連づけて，ことばで表現できる能力が子どもに十分に育っていないために，誘因が指摘されない。事実，若林（1986a）は，特定のケースで小学6年時には自分の内面をほとんどかたられなかった子どもが，17歳9か月の時には，当時の自分についてかなり表現できた事例を，表6-2のように報告している。「子どもと面接者の間に親和的，相互信頼的な関係…すなわち，ラポートを確立することが大事で…子どもが自分の内面をかたるようになるまでに1年間数回，来院し，……5年余の年月が必要だった」といっている。

若林はラポートの確立を重視しているが，これに加えて，筆者は12歳と18歳とは自分の内面をじっと見つめてことばで表現できる能力の発達に差があったの

表6-2 (1)　　初期の面接（若林 1986a）

小6　2学期（12:0歳）の応答
　3時間以上学校におれないのは？
　　……わからん……
小6　3学期（12:3歳）の応答
　小5のとき，（腹痛，嘔吐を訴え）学校へ
　行けなかったのは？
　　……さあ……
　いやなことがあった？
　　……別に……
　身体の具合は？
　　朝，気分が悪かった
　汚いのは？（強迫的手洗い，入浴など）
　　別に気にならなかった

表6-2 (2)　　17:9歳（大学受験後）時の
　　　　　　　　患者の述懐（若林 1986a）

小学校1年に入ったとき，絶望した
　知らない子が大勢いる
　怖くて口がきけなかった
　話をしようと思っても，声が出なかった
　先生やクラスの人に爪はじきにされた
小6の時は口をきかなかった
　対人恐怖になった
劣等感をもち，学校に対するイメージが今でもよくない
中学校へ入っても，しゃべらない子だといわれた
　そういう目でみられた

ではと，考えている。筆者（1969）は，小学校3年時にかかわった少女が高校卒業に当たって，なぜ自分が登校拒否になったかを詳しくかたった手紙を受領したことがある。10年余の間，自分の登校拒否経験の意味を探し求めていたという事実と，大きくなるとそれなりに登校拒否の原因やきっかけを心的現実として探し，解決に達することができるものだという2点について印象づけられたことをいまでも，いきいきと覚えている。もっとも，歳月を経て，成長して辿り着いた原因やきっかけは登校拒否時のそれとは変わっていることも考えられる。

　誘因について子どもにきくと，きくたびに答えが変わったり，きく人によって違う答えが返ってくることも少なくない。きく側は，「嘘をいう」とか，「自分の都合によってその時々に答える」と受け止めて，子どもは信用できないと思うこともある。この情況から子どもに不信をもつのは正しくない。むしろ，すべてが子どもの真実であると理解するのがよい。たとえば，子どもの学校への不適応感や不満足感が学校全体に向けられていて，きく人によって学校の1側面に意識が向けられ，「給食が嫌い」とか，「先生が嫌い」など，違った答えがかえってくると理解するのが適切である。別の表現をすると，子どもの指摘する誘因は浮動的であって，漠然とした自分の不適応感を一事に託して表現しているのである。

　子どもが指摘する誘因の多くは，第三者的立場からみると些細なもので，当の子どもにも，過去，何回か経験されたことと思われる程度のものである。このため，教師や友人など第三者は，「この程度のことで…」とか，「他の子どももこのくらいのいやな経験はしているのに…この子が弱いのだ」と，軽く考えがちである。一方，子どもと親とっては，第三者にどんなに些細なことにみえても，それをきっかけに登校拒否となり，1年間も，時には中学3年間もの間，閉じこもるほどに心身の不調がもたらされたもので，子どもの一生を支配するほどに重大な事件またはできごとなのである。

表面的には，軽く，些細な事件やできごとでも，その奥には子どもが「個」として直面せざるをえない問題が隠されている。既述の自験例を紹介すると，部活の顧問教師が親しさのあまり，「お前は色が黒い。もっと練習しないと太るぞ。色黒で太っちょでは嫁のもらい手がないぞ」と陸上部の女子にいい放った。これをきっかけに登校拒否が発現した。教師からすると，これは練習への励ましのことばであった。この種のことばかけはよくあることで，教師は些細なできごととして忘れてしまった。ところが，当の女子には教師のことばが「舌刀」となって，心中に抱きつづけた自分の容姿の悩みを摘出し，深い心の傷となった。思春期の女子の多くは，まだ自分の体や容姿について自我の中に十分に受け入れることができず，現実を否定しながら美しい容姿への願望をもっている。自分の体の現実を受け入れないで，大きな悩みとなっているものも少なくない。自分の容姿を心から受け入れ，肯定するには，まだまだ年月を必要とする。

　誘因を取り除いても，登校問題が解決しないことも少なくない。給食が嫌いで，登校できない子どもに，弁当の持参を認めても，また部活がきついという中学生が部を止めても，登校できていないことも多い。これは誘因の奥に「個」の問題があり，これが解決されていないからである。

　この事態について，甲斐（1990）は「登校拒否の契機の解消は，不登校という現象の変化にはかなり効果があっても，個として直面している問題の直接の解決にはつながらない」と述べている。

●第3節　登校拒否の初発時期

　教育・心理的支援では初発時期を明らかにしようと，関係者は努力する。これがわかると，登校拒否の成り立ちの，ひとつの背景が推測できる。また，初発時期にひとつの明瞭な傾向があれば，登校拒否の発生の予防にも役立つ。

　初発時期は学年と学期にしぼられる。初発学年は，第3章の文部省統計からみた年齢別の推移からも，大まかに推測できる。これによると，小学校期に比べ中学校期で登校拒否になる生徒が多く，中でも，中学校1年で急増している。

　文献的にみると，表6-3のようになる。支援機関も，対象者の年齢も違うので，一貫した傾向はみられないが，中学校，特に中学1年に発現が多いことが読みとれよう。

　登校拒否が発現しやすい学期についてみると，表6-4のようになる。これでみると，4月と9月の新学期に初発する場合が比較的に多い。

　4月は入学，転校，転居，クラス換えなどによる新しい出会いと親しい人との別離の時である。新しい出会いに伴う予期不安やトラブル，そして出会いの失敗，

友人や好きな担任教師との別離による依存対象の喪失など，環境の変化が登校拒否の発現となる場合がある。

9月と違って，4月初日から登校拒否が新しくはじまることは少ない。4月中，下旬と，新しい学級や学校に少し馴れたと考えられる頃からはじまる場合が多い。

表6-3　初発時期―学年

報告者	報告年	学期	ケース数	機関	説明
堀	1963	6, 7歳と10〜13歳の2つの山	72	〈精〉外来	
森	1967	高3, 高2, 中3の順に少なく（男），高3多（女）	60（中,高）	〈精〉外来	受験・試験が誘因，受験するには能力がない。しかし就職には抵抗感情
梅垣	1970	小5,中1,中2に多（中学校群）	89	〈精〉外来	
富田	1981	小4と小5，中1に二峰性のピーク	35	〈精〉外来	
星野	1985	中1年，高1年に多い	50	〈精〉	中に小学校時代の限られた友人と引き離され，新しい中学校のクラス集団への適応が求められる状況で，内向的，消極的の女子が孤立し，脱落しやすい。
三原	1986	中学性が圧倒的に多い。ついで小学校高学年と高校に多い。	121	〈精〉	（対象は家庭内暴力をもつ登校拒否児）

表6-4　初発時期―学期

報告者	報告年	学期	ケース数	機関	説明
若林	1965	学年始めの4月が圧倒的に多い		県下アンケート	〈精〉 新入学，クラス替えなどの環境の変化
梅垣	1966	4月と9月にピーク		〈精〉外来	幼，小，中，高 ―
森	1967	9, 5, 4, 6の順に少ない	60	〈精〉入院	9月：精神的に夏休みという休暇のため，なんとなく学校へ行くべき動機を失ったという心的葛藤があり，その合理化としての逃避 4月〜6月：新学期で自分の学校に対するinferiority complex。 新しい授業，教科への自己の能力では耐えられないという予期不安 親の期待過剰への心的葛藤 →身体化されやすい時期 学期始め：休暇中に身につけた生活様式の転換の失敗
真仁田	1970	学期始め（65％），病後（9.6％），行事休日明け（9.6％），転校（3.2％），学期中のある日（12.9％）			要するに時間的にも空間的にも生徒のおかれた状況が変化し，自分の生活行動も変化を必要とする時点で発症しやすい。変化に対して適切に対応できない。
小川	1968	小中ともに4月が圧倒的に多い	100	女子アンケート	新学期に集中している。9月と1月は数名のみ。学級再編成，担任の異動。
富田	1981	1学期（20），夏休み（2），2学期（5），3学期（8）	35	〈精〉外来	―

中学1年生にとって4月は学校環境の急変の時である。小学校では一人の教師が子どもの気持ちやニーズに配慮しながら子どもを1年間指導する。しかも小学校の教師には，中学校に比べて管理主義的な色彩は少ない。小学校生活は異年齢集団ではなく，同年齢クラスまたは学年単位で動く。中学校に入ると，担任が中心とはいいながら，教科学習や部活動などの分野で，多くの教師が生徒にかかわっていく。しかも小学校時代よりも，教師は生徒の非行化を心配し，その防止に関心を寄せている。それだけ日常生活では規律が厳しく求められ，管理主義的傾向が強まってくる。

既述のように，部活動は異年令集団の中で展開され，新入生である1年生は先輩－後輩関係の中に組み込まれ，支配－服従関係が生まれる。特にスポーツ関係の部活ではかなり厳しい練習が「朝練」として，また放課後，暗くなるまでつづけられる。監督や部顧問としての教師は，いろいろの事情からいつも部活動につきそっているわけではなく，主将を中心として上級生に部活動が任されることも少なくない。このことは新入生一人ひとりの性格や心情を理解した上での指導が難しいことを意味している。

小学校から中学校への学校環境の急変は，多くの新入生にとってはあまり問題も生まれないが，子どもによっては，特に内向的で温和で，しかも対人的な感受性の高い子どもには耐えられない事態も生まれ，学校への不適応感情を高めていく。その結果として，何かの事件――たとえば教師の叱責，小さい病気，友人とのトラブル，家庭内のできごとなど――をきっかけとして登校拒否へと発展していく。

2学期には4月とは違い，初日から登校拒否がはじまる場合も少なくない。長い夏休みで安逸な生活に流れすぎ，登校への動機が弱く，ズルズルと休みの延長となることもあるだろう。また，夏休みの安楽な家庭生活を清算して，学習や規則の多い学校生活を志向した態度を取り戻すことに失敗して，ことばを変えると，9月1日から求められる変化にふさわしい生活行動をつくり出すことに失敗して，登校できなくなるものもいるだろう。

このように9月初日からの登校拒否は，自由な生活ができる休みから学ぶという環境の変化に柔軟に適応する能力が発揮されなかったとみることもできる。

すでにふれたように，筆者は1学期中頃から芽生えた学校不適応感情が夏休みというくつろいだ生活の中で醸成され，2学期はじめに登校拒否へと発展したと解釈できるケースも少なくないと思っている。これらのケースでは，疲れた，学校がおもしろくない，先生や友人が嫌いだなどの不調を訴えながらも，何とか欠席しないで一学期を終わり，生徒が夏休みに入り，不適応感が解消されないまま2学期を迎えている。しかも親の報告によると，夏休みの過ごし方が前年までと

は違い，意欲がなく，友人ともあまり会わず，宿題も手をつけないままでいる。時には，夏休みの部活も欠席しているので，部の監督教師が家庭訪問し，2学期の部活動でがんばれとハッパをかけて，生徒の気持ちを一段と弱めたりしている。

参考に梅垣（1984）の，「登校拒否の発症しやすい月となおりやすい月」をあげておく。

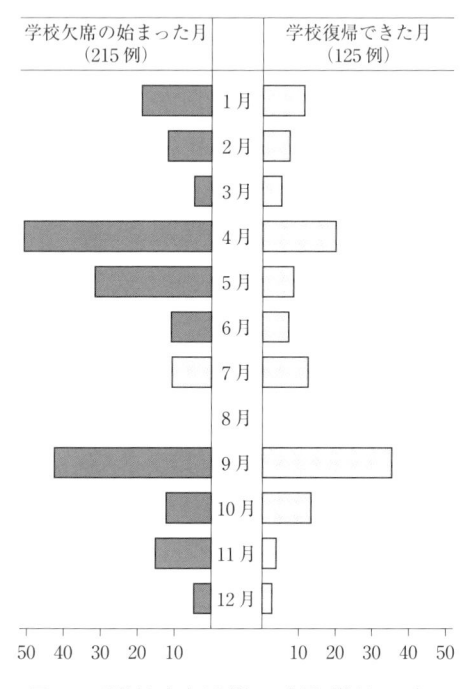

図6-2　登校拒否（不登校）の変遷（梅垣 1984）

●第4節　登校拒否の前兆

登校拒否の発現前後の状況を知ることは登校拒否とその他の不登校を見分けるためにも，また登校拒否の早期発見・即時対応からみても重要である。

親や教師には突然，あるいは「寝耳に水」と思われる登校拒否の発現も，その前後の子どもの生活を細かく調べると，必ずといってよいほどに変調が見いだされ，「あの頃からサインが出てきた」と考えられるのである。

登校拒否は非行，食欲不振，発達障害などいろいろの行動問題に比べて，表面的には学校に絡んだ問題で，前兆は学校よりも家庭でみられることが多い。たと

えば，下校して，家庭で「疲れた」「学校がおもしろくない」「先生が嫌い」「友達がいない」などを訴える。腹痛や頭痛，下痢，嘔吐などの身体的な変調などは登校前に家庭で訴える。当初，親はこれらの訴えを軽く受け止め，2，3日すればなおると考えている。身体的変調の訴えが登校拒否へと発展する学校不適応のサインだと見抜けない場合も少なくない。親はいうまでもなく，はじめに診断した小児科医すら見抜けないこともある。

教育・心理的支援経験や諸家の報告（文部省 1983，中野 1988，梅垣 1990a，甲斐 1995，服部 1995）を参考に，登校拒否の前兆についてまとめる。

1　身体的不調
①特に，朝の登校時を中心に心身の不調（疲労，頭痛，腹痛，発熱，嘔吐，下痢，気分の不良など）を訴える。これらの不調は午後や夕方になると消えたり，軽くなる傾向がある。小児科などで異常はないとか，ちょっとした疲れといわれることが多い。
②学校から帰宅すると，疲れたとぐったりし，大の字に横になって暫く休んだりする。

2　登校準備の行動の変調
①なかなか起きてこない。制服への着替えに手間どる。洗面，朝食，排泄などに時間がかかる。
②せっかく，登校の準備ができても，玄関先で鞄をもったまま，ため息をついたり，登校に向けて玄関を一歩前に踏み出すことにためらいをみせる。いままでの，いきいきした登校の姿が消えている。
③家族に車で校門近くまで送ってもらい，やっと登校する。
④理由不明の欠席，遅刻，早退が時々起こる。中でも休み明けや，軽い病欠のあとに起こりやすい。また特定の教科がある日に欠席する。

3　家庭生活の変調
①家庭では，以前に比べてダラダラした生活を送ることが多くなる。
②以前のように宿題や勉強をしないで，テレビの視聴，テレビゲーム，漫画などに熱中する。
③どこかイライラしていて，家族や動物に当たり散らす。一方，親，特に母親に甘える。
④家族を避け，自室で過ごすことが多くなる。家族とは口をきかなくなる。親が学校の話題にふれると，話をそらしたり，怒ったりする。

⑤自宅で一人で好きなことをして夜更しが多くなる。

4　学校生活についての不満
①教師や友人についての不平不満が多くなる。
②学校がおもしろくない，友人がいないなど，学校への不満をよく口にする。
③夏休みの部活動に参加しなくなる。
④学校なんかつまらない，学校へ行く意義がないなど，学校への拒否感情を口にする。
⑤友人とのつきあいが悪くなる。
⑥学習に興味を失い，勉強しなくなる。

　以上は，教育・心理的支援の場で本人や親からよくきく登校拒否がはじまる前の状況である。ここではこれらのサインのうち，いくつあると，登校拒否に発展するという統計的問題を取り上げているわけではない。ひとつのサインしかみられないこともある。

　登校拒否の前兆としてのサインは学校でもみられるが，筆者の経験では出欠状況や保健室によく行くというサイン以外に，学校でのサインは少ないように思う。登校拒否の前兆は家庭でみられることが多い。教師は，特に各学期末に近い時期に，これらのサインについて保護者に注意を促し，連絡があると，即時に適切な対応をする必要がある。これが登校拒否の予防あるいは即時対応にもっとも効果的である。

●第5節　登校拒否の状態

　登校拒否は単に欠席のみでなく，これが本格化すると，子どもの生活の多方面にわたって，特に家庭生活で多彩な状態をもたらすものである。子どもは心理的理由から欠席しているが，その間も，意識はいつも学校に向いている。これを中心にして周辺にいろいろの状況や状態が生まれてくる。たとえば，身体的変調や心理的不調，またいろいろの行動問題を伴うのがふつうである。周辺な状況や状態（以下状態像という）は登校拒否の識別・見極めに大事な事柄であると共に，登校拒否の心理・教育的支援において第1に話題となる事柄でもある。

　状態像は，子どもの年齢，不登校状態の程度と経過，家族の状況などいろいろの要因によって違う。また，研究者や臨床家の所属する機関の特色も帯びてくる。たとえば，小児科医のかたる状態像は心身症的色彩が濃くなるし，精神科医の経験する状態像の中には幻聴や強迫症状などの精神・神経症状が多くなる。これは，保護者が子どもの状況にふさわしい専門機関と考えて選んだ結果である。

表6-5は本城（1987）がまとめた名古屋大学精神科外来でみた随伴症状である。これによると，登校拒否の子どもの随伴症状は頭痛，腹痛，発熱などの身体症状，家庭内暴力，強迫・恐怖症状，不眠などが主なものである。

その他に，特定のものまたは活動への熱中，閉じこもり，無気力，生活の乱れなどいろいろある。

表6-5 登校拒否に随伴する主な症状（本城 1987）

	A群			B群		
	男子	女子	合計	男子	女子	合計
頭痛	6	9	15	14	8	22
腹痛	2	2	4	12	12	24+
発熱	0	2	2	4	2	6
その他の身体愁訴	5	6	11	6	6	12
家庭内暴力	2	3	5	16	2	18++
強迫症状	3	1	4	3	2	5
恐怖症状	2	3	5	2	2	4
不安，不安発作	3	0	3	0	0	0
不眠	3	1	4	3	2	5
うつ状態	0	3	3	4	1	5
自殺念慮，企図	0	3	3	2	1	3
学業不振	0	0	0	4	3	7
家出	0	0	0	2	1	3
非行	1	1	2	3	1	4
心身症	1	0	1	4	0	4
頻尿	0	0	0	2	2	4
緘黙	2	2	4	0	1	1

（注）+$P<0.01$　++$P<0.05$

登校拒否の子どもにみるいろいろな状態像は図式的に図6-3のようにまとめられる。この図は筆者の症状の分類（1988, 1994b）に修正を加えたものである。

以下この分類にそって，登校拒否中にみられる子どもの状態について概説する。

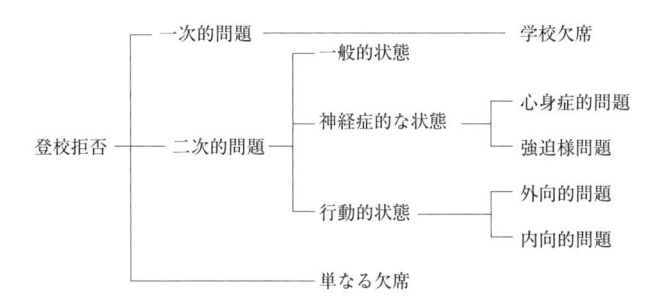

```
                    ┌─ 一次的問題 ─────────────── 学校欠席
                    │                ┌─ 一般的状態
                    │                │                ┌─ 心身症の問題
  登校拒否 ─────────┼─ 二次的問題 ──┼─ 神経症的な状態┤
                    │                │                └─ 強迫様問題
                    │                │                ┌─ 外向的問題
                    │                └─ 行動的状態 ──┤
                    │                                 └─ 内向的問題
                    └─ 単なる欠席
```

図6-3 登校拒否に伴う状態

1 一次的問題としての学校欠席

　登校拒否に関連して親，教師，時には子どもが訴える主訴は学校欠席である。カウンセリングでは，「30日以上の欠席が年間にある時不登校という」という文部省の考え方はなじまない。親が2,3日の欠席でも相談にくると，登校拒否あるいは不登校相談となる。種々の角度から検討してみて，相談内容である不登校状態が一時的，または一過性のものであれば，様子をみようということになるし，その背景に子どもの統合失調症があれば，精神科の治療がはじまる。また登校拒否への発展が予想されるなら，カウンセリングが行われる。大切なことは，欠席日数などの形式に捉われないで，子どもの生活に即して相談内容を検討し，実質的に専門的に対応することである。

　一次的問題としての学校欠席と，その他の多彩な子どもの状態である二次的問題との関係をみると，二次的問題の現われ方は一次的問題の状況に規定されている。たとえば，担任や同級生に会いたがらないという対人関係の回避傾向は，子どもが登校した日には弱まったり，消えたりするが，欠席がつづくと，回避傾向は強まる。これを対応の上からみると，一次的問題が解決しなければ，二次的問題は解消しない。しかし支援の実際では一次的問題の解決はひとまず横に置いて，カウンセリングで二次的問題がまず取り上げられる。たとえば，家庭内暴力は思春期登校拒否ケースでは起こりがちな二次的問題であるが，カウンセリングでは大きな問題となる。親がどのように対応していくか，カウンセラーが家庭内暴力で追いつめられている親をどのように支えていくかなどが大きな課題となる。

　要するに，二次的問題は登校拒否に共通してすべての子にみられるものでなく，子どもの年齢，性，性格，家族関係，学校との関係の状況，登校拒否の経過段階などの諸要因によって学校欠席の結果として生まれるものである。そして二次的問題の最終的解決は一次的問題（学校欠席）の解決またはそれに対する意識の変革状況によるところが大きい。

2　一般的状態

　一般的状態とは，ほとんどすべての登校拒否の子どもにみられる生活の状態をいう。特に図6-1の登校拒否のはじまりから第Ⅴ期あきらめ・自己探索期までにみられる子どもの生活状態に関係している。大まかに，これらには4種ある。

1）自宅にいるという状態

　登校拒否の子どもの一般的状態の第1はいつも家庭にいることである。この特徴は怠学の子どもと区別する重要な目安である。すなわち，登校拒否の子どもは「うちにいるか，学校にいるかのどちらか」であるのに対して，怠学の子どもは

「うちにもいないし，学校にもいない」ことも多い。これを親の側からみると，登校拒否の子どもでは親は子どもが休んでいることを承知しているが，怠学の子どもの親は欠席を知らないことも多い。

登校拒否でも，子どもが自宅にもいないし，学校にもいない状態が起こることもある。この場合，子どもによくきいてみると，親の圧力でいやいやの気持ちで自宅の玄関を出ていくが，たとえば農村地域では登校途中にある田圃のそばにある農具小屋で1日を一人で過ごし，いつもの下校時間に合わせて帰宅する。この場合，怠学の子どものように，町でぶらついたり，他の怠学の子どもと出会って一緒に遊ぶことはない。筆者が経験した逃避場所には農業用小屋以外に，自宅の倉の中，町の工場の廃屋，閉まっている町の集会所，山の中などがある。

子どもが登校しないで，学校以外の逃避場所に学校が終わるまでいると知ると，ほとんどの場合，親は登校を強制したりしない。自宅にいてもよいと，自宅滞在を認めることになる。

わが国では昭和30年代（1955）には，登校拒否はアメリカの研究者の影響を受けて，学校恐怖症と呼ばれてきた。その本質は，母親に対する未解決の依存関係にあり，子どもは母のそばでいたいという無意識的な願望に動かされた結果，家庭にしがみつき，（学校欠席）学校を欠席することになると，説明されてきた。母親をめぐる子どもの，この状況は分離不安 separation anxiety（Johnson, A.H. 1942），母親従属症候群 mother-following syndrome（Chotiner, et al. 1974）とも呼ばれていた。

登校拒否にみる登校していない時には「自宅にいる」という一般的な状態は，多くの場合，子どもに不安をもたらしている学校社会から自己防衛反応として起こったものと理解できる。すなわち，子どもは学校で友人や教師との関係から，または学業や部活動の関係から自我の脅威を受けつづけていて，ある事件をきっかけに，これ以上学校にいて自我が破壊される事態となることを避けて，自我を守るためにより安全な家庭に一時的に退避する（withdrawal）。その結果，この一般的状況が生まれている。

2）情緒水準の変動（日内動揺）

情緒水準の変動はうつ病でもみられ，日内動揺といわれる。これは，登校拒否が相談機関に登場しはじめた頃から，注目されてきた特質のひとつであるが，第1章でみたように，登校拒否についての社会的，個人的認識の変化（登校拒否の許容）を受けて，最近，これはあまり目立たなくなった。しかし，急性の登校拒否の初期にはこの情緒水準の変動は，程度の違いはあっても，今日でも十分に認められるところである。

子どもが登校拒否になると，登校時間を中心に午前中，子どもの状態が悪くなる。そして登校時間が過ぎて，家庭内に登校への期待がなくなると，子どもの状態はもとに戻って安定してくる。朝の悪い状態例をみると，「朝，なかなか起きてこない，起きても無愛想で，暗い顔をしている」「着替え，洗顔，用便など日常の決まった生活動作にも活気がなく，ノロノロと動く」「親がもっと早くとか，何をしているなどと小言をいうと，怒りをみせることもある」「子どもの動作や態度などに，全体的にうつ的な雰囲気を漂わしている」など。

　このような状況の中で，親が登校を促し，無理に連れて行こうとすると，癇癪，反抗，暴力，便所への逃げ隠れ，自傷行動，自殺企図，安全で親が近づけない場所（たとえば，2階建ての屋根など）への陣取りなどの，いろいろの反応を示す。

　登校時間が過ぎて，親が「今日も学校に行けない，仕方がない」と登校をあきらめる頃になると，特に午後になると，子どもは情緒的安定を回復し，自分の好きなことをして時間を過ごす。夕方になると，子どもの顔にも生気がよみがえり，明るくなる。しかし，また朝になると，うつ的雰囲気が再び漂う。

　情緒水準の変動は日中のみでなく，週間や学期間でもみられる。週間の変動とは，月〜金曜日に比べて土曜と日曜，特に日曜日には子どもの生活に生気がみなぎり，明るく，安定してくる状態をいう。起床や着替えなどをはじめ日常動作にも，表情にも，活気がある。月曜日になると，うつ的雰囲気が戻ってくる。

　この傾向は夏休みや春休みなどの学期間休業日にもみられる。一学期中，明るさや生気を欠いた子どもの生活は，夏休みになると変わってくる。

　要約すると，情緒水準の変動は，学校が開かれて授業がある時間または期間に左右される。ここに登校拒否とうつ病性の不登校との大きな差がある。

　この情緒の変動は，遷延化した登校拒否，再発を繰り返してきた慢性の登校拒否をはじめ，無気力型の登校拒否，非行型の不登校などではあまり顕著でない。

3）対人的交流の回避

　子どもが登校拒否になると，まず親や教師の目につくことは，自宅から外に出ないで，うちにいることであり，これと連動して家族以外の人に会いたがらないことである。この2つの特徴がはっきりみられる状況になると，閉じこもりとなっていく。自宅にいること，対人関係を回避すること，閉じこもることの三者は別のものでなく，同根とみてよい。

　交流の回避は，まず，友人と教師に向けられる。友人が訪ねてきても，教師が会いたいと申し込んでも，受けつけない。子どもの気持ちを無視して教師が家庭を訪問しても，自室に内側から施錠してしまう。親が先生に会うようにと説得しても，子どもはききいれない。時には教師の訪問によって子どもの家庭生活が悪

化する状況が生まれると,親は子どもの気持ちをきかないで,訪問を断ることとなる。

親しく交際していた友人の来訪も拒否することが多い。結果として,登校拒否が長期化すると,次第に友人とも遠のいていく。親が放置しておくと,いつの間にか,友人も教師も遠ざかり,家族だけのかかわりとなりかねない。

子どもの状態が重くなると,家族にも口をきかなくなり,自室にいて家人との交流も回避することがある。親が子どもの部屋に入ると,不機嫌になったり,感情が乱れる。入室拒否が重なると,親も子どもの顔をみることができなくなる。こうなると,親が部屋の入口に食事を運び,用件を紙に書いて伝えることになる。家族間の交流の回避は,半年以上もの間つづくこともある。

対人的交流の回避傾向が軽い場合には,町で人と会うことを避ける形をとる。たとえば,外出時につばのある帽子を目深にかぶって他の人と視線が合わないように工夫したり,人の顔の区別がつかなくなる夜間に外出する。また,学区を離れ,知人と出会うことにならない,自宅から遠いところなら,自家用車で家族と外出できる。

4) 登校刺激への特有の反応

登校刺激とは子どもが学校や登校に意識を向けざるをえない状況をつくる刺激をいい,これには外発的なものと内発的なものとがある。外発的登校刺激とは親や教師など,子どもにかかわりをもつ人がことばや表情,態度で子どもに登校や学校行動(たとえば,うちにいるのは仕方ないが,代わりに教科書を開いて勉強しなさいなど)を促す刺激をいう。内発的登校刺激とは,子ども自身が自分の心中に抱く学校や登校についての刺激をいう。たとえば,親は登校刺激をいっさい加えていないのに,最近,子どもの生活や態度に落ち着きがないと感じるようになった。いろいろ検討したところ,中間試験または,終業式が近づいているのを子どもが意識していることに,思い当たったと報告した親がある。自宅にいても,子どもの意識は学校に向かっていて,休んでいる自分にイライラしていることを示している。

登校拒否では子どもは,登校刺激が加わると,いろいろの特有な反応を示す。特に無理に連れて行こうとすると,泣く,わめく,反抗,暴力,頭を柱にぶつける,リストカットなどの自傷行為,親が入れないところ(たとえばトイレ)への逃避,癇癪などの破壊的反応を示す。また,登校刺激が加わると,図6-3の二次的問題が子どもの生活の中に色濃く浮かび上がってくる。たとえば,腹痛,頭痛,発熱などの心身症的訴えや家庭内暴力,強迫的行動などが顕著に現われてくる。登校刺激がなくなると,これらの特有な反応は次第におさまっていく。

内発的登校刺激への反応は外発的なものに比べて，その表現は弱い。親からみて，以前に比べてどことなく不機嫌，あまり食べなくなった，顔色がさえない，怒りっぽくなったなどの小さい変化で，敏感な親なら観察できる程度のものである。

　登校刺激への反応は登校拒否に特有なもので，梅垣（1984）はすくみ反応，筆者（1959）はおじぎ草反応と呼んだ。

　近年では登校拒否の対応で，「登校刺激を加えるな」との原則が早い段階から親に取り入れられているため，以前に比べ特有な反応は少なくなってきたし，また弱くなった。「不登校はどの子どもにも起こる」とか，「学校を越えて生きる」などの脱学校教育への見方が広がり，これも親の意識を変え，それだけ登校刺激を加えなくなっており，子どもの反応も変わった。

5）生活パターンの乱れ

　乳幼児以外には小学生でも，生活パターンは一応，でき上がっている。ところが登校拒否になると，これが崩れる。特に急性にはじまった思春期登校拒否でこの傾向が著しい。

　起床・就寝時間，朝の着替え，食事時間をはじめ，生活は乱れてくる。夜半または夜通し起きていて，日中，寝ていたり，夜着のままで過ごしている。食事も家族とずれた時間にとったり，自室にもち込んで食べたりする。

　洗面や入浴などもしないし，下着の着替えもしないものも少なくない。対人的接触の回避傾向があるので，散髪屋に出向いての調髪はできない。そればかりでなく，登校拒否の間には，母親による調髪もいやがり，髪が肩下に伸びている男子もいる。

　自室は散らかし放題で，足の踏み場もないほどである。見かねて，親が片づけようとしても，入室を嫌う。

　起きている時には，漫画，テレビの視聴，テレビゲームなど自分の好きなことを，時には1日中している。日中，部屋にはカーテンをおろし，空気も入れ換えず，夜間のような生活をしている場合もある。

　親は，学校に行けないのは仕方がないとして，生活はきちんとしてほしいと願う。だらしない，不潔だ，体によくないなどの不安が親の側にあって，子どもの生活の健全化を求める気持ちが強まる。機嫌のよい時に，親がこれにふれると，子どもは不機嫌になったり，怒る。次第に，親も生活パターンの乱れをあきらめの気持ちをもって容認することとなる。

　生活パターンの乱れは，小学生や幼稚園児の登校拒否の場合には，あまり目立たない。親のペースで生活をつくることができるからである。

3 神経症的状態

これは体と行動をとおして表出される。前者は身体的状態であり，後者は精神的状態である。

1）身体的状態

一般的に，精神的なストレスが体をとおして表出される場合，心身症的といわれる。久保木（1994）は心理社会的ストレッサーによって生じる身体症状を表6-6のようにまとめている。登校拒否の場合にも，身体的不調の訴えが多い。特に登校拒否の発現前後あるいはその初期に多い。表の身体症状のうち，アンダラインをひいた症状は登校拒否の発現前後にみられ，主訴として報告されやすいものである。

江口他（1990）は精神科外来で登校拒否を主訴として受理した222ケースについて身体症状を表6-7にまとめている。全身倦怠感，胸内苦悶，下肢のだるさ，しびれなどを中心とした身体的不定愁訴が男女共に最多である。ついで，男女共に腹痛となっている。男子では頭痛が第3位となっているが，女子では頭痛と転換症状が腹痛についで多い。内容をみると，頭痛では片頭痛，筋緊張性頭痛などの心身的頭痛よりも，はっきりしない頭痛感を訴える心気的頭痛や心因性の頭痛が主だったという。腹痛は下痢，便秘を伴う過欲性大腸症候群あるいは十二指腸潰瘍などを併発するものは少なく，軽度の心窩痛，腹部膨満などの心因性腹痛が

表6-6　心理社会的ストレッサーによって生じる身体症状（久保木 1994）

①全身性
全身倦怠感，易疲労性，のぼせ感や，ふらつき感・めまい感（身体浮動感），微熱，睡眠障害，食思不振，性欲減退
②神経・筋肉・骨格系
頭痛・頭重感，片頭痛，首すじや肩の突っ張り感，肩こり，背筋痛，腰痛，耳鳴，四肢のしびれ感，手指・眼瞼のふるえ
③呼吸器系
呼吸困難感，呼吸促迫，息切れ，息苦しさ，窒息感，空気飢餓感，喉頭異物感（のどがつまる感じ），心因性せき，あくび，しゃっくり，過呼吸
④心臓・循環器系
心悸亢進，動悸，頻脈，期外収縮，胸内苦悶感，胸痛，胸部不快感，四肢のほてり感や冷え感，高血圧，低血圧
⑤消化器系
悪心（むかつき感），胃部不快感，胃痛，嘔気，口渇，空気嚥下症，腹部膨満感，鼓腸，腹痛，下痢，便秘
⑥皮膚系
多汗症，無汗症，盗汗，痒感，蕁麻疹，湿疹
⑦泌尿器・生殖器系
頻尿，尿閉，排尿困難感，排尿時痛，インポテンス，月経困難，月経痛
⑧内分泌系その他

多い。ヒステリー性の障害では失立，失歩，失声などは減り，自律神経系の失調というような症状で表現される傾向があるという。

江口らの統計からも身体的状態は心因性のものや自律神経失調症状が多いといってよい。身体状態の中には心身症と合併した登校拒否もあるので，その区別が

表6-7 登校拒否に随伴する身体症状の内訳（江口 1990）

	男子 (n = 117)		女子 (n = 105)		合計 (n = 222)	
不眠	6例	5.1%	13例	12.4%	19例	8.6%
動悸	6	5.1	5	4.8	11	5.0
頭痛	29	24.8	16	15.2	45	20.2
腹痛	32	27.4	31	29.5	63	28.4
下痢	8	6.8	2	1.9	10	4.5
嘔吐	5	4.3	6	5.7	11	5.0
発熱	6	5.1	7	6.7	13	5.9
過換気症候群	1	0.9	8	7.8*	19	4.1
身体的不定愁訴	35	29.9	35	33.3	70	31.5
感覚異常	0	0.0	2	1.9	2	0.9
意識消失	1	0.9	1	1.0	2	0.9
解離症状	1	0.9	1	1.0	2	0.9
転換症状	2	1.7	16	15.2**	18	8.1
夜尿	1	0.9	1	1.0	2	0.9
チック	1	0.9	1	1.0	2	0.9
拒食	1	0.9	3	2.9	4	1.8
過食	0	0.0	3	2.9	3	1.4
るい瘦	1	0.9	4	3.8	5	2.3
その他の身体症状	9	7.7	10	9.5	19	8.6

(注) * **

表6-8 登校拒否による身体症状の特徴（富田 1990）

身体症状の特徴
1 身体的な診療・検査で異常が認められないか，異常があってもわずかで，訴えがでるほどにない。
2 訴えのわりに，患児の病感が乏しい時が多い。
3 訴えが増加したり，つぎつぎ変ったりする。
4 子どもらしくない訴え（肩こり，全身倦怠感など）の時がある。
5 親の表現と子どもの表現はかなり違うことがある。
6 症状の消長が激しい（朝にあった症状が午後になくなるなど）。
7 日曜，祝日に訴えが出ない。
8 一学期では5月の連休明け，6月の梅雨時，二学期に多い。
9 冬休み，夏休み前半には出現しない。春休みや夏休みに後半に多い。
10 病歴が長く，転移も多い。
患児の特徴
・家族に慢性疾患や心気症の者がいる。とくに母親の症状や訴えに似る（たとえば母親の頭痛など）。
・生活指導の必要な慢性疾患（腎炎，てんかんなど）が既往歴にあったり，現在もある場合。
・親や教師など，大人からみて「よい子」と評価されていることが多い。
・性格特性では几帳面，完全癖，負けん気，わがまま，融通がきかないなど。
・よく感冒にかかるなど，身体の弱い子として育てられていることが多い。

重要となる。

登校拒否に伴う初期の身体症状の特徴について堤（1982），地崎（1997），富田（1982，1990），小谷他（1990）がまとめている。富田は表6-8の特徴を指摘している。表の前半の特徴は心因性であることを指しており，後半のものは学校が開かれている時間帯に関連して身体的症状に消長があることがわかる。

2）強迫様状態——こだわり

強迫とは，既述のように，郭（2003）がシュナイダー（Schneider, K.）の定義を受けて，自分の「意志に反して」（強迫性），「理屈に合わない」（不合理性）と自分で思うことを「繰り返し」考えたり，行動してしまうことと，呼んでいる状況を意味している。もっと簡単にいうと，ある状態や行動に理屈を越えてこだわらざるをえない状態に陥っていることをいう。

登校拒否，中でも思春期の登校拒否ケースではいろいろの強迫様状態（こだわり）がみられる。その主なものを取り上げる。

(1) 学校へのこだわり

登校拒否そのものが怠学に比べて学校へのこだわりが強い。子どもは学校を休んで自宅にいるのに，意識はいつもといってよいほど，学校に向けられている。これは友人，教師，行事，授業などの多方面に及んでいる。その根底には学校に行きたいが，行けないというアンビバレンツな感情がある。

また，いま中学生で登校を拒否して自宅にしかいないのに，自発的に，または問われて「大学に進学する」と，実現可能の希望であるかのように，親に話す子どもも少なくない。時には大学生活を楽しそうに夢想する話も出てくる。親は「いま，中学校にも行けず……高校進学も夢のまた夢なのに，できもしないことを……」と，子どもの気持ちの理解に苦しむ。

ケースによっては20歳代半ばまで「進学」に憑りつかれ，進学しては中退し，中退しては進学に挑む。親は疲れ果て，もういい加減に進学はあきらめ，働いてほしいとの思いに駆られることになる。

学校へのこだわりは，程度の差はあっても，ほとんどすべてのケースにみとめられる。これはなだいなだ（1993）のいう，義務教育制度が産んだ「強迫登校」のひとつの表現形式とみることができる。また渡辺（1976）は「現実に登校困難な状況にありながら，なお意識的には強く登校を志向するという傾向は青春期の〈登校拒否〉全般にみとめられる。この点では強迫的局面を示している」と登校拒否しながら登校を志向する情況を指摘している。

(2) 体へのこだわり

　健康へのこだわりといってもよい。子どもの中には，登校する日に備えてと親に謝って，自分の健康保持にいろいろ努力する。あるものは，夜暮れて人の顔の区別がつかなくなった頃，一人で3，40分のマラソンに挑む。また，ある子どもは栄養がアンバランスになることを恐れて，母の調理法に注文を出し，監視役として調理につきそう。食材の種類と量を一つひとつ指定し，母にきちんと計量することを求める。子どもの眼を掠めてちょっと手を抜くと，母にきつく当たる。子どもは自分の体重の計量状況によってやかましく母親の調理に口を挟む。

　自室にウォーキングマシンやぶら下がり健康器を設置し，1日に何回となく使い，細かく記録する。効果をみてイライラしている。

　強迫神経症的な様相をもつ異形恐怖を示すケースもある。みなが自分をよくみるという注視念慮を訴えて登校拒否をはじめた高校生は，自分の顔が人並みでないから人がジロジロみるのだと，自分の顔を測定し，理想の顔を設計し，整形しなおすように，整形外科の手術を執拗に親に要求する。親がきき入れないと，家庭内暴力となっていく。

　事例的にみると，その内容は多種多様であるが，一様に，体の健康保持への神経症的要求が働いている。その根底には不安があって，要求が十分に満たされない時には，家庭内暴力などを伴い，不安定になる。健康保持への活動の流れをみていると，これでもか，これでもかという印象を与えるほどに，活動に憑かれている時もある。そして活動がうまくいかないと落ち込む。

　登校拒否の子どもは，長い不登校期間，風邪などの小さい病気も含めて，あまり罹患しない。外出しないので，いろいろの細菌から守られているのかも知れないし，また体のこだわりも，多少，これに役立っているのかも知れない。

(3) 清潔さへのこだわり

　学校から帰宅すると，服に病菌がついていると，着ているものすべてを玄関で脱ぎ，新しい衣服に着替えないと，部屋に入らない。また1日に何回も手を石けんで洗い，手に血が滲んでいる。これは帰宅時に強く認められる。

　男子でも入浴に時間をかけ，多量の湯を全部使い切ってもまだ不足するほどに，全身を完全に洗い切らないと，入浴が終わらない。入浴後，三面鏡の前に座り込み，頭髪の1本1本をドライヤーで調髪する。時間と手間のかかる入浴と調髪は夜の家庭生活の流れを止めてしまう。

　掃除すると埃が立つからと，絶対に母を自室に入れない。時には1年間も掃除しないので，部屋には埃が溜まって，3，4cmの蒿になり，子どもの座るところだけに畳が顔を出している。

清潔さへのこだわりのひとつの特徴は，自分の生活すべてに清潔さを求めるのではなく，母親をして，「あれほどうるさくいうのに，あるところは不潔でも平気でいる」と，その矛盾を嘆かせる点である。
　清潔さへのこだわりは，不潔恐怖様といってよい。このこだわりも，子どもが登校した日には和らいだり，消える点に特色がある。

(4) 儀式的順序へのこだわり

　たとえば布団を敷くには一定の順序があって，この柱からこの方向へ何cm離れた所にこの布団を敷き，次に，この布団はこちらの方向に延びていなげればならないと，母の側につきっきりで布団の敷き方を注文する。時には物差しで計測する。
　昼間の衣服から夜着に着替える際に，脱ぎ方とたたみ方に順序をもつケースもある。百貨店から買った時のように，きちんとたたみ，引き出しにピシッと入れないと，就床できないという子もいる。

　強迫症状（状態）の児童期出現について，石坂他（1989）は，5歳から発現するとしても，この年齢では非常にめずらしく，10歳前後から出現するとみるのが妥当としている。また，猪子他（1992）は強迫症状を呈する事例は10歳前後に急激な増加傾向を示すとしている。そして精神科外来の18歳未満の658名のうち，176例，約27％に登校拒否がみられ，そのうち17例に強迫症状がみられたという。加えて，強迫症状をもつ59例中，14例に登校拒否がみられたという。
　猪子らの研究では，結局，登校拒否は658名中，197名，約29％にみられ，このうち31例，16％に強迫症状がみられることになる。
　強迫症状のきっかけは学校に関するできごとが多いとしている。このことについては若林（1964），松本雅彦他（1985），Honjo et al.（1989）も指摘しているところである。

4　行動的状態

　これには主なものとして閉じこもり，昼夜逆転，興味の局限，家庭内暴力がある。これらの行動状態は思春期登校拒否の経過の中に現われることが多い。
　引きこもりや家庭内暴力は思春期登校拒否のみでなく，統合失調症などの精神障害，あるいは人格障害にも随伴するもので，精神科医による鑑別診断が必要になることもある。

1）閉じこもり

　閉じこもりは既述の対人関係の回避傾向の結果として起こるもので，程度に差はあっても，ほとんどすべての急性思春期登校拒否に出現する。彼らの多くは日中も夜間も自宅や自室に閉じこもって外へは出ない。これに昼夜逆転の生活が加わると，日中は遅くまで布団の中で過ごし，夜間に起きていて，自分の好きなこと，たとえばテレビゲーム，テレビ視聴，漫画の耽読などをしている。

　生活のリズムも乱れ，起床，就床，食事などの時間は定まらないで，家庭の生活は大きく崩れてしまう。朝方，眠りにつき，夕方に目覚めることとなる。いきおい，食事は本人本位となって，栄養にも自然に偏りが生まれる。時にはカーテンを閉め，暗い自室で太陽に当たることもなく，何日もの長い期間にわたって過ごすことになる。

　閉じこもりのはじめには，親は健康によくないと，就起床をはじめふつうの生活をさせようとするが，子どもは従わない。テレビやテレビゲームなどが自室にあるから，早く寝ないのだと，これを取り去る親もある。この場合，大抵，親子間に争いが生まれ，最後には親は子どもに負け，隠したテレビやテレビゲームを再び部屋に置くことになる。また親は日曜日などには少しでも日光に浴びさせたいとドライブに，外食に，遊びに誘うが，子どもは乗ってこない。親がしつこく誘っていると，子どもは怒ってしまう。やっと親はあきらめる。次第に，子どもは閉じこもりの度を深めていく。

　昭和30年代に当たる登校拒否臨床の初期には，専門家の多くも，閉じこもりは登校拒否の克服によくないと，親と力をあわせて懸命に子どもの生活の建て直しを図ってきた。この方法は親と子どもの抗争を誘発し，事態を悪くするとわかって，次第に捨てられていった。

　登校拒否を克服した子どもが，閉じこもり中に経験した内的体験が「自分探し」であったと報告する事例が増加し，閉じこもりの意義を積極的に評価することになった。閉じこもりは昆虫のさなぎの期間であるとか（梅垣 1996），まゆごもりの時期とか，あるいは鳥の巣ごもり（山中 1978）に相当するなど，新しい生命の芽生えとしてとらえられることとなった。その結果，豊かに登校拒否をさせよう，豊かな閉じこもりを保障しようという対応が盛んになった（石川 1990，本城 1990，井口 1996，梅垣 1996，中村 1997，西川 1997，田川他 1997）。

　本来的に，登校拒否は，その理由は多様であるが，学校からの，家庭への一時的撤退であり，家庭が心の居場所となっているから，大なり，小なり，思春期登校拒否には閉じこもりが随伴しがちである。軽い場合には，日中には家庭にいて夜間には外出する。また週日には家にいて，土曜日の午後や日曜日には外出し，友人と遊ぶ。家庭では家族にはふつうに口をきき，学校に行かない点を除くと，

普段とあまり変わらない。少し重くなると，夜間にも，土，日曜日にも外出しないで自宅にいる。しかし家族間の交流は損なわれてはいない。重くなると，家族間の交流はなく，ほとんど自室から出てこない。必要な用件は紙に書いて伝え，食事もドアの入口に置いておくこともある。

　自室への閉じこもりでは家族の，自由な入室を拒否するケースもある。この場合，家族は子どもが自室で何をしているかを知らない。また，家族の，外からの呼びかけにも答えなかったり，答えても，最小限のものであったりして，何日もの間，家族は子どもの顔や姿をみないままに過ごすことにもなる。家族，特に親は動かない子どもの部屋に注意を向け，子どもの様子を知ろうと，緊張を強いられる。

　閉じこもりの頻度や期間には，支援からみても関心が寄せられる。三原他（1986）は家庭内暴力から登校拒否を分類し，140例中，75例，53.6％に閉じこもりがあったと報告している。また，西川他（1997）は170人中37人，約30％に閉じこもりがみられるとし，その平均期間は9.5か月であった。そして，引きこもりは不登校と同時に起こったものが多い，とまとめている。

　三原らと西川の結果の違いは年齢と閉じこもりの見方の差からきているのかも知れない。三原の研究では中・高校生がほとんどであるのに，西川では6～18歳の広い年齢層に渡っている。また三原は，「家から出なくなる，家族と会話することが少なくなる，部屋に入りびたる」などを閉じこもりと規定しているのに対し，西川らは「生活のほとんどが家か自室などに限定され，主として家族としか交流をもたないような生活を1か月以上つづけているもの」と，規定している。

　最近，若者の引きこもりが関心を集めている（塩倉 1999，近藤 1997，中村敬 1997，田中 2000，近藤 2001，斉藤 2002）。20歳代になっても，何年もの間，自宅に引きこもっている事例が増加し，その効果的な対策が待たれている。不登校に伴う閉じこもりにつづいて，20歳になっても，引きこもりとなっている事例がどのくらいあるか，関心がある課題である。塩倉は新聞記者としての取材をとおして18歳以上の〈引きこもり〉には「不登校その後」という側面もあるようだと，述べている。斎藤（1997）は，不登校の長期経過調査で医療機関が関与した不登校の20～30％が思春期以降も長く社会的な適応の困難な引きこもり状態をつづける，ないしは繰り返しているという。

　登校拒否の閉じこもりが，思春期以降，どのような経過をたどるのかは重要な課題ではある。登校拒否の子どもが引きこもりの大人になるとか，引きこもり＝登校拒否のその後と考えるのは正しくない。実際，登校拒否の子どものほとんどが閉じこもり期を過ぎて，その子どもなりに社会に進出している。とはいうものの，登校拒否の子どもにおいても，思春期以降にも引き続づいて閉じこもる事例

があることは山崎（1971）がすでに報告しているところである。山崎は慢性重症20例の経過を調査し，11例は「現在もなお，家に閉じこもり，社会的接触を失っており，家族の中で寄生し，目前にある成人を迎える社会的準備のないままにその日をくらしている」という。その中で山崎は19歳の青年の現状を次のようにまとめている。「中学の3年間に登校したのは入学式の時だけで……以後，完全に（登校を）拒否，同時に家に閉じこもり現在に及んでいる……現在の彼は，昼近くに起床し，自室に閉じこもり，母親以外のものとは口をきがず，……母は病院に入れたくても，子どもが応じないし，……本児には希望などもてないといい，ただ部屋から出てくれればよいと望んでいた」

思春期登校拒否の閉じこもりと2，30歳代の引きこもりとの関連については，今後の検討課題となるだろう。いまいえることは，登校拒否の閉じこもりの大半は思春期以降にもち越さないということである。

ちなみに，閉じこもりは思春期前の年少の子どもにはほとんどみられない。年少の子どもも，現象的には日中，外へ出ないことも多い。この場合，思春期の子どもにみられる登校拒否についての内面的葛藤はなく，親や家族が「隣近所に具合悪いから」とか，「学校に行けない罰として」外へ出さないことなどから，日中，外へ出ないのである。

2）昼夜の逆転と興味の局限

思春期登校拒否では，昼は寝て，夜間に起きているという昼夜の逆転がみられることが多い。昼夜の逆転は閉じこもりに連動して起こり，両者は表裏の関係にあるといってよい。西川（1997）によると，閉じこもりがみられたもの37人のうち，登校拒否の経過中に約60％は昼夜逆転があったという。

昼夜の逆転は閉じこもりと違って，登校拒否と同時に起こるものではない。登校拒否の初期には，親は子どもを登校させようと，いろいろ登校刺激を加える。親の説得によって子どもは少しの間，散発的に登校するが，次第に登校拒否の日数が増え，完全な登校拒否となる。またはじめから登校刺激に反発し，登校をしないものも少なくない。いずれの場合にも，子どもは，登校に拒否的であると同時に，登校できない自分にいらだちをもつ。登校への葛藤が高まっていくと，入眠に困難をきたすものもいる。眠れないままに夜遅くまで起きている。

子どもにとって夜間は学校が開かれていないので，登校への葛藤をあまり経験することもない。また親も夜間には登校刺激を加えないので，比較的に落ち着いて時を過ごすことになる。既述のように，落ち着いた時間帯には子どもは自分の好きなこと，たとえばテレビゲーム，パソコン，テレビの視聴，漫画や，中には自動車などの専門誌を読むをはじめ，小動物の飼育，ギターなど楽器のプレイなど

をして過ごしている。親からみて,「勉強」にプラスになるプレイであれば,子どもの生活に我慢できるが,テレビゲームやテレビの視聴などは単なる遊びで,親には耐えきれないことになる。そして,親はそれらを止めさせようとするが,子どもは従わない。遅くまでテレビをみる→眠れない→朝起きられない→登校できないと,親は論理を進める。その結果,限定された興味耽溺行動をめぐって親子間に,緊張が高まっていく。結局,親と子の戦いを経て,親は子どもに譲ってしまうことになる。

　親が自分で,または専門家の助言で暫くゆっくり休ませようと考えはじめると,子どもは,登校をめぐる朝の葛藤から解放される。子どもは心理的に落ちつき,毎朝,家族に合わせて起床できる場合もある。しかし多くの場合,子どもは,親からの登校刺激がなくなっても,登校できていない状況に内面的に満足しておらず,心理的葛藤は完全には消失しない。親が子どもに生活を任せる態度をとるにつれて,ますます夜遅くまで起きていて,朝の起床時間が遅くなる。子どもにとって,日中には登校していないことから葛藤が生まれるが,夜間にはこれが働かないので,心理的に安定しやすい。そして,夜中,局限された興味行動を行い,朝方,疲れて寝ることとなる。そして,夕方に起床して,子どもの1日がはじまる。ここに完全な昼夜の逆転が生まれる。

　子どもは,起きている時には,特定の活動に限って時を過ごすことが多い。その中で多いのは,テレビの視聴やテレビゲームで,くる日もくる日も,それに向かっている。親は,体に悪いとか,一生,テレビゲームから抜け出せないのではないかと心配する。加えてテレビゲームのソフトの購入に金額が重なると,母親は放っておけなくなってくる。この局限された興味耽溺行動は執拗で,長くつづく。この背景に,学校に行けていないことについての葛藤や,みんなに遅れているという焦り,みなにどんなに思われているかなどの懸念など,いろいろの複合的な不安から自分を守るという防衛的意識が働いていると解釈すると,局限された耽溺行動へののめり込みについて親は理解できる。

3）家庭内暴力

　思春期登校拒否では,経過中に,家庭内暴力が発現することはめずらしくない。2,3の具体例を引くと,母を口汚なく罵ったり,学校へ行けないのはお前の責任だと,母を手や足で叩いたり,時には野球のバットで殴りかかる。家庭内では逃げると,追いかけ回すが,母親が外に飛び出すと,追いかけてくることはほとんどない。しかし子どもの荒れた感情がおさまった頃を見計らって帰ると,「どうして逃げた」と,再び暴力が発現することもある。多くの場合,母親は,命にかかわる部位,たとえば頭を両手で抱えてうずくまり,子どもの暴力に自分を晒す

ようになる。「一応，殴らせると，子どもが落ち着く」と思ってと，これに耐えているという母もある。母親に暴力を振っている時，父親は周りで，「するな，落ちつけ」と，声をかけてなだめている。父親が子どもに飛びついて力で抑えることは少ない。父親は暴力がエスカレートすることを恐れている。

家中のガラスを壊してしまう例もあるし，仏壇やタンスなどの家財を破壊することもある。ホースで室内を水浸しにしたり，冷蔵庫の食材を放り出し汚物化することもある。一夜で父親の5，60着の背広を鋏で引きさいた女の子もいる。

家族が就眠すると，2階の階段を大きな足音を立てて上下したり，テレビやステレオを音量いっぱいに上げて家族の安眠を妨げる。

暴力はきょうだいや父親に向けられることがあるが，多くの場合，自分を最もかわいがってくれた母親に向けられる（佐藤 1981）。「俺を何で生んだんだ」とか，「学校に行けなくなったのはお前のせいだぞ」など，きつい表情で暴力を振るう。母が逃げまわると，しつこく追いかける。母がある程度，暴力を受け止めると落ちつく。また母に荒れに荒れていたと思うと，急にやさしくなり，母親との身体接触を求めたり，甘えかかったりする。その状況には母親に対して愛と憎が織り成して現われている。

家庭内暴力は，その手段から分けると，ことばによる暴力，手や足または棒を使っての親の体への暴力，家具の破壊による暴力，ことばや音などによる心理的暴力，そしてその組み合わせによる暴力などに分けられる。家庭内暴力の凄まじさは暴力の激しさとしつこさになって現われる。時には家族が殺されるかも知れないと，恐怖を抱くほどの暴力が毎日のように，1，2か月以上にわたってつづく。耐えきれなくなって，父親一人を残して，または家族全員で近くに借家して，家庭内暴力を回避せざるをえなかった，いくつかの事例もある。

家庭内暴力と登校拒否との時間的関係をみると，三原他（1986）は，家庭内暴力が先行12.3％，登校拒否と同時41.5％，登校拒否に後続46.2％であったとまとめている。

このような家庭内暴力は特に思春期の登校拒否の経過中に発現することはめずらしくない。稲村（1980），70例のうち61例（87％），平尾他（1982）47例中，34例（85.0％），三原他（1986）140例中65例（56.4％），曽根他（1991）266例中23例（8.6％），猪名（1992）33例中58％に，それぞれ家庭内暴力が発現したとまとめている。

星野（1995）は，学習障害をもつ登校拒否では，登校拒否のみ群と神経症群に比べて家庭内暴力の発現度が高いという。既述のように，学習障害の子どもの脳の機能特性や行動特性などからみて予想されるところではある。

家庭内暴力は1980年代になって減少したともいう（富田 1981，稲垣 1991a）。

確かに，心理臨床の実践的対象では1960～70年代に比べて家庭内暴力があっても，程度も軽く，持続期間も短い。換言すると，家庭内暴力が家族に及び，放置すれば，家族にけがをさせたり，またはその生命の危険に及び，家族が許容できない程度のものは少なくなった。家庭内暴力が家庭内のものにとどまるか，暴力が人に及んだとしても，単発的で，それほど長くつづかず，家族が許容できる程度の暴力がみられる。多くの場合，母親に家庭内暴力の有無をきいていると，「そういわれてみると，あの頃に私にきつく当たっていた。暴力だったのですね」という程度のもので，家族が少し困る程度のケースが多い。

家庭内暴力の減少は登校拒否に関する対応の変化によるところが大きい。すなわち，「登校拒否は誰にでも起こる」とか，「精神的疲労だから休ませたらよい」とか，「登校刺激を加えるな，豊かに登校拒否を経験させたらよい」など，家族が登校拒否の早い時期から子どもに適切に対応できるようになり，子どもが強い不安状態に追い込まれなくなったことによる。また，親の対応の変化の背景には，第1章に述べたように，不登校や学校に対する社会の認識の変化もある。

4) 自殺，自傷行為

登校拒否の子どもの中には，その経過中に自殺念慮，自殺企図，自傷行為がみられることがある。親や教師などから一途に登校を求められたり，無理に登校させようとした時に，あるいは絶望に陥っている時に，自殺企図や自傷行為が発現することがある。たとえば，リストカットしたり，自分の頭部を思い切り柱にぶっつけたり，たばこの抽出液やトイレの消毒薬を飲んだり，木の枝に首をつったものの枝が折れたり，などの事例がある。

北村（1990）は精神科受診の登校拒否で，約10％のものに自殺未遂または自傷行為がみられたといい，また三原他（1986）は登校拒否140例のうち5.7％に自殺企図が，13.6％に自傷行為がそれぞれみられたとしている。自殺企図までいかないが，「死にたい」「生きていても仕方がない」「自分は要らぬ人間だ」など自殺願望または念慮などをもつまでに追い込まれる思春期登校拒否例は少なくない。

自殺願望や自傷行為などの訴えは，いまの登校拒否臨床ではあまりきかない。たとえあったとしても，昭和3，40年頃に比べてその程度も軽くなったように思われる。この変化は登校拒否についての社会的認識が変化し，親も教師も子どもを登校へと追いつめなくなったことがその背景となっているのであろう。

5 単なる欠席状態

登校拒否でも，いままで述べた状態像をあまり示さないケースもある。親からみると，「学校へ行っていない」ことが問題で，あとは何も困ったことはない状

況にある登校拒否の子どもがいる。

　単なる欠席状態しかみられないケースについて昭和50年代頃より「明るい登校拒否」とか、「無気力型」登校拒否がかたられはじめ、この増大がひとつの問題ともなっている。

　登校拒否をしていても、必要なら外出もするし、学習塾にも通う。夕方になると、友人とも遊ぶ。電話で友人とも交流をつづけている。からりとした、暗さのない心情でもって登校を拒否している。訪問してきた担任にも会い、学校についてかたることもできる。面接を終わって担任は、「明日は登校する」と確信して子ども宅を去るが、登校しない。「あんなに、約束していたのに」と、担任は失望する時もある。

　単なる欠席状態は慢性化した登校拒否にもみられる。たとえば、小学校3, 4年の頃から登校拒否となり、それ以後中学2, 3年までも、学校を休んでいるケースにみることができる。また、きょうだいが次々に登校拒否となり、親も子どもの登校拒否になじんでいる場合には、まとまった状態像はほとんど示さないで、「欠席だけが問題」と親にかたらせるのである。

第7章

親への教育・心理的支援

　登校拒否，中でも思春期登校拒否への支援では，支援者が子どもに来談を求めても，または親が誘っても，子どもが来談を拒否することはめずらしくない。従って，親との面接が中心となり，親がかたる子どもの状態をみながら，間接的に，子どもへの支援がつづけられる。親はカウンセラーの協力者，または同盟者であって，カウンセラーは親を通じて親子関係の変容を期待し，そして家庭における子どもの生活が改善され，結果として，子どもの成長・発達を図ろうとする。

　筆者は，佐藤他（1982）と同様に，親を被支援者（治療対象），ないしクライエントとはみていない。もし，親にパーソナリティ上の問題または精神的問題がある場合には，他の専門家に紹介し，必要な手だてを講じたほうがよいと思っている。

　登校拒否のカウンセリングは週1回のペースで，1，2年以上もつづくことはめずらしくない。その間に，時には子どもの問題を離れて夫婦間，あるいは親自身の問題がかたられていくことも少なくない。しかし，それらの問題は，それだけが独立してカウンセリングの重要な問題になることはない。カウンセラーが子どもの登校拒否とその関連問題に絞っていて，それから外れないように留意していることにもよるが，カウンセリングの過程で夫婦や親の個人的課題は，いつしか，親子関係へと連なっていくのが，一般的である。

　来談拒否または支援拒否がめずらしくない登校拒否の子どもへの対応では，親への支援が中心となるので，親への心理・教育的支援のあり方は重要となる。

親への支援に当たる時，まず，支援者は不登校に陥った子どもを巡る親の気持ちを知っておくことが大切である。

●第1節　親の，不登校をめぐる気持ち

子どもの不登校は親には晴天の霹靂で，親は大きなショックを受け，難しい状況に立たされ，いろいろの気持ちをもつことになる。この心理は固定的なものでなく，子どもの不登校状態に連動して変化していく。従って，親の心理は画一的，固定的に述べられるものではない。比較的に，多くの親に共通する心理について，甲斐（1990），稲垣（1991a，1995），梅垣（1996）らの所見も参考にまとめる。

1　まさか，わが子が！大きな驚きと戸惑い

いま，わが国では不登校状態にある子どもは少なくない。我々は，新聞，テレビ，教育講演などを通じて登校拒否や不登校などのことばになじんでいる。このことばをきいても，多くの親はよその子どものことと思っている。自分の子どもが不登校になるとは思いもしない。それだけに，ほとんどの親は自分の家庭は安定しており，子どもには信頼と自信をもっている。

小学校低学年から子どもの登校に苦労してきた親は別にして，多くの場合，不登校は親にとっては，何の前兆もなく，突発した事態である。既述のように，不登校は学年や学期のはじめに起こりやすい。親は驚きと不安の中で相談機関を訪ね，専門家から，前学期に子どもが帰宅して口にしていた疲れや学校への不満が不登校の前兆であったと知らされ，不注意だったと，悔いを覚える。

事実，登校拒否の子どもの多くは，親の目には，また教師にも，問題はなく，「ふつうの子ども」であった。中には，学業成績や人柄もよく，将来に夢を託し，安心しきっていた親も少なくない。ところが，何の前ぶれもなく〈突然に〉子どもは変調をきたし，不登校となる。親は〈まさか，わが子が不登校になろうとは〉と，驚きと戸惑いに包まれる。そしてあわてる。

2　学校への反感，批判，失望

子どもが不登校になると，親は大抵，「どうして？」と，不登校の原因探しをはじめる。物事には原因があり，これがわかると，対策が立てられ，不登校がなおせると信じている。原因探しの対象は子どもであり，ついで，教師である。

まず，親は子どもに原因をきく。すぐ答える子どももいるが，なかなか答えないものもいる。答えがない場合，時を変えて何回か親は子にきく。子どもは自分から，またきかれて，「学校がおもしろくない」「いじめられた」「先生に叱られ

た」など，不登校の事由を学校内に求めることが多い。以前には何の問題がなく，また不登校になっても，親が学校にふれなければ，家庭では「よい子」であるから，不登校の原因は学校にあるのではと思っていた親の心の中に，この子どもの指摘はスッと入り，不登校の責任は学校側にあると確信するにいたる。早速，親は教師に面談して，学校側の善処を求めることとなる。

　一方，善処を求められた教師には子どももがあげた事由には心当たりがないとするものが多い。先生に叱られたとの子どものいい分も理解できない。他の子どもと同じようにしてきたし，また，叱られたといわれても，前にも叱ったのに，その時は不登校にならなかったのにと思うと，教師には親の申し出が素直に受け取れない。いじめにしても，教師には心当たりがない。あったとしても，日常の学校生活にはありがちで，些細なことにしか思えない。一般的には，子どもや親のいう不登校の事由に直ちに理解し，同意する教師はあまりいない。

　ここで親と教師との間に，見解の相違が生まれる。教師がいい分を黙ってきいてくれていると，親も平静でいるが，頭から否定されたり，反論されたりすると，原因が学校にあると確信に近い形で思い込んでいる親からみると，学校の認識はいいかげんなものだとか，先生は逃げているとか，事実を認めようとしないなど，学校を批判したり，失望したりする。時には，原因をめぐって保護者と学校側が争うこととなる。

　不登校になりはじめから，ほとんどの子どもが教師を恐れたり，会うのを避けたりするので，原因は学校にあるとの，保護者の思いはなくならない。学校が適切に対応しないと，学校は自分たちの気持ちをわかってくれないと，保護者は学校に不信を強め，反感すらもつことになる。

　不登校が長期化し，その間，学校側が適切に対応しないでいると，保護者の学校への不信と失望は増大していく。

3　子どもの将来についての不安

　文科省の学校基本調査によると，平成15年度の高校進学率は97％，そして専門学校を含めて高等教育緒学校への進学率は71％，うち短大・大学のそれは56.1％である。

　よい中学校→よい高校→よい大学→よい会社→幸福な生活という子どもの将来図は，既述の森田（1991）の指摘のように，近年，崩れてきているが，わが国では資格社会あるいは高学歴社会へと移行しつつある。たとえば短大教育関係で見ても，学校職員免許証は専修，一種，二種の三段階に分けられ，多くの学生が一種免許証を取得しようとしている。また栄養士免許も管理栄養士制度が導入されている。これらの制度の改変は短期大学ではなく，4年制大学あるいは大学院の

卒業を前提としている。

　少子化が進行し，進学先を特定しなければ，4年制大学の門戸が広がり，2007年頃には高校生は全員大学に進学できるようになっているが，専門家として立つには学部卒ではなく，大学院への進学が必要とされる時代になっている。

　保育園・幼稚園から大学院まで成長・発達期の，約25年間の学校教育期は「子育て」の核となり，そして約7，8割の者が高等教育を受けている社会状況は「学校へ行かなければ，一人前の人間になれない」という，明治以降のわが国の伝統である学校教育への期待を薄くしてはいない。

　登校拒否の子どもの多くは，親から見て，学校教育の期待に十分にこたえられる資質・能力をもっている。親も，教師もそのように思い込み，将来を期待されてきた子どもが多い。ところが，登校拒否でこの期待は根こそぎ揺らぎ，時には吹き飛んでしまうことになりかねない。親が営々と築いてきた子どもの将来は子どもの側から崩れるかも知れない，と親は子どもの将来に不安をもつ。

　登校拒否の初期には親は1，2か月休めば，学校に復帰できるだろう，その時に，学習の遅れは取り戻せばよいと，自分にいいきかせていた親も，子どもの状態が好転しないで，膠着状態になり，上の学校へ進学できないかも知れないという事態を目前にすると，子どもの将来が真っ暗に写り，親は動揺し，時に絶望することさえある。

　親の不安は子どもの進路のみでなく，このまま子どもは悪くなり，将来，精神障害になるのではないか，などの不安や，自立できないのではないか，女きょうだいの結婚の支障にならないかなど，親はいろいろの不安に駆られる。

4　自責感・罪業感

　学校への不満・批判そして子どもの将来への不安，子どもの将来が閉ざされたとの思いなどと共に，保護者，特に子どもを生み，育ててきた母親は，自分の子育てを振り返り，何処に落ち度があったかと自己反省する。誰にとっても，子育ては完璧でありえないのに，登校拒否に悩む母親は，どんな子育てにもみられる程度の落ち度，あるいはエラーも「あれがよくなかった」「これが失敗だった」と，強い自責の念や罪業意識に囚われて自信をなくしていく。父親や祖父母が母親を攻め立てていくと，ますます，母親は追い詰められていく。この自責感・罪業感は母親の不安感を強め，子どもに対して時には過多な愛情となり，時には子どもを突き放したりして，母子関係を不安定なものとしていく。

5　家族関係の綻び

　すでにみたように，登校拒否は社会，学校，家庭，子どもの4側面から総合的

に検討しなければならないが，家庭に限ってみると，家庭は「ふつうの」家庭で，子どもが不登校にならなければ，近隣から，学校関係者から「よい家庭」とみられている場合が多い。

とはいっても，人間の日常生活の営みではどの家庭も，どの親も完全無欠ではありえない。外見からはわからないが，内々には大なり小なりいうことがあるのが我々の生活である。そして，多くの場合，小型のやじろべいのように，小さく揺れながらも，外に大きく問題として発展しないで，家庭生活が営まれている。

子どもが登校拒否になると，家庭内に緊張が生まれ，雰囲気も一変し，普段何の気なしに過ごしてきたことも，問題になる。たとえば，末っ子の就学を待ってすぐに仕事に就いた母親は，自分が働きに出て，子育てに手抜かりが生まれ，そのために兄が登校拒否になったのではないかと，就労に悩む。あるいは週末にはいつもゴルフに出かけていた父親は，子どもの不登校をきっかけに，母親の非難を浴びる。非難を認めたくない父は「俺は外仕事，子育てはお前に任せてきた。お前がよくない」と母親を批判する。母は「いつもいつも，仕事，仕事と家庭をおろそかにしている」と，父親にいい返し，二人の関係はおかしくなっていく。

もともと，嫁としての母親に少し不満をもっていた祖母は，孫の不登校をきっかけに，嫁としての母親にあからさまに不満をぶちまけ，拡大していく。直接母親にいえない場合には，息子である父親に蔭で不満を吹き込む。かくて祖父母，父母の四者間に緊張が高まっていく。

登校拒否への対応をめぐっても，家族間に意見の食い違いが生まれることが少なくない。カウンセリングを受けている母親は，学校復帰よりも，家庭生活の安定と充実を図り，子どもが学校復帰できる日を「待つ」姿勢をとっていても，老齢の祖父母のみでなく，父親も一日も早い学校復帰を求め，母親を甘いと批判する。また孫にかかわりたくないと，苦しんでいる親に関心を示さない祖母もある。

登校拒否がきょうだいに影響を及ぼすこともある。年上の子どもが不登校になると，一日中，自宅にいて楽しみがないので，毎日，元気に通学している妹が帰宅すると，いじめたりする。また，「お兄ちゃんは学校を休んでいるのに，物をよく買ってもらい，うちで好きなことをしている。毎日学校に行っている僕には，お母さんは勉強をやかましくいう。何も買ってくれない」と，親を批判する。「お兄ちゃんは体の具合が悪いから」と，母親は兄への待遇について説明しても，年少のきょうだいにはわからないし，時には，自分も休みたいともいう。兄の不登校を黙ってみている親は休みたいという弟を叱ることもできない。登校拒否をきっかけに，きょうだい抗争が生まれることもある。また，心配のあまり，家人の関心が不登校の子どもに集中し，他の子どもがつい忘れられて，愛情飢餓となり，気がついた時に，その子も不登校になることもある。

以上のように，子どもの登校拒否をきっかけに，家庭の雰囲気は変わり，それまではほとんど問題にもならなかった程度のことも不登校の原因でなかったのかと，いい争いの元になる。また，日常の生活で小さなことで気にも留めなかった事柄が，子の不登校をきかっけに，問題として拡大されていく。きょうだい関係も歪んでくることもある。いってみれば，家庭全体がおかしくなり，不安定となっていく。これに連動して，不登校の子の生活が悪化するという悪循環を辿ることもある。

6 世間体へのとらわれ

不登校問題をはじめ，いわゆる心の問題は社会的偏見から自由になっていないのがわが国の現状である。その典型的な事例が統合失調症やうつ病などの精神障害で，社会的偏見が大きく，本人や家族は世間に知られることを恐れる家庭もある。

子どもが不登校になると，親は友人が帰宅するまで，外に出ることを喜ばない。思春期の子どもの中には対人的交流の回避願望も働いて，夏でも自室の窓に厚手のカーテンを引いて外からわからないように，いろいろ工夫するものもいる。

職場や社会的交流の場では，親は子どもや学校に関する話題から遠ざかろうとする。同窓会に出た母親は，友達が交わす子どものかたらいに加わることを避けたくなる。偶然，路上で久しぶりに出会った旧友の，「子どもさんはこの春大学ですね」との挨拶にどぎまぎし，その場を逃げるように去った経験のある人も少なくない。PTA活動に熱心だった母親も子どもの不登校を機に活動から遠ざかろうとする。

世間体を気にしてはいけないとわかっていても，気になるのが人情であるとしかいいようがないのが，親の心理である。

7 学校教育へのとらわれ

親や子どもに共通し，しかもいろいろの心理に通底しているものに，「学校教育」へのこだわりがある。「学校教育を受けないと，一人前になれない」「いまの時代だ。せめて高校は卒業させたい」「社会に出て安定した仕事に就き，幸せな家庭をつくるには，よい大学を出ていなければいけない」などの学校教育に寄せる期待は，親の側に，学校へのこだわりの心情を生む。子どもは，養育の過程で親の期待や思いに意識的，あるいは無意識的に反応したり，これを取り入れたりする。その結果，子どもにも学校へのとらわれの心理が育つことになる。

学校へのとらわれは，明治5（1872）年の義務教育制度の施行までさかのぼる。この制度は西洋の先進国に伍していきたいとの，国づくりを目指したものであり，

またその一環としての富国強兵の国策の表現でもあった。「邑ニ不学ノ戸ナク，家ニ不学ノ人ナカラシメン」ことを理想として出発した義務教育が90％の就学率に達するまで，図7-1にみるように，制度がはじまって30年の年月を要した。100％の完全な就学率の達成は昭和55（1980）年の，障害児の完全就学の実施まで約100年を要した。

深谷（1994）はこの100年の間にみられた不就学について教育社会学的な立場からタイプを4種に分けている。

①無関心からの不就学：明治20年代までは就学率は3割前後で，学校に行けるものは「特権」のもち主で，子どもには就学は「誇り」であった。大部分の子どもは学校には「無関心」であった。

②経済的理由からの不就学：社会の成熟と共に5～6割の子が就学し，学校へ行くことが喜びとなった時代であった。経済的に貧困な家庭の子は就学できなかった。

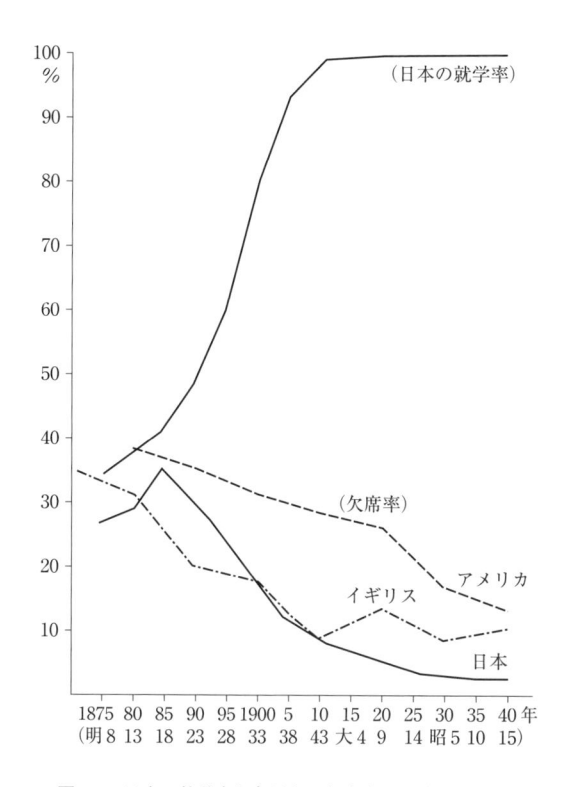

図7-1　日本の就学率と各国との欠席率の比較（長岡 1995）

③社会学的な意味での不就学：就学率が7～8割となると，これまでの「喜びとしての就学」から「行くのがあたりまえの就学」へと性格が転換する。しかしこの時代には新しく家庭崩壊としての，学校へ行きたいが，行けない子どもが生まれる。昭和30年代の日本がこれであった。

④不適応としての不就学：9割以上が学校に行くようになると，就学は完全に義務としての性格を強める。子どもとして「行かねばならない」学校となる。不適応としての不就学で，「登校拒否型の不登校」はこの時期の不就学である。

学校へのとらわれは義務教育制度の中にすでに顕現すべく内包されていたのであった。義務教育の普及に，出世主義や学歴主義が機能すると，とらわれ感情は色濃く親や子どもの学校観を彩っていき，親をして，一時的にも学校から自由になることを困難にする。

8 親の成長・発達

教育・心理的支援で登校拒否の子どもと親に出会いを重ねていると，子どもの成長・発達を支えているのは親であることがよくわかる。

子どもが登校拒否になると，上述のように，親はいろいろの感情の嵐に巻き込められる。これらの感情は，現象的にはどちらかいうと，登校拒否の初期のものである。親はカウンセラーや教師との出会いをとおして自分の感情を吐露し，感情に向き合い，子どもへの応じ方を考える。そして，子どもの変化を介して自分の感情を整理し，対応の仕方を変えていく。カウンセリングを通じてこのプロセスを体験していくと，親は，そして子どもも成長していくものだとの，実感をカウンセラーは体験していく。

西城（1988）は「父母の会」とのかかわりをとおして「親がわが子の登校拒否問題題にかかわっていくプロセスに，いくつかのレベルがある」ことに気づいたという。すなわち，

①わが子に異変が起きたことについての気づき（「まさか，わが子が……」）

②それを登校拒否と認めることにつての葛藤（近隣，社会体裁の悪さ）

③自分で何とか現状打開をしようとする努力（あちこちの相談所などを巡り歩く）

④他者或いは自分に対する怒りと当惑（自分はこの世で一番不幸な母親）

⑤登校拒否で悩んでいるのは自分だけでないという気づき（会の仲間との話し合い）

⑥登校拒否問題への真剣な取り組みと将来への希望（自分及び夫婦の人生の見直し）

⑦人生をより高い次元で考えるようになったことへの感謝（わが子への感謝）
⑧それらの喜びや感謝を社会に還元していくための努力（会への積極的なかかわり）

　西条のレベル論を，重複を恐れないでまとめてみたい。親からみると，登校拒否は何の前ぶれもなく，突然に襲ってきた事件で，あわてるし，不安を生む。まさかとの思いが強く，信じられない。「登校拒否ではないか，いや違う。2，3日すると，元気になるのでは……」と楽観と悲観が交錯する。子どもが登校拒否になったと認めることに強い葛藤が働く。近隣の人がどう思うか，PTAの人たちに何といったらよいかなど，ちょっと思い煩う。何とかしなければと，相談機関を調べ，訪問する。あちこちの相談機関に行っても，信頼できるカウンセラーに出会えない。満足できる助言が得られないと，方々の機関をショッピングする保護者もある。腰をすえて一定の相談機関，またはカウンセラーを決めるのに，時間がかかることも少なくない。時には，機関巡りしてやっと決まることとなる。その間，母親は自分の子育てを反省して，どこがいたらなかったのか，自分では一生懸命に育ててきたつもりなのになぜ？　きょうだいみな同じに育ててきたのに，この子だけどうして？……などいろいろと自問し，回答を試みる。母親にとっては，登校拒否は自分のしつけにおける価値観や生き方を問うもので，悲痛なものとなってくることもある。明確な答えも得られず，支えもなく，孤立無援の中で，母親は，自分は世の中で一番不幸な人間だと悲しむ時もある。このような状況のなかで，尊敬と信頼できるカウンセラーに出会い，カウンセリングの過程で自分の気持ちを話し尽くし（talk out），登校拒否の本質を知り，適切に対応していくようになる。あれこれ悩んでいるだけではいけない，登校拒否の子どもは他にもいると自分を元気づけ，登校拒否の子の親と話したり，親の会に参加したりする。カウンセラーも親の会を紹介する。

　会で出会う人々はみな子どもの不登校に苦しみ，喜びも悲しみも，また絶望も幸せも広く経験している。子どもが登校拒否になりはじめの親もいれば，これを克服して社会的に自立している子をもつ人もいる。このような集会で，ある母親の涙に暮れる話も，多くの人はいつか自分も通ってきた道として共感をもってきいてくれるし，先輩たちはそれぞれ自分の経験を開示し，方向を示してくれる。自分をかたり，経験が開示される中で母親は困っているのは自分だけでないと知り，いままで学校が悪いとか，友達に不満をもっていたが，それを超えて，登校拒否を自分との関係の中で考えることとなる。自分の家庭を冷静に見直し，いままでの自分の人生を分析し，将来に希望を見いだし，子どもの登校問題に前向きに取り組むようになっていく。登校拒否になった苦しみを超えて，それによって得た幸せに気づき，登校拒否を前向きに受容し，自分と家庭の再構築に役立った

ことに、親は感謝の気持ちをもつこととなる。

子どもの登校問題の見通しがつくまで、子どもと親との出会いを重ねていると、カウンセラーは、西条がいうように、このプロセスの一部は障害児の受容過程（三木 1959）に似ていて、親の成長過程でもあると思うことが多い。子どもの、「登校拒否の経過」と親のこの成長への過程は表裏一体を成すものであるといってよい。

いま、「不登校は誰にも起こる」「不登校は社会的現象である」などの見方が正しく理解されていない状況があるが、これによって登校拒否は自分たちの課題だと受け取らない事態が生まれるとすれば、自分を見つめるという天与の機会を無駄にすることにもなるだろう。

第2節　登校拒否への治療法

まず、筆者の支援の試みが登校拒否の治療法の中でどんな位置を占めるかを明らかにするために、治療観や支援方法一般について概説する。

1　治療観の変遷

一般的に、心理臨床における対応（治療または支援）のあり方は、対象となっている問題についての見方によって変わる。登校拒否の分野においても、これはあてはまる。松本（1986）の文献的概観を参考に、これらをみてみよう。

松本は、「再登校」が治療においてどう位置づけられたかを中心に文献を概観し、次の4種に分けている。

①再登校という変化に最大の価値をおいてすすめられた治療（再登校志向型治療）
②当面の不登校を黙認しながら再登校をも目標としている治療（発達志向型治療）
③登校拒否を社会的病理現象の発露とする立場で、再登校の有無については扱わない治療（自己実現型治療）
④不登校を個人の病理としてとらえずに、家族システムの危険信号としてとらえる立場の治療（家族システム型治療）

これらの分類の基底には、第1章でも取り上げた登校拒否研究50年間にわたる登校拒否観の変遷もあると思われる。

筆者なりに私見も加えて、松本の所論をまとめてみると、従来の治療の大部分は発達志向型治療に入る。1950年代の登校拒否臨床の初期には母子関係の病理に原因を求め、ここにポイントをおいて治療が進められ、できるだけ早く、学校復

帰を図るように努力された。その後，強制とまではいかなくても，早期の学校復帰を重視したケースでは登校拒否の再発が少なくなく，次第に，子どものパーソナリティの成長を重視した発達志向型治療観へと，移行していった。この移行は登校拒否が年長児に拡大するにつれて強化された。この型に入る初期の主な研究には佐藤（1959），高木（1963），斉藤（1965），十亀（1965），山本（1966），藤掛（1966）がある。

　一方，行動療法が導入され，ここでは登校拒否を学校からの回避反応としてとらえ，再登校が治療の第1目標に位置づけている。この再登校志向型には内山（1972），園田（1971, 1977），上里（1993），河合（1991, 2000）などがある。行動療法的技法は，発達志向型治療でも，部分的に再登校の試みに使われている（佐藤 1969a）。

　昭和50（1975）年代に入ると，登校拒否は思春期の子どもにも多発し，質量共に変化していった。そして，学校の役割が次第に重視されるようになり，自己実現型治療が主張されはじめた。既述のように，ここでは登校拒否の成因を家族に求めないで，学校病理の発現ととらえている。渡辺（1976, 1979a）は「……登校拒否は個人病理の問題でなく，社会病理の問題として理解し，把握しなければならない」と述べ，学校教育を中心とした社会的背景の病理を強調している。小澤（1964）も，個人・家庭よりも，教育・社会の病理としての視点を重視している。ここでは子どもの自己実現が重視され，再登校の有無は問題にしないという姿勢が大事にされている。

　家庭システム型の治療では症状も，症状に対する家族の反応も家族システムの維持に役立っていて，家族の中には加害者も被害者もないと考えられている。そして，不登校の深層心理にふれないで，家族本位のサービスに徹し，症状（不登校）消失に努めている。換言すると，家族システムの結果，登校拒否が生じるとみないで，家族システムにおける円環的因果関係を追及し，再登校を促そうとするのである。

　この治療は福山（1984），福田（1985），松本英夫（1985）らによって提唱されている。

　以上，簡単にみたが，登校拒否の治療，筆者のいう教育・心理的支援は，登校拒否の見方によって変化してきていることがわかる。カウンセラーがどの立場から治療ないし支援するかは，その人の登校拒否観によって決まる。筆者は既述のように，発達過程のひとつの現象が登校拒否であり，そこに潜在する発達課題の解決が支援と考え，発達志向型の治療の立場をとっている。

2 支援の方法

筆者の経験や見聞をもとに登校拒否への支援方法を形態からまとめると，表7-1になる。支援場所を，学校，専門機関，そして社会に分けてまとめた。ここ15，6年間の支援方法の変化は，梅垣（1984）の「登校拒否の援助形態」に比べると，容易にわかる。変化は主に学校と社会にみられる。学校ではスクールカウンセラー制度が導入され，臨床心理士などの専門家による支援が行われている。また別室（保健室）登校や適応教室の活動も特筆できよう。社会においてはフリースクールの活動，「大検」受験の支援としての大検塾も，最近，特に注目される活動である。

これらの変化は，既述の登校拒否や不登校の量的増加，不登校は誰にも起こる

表7-1 登校拒否への支援法

区分	事柄
学校における支援	1. 教師による支援 　①担任による家庭訪問 　②登校拒否担当教師による家庭訪問 　③養護教諭による家庭訪問 　④別室登校による支援 2. スクールカウンセラーによる支援 　①カウンセラーによる個別的支援 　②親のグループカウンセリング 　③カウンセラーの家庭訪問 3. 教育センターの支援 　①子どもへの支援 　②親への支援 　③保護者へのグループカウンセリング 4. 適応教室における支援 5. メンタルフレンドの支援 6. 家庭教師による支援
専門機関における支援	1. 外来治療（本人や家族が専門機関に通所するもの） 　①子どもの治療 　②家族の治療 　③親子への治療 2. 収容治療 　①病院への入院治療 　②児童福祉施設への入所治療 　③児童相談所への一時保護治療 　④公立専門施設での入所指導 3. 訪問指導（専門家による家庭訪問） 4. 短期の合宿による治療 5. 家庭教師による支援
社会における支援	1. フリースクールにおける支援 2. 大検塾などにおける支援 3. 家庭教師による支援 4. 教師や親を対象にしたグループ活動による支援

という文部省の登校拒否観の転換（1991），登校拒否の発現における社会（学校）病理説への関心などによるところが大きい。

　筆者は，いままで，スクールカウンセラーとして学校，大学の教育相談室における相談活動，並びに「社会」における親とのグループ活動（佐藤 1998，佐藤他 2000）などで心理・教育的支援に従事してきた。必要に応じて，あるいは可能な範囲で筆者は筆者自身の，または教師による家庭訪問，別室登校，適応教室，メンタルフレンド，フリースクール，公立施設への入所，親へのグループカウンセリング，家庭教師など，広範に協力を求めている。これは，登校拒否の教育・心理的支援は個別的カウンセリングを中核としながら，子どもの社会性の発達や学力の補充，上級学校への進学など，多方面にわたった時に，はじめて完結すると考えられるからである。具体的には，まずカウンセリングで母または子どもに出会う。そして子どもが安定するにつれて，カウンセリング以外の活動への参加をすすめている。カウンセリング以外への参加までには，ケース受理後3，4か月以上，時には1，2年以上にわたるカウンセリングが必要となる。

3　専門機関における治療方法

　登校拒否の治療は，従来から心理的治療が中心である。病院や児童相談所などの専門機関では多様な心理的治療技法が用いられている。一般的に子どもの治療方法を藤沢（1983）のまとめでみると，表7-2のようになる。この他に，家族療法，認知療法その他があるが，いまよく用いられている登校拒否の子どもへの治療技法は，藤沢の表中のもので十分であろう。

　これらの技法のうち，どの技法を用いるかは支援者の知識や経験によって決まる。多くの場合，登校拒否の支援に固有な技法というものはなく，支援者は使いなれた技法を用いているといってよい。筆者は，カウンセリング，遊戯療法，箱庭療法，絵画療法を使うことが多い。絵画療法では9分割法（森谷 1995），風景構成法（皆藤 1994），コラージュ療法（杉浦 1994），動物家族画（井口 1995），家族描画法（日比 1986）を用いている。実際には，子どもの選択によって絵画療法と箱庭療法は遊戯療法の一部として用いることが多い。

　薬物療法は補助的なものである。筆者の支援では，薬物の使用は紹介した医師の処方によるもので，心身的訴え，強迫神経症的な訴え，不安抑うつ的な訴え，重い閉じこもりなどが著しい場合，医師を紹介し，診断の結果，薬物が投与されることとなる。多くの場合，身体症状の改善や精神症状に対する鎮静安定化を目的として，対症療法的に投与されている。

表7-2 児童に対するいろいろな治療技法 (藤沢ほか 1983)

分類	問題行動・症状の内容	箱庭療法	遊戯療法	絵画療法	音楽療法	行動療法	自律訓練法	催眠療法	集団療法	カウンセリング
対人関係をめぐる問題	自閉性障害	○			○	◎		○		
	選択性緘黙	◎	○	○		○				
	対人緊張・対人恐怖	○		○		○	○	○		◎
	かんしゃく・乱暴	○	○	○						
	内気・小心・孤立	◎	○	○				○		○
制限や枠組に触れる問題	注意転導性・過活動性	◎			○	○				
	情緒不安定	◎						○		
	非行	○	○	○		○			○	○
学校生活をめぐる問題	学校内暴力	◎							○	
	登園・登校拒否	○	○	○		◎			○	◎
	特殊学習障害					○				
習癖上の問題	夜尿・遺糞	○	○			○	◎			○
	チック・コプロラリア（汚言）	○	○			○		○		○
	爪かみ・抜毛症・身体いじり	○	○			○				
	吃音・早口症・書痙	◎	○			○	○	○		
心身症的問題	腹痛・下痢・嘔吐・頭痛	○	○				○			
	過食・不食などの摂食障害	○	○			○				◎
	ぜん息・胸内苦悶	○	○			○			○	
	夜驚・不眠などの睡眠障害	◎	○							
その他	強迫観念・恐怖症					◎		○		◎
	無感情・アパシー（無気力）			○						○
	妄想									○

●第3節　親への教育・心理的支援——一般的課題

　既述のように，筆者の支援ではカウンセリングや遊戯療法を中心におきながら，ケースの状況と必要性に応じて，教師の協力，適応教室やフリースクールの利用，大検塾の協力，家庭教師の採用，親グループの利用など，多面的なアプローチを試みている。登校拒否が長くつづくと，学力の遅れや社会性の発達停留など二次的問題が生まれてくる。これらへの対応も，登校拒否への教育・心理的支援では重要である。

　本節では，カウンセリングを中心に，子どものニーズに合わせて，多様なアプローチも取り入れた，多面的な立場で親への対応について述べることにする。前述のように，登校拒否に固有のカウンセリング理論というものはない。しかしそ

の適用では登校拒否に独自の課題もあるので，一般的課題と特別課題に分けて親への支援について述べていきたい。

　登校拒否の支援には，時に3〜5年もの時間が必要となることもある。1, 2年の月日がかかるケースはめずらしくない。カウンセリングは，同じケースであっても，変化するもので，少しも固定しないし，停留することはない。以下，時間の流れ（第6章「登校拒否の経過」）も考慮に入れながら，一般的課題について述べる。

1　カウンセラーからの親への期待

　登校拒否の原因が家庭にあってもなくても，登校拒否をめぐって親が，また子どもが苦しみ，支援を求めていれば，専門家や教師はそれに応じることとなる。記述のように，登校拒否の状況は子どもによって違う。また，一人の子どもにおいても，その状況は変化していく。当然，親，または子どもへのかかわり方は固定された不変なものではない。その中で親がどのように子どもにかかわっていくかについて，比較的にあまり変わらないと思われる，一般的な親への期待について述べたい。

①登校しないで自宅にいることは学校で消耗し尽くした「生きるエネルギー」の蓄積への努力である。

　不登校の状態がつづくと，家庭での子どもの生活は不安定となり，荒れてくる。そして，第6章にみるように，多彩な状態が現れてくる。先に述べたように，親の心中にも不安，怒り，悲しみ，罪業感，孤独感などが複合的に起こってくる。子どもの登校拒否に意義を見いだし，感謝できるようになるのは，これらの感情に耐えて，耐えてのことであって，3, 4年もの年月がかかることもめずらしくない。登校拒否の初期には子どもは親にわがままをいい，好き放題し，生活は乱れてしまう。親の不安と苦しみは高まっていく。

　カウンセラーが，登校拒否は「エネルギーの蓄積への営み」である，と基本的な考え方を支援経験からもっていても，どんどん悪くなっていく子どもの生活の中にいる親がこの解釈を理解し，受容できるまでには，相当の時間とエネルギーがかかる。カウンセラーは，年余に渡る面接の中で親が無意識的にかたる子どもの生活上の小さな変化を見逃さずに，指摘し確認していく。この積み重ねによって親は，不登校の生活の中でも子どもが成長している姿を知り，次第に元気が回復している様を実感する。

　筆者は「登校拒否の子どもと共に歩む親の会」を平成元年から月1回開らいているが，この会で不登校を克服した親が，これに出会ったばかりの親にかたる苦闘の日々は，きくものに将来への希望と意欲を与えていく。その場で適切な時を

選んで,「登校拒否は生きるエネルギーの蓄積への営みとも解釈できる」,とのカウンセラーのコメントは最も効果的に親の心に染み込んでいく。

　子ども本人の努力,親の支え,教師やカウンセラーの協力等によってエネルギーが蓄積されるにつれて家庭の中で子どもの生活に望ましい変化が現れてくる。その具体例のひとつは,表7-7の回復期の目安にみることができる。

　②不登校で自宅にいる子どもの生活はその子に任せる。

　登校拒否,中でも思春期の急性登校拒否では,登校拒否になると,まるで人が変わったように,家庭では子どもが一変する。夜遅くまで起きていて,朝は遅い。何をする意欲もなく,ゴロゴロしている。テレビを視聴したり,テレビゲームに夢中になる。日中,寝巻きのままで過ごし,自室は散らかし放題である。親にわがままをいい,下のきょうだいにちょっかいをだし,けんかとなる。親からすると,生活はむちゃくちゃで,こんな生活をしていては,登校の日は訪れないと,焦燥感に駆られる。「学校を休むのは仕方がない。しかし生活だけはきちんとして」と子どもに注文をつけると,子どもは反撃する。母親は父親を動員して子どもの生活を立て直そうとする。しかし子どもは従わない。

　このような状況が登校拒否の初期には起こりがちである。図6-1の「登校拒否の経過」にみるように,もっと状況が悪くなると,子どもは不安定になり,何かというと,怒ったり,口をきかなかったり,時に暴れる。昼夜の逆転もある。母親はどのように対処してよいかわからなくなることもある。

　基本的には,子どもの生活は子どもに任せることである。その意味するところは3つに分けられる。第1は,第2章で既述の平井（1966）と同じで,登校拒否の子どもの多くは,過保護にされ,依存的で自立心が十分に育っていない。そこで生活を子ども本人に任せることで,自立性を育てようとするものである。第2は,登校拒否の初期には心身の疲労が溜まっていて,子どもは家庭でだらだらとした生活をしがちである。加えて,不登校状態によって罪業感,絶望感,友人から落ちこぼれたという焦燥感,どうでもなれという捨て鉢な気持ちなど,自己否定感が子どもを襲う。子どもの生活にいきいき感がなく,無力感が漂う。親が子どもの不登校をしぶしぶ認めはするが,親の気持ちの中に,今後どのようにしたらよいか,方向性がまだできていない段階では子どもにうまくかかわれずに,子どもに自由にさせている。このため子どもの生活はますます自堕落になって行くように,家族にはみえる。この状況は退行現象であると,筆者は解釈している。退行は一種の幼児返りで,この関係の中で母と子は保護—依存の関係に入り,子どもの心は癒されていく。生活を子どもに任せることの第3の意義は,登校拒否の生活を通じて,子どもに自己解決能力の形成を図りたいのである。図6-1の「登校拒否の経過」の第Ⅴ期のあきらめ・自己探索の時期以後には,子どもの家庭生活

には生気や意欲が戻りはじめ，散髪，自室の整理，家族とのかたらいなどがみられるようになる。これがさらに進むと，高校中退，学校復帰や進学，就職が課題として浮かび上がる。学校へ行くかどうか，上級学校に進学するかどうか，これらの課題についても，究極的には，子どもに任せることになる。親や教師，カウンセラーなどの意見を参考にして，子どもが自分で考えて，結論を出し，それを実現していく。この過程で子どもには自己解決能力が育ち，登校拒否を通じて子どもは成長していく。

子どもに「生活を任せる」の意味は，①疲労からの回復，②退行の認識・受容，③自己解決能力の育成の3種にわかれ，「登校拒否の経過」と共に，任せることの力点は①→②→③へと変わっていく。これらを一口でいうと，「豊かに登校拒否」し，「再成長」し，そして「社会活動への船出」ができるように，教育・心理的に支援するのである。

③子どもに漂う「罪業感」を緩める。

登校拒否は，概念規定でも述べたように，学校や登校について子どもが不安・葛藤をもっているところに特色がある。彼らは成長の過程で親から，教師から，あるいは広く知人からの「学校へは行くものだ」「学校教育を受けなければ，一人前になれない」という「教え」の下で育っている。登校拒否の子どもでは「学校教育への価値規範」と「不登校への衝動性」の対立・葛藤が生まれている。事実，価値規範が弱い，またはこれをもたない子どもの不登校では葛藤はあまりみられない。

対立・葛藤は，当然，緊張と「みんなが学校へ行っているのに，自分は行けてない」との自己卑下感をもたらし，価値基準に従えない自分に罪業感さえ生むことにもなる。これを要するに，不登校は登校拒否の子どもに強い心理的不安定をもたらし，自分の現実を直視し，その解決へと，子どもが動く余裕を与えない。

子どもが緊張，葛藤，罪業感などから解放される，これが，まずカウンセリングが果たす役割である。そのためには，親が子どもより先に解放されることが必要である。筆者はカウンセリングがある程度進行したところで，第1章に述べている「登校拒否の成り立ち」を一般的に説明する。そして後述の「安定性の回復への支援」などを展開している。

多くの親，特に父親は自発的に「当分・学校を休め。しっかりと体を休めてよい。学校のことは心配しなくてもよい」といった趣旨のことばかけを子どもにしている。これによって子どもは目にみえるほどに，落ち着いてくる。もっとも，登校拒否から完全に解放されるまで，子どもは緊張，葛藤，罪業感などから完全に自由になることはない。

④子どもの「課題解決能力」を育成する。

子どもは登校拒否の生活の中で成長していくと，基本的に考えている。表現を変えると，登校拒否体験を通じて子どもは再成長体験をしていくという考え方をとっている。そのために，先に「生活を任せる」の項でふれたように，筆者の教育・心理的支援では「問題解決能力」の育成を重視している。不登校中の子どもの状況が悪い時も，回復へと向かう時も，子どもの生活はできるだけ子どもに任せていく。心身の調子が下降期における起床時間も就床時間も，また回復期に課題となる再登校も，進学か就職かも，究極的に子どもの判断に任せていく。高校からの退学についても，届けなどの手続きも親の支援の下で子ども自身が行う。

子どもが自分の気持ちを確かめ，分析し，考え，選択決定し，自主的に実行していく過程で，子どもは成長・発達し，登校拒否自体が解決していく。この過程を支援していくのがカウンセリングであり，教育・心理的支援である。

2 安定性回復への支援

子どもが登校拒否になると，親は驚きと将来への不安から，その状況を認識し，許容することがなかなか難しい。はじめには，親は何とかして1日も早く登校させようとする。登校への圧力が強くなればなるほど，子どもの状況は悪化していく。今日でも，登校拒否臨床のはじめの頃（昭和30年代）のように，無理に登校させようとする親や教師を時々見かける。これに対して，子どもは自殺企図，自傷行為，家出などをもって応じることもある。登校を強制する親の気持ちの中には学校へ行かないのはわがままで，これを認めると，ずっと休むとか，将来が閉ざされるなどの不安がある。そして家庭内で親子間に強い緊張がつくられていく。

この家庭内緊張の解消が登校拒否支援の第1歩である。そのためには，親と子どもの心情を理解し，苦しみを共有する態度（理解・共有の態度，第8章参照）をもって親に接し，その後，親の安定性の回復状況をみながら「学校束縛」からの解放に向けて支援する必要がある。

既述のように，親はみな，学校は子どもの成長発達に欠かせないとの学校信仰を根強くもち，学校に束縛されている。子どもの多くは，登校拒否になるまでは成績もよく，親をして子どもの将来に希望をもたせる資質・能力をもつのも少なくないので，登校拒否は親には余計にこたえる。

親との面接，特に図6-1の「登校拒否の経過」のⅠ身体的愁訴，Ⅱ合理化，Ⅲ不安・動揺の段階までは，親の気持ちを理解し，これを共有していく態度がカウンセラーに求められる。人間は誰でも不安に襲われた時，または苦しみに包まれた時には，親身になって不安や苦しみをきき，それをそのまま理解し，受け入れてくれる人に出会うと，落ち着くものである。誰かが苦しみをわかち合い，共に

担ってくれると，苦しみは半減するものだし，また喜びをわかち合う人がいると，それは倍加するものである。親には親しい隣人や友人がいても，多くの場合，子どもの登校拒否が知られることを嫌ったり，あるいはその人たちに話しても，「わかってくれた」という満足を得ることが難しい。時には，父親である夫に自分の苦しみを話しても，「おまえが悪い」とか，「疲れて帰っているのに，そんな面倒なことをききたくない」と，わかってくれないとの不満を経験している母親も少なくない。このような四面楚歌の中で「理解と共有の態度」でもって，とことんきいてくれるカウンセラーとの出会いは，干天の慈雨のように，親に安心感を与えるものである。

3　学校束縛からの解放──登校拒否の意義

　家族の安定性回復には家族，特に親の，学校へのとらわれからの解放も重要である。

　わが国は，いままで学歴社会であって，学歴至上主義に汚染された子育てがよくみられる。加えて，いま，大学などへの進学者は二人に一人の高い割合となっている。この状況の中で，親が学校へのとらわれから自由になることが必要だといっても，簡単にこれが実現するものではない。これには時間とカウンセリングの積み上げが必要で，登校拒否が2，3年以上もつづくと，次第に親は束縛から解放されていくほどである。

　学校へのとらわれからの解放のための面接では，カウンセラーは学校にとらわれざるをえない現代に生きる親の心情を理解し，受容することからはじまる。とらわれ感情を親とカウンセラーが見つめ，理解し合う。

　学校へのとらわれからの解放へ向けて，カウンセラーの誰もがまず親に求めるのは「登校刺激を加えるな」という原則である。詳細は後述の，特殊課題「登校刺激を加えることの是非」に譲るが，この原則が，親の心の中にきちんと定着するには時間がかかり，面接の中で，何回かこの原則をめぐる親の葛藤がとり上げられることになる。親は，家庭生活の中で学校にふれないでおくと，子どもは落ちつくという事実に，かなり早い時期に気づき，この原則の有効性を理解する。しかし，学校にふれないでおくと，子どもはいい気になって，自宅で好きなことをして「遊んでばかりいる」と，親は我慢できなくなる。あるいは，学校のことを忘れて，今後，学校へ帰れなくなり，子どもの将来が閉ざされるのではないかの不安が親を襲う。そして，子どもがのびのびと自宅で生活し，落ち着いたと思われる頃になると，親は学校にふれてくる。そして子どもは不安定となる。この繰り返しがかなりの期間みられるのがふつうである。カウンセラーは，登校刺激をめぐる親の葛藤と動揺をじっと支えていくことになる。

登校刺激を加えないという原則に代わって医師が時に用いる方法は，「登校拒否は心の疲れから起こっている。当分，休養させる」という休養宣言（佐藤他 1982，門真 1998，佐々木 1996，梅垣 1996，地崎 1997）である。医師は聴診器などを用いて検査し，「疲れ」と診断し，「休養せよ」という。これは臨床心理士らと違って，医師としての説得力をもつ。この手続きで課題となるのは，「休養」期間中にどのようにカウンセリングをするかである。ある期間休ませただけで，すべての登校拒否が解決するものではない。時に危険になることは，子どもと親が「体の病気」に逃げ込み，薬に頼り，必要なカウンセリングが行われない状況が生まれることである。

「登校刺激を加えるな」の原則が親にスムーズに理解できるようにするには，登校拒否の意義や将来の見込みなどに関する親の理解が必要となる。教育・心理的支援で筆者はケースに応じて，またカウンセリングの進行状況に応じて，次のような意見を述べることもある。

1）子宮回帰としての不登校──絶対的な安らぎの場所の保障

登校拒否，特に思春期のそれでは，程度は違うが，自宅への閉じこもりがみられる。この閉じこもりの意義について，時々，子宮回帰論をもって説明する。

「お母さんは10月10日，お腹に子どもさんを宿しておられた時，丈夫な子どもを授かりたいと，気持ちを落ち着かせて，栄養や適度な運動に気を遣い，生まれ出る日をじっと待っておられましたね。お腹の赤ちゃんは，食べるものに心配ないし，寒さ，暑さに苦労しない。羊水の中にいるので，外からの振動にもじかに晒されることはない。しつけも行われない。人間の一生の間に，もっとも気持ちのよい，極楽のような世界ではなかったかと思います。昔の心理学者の中には，産声を解釈して，極楽から苦しいこの世に生まれてくることの悲鳴だという人もいたほどです。

いま，子どもさんは学校などで，いろいろの原因で不安やいらだちを覚え，もっとも安心し生活できる〈家庭という子宮〉に一時返りをしているのです。〈家庭という子宮〉に立ち帰り，学校などで失くしてしまったエネルギーの回復に頑張っています。

お母さんは妊娠中，子どもが生まれてくる日を楽しみに，待ちつづけておられた。親として注射や物理的圧力などで子宮に働きかけて，1日も早く子どもを体外に出そうとはされなかったでしょう。心身共に母体の健康に気をつけて，外に出てくる日を待った上で，健康な赤ちゃんが生まれたのです。

妊娠期間はほぼ決まっていますが，〈家庭という子宮〉内の生活の期間は子どもによって違い，はっきりと予言できませんが，待っていると，必ず，子どもさ

んは〈家庭という子宮〉から出てきます。家族みんなが落ち着いて、子どもをありのままを受け入れて、〈家庭という子宮〉内の生活を見守っていきましょう」。
　この説明は、妊娠の経験をもつ母親にはわかりやすいように思われる。
　「現在、子どもは不登校であれ、何であれ、家庭で生きているだけでよいというほどに、ありのままの存在を受容され、家族と共に安らぎの時間を与えなければならない」との、佐々木（1996）の意見には、子宮回帰で筆者が表現したいことが端的にまとめられている。

2）成長発達のやりなおしの営みとしての登校拒否
　一般常識として、我々は登校し、授業を受けることが善で、学校に行かないことは悪という二分論的な学校観をもっている。このため、登校拒否という不登校状態についても、悪としてマイナスのイメージが抱かれやすい。生活が乱れる、怠惰だ、安易になりやすい、勉強しない、外に出ない、親に悪態をつく、わがままをいう、家庭生活の運びが壊されるなどマイナスのイメージつくりとなる生活がつきない。
　不登校状態の中でも、日々、子どもは成長・発達しているという事実に、親が気づくと、親は一段と落ち着いて子どもを見守ることができる。
　不登校中の成長・発達は親に説明しにくいし、わかりにくい。筆者は再発達・再育児の営みとしての不登校論をもって親に説明することもある。登校拒否、中でも急性に発現した登校拒否では著しい退行がみられ、母親の添い寝、トイレへのつきそい、あるいは母親との入浴などを求め、生活全体に母への甘えと依存が濃厚にみられるケースもある。
　登校拒否とこれに伴う家庭内の特徴あるいろいろの行動は退行といってよい。学校に行っていない状態そのものをはじめ、親が対応に苦慮する終日にわたるテレビの視聴、不規則な就寝・起床時間や食事時間、無理な要求の頻発なども幼児レベルの行動とみることもでき、退行ととらえられる。親は説得、叱責、無関心、時には脅迫などをもって、これらの家庭内行動を止めさせようと努力するが、なかなか子どもはききいれないで、親は途方にくれる。親が怒り、戸惑い、あきらめ、そして不安などをみせた時、カウンセラーが子どもの行動は退行で、子どもの気持ちが落ち着いてくると次第になくなる、と、以下のように説明すると、親は落ち着きを取り戻し、不安や否定をもってこれらの行動に対応しなくなる。
　「いま、お母さんが困っておられること、たとえばテレビの視聴も14歳の子どもと思うと、イライラしてくる。しかしこの子どもさんが3，4歳の時には、テレビを一人で見ていると、お母さんは家事の邪魔にならないと、ニコニコと喜んでいたでしょう。また、中学2年生の子が11時頃起床してくると、朝ごはんの準備

が二重になり，腹が立つ。しかし子どもさんが1, 2歳の時には，家族それぞれが職場や学校に行ったあと，洗濯も終わって手があいた時に，元気に起きてくると，〈お利口さん〉と喜びをもって朝食を食べさせたことがあるでしょう。

14歳の中学生が登校拒否という苦しみを背負って，彼は感情の世界でいま幼児期に返っているとみると，お母さんの気持ちも少し和らぐでしょう。中3の子が心が傷ついて，いま2, 3歳の子どもに返っているのです。お母さんと成長のやり直しをしているのです」。

不登校中の子どもの生活の仕方を幼児期退行論でもって説明すると，親は理解しやすい。少なくとも，拒否的感情は少なくなる。これができると，親は子どもの，いまの年齢を離れて，子どもの状態をありのままに見つめ，多少の喜びと安心を経験できる。これをスタートとして，カウンセラーと母親の二人が同行の道で子どもが示す小さな変化をとらえ，その時々に発達的に解釈し，「大分，大きくなってきましたね。いま1年生に入りかけですね」などと，年齢尺度に換算して親に説明していく。

学校復帰という大きな変化はなかなか訪れないが，カウンセリングで母親がかたる子どもの生活の中には，小さな変化は少なくない。たとえば表情の変化（固い表情からやわらかい表情，笑顔の増加），夜着の着替え，自室の整理整頓，自宅への閉じこもり時間やテレビの視聴時間の減少などなど，カウンセラーが母親の説明の中から日常生活における些細な変化を取り出し，指摘し，これらは子どものよい方向への変化であって，この中に子どもの成長・発達の動きがあると，母親と確認し合う。

1年間の家庭訪問事例（佐藤他 1987）によると，テレビの視聴内容の変化，自室のベッドや机の置く位置の変化，教科書や学生服など登校に関係するもちものの出現の消長（不安定時には押し入れに入れられているが，安定してくると，再び目につく所にもち出される）などの中に，子どもの心理的安定感の回復状況が反映されていて，この事実を母に指摘し，子どもの変化を理解してもらう。

登校拒否状態からの脱却には時間がかかり，1, 2年以上，時には数年を必要とすることも少なくないし，しかもその歩みは遅々としていて，漠然と見ていると，歩みがわからない。くる日も，くる日も同じにみえる。1日も早い登校拒否からの脱却を心から熱望している親には，登校できたか否かが唯一の判断基準になっていて，小さな変化は目にとまらないし，またその意義がわからない。小さく一歩動いたと思ったら，次には同じところに長くとどまっている尺取り虫やかたつむりの歩みのように，子どもの日常生活の変化は小さくて遅い。

変化のない，または変化に気づかない状況は，親には耐えられない。「これでよいのか」「他によい方法はないのか」と，親は腐心したり，変化のなさに絶望

感をももつことにもなる。カウンセラーから、小さな変化でも明確に指摘され、それが大きな変化（社会活動の再開）、ひいては成長・発達に結びつくものであると説明されると、親は子どもと共に生きることに喜びをもち、将来への希望を抱きながら、子どもの自発的行動の発現を「待つ」ことができる。

登校拒否のカウンセリングでは「待つ」ことや「時熟」の重要性がよく指摘される（小沢1979, 斎藤1987, 田野1988, 清水1992, 佐藤1996a）。これは、子どもが自発的に行動する、子どもの成長を黙って待つという意味だが、ことば以上に、変化の乏しい状況、いつ終わるともわからない事態の中で、またはいつまでは待っていればよいか誰もいってくれない中で、ひたすら待つことは親にとってはいうまでもなく、カウンセラーにとっても、大変な仕事である。清水（1992）もいうように、この大変な仕事は、カウンセラーなど、〈待つことのつらさ〉〈待つことの厳しさ〉を共有してくれる人がいて、はじめて可能である。

3）課題解決の努力としての不登校

不登校はいうまでもなく、物事には見方によっては、二面性あるいは多面性がある。たとえば「おとなしい」という性格特性は、学校で活発な学習活動を期待する親からすると、子どもが発表できないと失望のもとになるが、一方、教師側では「自分をあまり主張しないで、みんなと協調できる子ども」と、好意的な評価の元になる。

不登校についても同じで、不登校には「心配になる」ことと、「不登校で期待できる」ことの正負の2面性がある。

カウンセリングでみる親の心配事は次のようにまとめられる。
①欠席の期間が長くなり、長期の不登校になるのではないか。
②勉強が遅れて、再登校してもクラスでついていけない、または上級校に進学できなくなるのではないか。
③友達と交わることがなく、社会性が育たないのではないか。
④将来、もっと悪い病気になるのではないか。または将来、社会的自立ができなくなるのではないか。
⑤登校拒否は怠け心であって、または性格の弱さがあって、そのまま自宅にいると、もっとよくない子どもになるのではないか。
⑥「登校拒否」とレッテルを貼られ、差別されるのではないか。本人やきょうだいの結婚などにマイナスになるのではないか。

これらの心配事の根底には、子どもの不登校状態をめぐる親の不安が働いていて、どれひとつをとっても、親には大きな課題となる。カウンセリングではこれらの課題の一つひとつについて説得しないで、その根底にある不安の理解と受容

に努力する。それぞれ取り上げ、親の不安を沈静化しようとしても、不登校状態自体が解決されなければ、効果はない。反対に、知的説明で不安を解消させようとすると、カウンセラー自身も親の不安に呑み込まれ、親とカウンセラーが二人そろって、不安を高めることにもなりかねない。

不登校の臨床心理学的アセスメントでは、ネガティブまたは健康でない面にも注目するが、カウンセリングになると、ポジティブな面や健康な面にも注目し、子どもの成長・発達を図り、不登校状態を解消しようと努めていく。

登校拒否のカウンセリングでポジティブに期待できる事柄について、いままで述べた事柄も含めて列挙すると、以下のようになる。

①将来を期待され、がんばった子ども、または学校内対人関係で傷ついたり、行きづまった子どもの精神的疲労を癒す。
②家族みんなで家庭内の人間関係を見直す機会となる。
③子どもが成長発達の過程で達成できなかったことをやり直せる。
④親または家族からの心理的自立で立ち止まっている子どもが改めて自立へと歩みはじめる機会となる。

●第4節　親への教育的支援──特殊的課題

登校拒否のカウンセリングでは登校拒否の本質を反映した特殊な訴え（課題）がある。図6-1の「登校拒否の経過」を4期に大別していくつかの特殊課題について親への対応を考えてみたい。

回復の経過を次の4期に分ける。
①疑心の時期
②不安・動揺の時期
③開き直りの時期
④黎明の時期

1　疑心の時期における主な課題

この時期は図6-1の身体的愁訴の段階と合理化の段階を含む。この時期では、親は子どもが訴える体の不調を単に疲労とか、頭痛、腹痛として、登校拒否の前兆と受け取っていない。不調が2、3日つづくと、親は小児科を受診させ、医師はルーティンな検査を試み、軽い身体疾患と診断し、投薬する。そして3、4日すると、医師も親もなおった頃だと考えるが、子どもの訴えはつづく。この頃になってはじめて、親は登校拒否ではないかと疑いはじめる。午前中に体の不調の訴えが強く、午後になると、あるいは日曜日には子どもは元気であることに気づくと、

親は「おかしい，登校拒否ではないか」と，疑心をもつ。

疑心の時期における親の対応として，心理臨床的には，少なくとも，4つの課題がある。

課題1　身体的不調の見極め

登校拒否に身体的不調が随半しやすいのは表6-7にみるとおりである。これらのうち，登校拒否の前兆としての訴えには頭痛，腹痛，疲労感，嘔吐などが特に多い。

登校拒否の子ども，特に小学生以下では，多くのものが身体不調を訴えるので，親がまず訪れるのは小児科である。小児科医が専門家として登校拒否の子どもに接するはじめての人となることが多く，その対応の適否が子どもの状況に影響する。富田（1981）は医師の適切でない診断と処方のために，登校拒否がうまく解決されない事例をあげ，医原性登校拒否と呼んでいるほどである。

富田は小児科医の対応をみると，3つにわかれるという。第1は，治療成果からみて子どもの訴えが軽い疾患で，1，2週間の治療で完治する場合である。ここでは診断も正しく，対応も適切である。第2は，ルーティンな検査や診断の結果，体に異常がなく，医師は身体的な疾患ではないと，医学的に正しい判断をくだしている。しかし，医師の助言に問題があって，「気のせいだ」とか，「もう，登校できるはずだ」とか，「元気を出しなさい」などと，医師が子ども本人を元気づけ，励ましたりする。これは，登校拒否の場合には，百害あっても一利もなく，子どもの状態は悪化することが多い。すなわち，医師の励ましを受けて親は悪乗りし，子どもの登校に圧力をかけることになり，事態は悪化していく。

富田（1990）はこの他に医師の過剰診断例をあげている。それによると，医師には「身体症状は体から生まれる」との思い込みがあって，種々の検査を行い，検査結果の異常値を探しまわる。そして子どもの訴えを統計的に異常値に結びつけ，身体的疾病として薬物を投与するが，一向に改善しない場合もあるという。

表6-8に上げた富田（1990）の登校拒否にみられる心身症状の特徴のうち，筆者は，⑥⑦⑨③①の諸項目を重視している。このうち，⑥⑦⑨の項目は同根の現象であって，学校が開かれている時間帯と身体症状の訴えとの間には関係が深い。すなわち，登校の時間を中心に訴えが強く，午後，夕方となり，登校しなくてもよい時間帯になると，訴えなくなったり，またはそれは弱くなる。また，週日には朝から不調を訴えていた子どもが日曜日や休日には落ち着いている。さらに，長期休業に入ると，不調の訴えは次第に弱くなっていくが，休みが終わり，学期はじめが近づくと，再び訴えが強まってくることも少なくない。

以前は，小学生など年少の子どもに身体的訴えが多くみられたが，いまは中学

生などの思春期の子どもによくみられる。しかも思春期の子どもでは，学校が開かれているか否かによって大きな変化はあまり目につかないように思われる。この場合でも仔細に観察すると，表情や態度などに，あまり目につかない程度に不調の訴えの消長をみることができる。

「疑心の時期」に親がまず対応しなければならないのは，身体不調について小児科医による確かな診断である。身体的不調が体からきているか，または，葛藤から生まれているかどうかを明らかにしてもらうことである。そして後者であれば，心理的不安・葛藤と体の不調との関係を子どもに医学的に説明してもらうと，それだけで身体的不調がかなり軽減する。

小児科では医療法との関連もあって，スタッフとしてカウンセリング機能をあわせもつところはそれほど多くない。登校拒否の前兆，または，これに随伴する身体的訴えには，薬物は補助的なもので，カウンセリングが欠かせない。必要に応じて医師にカウンセラーを紹介してもらうのもよい。

身体的不調，たとえば頭痛や胃痛の訴えが心理的な原因で起こっているとして，カウンセリングを実施していたところ，何か月か経って，総合病院の精査で脳腫瘍や胃穿孔が認められた例もある。カウンセリングを優先実施していても，または薬物療法を主に行っていても，1，2か月経ても，身体の不調がつづくとか，あるいは悪化した場合には，病院や相談機関で受診するのがよい。

課題2　身体的病気として「登校拒否」に対応してよいか

思春期登校拒否の子どもは，一般的に，相談機関に行くのを嫌う。このことは本人への直接的な対応が困難であることを意味し，思春期処遇の難しさを物語っている。専門機関ではやむをえず，母親の面接を通じて間接的に本人に対応しながら，いろいろの形で直接の来訪を働きかけるが，なかなかこない。ところが，身体的不調が体の病気で，登校拒否ではないと本人が理解していると，本質的には登校拒否であっても，つづいて専門機関に通うものが少なくない。この種の事例は神経性食思不振症や起立性調節障害に関連してよく経験するところである。この両者は共に心身症であって，学校欠席をも随伴しており，薬物療法と共にカウンセリングも行われる。

軽い場合には，神経症性食思不振症や起立性調節障害の子どもの身体的訴えと，登校拒否のそれとはよく似ていて，判然と区別できない場合が少なくない。また，これらの障害として治療されていても，あまり効果がみられない場合には，医師は登校拒否との見方を強めていく。こういったケースで，子どもとの直接的接触を期待するなら，登校拒否といわないで，身体的不調，神経性食思不振症あるいは起立性調節障害のままで治療をつづけたほうがよいという意見も成立する。

筆者の支援経験では,「病気」として治療がつづけられても,それが登校拒否に伴う身体的訴えである限り,治療効果はあまりあがらず,長引き,とどのつまり登校拒否と認めざるをえない状況に追い込まれるケースが少なくない。また,登校拒否に伴う身体的不調の成立過程と,神経性食思不振症や起立性調節障害などにみるそれとはかなり違うところもあるので,はじめから登校拒否として対応したほうがよいと考えられる。

　スクールカウンセラーとして学校に出てみてわかったことのひとつに,心身症的な訴えでもって学校を休んでいる子どもを,文部省の「不登校」の公式統計の学校基本調査にどのように計上するかに関して意見がわかれることがある。ある人は「疾病」だからと不登校の統計にいれないし,他の人は不登校に随伴する症状だから「不登校」と計上するとしている。

　筆者は医師から,たとえば,自律性神経失調症,起立性調節障害,または神経性食思不振症などとはっきり診断され,治療を受けているケースは「疾病」とし,「不登校」に計上しないのが合理的と思っている。

課題3　親による原因探し

　医師から身体的訴えは疾病からきたものではないとか,すでに病気はなおっている,学校に行けるはずときかされる頃から,登校拒否をつづけている子どもを前にして,親は原因探しに熱心になる。誰でも,世の中の事象には原因があると信じているので,登校拒否の原因を探す親の気持ちは十分に理解できる。加えて,登校拒否が長くつづくと,子どもの将来はめちゃめちゃになり,親の期待も大きく損なわれるとの不安に駆られ,親は原因がわかれば,それを取り除けばよいと,原因探しに駆り立てられる。

　原因探しの第1弾は,まず子どもに登校拒否の理由をきくことからはじまる。子どもは親にきかれて,または問いつめられて,それなりの理由——先生に叱られてとか,友人とうまくいかないなど——をあげる。あるいは,親は,登校拒否発生の前後に学校で何か変わったことはなかったかと担任にきく。時には,親は仮病ではないかと,子どもを責めることもある。

　多くの場合,親にきかれて子どもがあげる原因は学校に関連している。加えて,子どもは学校にふれなければ,割合に落ち着いて自宅にいるが,話題が学校のことになると,落ち着かなくなる傾向があることから,親は,登校拒否の原因は学校にあるとの思いを一段と強めることになる。

　子どもにきいた事由を取り除こうと,親は教師に協力を求める。たとえば,友人のいじめが指摘されると,親は教師をとおして,あるいは直接に友人に会っていじめないでくれと頼む。教師も友人も協力してくれて,友人関係が修復される。

しかし子どもは登校するといったかと思うと，別の理由——たとえば休んでいたから登校すると，みなが変に思う——をあげる。子どもが指摘する理由はきく人によって，またはきかれる場によって，変わることも少なくない。

親がやっと手に入れた登校拒否の原因は，専門家の間では誘因とか，擬集因子と呼ばれる。これは登校拒否のきっかけにすぎないことは，本書の「登校拒否のきっかけ」でみたとおりである。

高木（1965）は，子どものいう誘因はよく変わると，その浮動性をかなり早い時期に指摘している。これは子どもが嘘をついたり，または場当たり的な説明をしているのではなく，子ども自身が学校全体に不適応または違和感をもっていて，きく人やきかれる場所によって，子どものあげる事由は変わるいう浮動性があることを示している。

以上，親や教師の原因探しは登校拒否の解決に結びつかないことが多い。というよりも，原因探しは親と子，教師と児童・生徒間の関係を悪化させる方向へ発展させる可能性もあると考えられる。

課題4　カウンセリング，来談拒否などについての親の当面の理解

疑心期の段階では，カウンセリングの対象となっている特定の子どもの登校拒否の形成過程は明らかになっていないことが多い。思春期登校拒否では子ども本人との面接が難しく，時にはこれが実現するのに1年くらいの歳月がかかる。従って子どもの理解は親の口を通じての，間接的なものであることが多い。筆者は，相談の場に子どもが姿をみせないケースでも，子どもの同意の上，1回は家庭訪問し，5分間でも子どもに会うようにしている。印象レベルの理解にすぎないが，親を通じて得た印象と，実際の子どもの印象との間の差に驚くことが少なくない。

10歳前後までの子どもであれば，ほとんどの場合，親が来談すると，子どもも姿をみせるものである。これは，親と子の間柄が未分化で依存的であると共に，子ども本人も登校拒否事態について自覚的にあまり思い悩まないことによる。これに対して思春期の子どもは，はじめから相談の場に現われることはほとんどない。これは，主に不安や敵意の源泉である学校からの一時的な退避した状態が登校拒否であり，登校拒否は自己防衛的意味合いを含んでいることによる。その他に，発達的にみると，彼らの親からの心理的分離と個別化が進行していることによると同時に，成人の統制下にいることを嫌う心理の現われでもある。また，彼らは友人や隣人との関係の中で登校拒否している自分をみられたくない気持ちが強い。

筆者は，子どもの来談拒否について，「思春期という年頃の子どもにはよくみる反応です。こないときくと，年齢相応に成長していると思う」と，子どもの成

長を喜ぶ形で，来談拒否について罪業感や無力感が親に生まれないように配慮している。一方，親を通じて，「会いたい，相談してもよいという気持ちになったら，いつでもおいで」と，子どもに伝えることにしている。加えて，親がカウンセリングのために決まった日に出かけることについて子どもの理解を得ておくように，親に要望している。

親の中には，子どもや祖父母に黙ってカウンセリングにくることもある。子どもが怒るとか，家庭内で乱暴になるとか，嫌うなどをその理由にあげている。子どもや家族に内緒でカウンセリングを受けても，そこで親が気づいた子どもへの対応の仕方を子どもに応用することは難しい。祖父母の，「家のことは外にもって出るな」の要望を気にして，同意を得ないまま，カウンセリングに参加しても，長つづきしない。

積極的にいうと，カウンセリングについて子ども本人や家族の同意を得ることは，親が子どもの養育について家庭の中で責任を果たすことにつながり，さらに，心配していることを間接的に子どもに伝えることでもある。

親の相談機関訪問に，思春期の子どもの多くは消極的か，反対である。「自分は登校拒否ではない，学校がつまらないから休んでいるだけだ」とか，「放っておいてくれ」「余計なことをするな」などと反対する。これらの反応の根底には，第三者に自分のことを知られることへの抵抗，知らないうちに，親とカウンセラーがかたり合って，自分の処遇を決めるのではないかとの予期不安，自分のことは自分でする，手を出すなという意味での，成人の支配下に置かれたくないという意味の，家族からの分離・独立への要求などが絡み合っている。

筆者は，「心配している気持ちを話し，親として自分がこれからどうしたらよいか，自分のことで相談に行くのだ。専門の先生と話し合って，あなたが知らないうちに何かすることは絶対にない」などと，子どもに話し，同意を求めるよう，親に要望している。特に後段の配慮をきくと，ほとんどの子どもが不承不承だが，親が相談に行くことに反対しない。

親が週1回，定期的に相談機関に出かけ，そして落ちついて，一段と明るい表情で帰宅していると，子どもの相談機関への不信と不安は次第に和らいでいく。「お母さんはカウンセリングから帰ると，2，3日はやさしい。僕の気持ちがわかるお母さんになっている」などと，カウンセリングを受けて母親の態度が次第に子どもの期待している方向に変わっていくと，子どもの相談機関への不安が消え，前向きに関心をもつようになる。この頃に，カウンセラーが家庭訪問したいと申し込んでも，子どもから強い拒否感は示されない。ケースによっては相談開始後，半年〜1年経て，母に促されて，子どもが来談することもめずらしくない。

いまは自家用車時代で，母親が子どもを乗せて相談機関に通うことも多い。週

1回の相談機関通いは，その日に合わせて1週間の生活を展開していかなければならないので，親には大変な負担となる。行って帰るまで2,3時間をとられることもある。カウンセリングの必要性と意義について，教育・心理的支援のはじめにきちんと親に説明するが，車で通うことの意義もあわせて説明しておく。「家庭では家族がいて，この子一人に時間をとって話し合う時間は少ないと思う。1週間に1回，2,3時間にすぎないが，車の中でこの子だけにかかわっていることができる。その間，家事の心配もない。子どもが車中でかたりかけてきたら，いっぱい，きいてあげてほしい。車を運転していると，まず注意は安定運転に向けられるので，子どものかたることに反論する時間も，叱る余裕もない。子どもの話に耳を傾けるだけが精いっぱい。これがよいと思う。子どもの話をただ傾聴する時間がカウンセリングに通う時だと思って，子どもにつきあってみたら……」。

この説明は子どもをカウンセリングに連れてきたいとの，親の動機づけを強めることにも役立つ。来談拒否の子どもがカウンセリング室にくるようになるまでに，自家用車の中で子どもが親のカウンセリング終了を待つという段階が生まれることにもなる。

2　不安・動揺の時期における主な課題

図6-1の「登校拒否の経過」でみると，この時期は第Ⅲ期不安・動揺の段階と第Ⅳ期絶望と閉じこもりの段階である。親の登校への願望を拒み，不登校状態がつづくと，家庭内に緊張が高まり，親子間に登校をめぐって争いが生まれる。親は脅し，哀願，交換条件，無関心など，いろいろの手を使って登校させようとする。子どもは種々の行動——反抗，無言，逃避，暴力，自傷行動など——でもって登校を拒否する。親の側には，このままずるずると不登校がつづくと，子どもの将来はどうなるかと不安と焦りが生まれ，子どもの側には，親の無理解や学校への敵意と不安，そして自己不全感が生まれてくる。

親は子どもの不登校の原因は自分にあるのでないかと自分を責め，そして期待していた子どもの将来に暗雲を予期して悲観的になる。一方，子どもは友人関係の中で自分だけが学校に行けないとか，自分は落ちこぼれと，孤独感を強めていく。

この時期には家庭内暴力などの行動化（acting out）がみられ，登校拒否の経過の中で家庭内危機が強まり，その対応に苦慮するところとなる。

課題5　登校刺激を加えることの是非

この時期になると，親との出会いでは登校刺激を加えることの是非がカウンセリングで話題になることが多い。

いつの頃からか，どんな相談機関でも親に「登校を求めるな」とか，「ゆっくり休ませたほうがよい」など，登校刺激を加えないという支援の原則が大切にされるようになった。実際のところ，登校拒否のはじめには，登校をめぐって親と子の間に争いや緊張が生まれ，時には子どもの側にリストカット，頭を柱にぶつけるなどの自傷行動，消毒液の嚥下なども起きることが稀ではなかった。反対に，親が登校や学校に全くふれないでいると，子どもは自宅で落ち着いて生活する。

登校刺激を加えて，たとえば登校の強制（forced attendance）によって子どもが登校することもある。小学校低学年や登校拒否のごく初期には成功することもあるが，多くの場合，この方法だけでは本質的な解決にはならないで，子どもの側に，次第に拒否感情が強まり，ほどなく，行き詰まることも少なくない。一般的にいうと，ある時期までは登校刺激を加えないほうがよいのも臨床的な事実である。

この原則は臨床的な支援の中で生まれたものであるが，かなり誤解されているところもある。たとえば，教師の中には，「登校刺激を加えないほうがよい」と，専門機関で助言されたとして，その後，いっさい，担任の方から子どもへのかかわりを断ったという事例もめずらしくない。登校拒否している子どもに対し家庭訪問したり，手紙を出したり，電話をすることは，子どもから登校への誘いと受け取られ，子どもが不安定になるので，いっさいしないことにしたというケースもある。実際のところ，何らの手だてもしないで，無雑作に家庭訪問したり，手紙を出すと，子どもには登校刺激になることも容易に想像できる。この線で杓子定規に考えると，学校側は，登校拒否中の子どもは登校するまで放置しておけばよいということになるだろう。

「登校刺激を加えない」という原則は学校側の指導をいっさい排除するものではなく，教師が登校圧力にならないように，指導の仕方をつくり出すことが必要ということである。この点については後述したい。

いま，登校拒否というより不登校の子どもについて学校を超えたところで，あるいは，いわゆるフリースクールなどで指導が行われている。この種の不登校へのアプローチでは，登校刺激を加えるとか，加えるなどの問題は，当然，起こってこない。この種のアプローチでわが子の不登校問題を解決したいと考えられる人は，それでよいと思う。

本書では，こういったアプローチはとっていない。登校拒否の子どもは本質的に学校へのこだわりをもち，何らかの形で学校を終えることが登校拒否と，これに伴う心理的諸問題の解決への，大きな節目となり，子どもの成長発達を大きく進めることになるという立場をとっている。

「登校刺激を加えない」という原則は，教育・心理的支援のひとつの戦略にす

ぎない。ごく簡単にいうと，登校刺激を加えると，子どもが心理的に不安定になる時期には，これを控えるのがよい。一方，刺激を加えても，不安定にならない時期になると，この原則は放棄してもよい。

　登校拒否を加えてもよい時期とは，図6-1の「登校拒否の経過図」でいうと，第Ⅵ期の回復期以後である。一方，特に登校刺激を避ける時期は，第Ⅲ期不安・動揺，第Ⅳ期絶望・閉じこもり，並びに第Ⅴ期あきらめ・自己探索の各段階である。

　教育・心理的支援において登校刺激を加えないほうがよいという対応の仕方について，言語レベルでなく，情緒レベルで，あるいは行動レベルで保護者の理解を得るのは，想像以上に難しい。親には頭でわかっていても，行動でわかることは難しい。極端にいうと，登校拒否の全面的解決に3年の歳月が必要だったとして，はじめ1年間，親との面接はこの原則の受け入れに費やされるといってよい。親は，学校のことはあきらめたといいながら，気持ちのどこかで学校から自由になっていない。親は，学校へ元気に通い，みなと同じように学ぶことが子どもの成長・発達に欠かせない，と思い込んでいる。このため，面接の時々に，登校刺激を加えないことから起こるいらだちを抑えることのつらさ，そして加えないでおくと，このまま一生が終わってしまうのではないかの不安に駆られ，つい知らずに登校にふれてしまう心情が表現される。カウンセラーは親の，この千々に乱れる心情をそのまま受け止め，これを共有することが大事である。登校刺激を加えるにいたった自分の弱さや，カウンセラーのアドバイスに従えなかった罪業感などが親の側に生まれていれば，面接の場で自由に表現してもらう。

　登校刺激をめぐる親のつらさ，厳しさ，いたらなさ，難しさ，そして登校刺激を加えない時に起こった，精神的な安定に向かう子どもの変化をみた喜びなど，多様な感情の起伏の中で面接が進み，親は登校刺激からやっと，解放されることになる。いってみれば，登校刺激への対応の仕方を尺度として，カウンセラーが，また親自身が親としての望ましい変容の経過を確かめていくことになる。

課題6　家庭内暴力への対応

　一般的に家庭内暴力は，随伴する問題行動との組み合わせや，その背後にある病理性から分類されることが多い。

　高橋他（1981）は全国45か所の少年補導センターの婦人調査員の協力を得て家庭内暴力の実態を調査し，表7-3の結果を得た。

①家庭内暴力のみ：家族に暴力や家財の破壊があるが，家庭外ではおとなしく，登校している。

②家庭内暴力や登校拒否：暴力以前より登校拒否。無理に登校させようとした

表7-3 暴力の類型（高橋他 1981）

	男		女		計		出現率		
	数	%	数	%	数	%	小	中	高
①家庭内暴力	177	20.7	24	12.4	201	19.1	9.0	45.7	23.9
②家庭内暴力＋登校拒否	184	21.5	35	18.0	219	20.8	9.5	46.1	26.1
③家庭内暴力＋登校拒否・非行	146	17.0	38	19.5	184	17.5	10.3	41.9	33.1
④家庭内暴力＋非行	350	40.8	97	50.1	447	42.6	4.9	34.5	28.8
合計	857	100.0	194	100.0	1051	100.0	7.6	40.3	28.0

ことから暴力が発現したものと，暴力の変形として親を困らす手段のひとつとして登校拒否する。

③家庭内暴力や登校拒否・非行：家庭内暴力に加えて，登校拒否や外での非行をもつもの。

④家庭内暴力や非行：非行はあるが，登校はしている。非行を親に注意され暴力をふるう。

非行に伴う家庭内暴力が多く，ついで登校拒否に伴う家庭内暴力となっている。校種別にみると，中学校で多い。表示していないが，暴力は男子に多く，対象となる人物は男女共に母親がもっとも多く，85.0％。父親に向けた暴力は23.6％で，残りはきょうだい，祖父母などに向けられている。

筆者（1981）は病理水準から次のように分けている。

①神経症型：心理的な不安と葛藤があるもので，登校拒否に多くみられる。

②要求拡大型：過保護で育てられ，要求充足の手段としての家庭内暴力

③一般型：心理的葛藤はあまりみられず，また要求への固執もなく，親への反抗としての家庭内暴力

④精神障害型：統合失調症の一症状としての家庭内暴力

この他に，中枢神経の機能障害，たとえば学習障害（LD）の存在が指摘され，これが家庭内暴力と関係があるという指摘もある（星野 1995）。またボーダライン人格障害が背後にある事例もある（川谷 2001）。

不登校の発現の背景に統合失調症が存在したり，家庭内暴力が統合失調症のひとつの症状であることもあるので，この見極めが必要である。

筆者はかなり以前から平井（1975）の意見を参考に，両者のスクーリング的な見極めを行い，その結果によって精神科医の診断を求めてきた。

①家庭内暴力の起きる原因はないか。

②暴力の中に，多少とも，理性の働いているところはないか。

③後でそれに悔いている面が，少しでも，みられないか。

④家族以外の者が一緒にいる時は，行動に変化がみられないか。

以上，4点に注釈を加える。登校拒否ケースにみる家庭内暴力は登校を求める

家庭内緊張に触発されやすい。親が登校を強く求めたり，子どもの生活の仕方にしつこく口を出すと，家庭内暴力が起こりやすい。暴力発現前後の家庭内緊張と親の動きなどを細かくきいていくと，暴力の起こり方について「なるほど」と，子どもの立場に立って了解できることが多い。少なくとも，暴力の起こり方が「おかしい」とか，「奇妙な」などの印象は少ない。理性の働きは，暴力が向けられる身体部位や破壊される家具などの選択の仕方から，ある程度，推測できる。母の体に向けられる暴力は，母親の反応の仕方とも連動しているが，生命にかかわる身体部位は避けている印象をもつことも少なくない。家具の破壊では高価なもの，大事にしてきたものは対象からはずされる傾向がある。家庭内暴力が荒れ狂ったあと，落ち着いた時に，ことばで親に謝ったり，あるいは母に甘え，赤ちゃんことばを使ったり，母の体にふれたがる状態をみていると，根底に愛と憎のアンビバレントの感情があるが，表面的には「悔いている」印象をもつ。暴力に狂っている時の憎しみと怒りの表情・態度と，母親に甘えている時のそれらとの落差の大きさに驚くことも少なくない。家庭内暴力の最中に，外から誰かが訪問してくる気配がすると，いち早く察知して子どもは2階に去ってしまう。また，母親が暴力を恐れて外に逃げると，子どもは追ってこない。子どもの多くは学校などの社会的場面ではおとなしく，やさしい。親から家庭内暴力で困っているときくと，教師は「信じられない」時には「母親が嘘をいっている」と思うほど，学校では子どもは温厚である。

　教育・心理的支援では家庭内暴力は家族にもカウンセラーにも，大きな挑戦となる。カウンセラーが家庭内暴力の吹き荒れている場に行き合う機会はほとんどなく，暴力の対象となっている家族をどのように支援するか，これがカウンセラーには大きな挑戦となる。暴力に荒れ狂う子どもに対して親が万策つき，子どもの生命を断ち切ったり，暴力が狂暴性を強め，父親を撲殺したなどと，時々，新聞に報道される。また親はカウンセラーから，「じっと我慢だ」とか，「子どもに共感し，受容するように」といわれただけで，その他には役に立つ助言はなかったと，裁判所の審議が新聞に断片的に伝えられることもある。

　三原の所見を参考に，カウンセラーへの挑戦度から家庭内暴力を分けると，次の2種になる。
①暴力はものにとどまるか，人に加えられたとしても，単発的で，家族が許容できる程度のもの
②暴力は人に及び，持続的で，放置すれば家族にけがをさせたり，その生命に危険を及ぼしたり，家族が許容できない程度のもの
　1979〜1983年，三原が大学などで対応した登校拒否ケース140について，暴力度から分類した研究（1986）によると，①18.6％，②27.9％で，計46.5％に暴力

が伴っていて，残り53.6％には暴力はみられなかったという。

既述のように，登校拒否の社会的認知の変化もあって，登校拒否の子どもが以前ほど心理的に追いつめられる状況は少なくなった。それだけに，家庭内暴力は少なくなり，また挑戦度も少なくなった。

以下で，挑戦度①②を参考に，家庭での家庭内暴力への対応について述べたい。

登校拒否に伴う暴力は，多くの場合，登校刺激に対して起こる場合と，それが日常化し，もっときつい形で起こる場合とがある。前者が三原の①型，後者が②型にほぼ相応する。

(1) 登校刺激に対する反応としての家庭内暴力

親は何とかして登校させようと，無理に布団をめくって起こしたり，車で強制的に連れて行こうとする。子どもはこれに対抗してトイレから出てこなかったり，柱にしがみついて登校を拒む。親がさらにしつこく登校を求めてくると，子どもは次第に追いつめられて，暴力でもって反撃するようになる。

普段，子どもは，おとなしく，母親にもやさしい子どもであった。親はこのまま登校しなくなったら子どもの将来はどうなるかの不安と，やさしく，よくいうことをきく子どもとの見方から，母親は，少々，子どもの反撃にあっても，立ちどまらないで，もっときつい形で登校を求める。子どもが暴力で応じたり，柱に頭をぶつけて自傷行為をみせるようになると，親は，登校刺激はよくないと悟り，登校を求めなくなる。しかし子どもが落ちついてくると，母親には子どもの将来の不安がまた頭をもち上げ，抑えていた登校刺激を子どもに加えることになる。これに子どもは家庭内暴力で立ち向かう。

登校刺激への反応としての家庭内暴力の場合には，親が登校刺激は効果がないばかりか，かえってよくないと悟り，手控えていくと，次第に影を潜めていく。

近年ではカウンセラーはみな「登校刺激は加えるな」と助言することが多く，親は早い段階から無理に登校させようとしなくなったので，家庭内暴力は少なくなった。

登校刺激を加えた時は家庭内暴力が起こり，そうでない時には，自宅でよい子で過ごすケースでは，対応はあまり難しくない。登校刺激を加えなければよいからである。しかし，当分，学校に行くことをあきらめなければならないとの，親の決意は，教師や親族などの登校を求める意見や将来への不安などから，一貫して維持されることは難しい。頭では登校刺激を加えないとわかっていても，目や態度で刺激を加えていることも少なくない。登校刺激をめぐる親の気持ちの動揺が家庭内暴力を引き起こす背景をなしていることもある。登校拒否して自宅にいることが，いま大切なことだと，親が認識してはじめて，登校をめぐる家庭内緊

張から家族が解放され，家庭内暴力は起こらなくなる。

(2) 家庭で許容できないほどの家庭内暴力
　登校刺激への反応としてはじまった家庭内暴力が次第にエスカレートして，些細なことで暴力となり，家族にとって許容できないほどの事例もある。食事の準備が遅れたとか，自分の嫌いなものをつくったとか，些細なことで，母親の目にはいいがかりとしかみえないことで，子どもが怒り，暴力を振るう。既述のように，殴る，蹴る，テーブルをひっくり返す，部屋中をホースで水浸しにする，ゴミ箱のごみを部屋中に撒き散らす，冷蔵庫の食材を放り出して長靴をはいて汚物化する，ガラスを全部叩き割る，2階でステレオの音を最大にして安眠させないなど。時には殺してやると，包丁を振り回す事例もある。この種の暴力が長い間，しつこく繰り返され，家族は許容範囲を超えて，生命の危険を覚えることもある。
　わが国では伝統的にうちの恥は外に曝すなという考え方がいまでも残存していて，家族はあまり話したがらない。しかし暴力が許容範囲を越え，家族の安全が脅かされる事態になると，家族は警察や相談機関を訪れることになる。家族がもっとも頼りにする警察も家庭内のこととしてあまり介入しない。あるいは，警察官が家族の通報で子どもの家に駆けつけると，暴力は終わっていて，積極的に介入できない。
　この種の家庭内暴力ケースは，カウンセラーにも大きな挑戦となる。子どもはカウンセリングの場には姿をみせないし，カウンセラーが暴れ狂っている場に行っても，効果的な対応策はない。多くの場合，カウンセラーが電話連絡で危機介入のために家庭に駆けつけると，暴力は終わっている。2階にいる子どもは面接を拒否する。親と面談し，不安を支え，家庭内でどう対応するかを話し合うという，間接的な対応しかとれない。家庭内暴力は一向に止まない。カウンセラーにとっても危機である。以下で，この種の暴力への対応について考えてみよう。
　①家庭内暴力の意味を考え，その苦しさに耐える。
　家庭内暴力は，外面的には，親など関係者には大きな脅威となる。親に向かって暴れ狂っている子どもが恐ろしく，親は足も手も出ない。時には，殺されるかも知れない，との強い恐怖が生まれることもある。
　親は家庭内暴力を抑え込む効果的な手段になかなか思いつかない。思いついた手段も実際にはすぐ使えない。たとえば，警察力に頼っても，町で暴力を振るっている男は現行犯としてすぐ拘束できるが，家庭内暴力の子どもはそうはいかない。しかも，家族の要請で駆けつけても，暴力はおさまっているので，なおさらである。あるいはまた，親が病院収容を希望しても，病院がすぐに応じることはない。

家庭内暴力に家族が対応する時，家族はじっとそれに耐えることが求められる。これが実際には難しい。しかし，それしか方法がないことも事実である。カウンセラーや医師との支援関係の中でじっと耐え，子どもが落ち着くまで待つ。これしかない場合も少なくない。

「耐えて，待つ」姿勢を何とかして保持しようとする時に，支えとなるのは，暴力を外からの恐怖の対象として見つめるのではなく，子どもの立場からその意味を考えることである。

田村（1990）は家庭内暴力にみる攻撃の意味を次の5つにまとめている。

①自信喪失している自分を，親はなぜ，肩代わりしてくれないのかという依存と攻撃
②自己嫌悪に陥っている自分を「誰がこんな自分に生んだ」と，自己の存在の恨みを親に向けた攻撃
③疎外感をもっている時，親は本当に自分を愛しているのか，という親の愛を確かめるための攻撃
④家庭の病理の重みに耐えきれず，被害感が充満したための親への攻撃
⑤拘束感をもっている時，親の過干渉的干渉をはねのけるための攻撃

登校拒否は学校という社会で適応がうまくいかず，安全な家庭に，ある期間，一時的に退避し，そして新しい自己をつくる営みであるという発達課題的観点から，家庭内暴力が克服された後でみると，まず第1に，母親，そして家族からの分離－独立への営みとみることができる。一番かわいがって育ててくれ，もっとも深い関係にある母親に，「自分をこんなにした奴はお前ではないか」と，食ってかかり，母親を否定することによって，その固着的関係から抜け出そうとしている，とみることができるケースも少なくない。第2に，保持してきた自己像——たとえば，頭もよく，成績もトップで，みなによい子と認められていた自己——が何かの事情で崩れ，自信喪失，自己嫌悪，自己疎外感などの感情の中で登校拒否し，苦しく生きている。こんな状況にあるのに，親は自分の辛さや苦しみがわかってくれないのかと，親を攻撃の的にする。この親の無理解の対極には，親は自分を見捨てていないかという，愛の確かめの心も動いている。暴力という屈折した形での甘えの表現ともみることもできる。

家庭内暴力の根底には思春期まで結んできた依存的で，甘い親子関係がある。そして，家庭内暴力を含む登校拒否事態が解決された後に経過を分析してみると，家庭内暴力は親，そして家族からの分離——独立の闘いであったと解釈できることが多い。

暴力が母親に向けられることが多いと述べたが，これは父よりも母が体力的に弱いからではなくて，母がもっとも近い関係にあり，養育にもっともかかわって

きたからに他ならない。筆者は，家庭内暴力が父親に向けられた事例を2，3経験している（佐藤1981a）。ここでは父親が母親代行的な役割を演じていた。

　以上要約すると，「家庭内暴力は親や家族にはつらいが，これを通じて子どもは次の段階に向かって発達しようとしている。これが解決すると，子どもはいまよりも大きくなる」と信じてカウンセラーと共にじっと耐え，子どもが落ちつくまで待つ姿勢が，どんな場合でも，大切である。この上に立って，解決に向かっていろいろな対策をとることになる。

　②生活は子どもに任せる

　親は不安に駆られると，普段以上に子どもの生活が気になり，いろいろと口や手を出す傾向がある。特に完全主義的な性格をもつ親になると，一段と強く子どもの生活に干渉したくなる。就床，起床，食事時間，着替え，自堕落な生活，テレビゲームへの熱中などの生活に注意したくなる。これが強まり，親の支配の懸念が強まると，子どもは腹を立て，親の痛いところを突いて反撃してくる。

　登校拒否一般にも通用することだが，子どもの生活は子どもに任せることが大切である。これによって，親の目につき，口出ししたくなる子どもの自堕落な生活そのものの中に反映されている，子どもの「心」の苦しい状況を受け入れることにもなるのである。このような生活も，後述するように，子どもが登校拒否自体から脱却してくると，年頃に応じた，ふつうの生活へと戻ってくる。

　子どもの生活習慣の自立を促し，自我の成熟を図るために，「子どもに任せる気持ちの確立が必要で，登校させるための努力のいっさいをとどまる」ことの必要性を早くから説いたのは平井（1966）である。

　③「依存－甘え」心の受け入れと，要求充足の限界の明確化

　前にも述べたが，登校拒否とこれから二次的に生まれるいろいろの行動は，一種の退行である。従って，子どもが登校拒否になると，家庭内暴力のみでなく，親，特に母への依存と甘えが目立つ。あれをして，これをしてくれと，簡単なことでも，自分でしないで，母親にやらせたがる。男の子でも，母親と一緒に入浴したがったり，同じ布団で寝たがることもある。

　ごく簡単な要求ならば，これに応じることもできるが，時には無理な要求をもち出すこともある。たとえば夜中にラーメンがほしいとか，テレビゲームのソフトを入手したい，すぐに買って来いと，しつこく要求する。応じなければ，暴力を加えようとする。買ってきたテレビゲームや雑誌なども目の敵のように使い果たし，次にまた新しいものを要求する。要求は拡大していく。

　親からみると，親を困らせることばかりをいったり，したりする。親はどこまで受け入れ，どこから拒否してよいか，日常生活の場で困ってしまう。拒否すれば暴れるし，それを避けるために受け入れると，要求に天井がなくなる。その狭

間で親は立ち往生することとなる。

　筆者は，法外な要求でないかぎり，ある期間，子どもの依存―甘えを受け入れるのがよいとの方向で支援している。思春期の異性の子どもとの入浴は避けるが，添い寝，トイレの用便の立ち番，小さな用事で母親を使うなどについては，できるだけ子どもの要求を受け入れる。また，テレビゲームや雑誌購入なども，家庭経済が可能な範囲で応じるのがよいと考えている。

　既述のように，「中学3年にもなって」と，子どもの要求に応じることに不安と抵抗を示す保護者には，「いま15歳と思うから応じることに抵抗がある。3歳児と思うと，親は子どものいうとおりにしてあげられるのではないか」と，子どもの退行という観点から親を支持していく。

　子どもの甘えに基づく要求行動には，子どもからすると，親が自分をどう思ってくれているか，本当に自分をかわいがってくれているかなどの，子どもの確認の意図があることもある。

　親が子どもの甘えと依存を受け入れると，大抵の場合，家庭内暴力は弱まっていく。反対に，子どもの要求にこたえていくと際限なく要求が拡がり，子どもを甘やかすことになり，結局子どもの状態を悪化させるのではないかとの不安から，要求をいったん拒否し，しまいには子どもに負けて，従うパターンが定着すると，かえっていつまでも要求がつづくことになる。このパターンでの対応では要求がみたされないという不満感――ひいては親は自分を認めていないという見捨てられ感――が子どもの中に溜まっていく可能性が高い。

　子どもの要求の中には法外なものもある。時間的，または物理的，地理的に応じることができない要求，家計からみて許容できないもの，社会的に他人の迷惑になる要求などである。この法外な要求には，いまは応じられないと，毅然とした態度でその理由と共に子どもに説明していく。家庭内暴力が起こっても仕方ないと，腹をくくって子どもと対決していく。

　毅然とした態度で子どもの法外な要求を拒否していくと，親の側には子どもがもっと暴れるのではないかの不安も生まれる。子どもの側では要求の形で表現している衝動のコントロールに困っているという一面もある。従って，これは可能，これはできないと，要求行動の限界を知らせることによって子どもは落ち着く。

④家族が力をあわせて家庭内暴力に立ち向かう

　登校拒否の子どもの家族，特に父母の中には法外な子どもの要求に毅然とした態度をとることが苦手な人も少なくない。たとえば，母親が殊のほか心配性であったり，父親が非常に温厚でやさしく，子どもを叱ることに罪悪感をもっている場合には，カウンセラーや教師が支援していても，毅然として子どもに立ち向かえない。また，母親の中には，子どもが暴力を振っていても，その場から逃げも

しないで，叩かれるままになっている場合もある。子どもは母親を攻撃することに喜びをもち，母親は叩かれることに快感を体感しているのではないかと，憶測するほどである。母と子の間に一体的，共生関係があり，母親にも，子どもにも自分の体を自分で叩いていると思えるほどである。

一方，母子間に繰り広げられている叩き—叩かれる事態の側で父親は子どもにやさしく「するな，するな」といいつづけていたり，見てみぬ振りをしている事例も多い。断固として自分をかけて，荒れ狂っている子どもに向かっている父親の姿はない。ここに登校拒否成立の過程で父親の無力さや父性の欠如が指摘されてきた（高木 1965，佐藤 1967）ことにも深く関連している。

「出刃包丁で殺してやる」と暴れ狂っている高1の長男に，「自分の命をかけて」子どもにむしゃぶりつき，抑え込んだところ，その後，家庭内暴力がピタッと止んだ事例を知っている。このような事例をみていると，家庭内暴力の出現とその持続には父親のあり方が問われていると思われる。

家庭内暴力は家庭内にとどまっているところにひとつの特色があり，その存続には両親を中心とした家庭内人間関係が深くかかわっていて，家族関係の再構築が欠かせない。しかし，これには年単位の時間と大きなエネルギーが必要で，目前の暴力には間に合わないことになる。親が自分の生命を短くしてまで，あるいは大けがをしてまで家庭内暴力に立ち向かうことを求めるのは酷である。

家族が生命の危機を感じるほどの家庭内暴力では警察や児童相談所などへの相談，精神科医やカウンセラーなどの支援の下に，子どもを家庭から一時的に引き離すことが必要になってくることもある。家族が親戚へ避難することもある。これらの対応も，できるだけ，子ども本人の同意を得てから実施したい。筆者らは昭和30年代に強制的に児童相談所や精神科病院などへの収容を図ったところ，退院後に家族関係が悪化し，その調整に苦慮した経験がある（佐藤 1961）。

家庭内暴力への対応では，家族がよく話し合い，協力一致して子どもに向かい合うことが大切である。これが十分でないと，家庭内暴力の嵐のなかで家庭が壊れてしまう。

登校拒否に伴う家庭内暴力が，他の原因からきている可能性もある。精神医学からみると，思春期家庭内暴力の背景は多様である。たとえば，本城他（1982）は名古屋大学外来の182名について，次のようにまとめている。

①脳器質疾患　2名
②精神遅滞　10名
③てんかん　5名
④精神分裂病　9名
⑤非定型精神病　1名

⑥境界例　11名
⑦その他　41名
　　(1) 家庭内暴力を単一症状的に示すもの8名
　　(2) 登校拒否を伴うもの20名
　　(3) 非行を伴うもの4名
　　(4) 神経症症状を伴うもの9名
　これからもわかるように，家庭内暴力についても，精神医学的診断と治療が欠かせないケースがある。また，本城（1984）の指摘にもあるように，登校拒否を家庭内暴力との関係でみると，暴力を伴う登校拒否ケースの支援はより難しく，効果をあげるまでに時間とエネルギーを必要とする。

課題7　自殺企図などへの対応
　不安・動揺の時期には，親は，まだ登校刺激がもたらす子どもの心理を十分に理解していない。親の心理を占めているのは，何とかして登校させよう，または登校してほしいという願望である。子どもの状況によって，この願望は出たり引っこんだりしている。しかし，どんなケースでも，子どもが自殺まがいのことをすると，親は事の重大さに驚き，登校についてあきらめの気持ちが強くなっていく。
　登校拒否にみる自殺企図や自殺念慮は登校を求められ，追いつめられた時や，内発的に子どもが自分を追いつめている時に生まれやすい。既述のように，筆者の経験ではリストカット，柱などへの頭突きの形をとる自傷行為，トイレの消毒薬や睡眠薬，煙草の吸い殻の煎じ汁などの嚥下，屋根からの飛び下り，縊首企図などである。どれも程度が軽く，早期に発見されて，事なきを得ていた。三原他（1986）は140例の登校拒否ケースについて自殺企図8例，リストカット5例，薬物大量服用2例，縊死企図1例などがみられたが，実際に死亡にいたった例はないという。また北村（1990）は，表7-4のように，精神科外来で対応した事例で，自殺未遂（自傷行為も含む）は不登校6名にみられ，実際に死亡したものはなかったという。しかし，不登校を主訴として受理したケースで，経過中に自殺した事例があったが，これらは，経過をみた後の生涯診断ではうつ病圏のものや人格形成不全のものであったという。
　登校拒否の経過中に自傷行為または自殺企図をみることはめずらしくないが，自殺にいたった事例は筆者にもない。
　自殺願望や自殺念慮は子どもとの面接で比較的よくかたられるもので，自傷行為や企図数に比べかなり多いように思われる。圓山他（1992）は，大学生1,030名を対象に，登校拒否経験（7日以上，学校嫌いで欠席）の有無と自殺願望との

表7-4 精神科青年期外来で自殺企図・自傷行為がみられた患者の診断名（北村 1990）

		未遂群			既遂群		
		男子	女子	合計	男子	女子	合計
精神病圏	うつ病圏	2	7	9	3	2	5
	精神分裂病圏	2	4	6	3	0	3
	非定型精神病	2	3	5	0	0	0
神経症圏	人格形成不全	10	10	20	0	2	2
	青年期混乱	1	6	7	0	0	0
	不登校	3	3	6	0	0	0
	神経症	1	4	5	0	0	0
	ヒステリー	0	3	3	0	0	0
	思春期やせ症	0	3	3	0	1	1
	計	21	43	64	6	5	11

関係をみたところ，「登校拒否経験なし」では自殺願望は27％みられたのに対し，「登校拒否経験あり」では59％のものが願望をもっていたと報告している。

　自殺と登校拒否とは「かなり深い関連がある」との意見がある（稲村 1980）ものの，実際には自殺者はあまりないとみてよいのではないか。登校拒否自体が子どもの適応異常のサインであり，ある期間，家庭に退避することによって子どもの自我が防衛され，それ以上に，自殺までに追いつめられないとみることもできる。子どもの自殺は突発的で，あまりためらいがなく，必ず死ぬという手段が取られやすいという（稲村 1978）。自殺した子どもの記事を読むたびに，死を選ばないで登校拒否になってくれたら，周囲が対応できるのにと，残念に思うこともある。実際，ある県の教育長がいじめによる自殺の多発時に，テレビで「死ぬな，いじめられてつらかったら，登校拒否してくれ」と呼びかけられたことを思い出す。

　自殺願望や自殺企図への対応を誤ると，子どもを自殺に追い込むことになりかねない。登校拒否への子どもの自殺予防には，登校拒否になってからある期間（登校拒否の経過の第Ⅴ期あきらめ・自己探索の時期まで），登校刺激は加えないことが大切である。特に第Ⅲ期不安・動揺の時期と第Ⅳ期絶望・閉じこもりの時期はこれを加えてはならない。さらに，この時期には恐れることはないが，子どもの行動を十分に見守っておく必要がある。自殺願望や自傷行為，または自殺企図がみられる時には，家族は動揺しないで，これらの子どもの行為は親に援助を求めていると解釈して，専門家の支援を受けながら対応するのがよい。そのひとつとして，家庭内に留置している風邪薬を含めて薬品，消毒液，煙草の吸い殻，刃物などを適正に管理しておくことが大事である。これは，子どもの自殺予防として特別に配置しておくという考え方でなく，生活の仕方として危険物は大事に取り扱うと理解するのがよい。

もっと積極的に自殺予防のためにいうと，登校拒否して家庭にいる子どもにとって，心の安らぐ時間と場を家庭内につくることである。家庭の中に，子どもがゆっくり生活できる「心の居場所」をつくるように努力することであろう。子どもは「自分はつまらない人間」「生きていてもしょうがない」「みんなから外れて落伍している」などの，自己否定的感情をもっている。この感情を刺激しないで，子どもの気持ちを理解した上で，「お前も大事な子ども」との親の思いの中で，心寛げる時間と場所を構築したい（後述の，家庭の中での心の居場所づくり（253頁）を参照）。

　自殺は，子どもにも，親にも緊張事態である。これに備えてどうするかについて，北村（1990）は青年期の「緊張事態判断のポイント」として次のようにまとめている。これは医師向けだが，親にも教師にも参考になる。

①自殺の予告

　自殺企図した青年期精神科患者の約6割が自殺を予告している。死にたいという自殺念慮を周囲の人に伝える例がもっとも多い。自殺未遂に終わったものはそれを繰り返す危険性が高い。

②学校生活状況

　受診時に，学校生活について詳しくきいておく。極端ないじめの被害，教師による体罰，本人の著しい孤立状況，あまりにも困難な進路問題，試験期，進級（留年）問題が出ている時，あるいは欠席が長期にわたり留年から中途退学扱いになりかけている時などに追いつめられて，自殺企図や自傷行為が出やすい。

③家庭生活状況

　青年期患者の3割に家庭が十分機能していない状況にある。たとえば，親との死別，生別，離婚などによる著しく不安定な養育，極度な両親の不和，父の酒乱による家庭内暴力など。何らかの事由で両親が揃っていない場合も，養育を補える人が周囲にいない限り，自殺企図のひとつの要因となる。

　はじめに家庭内状況について本人からみて身近な人との死別，生別の体験の有無なども十分にきいておくことが大事である。一時的な身近な人との別離も，子どもが「自分を見捨てられた」という見捨てられ体験をもつことがある。

　自殺企図や自殺願望が子どもにみられる場合には，保護者だけの対応は難しい。精神科医やカウンセラーなど専門家の支援が必要である。

3　開きなおりの時期

　この時期は，図6-1の「登校拒否の経過」でみると，第Ⅳ期絶望・閉じこもりの段階と第Ⅴ期あきらめ・自己探索の段階である。

　前の時期に比べて家庭内に少し安定感が回復する。親は急いでも仕方がない，

長い人生で，1，2年子どもが自宅にいてもよい，これも人生だと，あきらめに近い境地に達し，子どもは自宅などで自分の好きなことをして過ごすようになる。

課題8　興味の局限行動

この時期に目につくことのひとつに，興味の局限とそれへの耽溺がある。子どもは自宅などで自分の好きなことをして過ごしている。

興味の対象が限られていて，それに熱中している様は，まさに，興味の局限であり，熱中している状況は耽溺といってよい。この対象の局限と耽溺は半年以上つづくことはめずらしくない。

この興味の局限行動は，その内容は時代と共に変わるが，新しくみられる子どもの特質でなく，以前から注目されていた。

真仁田（1970）は登校拒否の主な行動傾向を表7-5のようにまとめている。真仁田によると，小，中，高校を通じて多い耽溺行動（何かに熱中）には，鳩を飼う，プラモデルづくり，熱帯魚の世話，切手のしゅう集などで，小学生で70％，中学生で82％，高校生で70％の子どもにみられるという。

現在も耽溺行動はよくみられるが，その対象が変化している。漫画本，テレビゲーム，テレビの視聴，パソコン，インターネット，自動車のカタログ集めなどが多く，鳩を飼う，プラモデルなどは少なくなっている。頻度は少ないが，法律書などの専門書をよく読む，終夜アマチュア無線で世界と交信するなどがある。

彼らの耽溺行動は徹底していて，朝から晩まで，時には夜通しつづいている。その状況をみて，親は「頭が変になったのではないか」「一生，それがつづくのではないか」との不安を覚えることも少なくない。多くの場合，耽溺行動には経費が伴う。たとえば，テレビのゲームソフトの購入に2～3,000円，時には1万に近い費用が必要である。1組買ってきても，朝から晩まで幾日もゲームに熱中しているので，すぐにゲームをマスターしてしまい，別の新しいゲームをほしがることになる。子どもの要求のままにしておくと，家庭は経済的に行きづまると，

表7-5　拒否後の行動傾向（眞仁田 1970）

	小学校	中学校	高校
a. 学校を気にする	6 (60.00)	2 (18.18)	0
b. 何かに熱中	7 (70.00)	9 (81.81)	7 (70.00)
c. 家事の手伝	3 (30.00)	4 (36.36)	1 (10.00)
d. 部屋でゴロゴロ	2 (20.00)	6 (54.54)	8 (80.00)
e. 寝こみ	0	0	2 (20.00)
f. 平気で外出	2 (20.00)	0	0
g. 夕方，日曜外出	6 (60.00)	6 (54.54)	5 (50.00)
h. 全く外へ出ない	2 (20.00)	5 (45.45)	5 (50.00)
i. 休むと決ると元気	2 (20.00)	2 (18.18)	0

親は本気で心配することもある。

　テレビ視聴も耽溺対象となりやすく，起きている時には，いつも視聴している。親は学校を休んでいるので，せめてNHKの教育番組をみてほしいと思うが，子どもは娯楽ものばかりをみる。目が悪くなると，注意しても，ききめがない。

　耽溺行動について親の心配点には，次のものがある。①興味が1，2のものに限られてしまい，生活空間が狭くなる。他のものには関心を示さない。②体への悪い影響。③ある行動に耽溺すると，これを中心に生活が展開するので，家庭生活が乱れる。たとえば，終夜，テレビゲームをするので，昼間は眠ることになる。④経費がかかる。放置しておくと，経費がかさむ。

　親の中には，子どもの生活空間を広めると共に生活の仕方を変えようと，たとえばテレビを取り上げる人もいる。親の論理はテレビに熱中し，家の中に楽しみがあるので学校に行かない，または，生活が自堕落になるというものである。親の期待とは反対に，ほとんどの場合，耽溺行動の対象を無理に取り上げても，子どもはあきらめないで，もとに回復することをしつこく求め，親子間に争いが生まれる。そして最終的には親が根負けしてしまう。

　耽溺行動への対応は，家庭内暴力ほど難しくはないが，その程度が重く，いく日もつづくので，親に不安が生まれてくる。教育・心理的援助においてはまず親の不安を支えることである。そのために，耽溺行動は，登校拒否によって子どもの生活が家庭内に限られてくるのでやむをえない現象である，子どもが元気になってくると，あるいは登校を再開すると，この耽溺行動はなくなるものであるなどと，親に説明すると，親の不安は軽くなる。また，親が耽溺行動の意義を見いだすことも重要である。これには2つの意義がある。①学校に行けていないことから子どもがもつ不安，焦りや不満の気持ちを，好きなことに耽溺することで，一時的に抑えることができる。②あることに熱中しているという状態は，子どもの自我の機能が健全であることを示している。統合失調症やうつ病などの子どもでは耽溺行動は起こらないことが多い。彼らには意欲の減退が起こり，周りの環境への関心がなくなっているのである。

　我々のカウンセリングでは親が耽溺行動を認め，それを受容する方向をとっている。耽溺行動に必要な経費については，家庭経済からみて無理でない範囲で子どもの要求に応じる視点をとっている。また経済的に難しい場合には，率直に子どもに話し，理解させることがよい。多くの場合，子どもはわが家の経済を知っていて，親が本気で経済的に難しいことを説明すると，わかってくれる。しかし，子どもの生活を変えよう，子どものわがままを抑えようとの気持ちから，家計上の難しさをつくり出しても，子どもは承知しないことが多い。

　親の中には，経済的にはどんな要求にも応じることができるが，子どもの要求

の拡大を恐れ，応じないとする人も少なくない。しかし，子どもとの争いの果てに，結局のところ親が押し切られる。我々は，「いま，子どもの生活はふつうの状況ではない。一生，わがままがつづいて，要求が抑えられない子になることはない。子どもがもう少し元気を回復し，外に出て遊ぶようになると，関心や興味の範囲が拡がり，耽溺行動はなくなる」と，親に説明している。親の中には購入した物品と経費を細かくノートに書きとめておき，時々，総計をみせている。そして「経費はお前の出世払いにする」と，将来，費用を支払う責任があるといいきかせる。叱責でなく，いいきかせる形で話すと，子どもはあまり反発しない。

　耽溺行動をめぐる親と子の争いが終わり，子どもがくつろいで耽溺行動を楽しめる頃になると，我々は耽溺行動をふくらませ，子どもの登校拒否生活を豊かにする試みに着手する。たとえば，車のカタログに関心をもっている場合には，車の月刊誌を買い与えたり，車の展示会に誘うなどの試みを展開する。また車自体に関心がある場合には，サーキット場に家族で出かけることもある。パソコンに関心のある子どもの場合には，たとえば，年賀状づくりを頼むとか，教師の協力を得て，PTA誌づくりに協力を求めたこともある。テレビに熱中している場合には，父親が職場から電話で，番組のビデオ取りを依頼することも試みた。

　耽溺行動への対応は，それを抑制するとか，なくする方向でなく，その行動をふくらませ，子どもの関心や興味を広げたり，それを通じて生活空間を家庭外に拡大したり，あるいは家族間や教師との交流を拡大する方向をとると，効果がある。

　山中（1979，1993）は，この種の活動を「窓」（channel）と呼び，「これを守ることこそが治療の根幹である」といっている。これには相当の努力と時間が必要なのはいうまでもない。

課題9　閉じこもりへの対応

　まず，閉じこもりの程度について親との面接を通じて評価する必要がある。筆者は表7-6のように分けている。

　筆者のカウンセリングではレベルⅠとⅡは閉じこもりとは考えない。レベルⅢ～Ⅶのものでこれらの行動が1か月以上，つづいているものを閉じこもりとしている。

　全レベルにおいて，自宅にいる間，子どもは教師や隣人など家族外の人との交流にはみな拒否的である。特にレベルⅢ以上のケースでは，ほとんどの場合，閉じこもり期間中，子どもは家族外の訪問や面接を拒否する。

　閉じこもりは対外的な対人交流の断絶となることもある。これは特に急性の思春期登校拒否に多い。これが直接的には，子どもの相談機関への訪問を困難にす

表7-6 閉じこもりの程度

レベル	状況
レベルⅠ	同歳の子どもが帰宅する頃までうちにいる。家族間の交流はある。
レベルⅡ	週日にはうちにいるが，夕方，または，土，日，祝日の学校がないときは，外出する。家族間の交流には問題はない。
レベルⅢ	殆どいつもうちにいる。うちでは自由に動いている。家族間の交流はある。
レベルⅣ	殆どうちにいる。しかし自室にいることが多い。家族間の交流はある。
レベルⅤ	自室に閉じこもりがちであるが，家族間の交流はある。
レベルⅥ	自室に閉じこもり，家族も入れない。家族間の交流が少ない。
レベルⅦ	自室に閉じこもり，食事にも出て来ない。家族間の交流はない。

る。思春期登校拒否では，子ども自身が相談機関に現われることはほとんどなく，専門家からみると，治療的対応を困難にすることになる。医師が，親に「子どもを連れてくるのは親の仕事だ」といっても，親の力を超えるケースが少なくない。親が説得しても，きかないばかりか自室に閉じこもり，内から鍵をかけて親を入れない。無理に連れ出そうとすると，いろいろの手段で反対する。思春期の子どもは体力的にも親を超えていることが多く，強制はきかない。多くの場合，親は子どもを説得しきれない。そればかりでなく，外出の強制または専門機関受診は子どもの葛藤や緊張を強め，結果的に親子関係をこじらせることになる。そして，専門機関には親一人通うことになる。

保護者だけのカウンセリングでまず取り上げるのが，閉じこもりから生まれる二次的反応の防止である。すなわち，閉じこもりによって二次的に家庭状況が変わることもある（近藤 1997）。

①子どもが閉じこもりをはじめて家族の焦燥感や不安感が急に高まる。

②不登校に対するのと同様に，家族は手を変え，品を変えて本人の外出を求める。本人の劣等感や緊張が強まり，さらに，閉じこもりが強くなる傾向を生む。

③閉じこもりが半年，1年とつづくと，家族は絶望的になることもある。時には，一生これがつづくのではないかと恐れる。

④多くの家族で「子どものことは，たとえ親やきょうだいにも話せない」と，親は感じ，家族全体が社会的に退却（social withdrawal）することになりかねない。

閉じこもりには精神分裂病性のもの（永田 1997，大森 1997）と非精神病質性のもの（近藤 1997，牛島 1997，中村 1997）とがある。登校拒否にみる閉じこもりは非精神病性のものである。教育・心理的支援ではまず，これらの二次的反応の防止に努める必要がある。中でも，子どもの閉じこもりと家族の社会的関係の

弱化またはそれからの退去が相乗的に働き，親子間に共生状態が生まれ，閉じこもりが思春期を越えて伸長する可能性を断ち切ることが重要となる。このために，親の不安や焦燥感を理解し，受容しながら登校拒否にみる閉じこもりの意義を親に説明することとなる。外見的には，無気力，怠惰にみえる子どもの生活も，長期的にみると，自己の内的成熟への営みであったり，次の発達段階への移行の準備期間であるので，親は子どもが自発的に動くまで「じっと待つ」ことが大切である。筆者は，既述のように，子宮回帰論，再育児法，または発達課題論などをケースに応じて保護者に説明している。

教育・心理的援助から閉じこもりが問題になるのは，子どもと直接接触できないことである。いきおい，ある期間，親のみとの面接となる。筆者のカウンセリングでは，はじめ親を通じて来談を求めるが，それに応じるか否かは本人に任せている。思春期，特に中学校期の子どもはほとんど来談しない。中には求めに応じて来談するが，2, 3回で来談しなくなることも少ない。親は「来談しない＝登校拒否がなおらない」と短絡的に受け止め，来談拒否を心配する。これについて筆者は，中学生一般の心理と登校拒否の子どもの対人的交流回避の心理を説明して，「心配はいらない。来談しないのは中学生らしい行動だ」と総括して，親の気持ちを静めることにしている。

子どもの来談，または閉じこもりを止めて社会活動が再開するまでには半年，1年，あるいはそれ以上の年月がかかる。それまで母親と1週間1回くらい定期的に面接し，時間をかけて，母親を通じて子どもの家庭内での生活行動の変化を期待している。この場合，親が1日も早い再登校への期待から充分解放されていることが重要である。再登校への期待があると，子どもの僅かな変化にも目がいかなくなるからである。

閉じこもりをめぐるカウンセリングでは，次の態度をとってきた。

(1) 自由で豊かな行動の場の保障

一見すると，外面的には子どもは自堕落で，つまらないことばかりをしているように思えるが，子どもは心の問題を抱えていて，その解決に向けて模索しているのである。ことばを変えると，新しい自分づくりに努めているという認識に立ち，親は閉じこもっている状態それ自体を大事に受け取り，それを守り，親が一歩下がって，子どもの自発性を待つ姿勢が必要である。従って無理に外へ連れ出そうとしたり，圧力で，または無理に自宅での子どもの遊びを止めさせようとしない。閉じこもりに伴いやすい昼夜の逆転も心配しないで認め，安心して「夜」の生活をさせると共に，「昼」も居心地のよい家庭の雰囲気を醸し出すように努力する。

極端にいうと，身体的弊害さえなければ，家庭内で自由に豊かに生活させることである。ことばを変えると，子どもが家庭の中であまり家人に気兼ねしないで，寛げる時間とスペースを保障する。子どもが受けつけるなら，子どもの遊び（テレビゲームなど）に親が参加し，子どもに教えてもらい，親も楽しむのもよい。子ども一人で入っているテレビゲームのバーチャルな世界に，時々親が加わることによって，現実性を加味できる。また，「興味の極限行動」に述べたように，遊びをふくらませ，発展させることも大事である。

(2) 家庭内での会話の持続

閉じこもりの程度が進み，これが長くなってくると，子どもは自分にとってより安全な場所，「閉じこもり櫓」を築き，家族を入れないし，面と向かってことばを交わさなくなる。親からみると，いつ起きたか，いつ寝たか，何をしているか，行動のいっさいがわからなくなることもめずらしくない。不安になって，しつこくきいたり，無理に入ると，争いになる。親が強く出ると，「櫓」の入り口は強化される。外から声をかけても，応答はいっさいなしである。親は心配になり，そっと子ども室のドアの隙間に耳を寄せ，中の動きを掴みたいとする。

筆者は，子どもの反応がなくても，できるだけ子どもにことばかけをするとの方向で親に対応している。食事時，外出や帰宅時にも優しく，また反応を期待しないで，声をかける。しかし，子どもの反応がない日がつづくと，いつの間にか，親の声かけもなくなっていく。子どもの心の中に無造作に「侵入」しないように配慮しながらできるだけ声かけしたいものである。

普段，親の接近をいやがっていても，子どもから話したがることもある。仕事で疲れて帰宅した時，あるいは真夜中に近寄ってくることもある。はねつけたい気持ちがあっても，親はこれに応じるのがよい。「明日にして……」とか，「いま疲れているから，後にして……」と，親が応じると，子どもは親に近寄らないことが多い。

不登校の子は「櫓」の中でひっそりとおり，居間では後の家族が賑やかに団欒しているという構図は，一人でいる者にとっては疎外感のもととなりかねない。子どもが居間に出てこないと思っても，親はみなとおしゃべりしないかと，声をかけるのがよい。

「櫓」の中に寂しく一人でいる子のことを気にし過ぎて，ひそひそと話すのもよいとは限らない。一人でいる子のことも配慮しながら，家庭生活を展開することになる。一人でいる子どもがいつ居間に出てきても，スッと団欒に加わることができる雰囲気が家庭に漂っているのが望ましい。

親の入室は拒否するが，きょうだいは認めるケースもある。親の代理として，

親の気持ちを伝えるために，部屋に行かせるのはよくない。早晩，その意図に気づくと，きょうだいとの関係は壊れる。きょうだいで遊ぶことに主力を置いたほうがよい。一緒に遊ぶこと，これも家庭内の会話である。

(3) 加点的に対応する

　登校拒否の子どもの行動，中でも閉じこもり中の子どもの行動には，なかなか変化が現われない。毎回のカウンセリングで，筆者は「いかがですか」との挨拶でカウンセリングに入ることが多い。いつも母親から「変わりありません」とのことばがかえってくる。これに反応して「どんなに変わりはないのですか」ときくと，日常生活がかたられていく。

　登校できたか，外出できたか，または家族外の人に会えたかなどの大きな尺度で，子どもの毎回の行動をみていると，子どもは，「いつも変わらない」。しかし母親がかたる子どもの家庭内の行動の細部に注目してきいていると，少しずつ変化していく様子がわかる。たとえば，母親へのことばかけ，表情などからはじまって朝の着替え，食事の仕方，テレビの視聴内容，視聴時間など，目につかないほどの，小さな変化が生まれることがわかる。

　閉じこもり中の子どもの行動は，登校や外出という大尺度でみるのではなく，これらの，小さい日常の行動の変化から，ことばを換えると，昨日より今日，今日より明日という相対的尺度でみることが大切である。大尺度でみると，変化がなかなか見いだせないので，子どもに毎日接している母親は心理的に行きづまり，不安定になっていく。小さな尺度でみると，毎回のカウンセリングでも，その変化がわかり，それについて母親に「望ましい変化，そして成長である」と，カウンセラーが保証すると，小さくとも，母親に希望がわく。この積み重ねが外へ出るという大きな変化をもたらす。

　登校できたか否かの大尺度でみると，1，2年以上も変化がみられないことも少なくない。それのみでなく，朝の着替えができだしたという変化も，登校できたことを唯一の評価基準にしていると，中学3年生なのに，着替えしかできないと減点的評価となり，母親は嘆くこととなっていく。しかし，昨日まで1日中，夜着のままで過ごしていたのに，今日は着替えができたと，昨日の行動をもとに加点的に評価していくと，子どもが，カタツムリのように，少しずつ明日に向かって動いていることがわかる。

　登校拒否の子どもはすべて自己不全感，自信の欠如などをもっている。身近で重要な人（キーパーソン）である親が加点的に子どもの行動を望ましいとみていると，次第に子どもは自信と自己尊重の心を取り戻すチャンスを得ることになる。

(4) 啐啄同時的に対応する

このことばは雛が卵から雛にかえる時の，親鳥と雛の協力関係を表現したものである。外へ出ようと，内側から嘴で卵の殻の中でコツコツつつく雛の働きに呼応して，外から親鳥が出やすいように，卵の殻に嘴で小さな穴をあけている状況を表現したことばである。

既述のように，登校拒否の子どもの閉じこもりを，鳥の巣籠りにたとえる人もいる。豊かに閉じこもりを保証していると，いつしか子どもの行動に望ましい変化が起きる。これが積み重なると，後述のように，自宅から外へ出たり，あるいは出る準備ができたとのサインをいろいろの形で——たとえば外出用の服を着ることが多くなる，友人の訪問にも拒否的でなくなる，電話にも出る，自宅で落ち着きを回復し，外に出ないだけで，あとの生活は登校拒否前のものと変わりがないなど——示すようになる。これらは，雛が内側から卵の殻を破る行動に対応している。雛と同じく，子どもも外出することに不安やいらだち，ためらいなどを示すことも少なくない。この状態で放っておくよりも，外から卵の殻を破る親鳥のように，親が「外出」を手助けすると，効果的である。たとえば，夜間のドライブ，少し離れた町の本屋へ，子どもの好きなゲームソフトや雑誌を買いに車で行くなどの方法で，外出に向けて子どもの背中を軽く押すと，子どもは外出に踏み切る。これを反復していると，自家用車による夜間外出に不安を示さなくなる。この経験を積み重ね，子どもに自信がつくと，土曜日の午後や日曜日の昼間に車で外出する方向へと，行動療法でいう継時的接近法的に（内山1972）進めることになる。

閉じこもりの解消をはじめ，教師や友人との出会い，あるいは学校復帰もこの啐啄同時的な対応で進めていくと，効果的である。

(5) カウンセラーとの出会い

親との面接でカウンセラーは家族関係の調整や子どもの，家庭内での心理的安定を促進し，その成長・発達を図ろうとしている。加えて，子ども自身の来談を期待している。カウンセラーと親との関係が成立し，その関係が深まるにつれて，親を通じて家庭の中に，そして子ども本人にもカウンセラーのプラスのイメージが伝えられていく。これが半年，1年とつづいていくうちに，子ども自身の中にカウンセラーと関係をもってもよいとの感情が育っていく。

一方，カウンセラーは親を通じて子ども本人に会いたいと伝える。子どもが承諾すると，カウンセラーの家庭訪問となる。また「会いたくない」の意志が子どもから伝えられると，カウンセラーもそれを受け止め，家庭を訪問しない。そしてある期間を経て，再び，カウンセラーからの家庭訪問のメッセージを子どもに伝えられる。

筆者の経験によると，難しいケースでも約半年または1年間ほど経つと，家庭で子どもに会えるようになる。最悪の場合，子どもに会えなくても，カウンセラーが家庭訪問することを子どもが承諾する。カウンセラーは親と協議して定期的に家庭を訪問し，親と面談して，退去することになる。子どもが自発的にカウンセラーに会う日まで，これがつづけられる。子どもはカウンセラーに直接会わないが，自室でカウンセラーの訪問の声をきき，退去の挨拶の声をきく。この訪問を筆者は声の訪問，近藤（1997）は空振り訪問とよび，かなりよい影響を子どもに与える。訪問の初期には子どもは，約束を破って，または理屈をつけてカウンセラーが急に自室に入ってくるのではないかと疑心暗鬼の念に駆られる。回を重ねても，カウンセラーが約束通りに，無断で入ってこないことがわかると，子どもは落ちつく。そして，カウンセラーを信頼しはじめるのである。
　子どもの閉じこもりは，カウンセラーとの信頼関係の形成とカウンセラーとの出会いのはじまりによって終わりを迎えることが多い。
　カウンセラーの家庭訪問の仕方は第8章のとおりである。
　ケースによっては登校拒否・閉じこもりから回復して，中学校卒業後に再び閉じこもりがはじまることもある。この場合，筆者の経験では3つの可能性がある。ひとつは統合失調症など精神障害のひとつの病相としての閉じこもり（引きこもり）である。既述のように，登校拒否と診断されて，途中で統合失調症とあらためて診断されるケースもある。また不登校として対応されてきた子どもが生涯診断で統合失調症とされた例もある。閉じこもりの背景に人格障害が存在する可能性もある。藤原（2001）によると，人格障害とは「ある個人に特有で持続的な認知の仕方，感情のありかた，行動の仕方，対人関係のもちかた，などの集合体としての人格自体のために個人が苦しんだり，不適応になったりしている事態」をいう。そして，……「成人としての人格がほぼ明確な形を取る青年期後期頃から，いつからとは明瞭にできない形で人格障害はおのずと姿を現し，加齢の影響をこうむりつつ生涯恒常的に持続する」という。DSM-Ⅳでみると，回避型人格障害，自己愛型人格障害，分裂病気質人格障害，脅迫型人格障害などが引きこもり（閉じこもり）の背景にあることがある。また，登校拒否の子どもが十分に回復しないまま進学先や就職先が決まり，社会活動を再開したが，うまくいかず，強い無力感に襲われて，再び閉じこもりがはじまることもある。早すぎた旅立ちといってもよい。中学校期の登校拒否の子どもは卒業と同時に，進学や就職で登校拒否状態から解放される。というよりも，学校卒業によって義務教育が終了し，学校から解放される。中学校で長く閉じこもっていた子どもも，これらの解放または解放への予感によって抑圧感がとれ，中学校卒業を目前にして他の友人たちと共に進学や就職へと動いていく。子どもの中には，登校拒否から十分に回復してい

ないまま，この流れに乗って動くものもいる。そして高校や職場で不適応感を味わい，閉じこもりが再開されることになる。2回目の閉じこもりは前回よりも重くなる傾向がある。そして，中学校期は義務教育期間なので，相談機関の専門家，スクールカウンセラー，教師などがかかわるが，中学校卒業後には，かかわる機関，専門家，教師が少なくなり，家族だけに任される事態となるものも多い。これが2回目の閉じこもりを重くする要因のひとつともなる。

　閉じこもりの背景に精神障害や人格障害がある場合には精神科医の支援が必要となる。またこれらの疑いがないケースであっても，閉じこもりが半年以上もつづき，そして家庭内生活に好転の兆しがない場合には，精神科医の診断をすすめるのがよい。子どもの受診が難しい場合には，親だけの相談とならざるをえない。

課題10　昼夜逆転への対応
　思春期のケースでは昼夜逆転は登校拒否と同時に起こったものが約6割（西川1990）で，多くの登校拒否に随伴している。

　親にとって昼夜逆転への心配は，①不登校事態の直接的原因ととられやすい，②家庭生活のサイクルが乱れる，③睡眠不足による子どもの健康の心配などにまとめられよう。

　不登校の直接的原因についてみると，登校拒否の本態が十分に理解されていなかった昭和3，40年代には，専門家の間では昼夜逆転を修正しようとする努力が親をとおしていろいろ試みられた。その努力の末に，現象的に昼夜逆転の修正（午後10時頃就寝して午前7時前後に起床）だけでは親子間にトラブルと緊張を生むだけであることが明らかになった。昼夜逆転に潜む子どもの心理を十分に理解して，家族関係を含めて子どもの生活全体にかかわらないと効果がないことがわかった。そして，昼夜の逆転には親は共感と受容の態度をもってかかわっていくのがよいという考えがつくられた。また，昼夜の逆転の生活の中で子どもは無意味な生活，怠惰な生活をしているのではなく，それなりに意義があることも明らかになった。たとえば，子どもは，夜間，自分の好きな活動——テレビ視聴，テレビゲーム，漫画など——を能動的に行っている。深夜のラジオのパーソナリティのかたりかけのことばの中に，自殺念慮を抑え込んだり，自分のいまの状況や過ぎし日の楽しい思い出，悲しいできごとを想起して，自分を静かに見つめたりしている。

　子どもたちは，閉じこもりと昼夜逆転，そして局限した興味・遊びなどを内容とした第3世界（第1世界が家庭，第2世界が学校であるのに対して）をつくって，自分の生き方や将来を模索していると，解釈できる。そして，この種の模索が豊かにできるように，第3世界の存在を保証することが対応の基本となる。

滝川（1990b）は、昼夜逆転の生活について子どもが昼おそくまで寝ている状態は、「登校して自室に日中いないという登校状態に似た状態を出現させることで、子どもにとっては保護空間となっている」と指摘し、ついで「日中、学校を休んでいる引け目や不安から閉じこもっているしかないが、子どもも大人も家に帰り、寝静まる時刻になってやっと社会的な規範意識（引け目）から解放され、能動的、主体的な活動をはじめるのは、おおむね夜の時間からというのも頷け、昼夜逆転は病的とか、異常な現象でなく、ごく自然なことである」と、昼夜逆転の意味を端的に図7-2のようにまとめている。

親からみた昼夜逆転の第2の問題点として、家庭生活の乱れがある。家族が1日の生活を終わって寝る時間帯になると、子どもの一日の生活がはじまる。時にはその物音で家族が入眠できないこともある。朝になると、いつ起きてくるのかもわからず、在宅している母親は食事の準備もままならない。仕事をもつ母親には子どもの弁当づくりも仕事となる。

就寝、起床、食事からはじまって、子どもの昼夜の逆転は家族の生活の歯車を狂わせることになる。これについては家族が受け入れ、子どもと家族の波長が合うようにする以外に有効な方法はない。多くの場合、親が昼夜逆転の意義を理解し、子どもの生活を認めさえすれば、両者の軋轢は大きくならない。

子どもが昼夜逆転の生活に入ると、親には子どもの安静な睡眠を保障することが大切となる。多くの子どもは、眠い時に寝て、起きたい時に起きるといった「自然人」的な生活をしている。閉じこもりが加わると、親にはいつ寝たのか、起きたのか、何をしているのかわからないことも少なくない。心配のあまり子どもの部屋の前で、きき耳をたて、室内の様子をうかがったり、子どもの意に反し

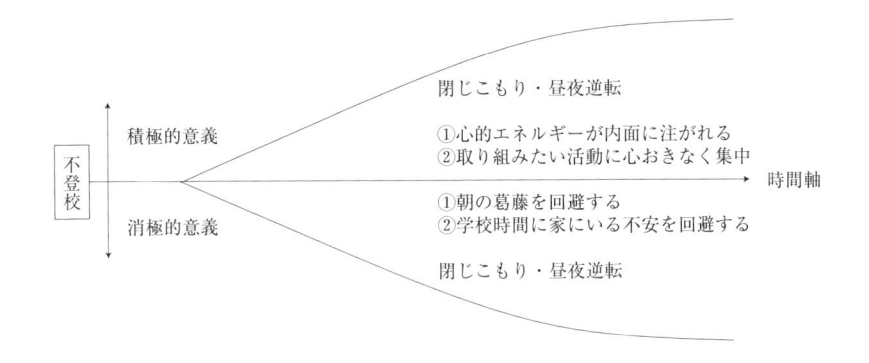

図7-2　閉じこもり・昼夜逆転の意味（滝川 1990b）

て，子どもの部屋に押し入り，子どもといい合いも起こりかねない。
　子どもの閉じこもりや昼夜逆転に馴れてくると，親は子どもに夜の生活を任せて，子どもは子ども，親は親と割り切って寝ることもできるようになる。この頃になると，子どもは落ちついて，夜を昼に置き換えて，盛んに活動することとなる。

4　啓蟄の時期

　広辞苑によると，啓蟄とは冬ごもり中の虫が地上に這い出ることである。外気温がある水準以下になると，虫は外気より温かい地中に入り冬ごもりをはじめる。そして外気が温かくなると，虫は地上に出て活動をはじめる。
　登校拒否の閉じこもりを「まゆ」の時期とか，「巣ごもり」にたとえることができると前に述べたが，登校拒否の子どもがその状態から徐々に脱して，社会活動再開に向けて動きはじめた頃の状態は啓蟄の時期と表現できる。
　この時期はあきらめ・自己探索の段階の一部と回復の段階を含む。
　啓蟄の時期になると，子どもはうちに閉じこもっていても，家庭内の生活では落ち着きをみせ，登校拒否前と同じ状況を取り戻していることが少なくない。親からみると，「学校に行かないだけで，あとは全て前と同じで，あまりいうこともない」と思わせるほどの状況となっている。この時期の，子どもの状況の中で特長のある啓蟄的活動を列挙すると，以下のようになる。これらの特長ある行動が少しずつ出現し，多くなっていくと，啓蟄活動が強まってくるとみてよい。

・情緒的安定が増し，感情の起伏が小さくなる。
・生活の乱れが少なくなっている。起床，就床，食事の時間もほぼ一定している。
・昼間，夜着から普段の服装に着替えている。
・興味の局限行動は完全に失くなってはいないが，耽溺時間は短くなり，時々退屈だ，何もすることがないと，不満らしいことをつぶやく。
・家事の手伝いにも関心を向けるようになる。
・家族が学校にふれても，あまり感情は変化しない。時には家族の話に乗ってくる。
・以前には拒否的であった学校からの連絡物を自分で読み，その内容について家族に話しかける。
・「外に出てみては…」との，家族の誘いにも過敏に拒否的に応じないで，きき入れるような素振りが多くなる。
・カウンセラーからの家庭訪問の申し出にも，頭から否定的な態度はとらない。自分との面接を求められなければ，カウンセラーの家庭訪問には拒絶的では

ない。
・目につかないところに置いていた学生服，教科書やノート，カバンなど，通学に必要なもちものが自室の机や壁に姿をみせる。
・自室を自発的に整理整頓し，時に掃除もする。
・親に散髪させる。
・子どもの方から学校を話題にし，「いま頃学校では……が行われている」など，淡々と話すこともある。
・友人と電話で話したり，友人の来訪を受け入れる。時には外で友人に会える。

寸描した啓蟄期の子どもの動きは，虫が地上に出て活動を開始しようとする時を彷彿させるものであると共に，雛が卵の内側から外に出る準備ができたと鳴く音（啐）にもたとえられる。

参考までに，滝川（1990c）の回復期の目安をあげておきたい（表7-7）。

表7-7 回復期の目安（滝川 1990c）

---
1. 子どもの気持ちが安定してきている。
2. 家族の気持ちが安定してきている（子どもを安心して見守れるようになってきている）。
3. 学校も子どもに関心を持ちつつ，見守ってくれている。
4. 子どもの生活にリズムが生まれてきている。
5. 子どもの生活リズムと家族の生活リズムとの波長があってきている。
6. 子どもがなにか家の中で自分のすること，やり甲斐のあることを見つけている。
7. 遊びや趣味への没頭だけではなく，手伝いや勉強などの試みも始まっている。
8. 子どもの模索行動が家の中から，外の世界にも伸び始めている。
9. これからどうしたいのか，学校のことをどう思っているのか，といったテーマについても，子どもが自分なりに考えてみたり，話し合ったりできるようになってきている。
10. 子どもや家族が，先の見通しが開けつつある実感を掴み始めている。
11. 子どもが先の見通しをもち，それに向けての具体的な模索が始まっている。

課題11 外出・社会活動参加への支援

多くの場合，子どもが，ある日，突然，自己決定的に外出・社会活動を決断し，外出することはあまりない。たとえそのようにみえたとしても，子どもの気持ちの中ではいろいろの葛藤を経て，あるいは努力の末に外出へと漕ぎ出したとみてよい。先にみた啓蟄的活動の時期，あるいは回復期の外出・社会活動参加の決断には，外出時の不安やためらいが伴い，「清水の舞台から飛び降りる」ほどの勇気を必要としていると，具体的ケースの経過をみながら思うことが多い。

外出・社会活動参加は，①依存型，②誘導・押し出し型，③自己決意型の3つに分けられる。依存型は小学校低学年に多く，親の外出につられて外へ出るもので，これは，教育・心理的援助からみると，難しいものではない。閉じこもり度も弱く，登校拒否に伴う心理的葛藤も強くない。閉じこもりも強く，登校拒否に

関する心的葛藤が著しい思春期ケースでは誘導・押し出し型が少なくない。
　以下，誘導・押し出し型の外出・社会活動について述べる。子どもは，回復期にいろいろの啓蟄行動を家庭内でみせても，自分で外出を決断できない状況に置かれている。啓蟄行動を「啐」とみると，これに合わせて適切な親による「啄」が必要である。親は啓蟄行動を十分に理解し，ゆったりとした気持ちの中で子どもの気持ちを受容しながら，必要に応じて，子どもが外へ出ることを決断できるように，「啄」的行動をとることが大切である。親の啄行動に対して，子どもの不安が強ければ，それに共感して，親はそれ以上の無理はしない。子どもの「啐」と親の「啄」とのからみ合いを，何回か繰り返しているうちに，子どもが外出の決断をすることもある。お互いに知っている友人や知人のいる近隣に外出ができるようになるまでには，親の側の努力が必要である。筆者らがよく試みた方法や外出先には以下のものがある。

①散髪の機会の利用
　　閉じこもりと登校拒否への心理的葛藤が強い段階では，子どもは散髪に応じない。親に散髪したいといえる時期になると，子どもの心理的状況は好転してる。この時期に夜または土・日曜に自家用車で学区外にある散髪屋に誘うと，子どもは応じやすい。

②距離的に離れた親戚訪問
　　学区外の，祖父母のいる母の実家，親しいおじおば宅への訪問もよい。子どもが訪問したくなる機会――たとえばお祭りなどの行事，病気見舞い――を利用するとよい。「自分が不登校中であることを知られていない」と，子どもが理解している場合，訪問しやすい。

③子どもの興味・関心の利用
　　たとえば，パソコンの好きなケースでは新製品の展示会の見学，車に関心をもつ子どもでは，新車の展示会やサーキットなどの見学機会を利用する。

④親の会への参加
　　筆者は登校拒否の子どもと共に歩む親の会（愛和会）のカウンセラーを15年間つづけている（辻川　1999）。平成16年4月現在で月1回で173回を重ねている。親の会には子どももグループをつくり，卓球，スケート，たこ焼きなど，季節に応じた活動が組まれている。年間を通じて参加する親の場合，いつの間にか，子どもが参加できたケースも少なくない。

⑤学校行事の利用
　　運動会，中間や学期末試験，文化祭，修学旅行，自然学校などの学校行事に子どもが参加できることもある。学校行事の利用には担任の協力が必要である。担任の役割は学校行事の案内と参加への要望を親と子どもに伝えることと，行

事に参加した時の，子どもへの適切な対応である。対応については，後述の子どもへの教育・心理的支援で述べる。

　外出への決断は相撲の仕切り直しと同様，エネルギーの高まりが必要である。外出も一度できたからといって，一本調子に回数も増え，その内容も充実したものにはならない。期間を置いて，あるいは親か家族の励ましの末に，おずおずと誰かに出会うのではないかとの不安の中で自宅から外に出る。そして，外出の回が重なるにつれて，外出に伴う緊張が少なくなっていく。散髪のための外出を例にとると，何回かのすすめによって，父の車で，級友と出会う心配のない，自宅から離れた地区にある店に行く。知人や友人にも出会わず，店の職人も親切で，気に入った形の髪形ができて，満足すると，この外出は成功となる。同じ店に何回か父の車で通い，外出に馴れていく。時を見て，日曜日など，学校が休みの日に，自宅近くの散髪屋をすすめてみる。これに応じない場合には，自宅から離れた，馴染んだ店に行くことになる。
　散髪のための外出に成功すると，週末のドライブなどに誘い，次第に外出の回数を増やして，外出の不安を解消していくことになる。
　登校拒否の行動特徴として，学校の開かれていない時間帯（夕方，休みの日など）には緊張や不安が少なくなる。この特徴を利用し，外出日や時間を決めるとよい。
　外出は，対人的交流を回避したい登校拒否の子どもには，心理的に大きな挑戦の機会である。子どもの不安や緊張を十分に理解して「外出」への試みを気長に実行することになる。試みが失敗に終わっても，親は気にせず，また子どもを責めてはならない。

課題12　回復期以後にみる特殊な課題への対応
　登校拒否状態から回復する過程で子どもはいろいろの課題を呈示する。これは教育・心理的援助による有効な変化であって，親や教師による適切な対応が求められる。これらの課題には次のものがある。
　　・進路に関するもの：進級，休学・復学，転校，退学や進路の決定
　　・社会活動のための準備行動：整理整頓，調髪，旅行，アルバイトなど
　これらの課題はすべての子どもにおいて，順序正しく生まれるものではない。筆者の経験では，子どもが閉じこもりから解放されて，生活を家庭外に求める時期に生まれるもので，その対応には両親による配慮と支援が求められる。これらの課題の解決が閉じこもりの幕引きに有効に働くことがある。

(1) 進路に関する課題

　親にとって子どもの進路は不登校以上に関心事である。子どもが不登校になっても，それが進路を阻害しないなら，親には小さな問題でしかない。不登校が子どもの進路を阻害し，将来に大きく響くと考えているから，不登校は親にとって大きな問題となるのである。

①小中学校における進級，留年，休学，卒業

　進級や留年には，法律で一応の枠が決まっている。学校教育法施行規則第27条では「小学校において，各学年の課程の終了または卒業を認めるに当たっては児童の平素の成績を評価して，これを定めなければならない」と決められており，中学校ではこれを準用するように定められている。さらに，学校教育法では，「就学義務期間は満15歳に日の終わりまでとする」と定められている。

　進級・留年は，最終的には学校長に決定の権限が認められているが，学校長一人で決めることはなく，担任の意見を中心に教員や保護者の意見をきいた上で，教育的に判断されることが多い。

　義務教育は子どもが満15歳に達した年の，年度末に終わることとなっていて，親も地方自治体も，子どもの教育責任から解放されるようになっている。従って，たとえば，子どもが小，中学校を通じて1年以上休学または留年すると，在学中に義務教育が終わってしまうことになる。昭和3，40年代には，義務教育期間の終了で，卒業でもなく，退学でもなく，中学校を終わっていても，卒業証書を入手できない子どももいた。いまは登校拒否の実態も充分に理解され，「児童の成績」が評価できないレベルの子どもであっても，また出席日数が少なくても，学校長の教育的配慮から小・中学校では進級や卒業認定が行われている。

　義務教育である小，中学校では，留年，休学は不登校を理由としてこれが実施されることはほとんどない。留年や休学は小・中学校では不登校対策としては有効でないばかりか，反対に，不登校傾向を強めることが明らかになったからである。また，子ども本人も留年や休学を望まないことが多い。

　小中学校の不登校への対応の実際で，進級や卒業の取り扱い方に疑念を覚えることがある。不登校への理解が進むにつれて，教師も親も，また子どもも，長い間学校を休んでも，義務教育であるから，当然進級できると思っている。事実，担任教師が親に対し，また時に子どもにも，「休んでいても，進級できるから心配しなくてもよい」と，早い時期から保障するケースが少なくない。親や子どもの，進級できないかも知れないという不安を静めるために，または自宅でイライラして落ち着きがない子どもに安心感を与えようとして，教師が早々と進路・卒業を保証するような対応をしている。これはすべて悪いとはいえないが，ケースによっては子どもを登校させるための，強力な手段を教師が自ら捨てていること

にもなる。

　教師やカウンセラーがかなりの期間かけて支援した結果，子どもの家庭生活が安定し，学校復帰が望める状態になっていくケースも多い。しかし，子どもがある朝，突然，学校へ行くと自発的に決断し，登校するケースは少ない。子どもは学校へ行く，または行けないと，何回か躊躇し，なかなか登校にいたらないという経過をたどることが多い。この時に，外からの力，親または教師あるいは友人がためらう子どもの背中を心理的に押すことが登校に結びつくことがある。たとえば，教師が「元気を出して来いよ。進路（進級）が決まるように努力するよ」とか，「3学期の終わりも近い。2, 3日でよいからきてみないか，くると進級（卒業）できるよ」など，子どもの状況を検討しながら，教師が背中を押すと，登校できることがある。こういうアプローチはいうまでもなく，回復期に入ってからである。

　中学生の中には不登校経験をもつ先輩から「学校へ1日も行かなくても，進級（卒業）できる」と教えられて，自分から「休んでもどういうこともない」と，親に公言するものもいる。このような事例では筆者は親と子どもに法律の該当の条項を渡して，「法律では義務教育だから，当然，進級または卒業できるということになってはいない。それを決める権限は校長にある。校長が，欠席が多いので，成績を評価できない，進級や卒業させないと決めても，違法ではない」と説明し，登校へと誘う対応をとることも少なくない。

　筆者の5年間のスクールカウンセリング体験では，回復期にあるケースでは，登校への「背中押し」は有効である。筆者は主に3年生の2学期末頃から子どもの状況を詳細に検討し，回復期にあって「背中押し」刺激を与えても，子どもの心理的状態は悪化しないと予見できたケースについて，次のような対応をとることもある。「校長として卒業させてやりたい。しかし，私が一度も顔をみたこともない子どもには卒業の可否を決める資料がない。ぜひ，会いたい。放課後でもよいし，土曜日でもよい，学校にきてほしい」と，担任から本人または保護者に伝える。もちろん，保護者には，「背中押し」としての校長のことばの真の意味を事前に十分に伝え，協力を求める。このような対応によって1〜3年振りに，毎日でなくても，登校できるようになることがある。子どもの状態が悪化へと向かうことがわかると，この対応は即座に中止するのは当然である。

　筆者は登校拒否への教育心理的対応の目的を学校復帰に置いてはいない。中学校3年間を全欠していても，その間にパーソナリティなどの成長発達が進められればよいと考えている。しかし，一方では，1日でも登校して友人たちと出会い，卒業式に出席し，卒業証書をみなの前で取得できたという経験は，卒業後の子どもの生活に，かなりよい影響を与えることも，筆者は十分に経験的に知っている。

卒業式に出席できなかったケースでは，卒業式の当日の夜などに校長室に子どもと保護者の来校を求める。学年の教師全員の立ち会いのもとに，卒業証書授与式を行うように，筆者は関係の校長に要望してきた。子どもにも，保護者にも，卒業は人生におけるひとつの区切りであり，みなの祝福の下で儀式を行うことは，学校への束縛感から子どもを解放し，町で友人と出会っても，対人的回避行動をとらなくてもよいので，有意義である。

②高等学校における留年，休学，退学，転校

これらの課題は義務教育としての小，中学校とはちがう面がある。

高等学校でも学校教育施行規則第27条を準用するように決められており，「平素の成績を評価して」進級や卒業を決めることになっていて，中学校と変わらない。しかし高校では中学校と違って単位制であり，学校教育法施行規則第63条の2に，「校長は，生徒の高等学校の全課程の終了を認めるに当たっては，高等学校学習指導要領の定めるところにより，80単位以上を修得したものについて，これを行わなければならない」となっている。

この規定に準拠して，各県で高校の単位認定の県基準を設けている。たとえば加藤（1995）によると，「単位認定の条件を満足しないものがいる時には，校内に置かれた単位認定委員会で審議し，校長が認定，不認定を決定する。教科，科目の評定が1のもの，及び1単位につき出席時数が24単位時間未満のものは単位を認定しない」と決めている県もある。

中学校に比べると，高校では成績と出席時間数，特に後者の要件がいっそう大きい意味をもっている。加藤は，大体のめどとして高校生が連続して約2か月欠席すると，留年が近いと思ってよいという。

登校拒否の支援をしているカウンセラーからみると，高校側が一定の要件に満たない生徒には，あっさりと留年措置をとったり，自主退学を勧告するという印象をもつことが少なくない。時には高校のやり方は「問答無用」という印象をもつこともある。中学校教師が熱心に指導している状況と比較すると，高校は登校拒否の子どもに冷たいと慨嘆することさえある。筆者はこれらの印象を，登校拒否にかかわってきた初期の頃に強くもった。しかし，思春期登校拒否の実態とカウンセリングの難しさを知るにつれて，高校側の「問答無用」式の措置にあまり反発を覚えなくなった。留年や退学の決定後に，子どもへのカウンセリングがスムーズになった事例が多い事実を知ったのである。留年や退学措置が決まると，多くの場合，当分の間，子どもの状況は変わらないで，自宅に閉じこもっている。ところが2, 3か月を過ぎると，子どもは安定し，閉じこもりを止めて，外で活動するようになるし，カウンセリングのために，相談機関に通うこともできるようになる。

筆者の臨床的支援では，留年または退学の決定に，子ども本人が積極的にかかわるように助言している。具体的には，学校または自宅で担任に会い，何回かの話し合いを経て，たとえば，子どもが退学願を自分で書くように支援している。この場合，避けたいことは，親が子どもに内緒で，または子どもに代わって留年や退学を決めないことである。親が本人の了解を得ないで学校と交した約束を知ると，子どもは親に怒りや不信感をもつ。また子どもに代行して親が約束すると，後日，「僕はそんな気持ちがなかったのに……」と，逃げてしまうこともある。

　大切なことは，子どもが状況を検討し，いろいろ考え，そして決断し，自分の責任で実行することを通じて，発達していくという考え方である。これは，留年や退学という，子どもの人生にとって節目となる事態において親や関係者が子どもにさせなければいけない重大な活動なのである。親や関係者の中には，17, 8歳という年少の子どもに，人生の重大な選択ができるかの不安があることも少なくない。この不安も十分に理解できるが，親の心配や考えを率直に子どもに説明し，何回かの話し合いを経て，最終的に子どもに選択させると，子どもは正しく進路を決定できる。この手続きで進路決定したケースで，子どもから，後日，親にクレームがついたり，子どもが後悔したことはほとんどない。留年や退学が人生の終わりでなく，子どもが人生に向けて歩みはじめる第一歩であり，親がそれを絶えず暖かく見守り，支援していくことになると，子どもは少しずつ歩みはじめ，次第に確かな足どりで社会活動に参加できるのである。

　子どもによっては留年または退学後に，カウンセリングや医学的治療に専念することが必要なケースもある。「学校に行っていない」という心理的葛藤から解放されて，積極的に必要な治療に参加できることとなる。

　子どもが高校を退学しても，その後何年かして，他の高校または大検に進み，専門学校や大学に進学するケースもめずらしくない。

③転校・進路変更

　登校拒否になると，多くの場合，子どもはその事由として，学校内のできごと，たとえばいじめ，教師の不当な対応，ハードな部活動などをあげる。休んで自室にいる子どもは，学校の話題にふれさえしなければ，よい子どもである。高校や大学への進学を希望している親は，子どもを休ませたくない。この2つの状況の中で，小，中生では転校が話題になる。また高校で出席日数の不足で留年が要望された時に，親は転校を考える。留年になると，後輩と同じクラスになるとか，同級生だった人に恥ずかしいなどの子どもの気持ちも，転校へと傾きがちとなる。

　転校相談を受けた教師は，概して，否定的である。親は登校拒否の主な原因が学校にあるとして転校を考えるが，教師は本人のパーソナリティや家庭に問題の根源があるので，転校によって学校に行けると考えていない。

転校には肯定論と否定論がある。どの論をとるかは登校拒否の支援経験に規定されていて，転校で事態が解決された経験をもつ者は転校もよいとするし，そうでない場合は否定論となりやすい。

　否定論の人は，登校拒否事態の解決のために，転校しても，すべてうまくいくものでないとする。実際，転校してもすぐに行けなくなってしまうケースや，転校後しばらく登校できても，その後，また登校拒否になった例も少なくない。

　要するに，転校否定論では，転校措置だけで登校拒否事態が解決しないとみている。その根底には，子どもの中には対人関係に多くの課題をもちやすい傾向をもつものがいると，指摘する人もいる。この考え方をもつ人は，いまの学校で事態の解決を図るのがよいといい，容易な転校措置によって，問題の本質からそらし，社会的不適応が強化されないようにするのがよいとしている。

　一方，たとえばしつこいいじめから登校できなくなり，教育委員会の支援で隣の学校に転校し，うまくいった経験をもつ人もいる。あるいは職業科高校へ進学したが，自分の期待と大きく食い違い，翌年，普通科高校を受験し直したものもいる。このような経験をもつ人は転校を肯定する。

　登校拒否を解決するために，単に転校だけで対応することには，一般的に慎重でありたい。転校しても，登校できる保障は少ない。いまの学校の状況，子ども本人の気持ちと性格傾向，転校先の受け入れ状況，そして親の気持ちなど，いろいろの状況を検討し，転校の可否を決めたい。

　転校によって登校拒否事態が解決する可能性のある条件をまとめてみる。

　①いじめなど，登校拒否を引き起した，明白で，客観的な外部状況があるか。

　子どもがいう登校拒否の事由の中には，主観的で浮動的なものもある。反面，第三者に「なるほど」と理解できる外部状況もある。主観的といっても，子どもが嘘をいっているとか，子どもの誤解だというのではない。主観によって私たちは行動することが多く，その中での，より客観的で「なるほど」と理解できる状況をいうのである。

　明白で客観的な状況が強ければ，それだけ，子ども個人の事情が入っていないと判断できるのである。

　②子どもの側に，スムーズな対人関係の展開に不利になりがちな状況はないか。

　子どもの中には恥ずかしがり，内気，非社会性，過敏な対人的感受性，孤独がちなど，スムーズな対人関係の展開に不利となりやすい性格をもつものもいる。このような傾向があると，転校先の学校でうまく仲間集団に入り込めない可能性が高い。

　③子どもの側に，特に高校生では，転校について明白な意志をもち，現実的で実行できる計画をつくり，自分でその実現に動くことができるか。

子どもによっては転校を望んでいても，自分では行動できないで，親に依存しているものもある。自分で担任に会い，転校願を書き，転校先の関係者と会うなど，その実現に努力する行動力があると，転校先でもうまくいく可能性がある。
　④転校先の学校の受け入れ態勢ができているか。
　めずらしくないことだが，親や関係者の中には転校の事由を転校先の学校に説明しないで，転居・転校方式をとっている場合もある。親からすると，事由をいうと転校を受け入れてもらえないとか，事前にいうと，偏見をもたれるのではと，登校拒否事態を説明しない人もいる。原則的にいえば，これを説明して，十分，相手校の理解と支持を得てから転校するのがよい。
　転校のみでなく，高校を中退して就職するとか，専門学校，大検の受験，海外留学などいろいろの進路変更がある。これらの変更が直ちに登校拒否事態の解決につながらないこともある。たとえば就職しても職場不適応になることもある。しかし，うまくいったり，あるいは何回かの失敗を重ねて事態を克服し，社会的自立を果たした事例も多い。
　筆者は，登校拒否は子どもにとって発達課題を解決する機会であると考えているので，子どもが自主的に転校や進路変更について十分に考え，選択し，実行できていれば，早晩，登校拒否事態は解決し，社会的に自立できると考えている。親や関係者はこの方向に向かって，子どもを支援していくこと，一言でいうと，自己解決能力を育てるように援助する必要がある。

(2) アルバイトなど
　登校拒否の回復期によくみられる動きの中にアルバイトやオートバイの運転免許証の取得，小旅行などがある。かなりの期間，自宅に閉じこもっていた子どもがこれらの動きをみせはじめると，親は喜ぶと同時に不安にもなる。オートバイ免許証の取得とオートバイの購入は，特に親には不安が伴う。
　①アルバイト
　義務教育期間中，労働基準法第56条などで子どもの就業は禁止されているが，登校拒否の支援では中学生のアルバイトの課題が子ども本人または親から出されることがある。加えて，筆者は，アルバイトができると思うケースではこれを肯定的に取り上げる。というのは，アルバイトへの願望は登校拒否からの離脱の動きであり，長期入院患者のリハビリテーションと同じく，学校という社会への復帰の，ひとつの過程と考えているからである。
　筆者のケースでは，新聞配達，年末の郵便局での葉書の整理，スーパーマーケット，パン屋，魚屋，建築業，ガソリンスタンド，飲食店，クリーニング店などでのアルバイトがある。さらに，家業の手伝いや内職などの，自宅でのアルバイ

トがある。アルバイト先には，当然，親の知り合いが多い。

　アルバイトの発端は子ども自身の要望によることもあるが，親のすすめによることもある。登校拒否の回復期になると，子どもが「何もすることがない」「退屈だ」などを口にすることが多くなる。それに応じて，親が「アルバイトでもするか」とか，「一緒に内職をしようか」とすすめるのである。

　アルバイトは親が一方的に決めるよりも，子どもが自分から新聞広告などで探すのが効果的である。

　アルバイトは法的に，または学校で禁止されている。自宅外でのアルバイトは事前に学校と話し合い，了解を得る必要がある。相談を受けた学校はアルバイト中の事故と，他の子どもへの影響から，積極的に賛同することはない。子どもにとっての，アルバイトの意義を説明し，事故を含めて親の責任で実施したいと，学校に説明すると，「やむをえない」と賛同が得られる。

　アルバイトの意義は次のとおりである。
①アルバイト先は家庭と学校社会の中間にあって，子どもにとっては長い閉じこもりから解放され，学校という社会に復帰するための，足ならしである。
②アルバイトという就労によって，生活時間に区切りがつけられ，これまでの不規則な生活を改めため，そして家庭という保護空間よりも大きい，社会空間で自主的，積極的に心身の機能を使うことができる。
③ある期間，家族外の人々と共に働き，一定の報酬が得られたという就労体験によって，やればできるという自信を味わう。
④アルバイトを通じて，閉ざされていた家族外の人々と交流できる。これが登校拒否中にみられた対人関係回避傾向をやわらげることとなる。
⑤予定通りに，アルバイトを成功裡に終わると，欠けていた自己不全感を補い，もっと広い社会的経験へと自分を駆りたてることができる。

　アルバイトは，保護され，ある意味で安心できる家庭内閉じこもりから勇気と決断をもって冒険に出かける状況に等しい。従って，子ども本人，親，アルバイト先の事業主などは，安全について留意しながら，学校を含めてみながこれをサポートしていくことが大切である。

②運転免許証の取得とオートバイ運転

　登校拒否の回復期に子どもが自発的に免許証を取りたいという。また教育・心理的支援の過程で教習所に通うことをすすめることもある。個人が満16歳になると，50ccクラスの運転免許が，また18歳に達すると，普通乗用車の免許が取得できる。しかし高校の中には「とらない，乗らない」と，免許証の取得を禁止している学校もある。

　子どもが免許証の取得をと望んだ時，多くの親は，これをチャンスに子どもが

外に出るようになれると喜びを味わう反面，事故が心配と難しい判断をせまられる。オートバイでは乗用車に比べて危険への不安が高い。筆者は，子どもの情緒的安定度や性格，危険性とその対応などについて親と話し合い，原則として，教習所への入所に賛成の方向をとることが多い。これを認めることは，免許取得後にオートバイや乗用車を購入することになるとの予想のもとに，親は事故，補償，安全運転についても，十分に子どもと話し合う必要がある。特に，事故は相手方にも子ども自身にも大変な事態になる。子どもへの愛情と健やかに伸びてほしいとの，親の気持ちを率直に子どもに話し，事故の危険性について十分に話し合っておくことも大切である。登校拒否の子どもには親を含めて人間への不信感がある場合もあるので，子どもからみて，親が自分のことを心配している，大切に思ってくれていると感じるように話し合う。

　教習所に通いたいと望んだ子どもの中には，十分に予想されるが，未知の人に出会うことや免許のための筆記試験への不安から（子どもの中には学校の試験に不安をもち，登校しないこともある）直前になると，入所を拒否することもある。親は「また行きたくなった時に入所したら……」と，にこやかに黙って容認するのはいうまでもない。この事態を回避するには子どもが，自分で自ら教習所に出向し，職員から教習の内容をきき，入所の手続きを行うのがよい。これも留年や退学の時と同様に，問題解決能力の育成に役立つ。

　筆者が免許証の取得とドライブ，あるいは旅行に肯定的な対応をとるのは，この一連の子どもの活動は，子どもの家族からの分離・独立の準備のはじまりであると考えているからである。

　思春期一般の心理として，思春期は家族からの分離－独立に向けて準備活動が盛んである。この中には，児童期までにみられた親への依存行動は次第に消失し，親を批判し，否定し，親子間に心理的緊張が生まれる。また親と一緒に買いものや旅行に行くよりも，友人と行動を共にする傾向が強まっていく。サリバン（Sullivan, H.S.）のいう同性－同年輩関係が色濃くなってくる。このような心性は，当然，子どもを外へと駆り立てることになる。

　登校拒否の子どもは家庭にとどまり，家族の中に安定性を求めている。これは幼児期には極めてふさわしい行動であるが，小・中学生では退行的行動とみることもできる。登校拒否という苦しい闘いからエネルギーを蓄積し，子どもの関心は家庭から離れて外に向かいはじめる。いってみれば，登校拒否を通じて幼児期に退行し，親やカウンセラーなどの支援を得て，家庭内で成長し直していく。思春期のエネルギーを取り戻し，家庭から離れようとする。この営みがオートバイや自動車への関心になり，これを通じて一人で家庭を離れて，外で動こうとするのである。

運転免許証の取得願望とその成就は，まさに，家族からの旅立ちのはじまりとみてよい。筆者は，事故を恐れて逡巡している親に，その意義を説明することが多い。そして，大抵の親が抱く事故の可能性とその対応についても，カウンセリング中に話題となる。登校拒否の子どもは一人っ子とか，二人きょうだいが多く，親が事故を心配するのは当然である。加えて，登校拒否の親の中には，性格的に取り越し苦労や心配性の人も少なくない。また，新しい経験や世界に子どもが入る時に，不安を抱く人もある。総じて，親と子どもの心理的関係は密で，心理的距離も近く，それだけに，事故を心配する。

親はオートバイなどを与えると，暴走族になるのではないかと心配する。

オートバイや普通自動車免許の取得と起こる可能性の事故などについて親と話し合う時，親からの分離独立の意義を強調することが多い。そして事故への心配については親が子どもとよく話し合うようにすすめている。

③小旅行

回復期に入ると，子どもの中には自転車や電車で小旅行を計画するものもある。時には，新聞などでイベントの開催にひかれ，旅行したいという。また家庭教師の帰省先に行きたいという。筆者は相談を受けると，積極的に賛成している。それまで長く自宅にいた子どもが，突然，旅行したいといい出すと，親は戸惑い，事故を心配し，親がつきそいたいという。これは親の子どもへのしがみつき，または子どもへの分離不安といってもよい。

筆者のカウンセリングでは，親の不安，しがみつき，分離不安等の感情を受け入れつつ，その感情を明確に親に指摘する。そして，子ども一人で旅行をさせるよう助言する。

回復期にある登校拒否の子どもでは，旅行は子どもの自信回復と家族・親離れを促進することになる。しかし，そうでない時期の「登校拒否の経過」の中頃に，旅行したいということもある。この場合には，うまくいかないことが多い。いま置かれている苦しい状況から離脱したいという要求が旅行の願望の根底にある。しかし，それを実現できる水準まで子どものエネルギーは満たされていないのである。

第8章

子どもへの教育・心理的支援
―― 家庭訪問を中心に

　教育・心理的支援では，既述のように，子ども，家庭，そして学校のトライアングル関係の中で登校拒否をとらえる必要がある。どちらかに偏ったものであってはならない。この視点は登校拒否の成り立ちを考える場合も，その対応をめぐらす時も，必要である。特に，対応では子どもと家族への支援を中心とした学校のあり方は，カウンセラーなど専門家によるカウンセリング効果をも左右するほどに重要である。中でも，学校復帰は担任を中心とした学校側の，児童・生徒を巻き込んだ協力がないと実現しない。

　渡辺（1986）は，「登校拒否を経験した子どもたちの，社会的参加を阻むものとして彼らが登校拒否の経過中にうけた処置や処遇を含めた様々な生活体験，登校拒否に対する価値や価値づけが重要な役割を果たす」と述べている。これは，子どものもつ生活体験や登校拒否への価値づけや意義づけが彼の社会復帰に影響するというものだが，意義づけには親・教師・カウンセラーなどがその子どもをどのように理解し，対応してきたかが大きな力をもつ。特に，登校拒否の発現時に子どもに深くかかわる立場にある教師の考え方は重要である。教師がいつまでも自分の学級の子どもだとの認識に立ち，急がず，効をあせらずに温かく理解し，子どもと家族を支持していくかどうか，これは学校復帰のみでなく，中・高校卒業後の適応状況にも強く影響する。教師が少しも関心を示さないで，子どもと家族に見向きもしないで，「見捨てられ体験」が子どもと家族に与えられると，登校期間中を超えて長く心的外傷経験として，子どもの心の中で尾を引く。

以下，このような立場から担任教師を中心とした学校の子ども支援について述べたい。

●第1節　教師による家庭訪問のための準備

ここでは前年度からずっと登校を拒否している思春期の子どもの担任による教育・心理的援助について述べる。

思春期は小学校5, 6年頃からはじまるが，ここでは中学生に視点をあてている。登校拒否の中でも，中学生ケースへの対応が難しいからである。また，この教育・心理的支援について個々の教員が力量を積めば，思春期以外の子どもや登校拒否の初期にある子どもの援助についても，十分に対応できる能力を身につけることができると，筆者は考えている。

担任がはじめて登校拒否の子どもに出会い，家庭訪問によって援助したいと思う時，事前にいろいろの準備が必要となる。思春期登校拒否の援助は1, 2回の訪問で効果が上がるものでなく，1年あるいは3年間の長期にわたるものも少なくないからである。

1　校内支援体制の整備

学校はいつも活動状態にあって，教師はいろいろの役割を担い，多忙である。授業，部活動，特別活動，生徒指導など，一人の教師がいくつもの役割をもっている。授業が終わると，部活動の指導が待っており，その合間には教育事務もこなさなければならないし，会議もかなり頻繁に開かれる。朝7時すぎに出勤し，午後7, 8時に1日が終わることもめずらしくない。

この多忙な教師にとって登校拒否の子どもの指導は大きな重荷となる。いじめや非行への対応も大変な労力を必要とするが，これは，多くの場合，学校内で対応できる。時間があいた時，あるいは業間の休憩時に子どもに会って対応できる。これに対して登校拒否の子どもは，学校にいないので，当然，家庭訪問となる。特別な時間が必要となり，学校外の場所に教師は出ていくことになる。

教師は，授業のない3, 40分の時間，昼休み，出勤や帰宅途中など，都合のつく時に急いで家庭訪問している。4, 50分の時間をかけ，ゆっくり訪問できる時間の余裕はあまりない。空いた時間に大急ぎで訪問し，子どもと親をちょっと見て，また，大急ぎで帰校し，授業をしなければならないことも多い。時には，学校からの連絡物，テスト，学校行事の案内などを玄関先のポストに入れて，そのまま帰ることにもなる。

教師は多忙なので，効果のある家庭訪問を行うには，週間または月間の教育活

動の中に家庭訪問を位置づけ，定例化する必要がある。学校では学年単位で活動が計画されることが多いので，学年会議で登校拒否の子どもについて担任教師による訪問日程を決め，学年全体で支えることが必要である。学年所属の個々の教師が特定の教師の家庭訪問の曜日と時間を知っていて，その間，校内活動や校務を肩代わりする程の協力と支援があってはじめて安定し，実効のある訪問が可能となる。

2 支援のキーパーソンの確認

　登校拒否の子どもにかかわる教員は多い。中・高校でみると，クラス担任教師をはじめ，教科担任教師，養護教諭などがある。加えて学年主任，教育相談係，生徒指導担任，教頭，校長もかかわる立場にある。
　スクールカウンセラーとして学校で見ていると，誰が中心で一人の子どもにかかわっているか，わからない時がある。たとえば，親に対する「呼び出し相談」で，担任一人が相談に当たるケースは案外少なく，学年主任や生徒指導主事など，2, 3の人が相談の場にのぞんでいる。そして，親と直接にやりとりするのは，担任でなく，学年主任で，担任教師は相談中ほとんど無言であることもある。複数学級担任制がとられている学校では誰が主に支援に当たるのかも定かではないこともある。時には複数の人がバラバラに子どもに対応したり，子どもの取り合いになることもある。
　支援でキーパーソンが決まっていないと，面接の仕方やアドバイスなど，細かいところで微妙な差が現れ，結局，親や子どもが戸惑うことになる。
　支援のキーパーソンは担任教師が最適である。学年主任をはじめ，学年に所属する教員，生徒指導主事，教頭，校長などは，担任教師の背後にいて，担任の支援活動を支援していくスタイルがもっとも現実的で，安定した対応となる。
　子どもも親も，担任教師を拒否していることもある。子どもが登校拒否になると，親は，登校拒否の原因を担任教師に帰属させ，学校に批判の目を向けることも多い。このことをきいても，担任には全く心当たりがない場合も少なくない。しかし，担任教師が子どもを不当に叱責したりして，登校拒否のきっかけをつくり，親と子どもが担任を頭から拒否していることもある。この場合には，キーパーソンには副担任や養護教諭など他の教師がならざるをえないことになる。
　キーパーソンには担任教師が当たることを基本としながらも，子どもと関係がもちやすい人が担任に代わって家庭訪問するのもひとつの方法である。たとえば養護教諭は，担任と違って学習指導や成績評価しないので，子どもと関係がもちやすい特長を生かしてキーパーソンになることもある。また，サッカー好きの登校拒否の子どもには，担任である音楽担当の若い女子教員よりも，サッカーの指

導をしている教員が代わることも考えられる。実際には，この逆もある。

　要するに，子どもと関係をつくりやすい教員がキーパーソンになればよい。これに担任以外の教師が当たる場合には，担任と十分に連絡をとっておくことが大切である。子どもの状況をみながら，担任と交替することも可能であると同時に，登校を再開すると，担任が主となって子どもに対応することになるからである。

3　教育・心理的支援の方向性の確立

　専門的な相談機関と違って学校，特に中・高校では日常の教育活動で多くの人が子どもにかかわっていく。教師間では専門が違い，教育観や生徒観もそれぞれ違うことも少なくない。このため，登校拒否そのものの見方についても，またその対応のあり方についても意見に相違があることも少なくない。

　スクールカウンセラーとして学校で経験した教師間の意見の相違，または，ずれの主なものをまとめる。

①不登校状態は怠けか。

　教師の多くは明瞭な疾病による不登校以外のものは怠けとみる傾向が強い。登校拒否して無益に自宅で過ごしたり，自分の好きなことをして日を送っている状態を親からきくと，教師は親が甘いとか，子どものいいなりになっているとか，批判することも少なくない。

②無理にでも学校へ連れてきたほうがよいか。

　不登校になりはじめの時期に，強制してでも学校に来させないと，本格的な登校拒否になってしまうとか，学校へ行きたくないとの，子どものニーズまたはわがままを認めるのは望ましくないと，考える教師は少なくない。2，3人の教師が家庭訪問して登校をいやがる生徒を学校に引っぱって連れてくる対応はいまでもめずらしくない。

　強制的登校指導によって本格的な登校拒否への発展が阻止された事例もあると思うが，筆者らがタッチしたケースでは失敗したものが多く，強制によって子どもが完全に教師から離反し，教師を拒否していることもある。その経過をみると，登校拒否がはじまった頃，親も教師と同じく登校を望んでいる。早期登校について両者は連合を組む。教師が訪問すると，その力に押されて子どもは登校する。しかし子どもは次第に教師の訪問に拒否的となり，教師の求めに応じて登校できない日が増えていく。それに対抗して教師は力の度を強めていく。教師が登校をあきらめて退去すると，子どもは親に文句をいい，暴れ，次第に家庭内の緊張が強まっていく。そして，自殺企図，自傷行為，家出への願望を口にするようになると，教師と連合を組んでいた親は，強制法は子どもの状態を悪化させるだけだと思いはじめ，教師の訪問を断ることとなる。「親が甘いから子どものいいなり

になって」と，教師は訪問を中止する。熱心に事態の解決を図ろうと努力してきた教師にも，親の拒否は納得のいかない感情を残すことになり，指導への情熱が冷めていく。

③不登校状態の意義づけについて

教師はよく登校拒否の子どもと，毎日登校している子どもを比較する。すなわち，子どもにとって学校は楽しいばかりでなく，つらい経験をするところでもある。多くの子どもは学校にきて，しんどい授業にも出ているし，きつい部活にも耐えている。彼らはその体験を通じて逞しさを習得している。これに反して，登校拒否の子どもはみなに保護され，家庭で好き勝手なことをして毎日過ごしている。いまはこれでよいが，将来どうするつもりか，もっと苦労をさせないと，一人前の人間に育たないのではないかと，教師は心配する。

このような認識は多くの教師にみられるもので，いろいろの形を取って，登校拒否の見方に影響してくる。教師は，一般的に，登校拒否は怠け，親の甘さからきたわがままで，1日も早く強制してでも登校させ，他の子どもと同じように楽しくもあり，きつくもある学校教育を受けさせなければ，一人前になれないとの考え方をもっている。

このような支援観は，教師の立場に立つと，それなりに理解できる。教師は，学校に子どもを迎え，授業，部活動，特別活動などをとおして子どもを教育するのが使命であると考えている。登校拒否して自宅にいつづける子どもはこの教師の使命を根本的に否定するもので，意識的にあるいは無意識的に彼らを受け入れにくい。

不登校を甘えや怠けとみるか否か，不登校によって競争のない，保護された安易な生活を選んでいるとみるか否かは支援のあり方を決める。不登校を甘えや怠けと受け取ると，生活にけじめをつけさせ，親も子どものわがままを認めないで，1日も早く学校に行かせ，きちんとした生活指導をすることが大事となる。反対に，子どもが心の中に苦しい葛藤をかかえ，その解決に苦しんでいるのが登校拒否であり，外面的に安易な生活にみえても，登校拒否経験の中で新しい自己形成を図っていると意義づけると，豊かな登校拒否を保障し，これを支援しようということになる。そしてしつけや生活をきちんとさせようという指導よりも，まず，カウンセリングを支援法として取り入れることになる。

筆者が扱った中学2年生事例を紹介しよう。彼は中学1年2学期から登校拒否になった。初期には，担任が家庭訪問しても，頭から受けつけない。母親の案内で客間に上ると，彼は逃げてしまう。時には二階の自室に鍵をかけて立てこもる。教師は，親をとおして家庭訪問の目的を話し，本人の気持ちを大事にして「面接を強要しない。気が向いたら会ってくれたらよい」と伝えた。面接を拒否する子

どもの気持ちを受け入れ，30分ほど母親と雑談し退去した。週1回の割で家庭訪問をつづけた結果，3学期中頃には本人が自発的に教師と40分ほど過ごすことができるようになった。子どもは絵が好きで，イラストや漫画製作にも熱中していた。幸い，美術科を専門とする担任は訪問すると，子どもとイラストや漫画づくりを楽しんだ。3学期末になると，子どもから学校にふれ，友人によるいじめにも言及しはじめた。次第に，学校や教師への不信も取れて，2年の学年はじめには学校復帰できるのではないか，春休みに学校復帰に向けてプログラムを組みたいと，筆者と担任は話し合っていた。

4月はじめ，クラス換えと新担任が決定し，約一年間，努力した教師は他クラスの担任となった。担任に決まった教師は，その日の夕方に家庭訪問し，本人に面接した。3時間ほどかけて登校の約束をし，「明朝，迎えにくる」と退去した。翌朝，担任が本人宅に行くと，すぐに出てきた。

学校で級友も教師も8か月振りの学校復帰を喜んだ。そして教師たちは，1回本人に会っただけで学校復帰を果たした新担任の指導力を賞讃した。「登校拒否の子どもの指導は強力な指導が有効で，本人の気持ちを受け止めていくカウンセリングでは駄目だ。有無をいわさずに学校に連れてくる指導力が大事だ」という意見に教員集団は包まれていた。この雰囲気は，1年間カウンセリングに明け暮れた前担任の気持ちを落ち込ませ，背後から支持してきた生徒指導主事の立場を悪化させた。

新担任は自分の指導力に自信をもち，生徒に積極的にかかわった。ところが7月に再び登校拒否となり，以後卒業まで担任と学校を拒否し，卒業式も欠席した。

学年末に開かれた研究会で，前担任と新担任が経過報告し，討議を重ねた。そして筆者が締めくくりとして学校復帰にふれて，「新担任が子どもの世界にとび込み，3時間かけて話し合った姿勢は評価されてよい。しかし新担任と子どもの出会いを可能にしたのは，前担任が1年かけて子どもの心を開き，学校への信頼回復を図った努力があったからだと思う」と，所見を述べた。

教師は学校教育の専門家で，登校拒否による学校欠席を心の底から認め，登校拒否のままで子どもを支援していくことは苦手である。彼らは，学校にきてこそ子どもは指導でき，成長していくという確信を長い教師経験の中で得ている。この確信は大事だが，意識的，または無意識的に登校拒否の支援の方向に望ましくない影響を及ぼすこともある。容易ではないが，カウンセリングを目的とした家庭訪問では教師は学校教育について中立的態度をもつように努力したい。

4 有効な家庭訪問のための，子どもと親に向けた準備

家庭訪問によって登校拒否の子どもを指導するには，少なくとも，事前に何回

か学校で親に面接し，教師と保護者との間に信頼関係ができていなければならない。信頼関係ができたことを前提に，家庭訪問の準備などについて梅垣（1996）を参考に述べよう。一般的に家庭訪問を行う際には，少なくとも，次の項目について教師は事前に検討し，訪問計画をつくるのがよい。

①訪問の目的
　・子どもに連れそって登校させるためか。
　・子どもの様子をみるためか。
　・単に学校の行事など学校側の用件の伝達するためか。
　・家族の協力を求めるためか。
　・子どもや家族の状況を知るためか。
　・<u>子どもや家族の心情を理解し，これを受容し，不登校中でも関係を保ち，安定の回復や発達を支援するためか。</u>

②学校と子ども・家族との関係
　・家族からの依頼による訪問か。または<u>教師の意志による訪問</u>か。
　・<u>訪問して会う相手は子どもか，親か。その両者に会うのか。</u>
　・<u>教師の訪問は家族が認め，受け入れているか。</u>子どもは訪問を知っているが，受け入れていないか，<u>子どもは訪問を受け入れているか。</u>
　・<u>訪問について，担任は保護者や子どもから訪問の日時，条件，都合などを事前によくきいたか。</u>
　・<u>担任教師が訪問</u>するのか。担任以外であれば，担任の承諾を得ているか。
　・<u>訪問で，ある時間，学校にいないことを学年主任などの関係教師に伝え，協力体制ができているか。</u>

③欠席の状態
　・欠席の状況
　　　登校拒否のはじめか。本格的な登校拒否に入っているのか。登校拒否が急性にはじまったものか。徐々に欠席日数が増えて慢性化したものか。
　・子どもの不登校状態のタイプ（態様）
　　　家庭の教育的関心の欠如か。
　　　神経症的か。
　　　無気力タイプか。
　　　非行・怠学タイプか。
　　　知的障害タイプか。
　　　精神障害タイプか。
　　　境界的パーソナリティタイプか。
　　　その他

④訪問した時の教師の態度
- 教師が親や子どもに助言または指示し，それに従わせるといった従来型の指導の態度を取るのか。
- <u>カウンセリングマインドをもって子どもや家族に対応し，カウンセリング的な人間関係づくりをポイントにおいた態度をとるか</u>。
- <u>登校刺激</u>を加えるのか，<u>差し控える</u>のか。
- 登校刺激を加えると，子どもの状況が悪化するので，絶対に加えない。
- 登校刺激を加えても，状況は悪化しない見込みなので，子どもの態度をみながら必要に応じて刺激を加える。
- 登校刺激を加えたほうがよい。

以上，登校拒否を含めて不登校状態にある子どもの家庭を訪問する前に，教師がチェック検討する項目を羅列した。どんな目的で訪問し，どんな対応をするかなどについて，事前に自分なりに明確にしておいて訪問するのが望ましい。

訪問後，親を通じて訪問に対する子どもの反応をみながら，教師は対応の仕方を変えていく。一般的にいえば，教師が何らかの対応をしたのち，それをつづけるか否かは子どもの反応を検討して決める。子どもが安定していれば，その対応はつづけてよい。反対に，ある対応によって子どもが不安定になると，これは中断する。また，対応によって子どもの反応や状況に変化がなければ，慎重に検討しながらその対応をつづけるのがよい。なお，訪問計画中の下線のついた文章はカウンセリングによる家庭訪問の場合を示す。

第2節　教師の家庭訪問による教育・心理的支援

ここでは本格的な登校拒否に入り，半年，1年以上にわたって欠席しつづけている思春期登校拒否の子どもに焦点をおいて家庭訪問による支援について述べる。

1　訪問に関する親・子どもとの契約

教師は，担任の子どもが登校拒否になると，親または子どもに接触しようとする。また，自分が担任に決まると，親の来訪を求め，学校で親に面接する。時には子どもの同伴を求めるが，ほとんどの場合，子どもは来校しない。親との面接で対応がはじまる。何回か，親との面接を重ね，親の側に教師への信頼感が高まり，「よい人が担任になってくれた」と，親が担任教師を信頼し，いろいろと積極的に相談していく。親の態度に感応して，担任も子どもに接したいというニーズを強めていく。ここに，担任の家庭訪問が浮かび上がってくる。

家庭訪問に先立ち，教師と親との間に約束事が話し合われ，訪問支援の契約が取り交わされる。これには日時，場所，子どもへの対応などがある。

1）訪問目的の明確化と訪問の仕方

　教師の家庭訪問はいろいろの目的で行われるが，ここでは学校を休んでいる子どもに対する教育・心理的援助（カウンセリング）のための訪問を取り上げる。これは1，2回で終わることはほとんどなく，時には担任期間中，1年に渡ることもある。親からすると，教師を迎え入れるための，室内の整理整頓などの準備や訪問日に合せて家庭生活を切り回すなどの対応が必要となる。教師においても，計画的訪問にはそのための空き時間づくりや訪問時の対応のチェックなどの準備が必要となる。たとえば7～10日に1回の訪問でも，「もう，訪問日がきたのか」と，めぐりくる相談日の到来の早さに，心理的に驚き，多少の緊張感を味わう。親にも教師にもロングランの仕事となるので，両者は訪問の意図や目的についてよく話し合い，十分な理解を得ておく必要がある。そして無理のない訪問計画を策定することが肝要である。

　教師の訪問について，事前に子ども本人の了解をとっておかなくてもよいとする意見もある。たとえば金子（1995）は母と訪問時間を打ち合わせの上，あらかじめきいていた本人の自室に直行し，戸惑い，驚く本人に「元気ね，何のテレビを見ていたの」など話しかけ，立ち上って部屋から外に出ようとするのをとめて，落ちつくのを待ち，話し合う方法がよいと述べている。予告なしの訪問は小学校低学年の子どもや，軽い欠席状態にある子どもの場合には成功することもある。しかし，本格的な登校拒否で，しかも学校や教師に不信や不満をもっている場合には，予告なしの訪問は不信や不満を強め，事態を悪化させる可能性が高い。

　筆者は，子どもが教師に会えるかどうかよりも，訪問を受け入れるようになるまでの子どもの内的な変化に，カウンセリングからみて意義があると思っている。筆者は，週1回の訪問の40回目にはじめて，子どもが自発的に訪問カウンセラーに会いに自室から出てきたケースを経験した。39回の訪問中，全然顔をみせていないが，この間に子どもの世界に変化が徐々に起こり，出てきた時には登校拒否事態がかなりの程度に改善されていたのである。事実，その後の展開は急ピッチで，約1か月後に，学校に復帰したのであった。

　訪問契約を結ぶに際して，ほとんどの場合，子どもは教師の訪問に消極的か，拒否的である。中には教師がきたらその間，外出するというものもある。次のように，教師は親を通じて子どもに訪問について説明し，了解をとる。

　・君の担任として心配しているので，時々，家庭を訪問したい。
　・訪問して，君を無理矢理に学校へ連れてくることは絶対しない。

・また君が私に会いたくなければ，自分の部屋から出てこないでよい。君の了解なしに，君の部屋に行くことはない。
・君が会いたくなったら，その時，出てくればよい。
・お父さんお母さんと先生の3人で君のことを話し合い，そこで何かを決めて，君に押しつけることは，絶対にない。

この訪問の仕方は村山の考え方（1972）を礎につくられた。多くの場合，この約束で，子どもは教師の訪問にいやいやながらでも同意する。積極的に反対する子は少ない。この場合には，子どもの反対の気持ちを受け入れ，学校などで保護者と面接をつづけることとなる。これも保護者から子どもに伝えておくことが大切である。子どもに黙って面接をつづけると，カウンセリングで得た知識を家庭内で生かすことが難しくなり，効果が少なくなることもある。それ以上に大事なのは，子どもを心配し，努力している保護者の姿を子どもに知らせることである。またカウンセリングを通じて保護者の家庭での対応が子どもの心の琴線にふれ，親の態度が望ましい方向に変化していく状況が子ども自身にわかると，間接的に，親をとおして教師への信頼感が高まっていく。その結果，子どもは教師からの再度の家庭訪問の申し込みを受け入れることとなる。

子どもが教師の訪問を受け入れない時には，訪問のメリットを子どもに説明するのもひとつの方法である。筆者は，学校長の了解のもとに担任の訪問を受け入れた日は出席扱いになると説明する。この説明について訪問が登校への誘いととられ，かえって子どもの態度を悪化させるのではないかとの懸念もあるが，子どもの状況をみて説明すると，子どもの反発はほとんどない。また，時に筆者は「学年末には進級や卒業が職員会議で取り上げられる。その時，担任の先生は君が希望すれば，積極的に進級や卒業の方向に先生方を説得し，努力される。これも先生が家庭訪問したいという理由のひとつだ」と，親を通じて子どもに説明する。

これらの試みは家庭訪問を実現し，教師と子どもとの信頼関係づくりを目的としている。登校拒否の子どもは，一般的に，家族外の人，特に学校関係者，中でも担任教師に不信感をもつ。「人は信用できない」との一般的な不信感（担任や友人に対する不信感が拡大されて，人に一般化されている）を取り除く突破口として，担任教師との間に親密な信頼関係をつくり上げ，人間への信頼回復への糸口を得ることが家庭訪問の目的のひとつである。これができると，子どもは学校に対して，そして，友人に対して次々に信頼感を回復し，これが究極的には自己信頼感の再形成に役立つ。

教師が家庭訪問しても，なかなか子どもに会えない。また訪問のはじめには教師に会えても，訪問が重なるにつれて会えなくなることもある。多忙な時間をさ

いて家庭訪問しても，肝心の子どもに会えず教師は落胆し，意欲を失いがちになる。これを支えるのは校長，教頭，生徒指導主事などである。

　子どもに会えない日でも，保護者に10～20分ほど面談して退去する。出てこなくても，子どもは教師の訪問を知っており，教師がいる間，関心は教師へ向けられている。「こんにちは」「さようなら，またくるネ」と，教師が明るく，大声で挨拶する声は別室にいる子どもに十分に届く。教師が訪問をつづけても，教師は約束通り自分の部屋に押しかけてくることもないし，親の態度にも，子どもからみて困る変化がないことがわかると，子どもは次第に教師を信頼するようになる。筆者はこれを「声の訪問」と呼び，教師との関係づくりに有効と考えている。

2）訪問の日時の決め方

　専門機関では週1回約50分のカウンセリングをつづける。週1回50分は臨床経験から生まれたものといってよい。2，3日に1回とか，月に1回という面接回数では面接に深まりがなく，効果がない。カウンセリングではカウンセラーにも親にも，その都度，新しい考え方や洞察がもたらされる。親はこれらの体験を自宅で実行しようとする。うまくいくこともあるし，難しいこともある。またトラブルになることもある。時にはカウンセリングの日から2，3日，親はカウンセリングで得た知識（洞察）を家庭で実行しようとするが，3，4日経つと忘れてしまう。そして「明後日はカウンセリングの日だ」と気づくと，忘れていたカウンセリングで得た知見を生活の中で生かそうとする。

　週に1回という回数はカウンセリングで得たいろいろの体験や知見を試すにほどよい期間とみることができる。2，3日に1回では試す時間がなく，また2，3週間，またはそれ以上の期間に1回のカウンセリングでは，親は忘れてしまう。

　理想的には筆者は教師の家庭訪問も，7～10日に1回がよいと考えている。少なくとも，月に1回くらいでは「関係づくり」に有効でないように思う。

　訪問時間は子どもの一般的状態を参考に決める。第6章でみたように，一般的に，子どもは夕方，土曜日の午後または日曜日など学校が開かれていない時に落ちついていて，ひとに会いやすい。訪問の時間は子どもと直接に，または親を介して間接的に話し合って決める。「～曜日の～時から～時まで」と時間枠を決めておくと，教師にも家族・子どもにも心構えができるのでよい。教師の都合のつく時に行く方法もあるが，これでは子どもと家族に心の準備ができにくい。

　筆者は，希望時間を提示して子どもと話し合う。子どもは，「この時間は都合が悪い，この時間がよい」と，こちらが応じかねる時間帯を主張することもある。一見すると，難しい時間帯を主張して，訪問を拒否しているようにもみえる。この場合も，子どもの気持ちを受け入れながら話し合うと，ほとんどの場合，合意

に達する。また，登校拒否していて，一見，だらだらと何もしないで過しているように思える場合でも，子どもによってはその日の計画をもっている。その内容はテレビの視聴，テレビゲームなどで，つまらないもののようにみえるが，これを認めて日時を決めるのがよい。カウンセラーや教師からみると，遊びより面接に応じるのが大事だと思いがちだが，子どものささやかな計画の中に，子どもの自我の働きと生活への積極性を認め，受容，共感するところにカウンセリングの出発点がある。

登校拒否中の子どもにとって教師の訪問は精神的負担となり，人と出会うのは大事業に匹敵する。教師の都合で休回または訪問時間に遅れる見込みがある場合には，電話で子どもに知らせることが大切である。子どもは自分が約束を守れるかどうかは別にして，他人との約束には厳しい。訪問時間に遅れたり，連絡しないで訪問を中止すると，子どもは信用しなくなる。

3）面接場所と面接対象者

子ども宅の家屋の状況によって変わるが，面接の場所は，一応，固定しておく。その決定は子どもを含めた家族が行う。

面接の相手はいうまでもなく子どもである。時には，母親が同席したがったり，「先生を放っておくのは失礼だ」と母親が気を遣って同席しようとする。子どもが親の同席を希望すれば受け入れるが，原則として子ども以外の家族の同席はないほうがよい。この点についても，親と訪問の約束を取り交わす時に，訪問の意図の説明と共に，はっきりさせておく。

教師の訪問にはいろいろのもてなしをしないと，失礼と考えがちな保護者もある。これも事前に，お茶を含めてもてなしはいっさい不要と，わかってもらっておく必要がある。それでももてなしがあった場合には，感謝しながらはっきり断わるようにする。1回，教師がそれを受けると，保護者はつづけなければならないと思い，精神的負担になる。

4）面接に必要な用具

一般的に，専門的なカウンセリングでは小学生は言語能力が十分発達していないので遊戯療法が適用される。高校生にはスピーチを媒介としたカウンセリングが行われる。中学生は両者の中間にあって，遊戯療法か，カウンセリングか，選択的に適用される。具体的には，子ども本人が選択し，カウンセラーと子どもの二人で「話し」をする時もあるし，プレイで楽しむ時もある。

小・中学校の教師による家庭訪問をみると，多くの場合，ことばを使った面接が行われているが，これでは10分間ももたないことが多い。筆者らは小中学生を

対象とした訪問面接には，遊具を持参してプレイを介在させた面接を行う。よく使う遊具として碁，将棋，双六，ジグソーパズル，描画，カルタ，トランプ，卓上卓球台，野球ゲームなどがある。また，子どもがもっているテレビゲーム，パソコン，テレビの視聴，音楽の聴取などもプレイとして使う。子どもが趣味にしている，たとえば折り紙，4コマ漫画づくり，スポーツビデオの視聴なども，十分に活用できる。何を使うかは子どもが決める。

教師が家庭にもち込んだプレイの道具はその都度，もち帰る。置いておくと，子どもが日常生活で使用し，子どもに飽きがくることになるし，またカウンセリングの用具としての意味が薄れる。

2　教師の子ども・保護者へのかかわり方の基本

家庭訪問して子ども本人に会えるまでには，多くの場合，時間とエネルギーがかかる。筆者らの自験例の中には，週1回の訪問を50回ほど実施してやっと会えたケースもある。このケースでは，家庭訪問し，母親と20分ほど雑談し帰えるというパターンの繰り返しとなった。多忙な生活をやりくりして週1回の訪問を繰り返し，しかも子ども本人に会えずに帰えると，訪問者の意気込みは次第に萎えてくるのも自然である。これをどのように抑えるか，カウンセリングの問題ともなる。

訪問のあとには，カウンセラーが母親と面接し，訪問後の子どもの状態をチェックしていく。訪問によって子どもの家庭内の状況が悪化すれば，訪問は中止し，母親だけとの面接がつづく。そして母親をとおして子どもの状態を検討し，頃合いをみて再度，家庭訪問を提案する。面接が進み，母親との信頼関係ができ上がるにつれて家庭で子どもが次第に安定し，再度の家庭訪問の提案は子どもによって受け入れられる。

以下，家庭訪問時の，教師の基本的態度について述べたい。これは，兵庫教育大学修士課程の院生（小，中，高校の教職経験数3年以上の現職教員）とチームによる面接で有効とされた面接態度である（佐藤　1994a）。基本的態度は子どもと親に共通している。

1）学校側の温かい気持ちを伝える──温かい関心の伝達

担任はいつも子どもに温かい関心をもっていることを具体的に伝えたいものである。

子どもが長く欠席していると，教師の気持ちの中には休んでいる子どもへの関心はあるが，日常の多忙さにまぎれて忘れがちになる。気づくと，1か月，時には1学期も過ぎていたりする。その間，必要な連絡物も届いていないこともある。

担任は，早く登校してほしいとの気持ちを抑えて，「君は大事な，私のクラスの子どもだ」という気持ちを機会あるたびに子どもに伝えたい。担任自身の家庭訪問，家庭への電話，級友の訪問，学校行事，または予定を知らせる連絡物の配布など，具体的な行動を起こしてはじめて担任の気持ちは相手に伝わる。

スクールカウンセラーとして学校のカウンセリング室に定期的に座っていると，学校がよくみえる。カウンセリングを求めて学校にきてはじめて文化祭の日とわかって，あるいは進学希望調査の提出期日の前日に，友人の保護者との雑談で進路調査があることを知らされて，愕然とした母親もめずらしくない。ひどいケースでは4月のはじめに渡すべき教科書のいくつかを忘れていて，7月はじめにあわてて母親に渡したり，4月末から5月のはじめにかけて実施される定例の家庭訪問日程の中に不登校の子どもの家庭が予定されていなかったりして，保護者と子どもを悲しませている。

温かい関心の伝達は，学校を長期に休んでいる登校拒否の子どもの場合には，担任教師が絶えず気を配っていないと，つい忘れてしまうことになる。小学校高学年生以上では配布物は，子どもの代表，あるいは一番前の席の子どもを通じて各自に手渡されることもある。子どもが配布を忘れていたり，欠席している子どもの机の中に無造作に投げ込んでいたりして，欠席中の子どもに行き着いていないこともある。母親の中にはきょうだいの参観日のついでに，休んでいる子どもの教室を訪れ，子どもの机の中に雑然と放り込まれた，沢山の連絡物や試験答案を見て呆然となった経験をもつ人も少なくない。

関心の伝達は登校拒否に苦しんでいる子どもの保護者にとっては，「先生から忘れられていない」「先生は子どものことを心配してくださっている」と，喜び，そして支持されているとの思いにつながり，「苦しいが，がんばろう」とのエネルギーを与えるものである。反対に，温かい関心の伝達が登校刺激と同じ効果を与えることになり，子どもを不安定にすることもある。たとえば，家庭を訪問しても，子どもは面接を全面的に拒否するだけでなく，担任が帰ると，親に悪態をつき，自宅に閉じこもる。また，担任の手紙の封筒をみただけで怒り，暴れ，手紙を破る。親に口をきかなくなる。

温かい関心の伝達に，子どもが抵抗や不安を示す場合には，それをすぐに中止しないで，親を通じて子どもに理解を求めるのがよい。「君のことを心配している先生の気持ちもわかってほしい。いやなら，私が君の家に行っても，会いに出てこなくてよい」「手紙もみたくなければ，みないでよい」など，間接的に担任の気持ちを子どもに伝える。担任や学校からの手紙，連絡物はそっと玄関先や居間の一定の場所に置き，これをみるか否かは子どもの判断に任せる。子どもが見向きもしない手紙や連絡物が積み重ねられても，またそれらを外へ放っても，破

っても，親は気にしないで，子どもの行動を受け入れて黙ってみている。
　家庭訪問や学校からの連絡物の配布，あるいは電話などが子どもの生活によくない影響を与える場合には，相談して一時中止したり，親の自由な処理に任せるとよい。カウンセラーの立場からすると，温かい関心の伝達に対する子どもの反応は心理的安定度を反映していて，支援効果を測る目安のひとつとなる。「登校拒否の経過」にそっていうと，第Ⅲ期「不安・動揺の段階」第Ⅳ期「絶望・閉じこもりの段階」では温かい関心の伝達行動に拒否，無視，不安，怒りなどの拒否・不安の態度を示すことが多いが，第Ⅴ期「あきらめ・自己探索の段階」では関心や拒否・不安の態度はあまり示さない。第Ⅵ期「回復の段階」第Ⅶ期「学校復帰の段階」になると，温かい関心の伝達に関心をもち，受容的態度をとるようになる。自分で手紙を開き，時に内容を親に話したりする。また，友人や教師の訪問にも応じるようになる。
　温かい関心の伝達で大切なことは，教師の電話に出ない，手紙を読まない，級友や教師の訪問を拒否するなど，子どもの反応が拒否的であっても，これをすぐ全面的に中止しないことである。親も強制して手紙を読ませたり，訪問に応じるようにしないことが大切である。子どもが応じなければ，それでよいと割り切って，学校側の温かい関心の伝達に親だけが応じるのもよい。親が関心の伝達を自然に受け取り，学校側の配慮に安心と喜びを感じていると，子どもも次第に拒否的な態度を弱めてくる。いうまでもなく，関心の伝達は家庭以外でも可能である。家庭内での伝達が子どもに重くのしかかるようであれば，親が学校へ出向くこともよい。関心の伝達の中には登校を促すことばは入れない。

2）相手の心情を理解し，苦しみを共有し，また心から支持しよう
　　　──理解・共有・支持の態度

　同じ不登校状態でも，その背景によって子どもの生活の仕方や苦しみは違う。怠学の子どもは，表面上，あっけらかんとしているが，登校拒否の子どもでは，既述のように，多彩な生活状況──たとえば昼夜の逆転，閉じこもり，情緒の不安定，時には家庭内暴力などがみられる。
　どんなに背景が違っても，不登校状態にある子どもにはほとんど例外なく，学校や教師への不信，敵意，不安，恐怖などがある。また，自分自身について自己疎外感，罪悪感，絶望感，自殺願望など心の傷みや葛藤をもっている。一見して不登校状態にあることに平然としているようにみえる子どもでも，心の奥にはこのような感情が大なり，小なり隠されている。登校拒否の子どもは他の不登校状態の子どもに比べて，このような感情を強くもっている。
　訪問に際して，いつでも教師は子どもの気持ちや心の痛みを知り，子どもの立

場に立って理解し，それを共有していくことが大切である．特に「登校拒否の経過」のⅢ期「不安・動揺の段階」Ⅳ期「絶望・閉じこもりの段階」では，心情の理解・共有・支持の態度が重要である．

　教師は家族に対しても「理解・共有・支持」の態度で対応する．家族，特に親にとってわが子の登校拒否は青天の霹靂であって，親は動揺し，将来に不安を抱き，時には，子どもと一緒に死にたいとさえ思うこともある．特に学業成績もよく，性格も素直で，将来を楽しみにしていた子どもが，はっきりした理由もなく登校拒否になると，親のつらい心情には想像を超えるものがある．

　また，登校拒否の初期には親も子どもも学校や担任について不信と不満をもっていることが多い．登校拒否になったのは学校の対応が悪いとか，友人にいじめられたと，原因を学校内に求めていることも少なくない．家庭はうまくいっており，子どもも順調に育っていると思っている親からみると，登校拒否の原因は学校にあると思うのも，自然である．まして子どもからその原因が学校にあるらしいということをきくと，なおさらである．

　登校拒否の真因が学校にあることは多くはないが，原因をめぐって担任は親と争う必要はない．多くの場合，担任が本心から学校への不満をきき，理解していくと，親の不満と批判は次第におさまっていくものである．

　担任が誰にも話せない親の悩みやつらさを黙ってきき，理解し，それを共有してくれるだけでも，保護者の気持ちは和むことになる．そして，今後どんなつらいことが生まれようと，担任としてできる限り努力し，保護者と共に歩みたいという担任の支持は親に一段の安定感をもたらす．反対に，担任が「理解・共有」の態度をとらないで，一途に登校を求めたり，親を批判したり，関心をなくしていくと，親は学校から見捨てられたとの感情をもつ．この見捨てられ感情は登校拒否問題の解決を大きく阻害する．

3) いま，子どもが自発的にしていることを尊重しよう──能動的・肯定的関係

　教師も親も，というよりも大人は日常生活の中で子どもを指導しよう，または教育しなくてはと思う時，多くの場合，いま子どもが積極的に展開している活動（能動的活動）を中止させて（否定），他の活動をすすめる．登校拒否で自宅にいる子どもに例をとると，「テレビばかり見てしょうがない子だ．少しは教科書の1頁でも読みなさい」と，「能動・否定」のかかわり方をしがちである．教師が家庭訪問で子どものそばに座ったところ，子どもは知らぬ顔でテレビを見ている．「テレビを消して，ちゃんと先生の方を向いてお話ししなさい」との，親のかかわり方も能動・否定である．

　早く登校させたい，元気になってほしいと願う親や教師には登校を拒否して自

宅に閉じこもり，だらだらとけじめのない子どもの生活はなかなか受け入れられない。反対に，だらだらしているから登校できないと思い込むことも多い。それだけ，関係者は子どもに能動－否定関係の中でかかわっていきがちとなる。

能動的－否定的なかかわり方によって，子どもの側に，「口やかましい」「自分の気持ちをわかってくれない」など，親や教師などへの不信と不満がつのり，子どもとの間に緊張感をもたらす。結果として，家庭における子どもの状態は改善されないのみか，悪化していく。少なくとも，教師が家庭を訪問しても，次第に会わなくなる。

家庭訪問の時，子どもが能動的にしている活動—たとえば，テレビの視聴，テレビゲーム，漫画など—にすべて肯定的にかかわっていくのが望ましい。極端な場合，子どもの居室に入ったところ，子どもが蒲団の中に姿を隠して寝ているとする。無理に起さないで，教師は「会いたくない」という子どもの気持ちを受け入れて，そのまま退室するか，「先生も疲れているから，この部屋の隅で30分ほど休む」と子どもに告げて，寝ころべばよい。あるいは，子どもの居室に入ったところ，子どもが好きな自動車のカタログをみている例もある。教師は子どもと共にカタログを見て，車談義へと発展させてもよい。車談義を通じて教師と子どもは共通の世界を構築し，何回かの訪問をとおして車談義が広がり，深まり，そして発展して新しい活動—筆者の自験例では久し振りの外出となった，外国車の展示場へ遊びに行くこと—も可能となる。

テレビの視聴に例をとる。親は，一般的に，多忙な先生が訪ねてきたので，子どもにテレビの視聴を止めさせて，きちんと教師の前に座らせて指導を受けさせようとする。さらに，教師から登校の必要性を説明してもらいたいと願う。教師は親の気持ちを理解しながらも，親の期待にそった行動をとらないで，そのまま子どもとテレビを視聴し，コマーシャルの合間に，必要なことを簡単にきいたり，話せばよい。訪問の度に，教師は子どもと共にテレビを視聴するはめになることもある。テレビのみで終わる出会いは実りのない，つまらない訪問と思われるかも知れないが，半年または1年単位の訪問系列で見ていくと，テレビの視聴行動にも種々の変化が観取できる。訪問時間がほぼ一定していると，毎回，連続物語として子どもと楽しめるし，また，訪問時間が少し違うと，テレビの内容も変わる。見ているテレビに子どもの内的世界が反映されていることもわかる（佐藤他 1994a）。

能動的・肯定的かかわりは，学校で教師がいつももちつづけたいとしている姿勢—子どものよい部分に視点をあてて，それを伸ばそうという姿勢—を表現したものである。そして，教師と子どもがある時間を共にし，活動を通じて，または新しい活動によって共通の世界をつくり出し，両者の信頼関係の形成へと発展し

ていく。もちろん，この根底には，教師の側に受容と共感の営みが作用している。この関係は次の価値体験の場の保障ともなる。

4) 子どもに価値体験の場を保障しよう──価値体験の場の保障

　登校拒否の形成要因は何であれ，子どもの多くは自信喪失や自己疎外感などに悩み，自分は生きていく価値もないと思っている。特に思春期の子どもでは同年齢の子どもグループからの脱落感もあり，時に自殺願望も働く。これらの感情や苦悩は，思春期という主体的な新しい自己形成期を背景として友人や教師との関係づくりの失敗や学業成績の急落など，学校生活の変化に起因していることが多い。また一方では，家庭の不和が重なって働いていることもある。

　子どもの自信や自尊感情を回復し，明日に希望を抱いて生活できるようにするためには，その背景を充分に理解した上で，子どもに価値体験の機会をつくって，その場を保障することが大事である。

　我々は，一般的に，もっとも素朴な形でみると，たとえば他人に認められる，与えられた役割を充分に果たすことができた，難しい仕事を完成したなどを通じて価値体験を経験し，その積み重ねによって自信をもち，自尊感情を育んでいく。直接的にはこれらの活動が自分の身の回りの人，たとえば親，きょうだい，教師，友人など，自分にとって極めて重要な人（significant person）によって認められ，評価された時に，自信や自尊感情が育つ。

　登校拒否の子どもへの援助としての価値体験の場の保障とは，親をはじめ家族が，そして教師が子どもの生活を十分に理解し，これを認め，受け入れていく場をつくることである。親からみて，毎日，自分の好きなことだけして，生活も乱れがちで，何ら生産的なことをしていない子どもの状態は，「認め，受け入れる」状態ではない。夜通し起きていて，昼間寝ている状態，親に暴力を振る状態，つまらないテレビばかりみている状態，ゴロゴロして無為に毎日を過ごしている状態，どれをとってみても，親は「認め，受け入れる」よりも，「そんな生活を止めさせたい」気持ちに動かされる。子どもからみると，この親の気持ちは子どもの否定へとなっていく。

　ここで，保護者や教師には見方の転換が必要となってくる。登校拒否になると，それまでと違って子どもは情緒不安定で暦年齢相応の行動ができなくなる。従って暦年齢を基準に子どもの行動を見ていると，少しもよいところがなく，「認め，受け入れて」よいと評価する気持ちになれない。ここで見方を変えて，子どものいろいろの行動を暦年齢から離れて退行年齢でみるのである。登校拒否の子どもは情緒不安定・精神的葛藤のために，ある幼児年齢まで退行しているという観点の導入である。小・中学生が学校に行かないとみると，問題とされるが，幼児で

はそれはあまり取り上げられない。また幼児には「勉強」を求められない。登校拒否の子どもについて、暦年齢を離れて退行した年齢から行動をみると、「認め、受け入れ」やすい。たとえば、中学2年生、13歳を基準からすると、毎日テレビばかり見ている子どもの生活は、「勉強もしないで、つまらない」ことばかりしていると、親はつらい気持ちになる。しかし、「この子はいま調子を崩づして5歳児になっているのだ」と親が自分で納得すると、順調に育っている本当の5歳児が自分でテレビを操作して楽しんでいる姿をみた時と同じように、テレビの視聴は、親からみてよい行動と評価できるのではないだろうか。少なくとも、苦笑しながら子どもをみていることができる。

　事実、臨床的経験によると、登校拒否状態に入っている子どもは自分の暦年齢よりも幼い年齢に退行しており、その行動の多くは退行年齢にふさわしいものも少なくない。一見して、親から見て、つまらない行動も、いまの子どもの退行年齢にふさわしく、それを「よいこと」と認め、受け入れ、自由にさせておくと、ある期間経つと、もっと上の年齢にふさわしい行動ができるようになる。そして、徐々に暦年齢にふさわしい行動を回復し、子どもは精神的安定を回復し、登校拒否状態から次第に脱却していく。

　このようにみると、価値体験を積んで登校拒否を克服していく過程は成長のやり直し過程である。登校拒否中にみられる、いろいろの生活状況は登校拒否からの回復過程であると同時に、成長の再体験過程でもある。

5）子どもが自発的に動くようになるまで待つ——自発性の尊重

　子どもが登校拒否になると、それまでの生活とは一変して、起床、就床や食事時間をはじめ、生活は乱れてしまいがちとなる。日中、生産的活動はほとんどなく、無為にだらだらとした生活になる。反面、ある活動——テレビの視聴、漫画、テレビゲームなど——に熱中して、それが一生つづくのではないかと親を不安がらせる。親は少しでも早く元気を回復し、せめて日常生活だけでもきちんとさせたいとの願望をもつ。親は心配と希望の中で子どもが機嫌のよい時に、生活にあれこれと口と出すことになる。とたんに、子どもは不機嫌となり親に反抗する。

　親には、生活は子どもに任せておく以外に、有効な手当はないとわかっていても、だらだらとつづく、変化のない毎日の生活を目の前にして、子どもの側に新しい活動や生活がはじまるまで、じっと「待つ」ことが難しい。

　親にはいろいろの苦労があるが、中でも、いつまで待てば子どもが元気になるか、誰もいってくれないし、親もわからない。くる日もくる日も、自宅で無為な変化のない子どもの生活がつづく。これが2,3か月、半年、1年あるいはそれ以上の期間に渡ってつづく。親の目から見てちょっとよくなったと喜んでいると、

そこで止まってしまう。ある親は，新しく歩みはじめた子どもの，遅々とした変化を表現して，「かたつむりのよう」とか，「尺取り虫の歩み」に似ているという。見ていると，かたつむりはじっとしている。動いたと，期待に胸をふくらませていると，ぱたっととまり，動かない。動かそうと，ちょっと手でふれると，せっかく出ていた触覚は縮んでしまう。じっと黙って待っていると，そのうち動くとわかっていても，待てない。このようなかたつむり状態に似た関係が登校拒否の子どもと親との間にある。

登校拒否の子どもの生活の建て直しには，子どもがその気になり，自発的に取り組もうとするまで親がいっさい生活を任せ，自分で動くまで「待つ」ことが必要である。

「待つ」ことの重要性はわかっていても，親や教師にはその実行は難しい。特に親にはいつまで待つか，待ったあと，どんなになるかについて，誰も確実に保障してくれないので，これに不安が伴う。ここにカウンセラーなど，第三者の心理的支援が求められる。誰かが親といっしょになって待ってくれるという体験は親の支えとなる。

辛抱強く「待つ」態度をつづけない限り子どもが健全な生活に向けて自発的に行動（登校行動または社会的活動）を起こす日はこないと思っていても，子どもの日常生活がくる日もくる日も変わらない実状を目の前にして，親の態度は揺れ動く。心豊かに「待つ態度」を保持していくためには，登校拒否とその指導について見方の転換が必要となる。登校拒否を不幸なこと，登校拒否からはよいことは生まれないとの見方を捨てて，これを目的論的に解釈するのである。蝶の孵化は青虫→さなぎ→蝶の誕生という過程をたどる。青虫は「さなぎ」という形でこもり，ある時間がたつと青虫とは全く違った姿，形と色の美しい蝶となる。こもりは新しい生命の誕生への営みである。登校拒否で自宅に閉じこもっている子どもの姿はさなぎのこもりに似ている。子どもは登校拒否という苦しい閉じこもりの体験を経て，一段としっかりした，新しい自分をつくっていこうとしているのである。登校拒否体験を通じて自己形成が進むと，子どもは蝶にも似た，新しい自己を獲得して学校復帰または社会活動に参加するようになる。

登校拒否の子どもにみられる建設的でなく怠惰にみえる日常生活のなかに，新しい自己形成のための苦しいが，意義ある闘いがあると，心底から思えるようになると，保護者も教師もこの苦しい闘いを見守り，子どもの，「蝶」にも似た確かな自分づくりを「待つ」ことができる。

6) 子どもの好ましい行動は，些細なものでも，積極的に評価する——自立への歩みの確認

　かなり長い欠席がつづく本格的な登校拒否では，親からみて子どもの生活は，先にかたつむりに似た歩みと書いたように，毎日，遅々として進まない。少しの変化もみられない子どもの生活に，親は焦燥感を味わい，将来に不安をもつ。この動きのとれない状態の中で，子どもに少しでも望ましい変化があれば，それは親には励みとなる。

　筆者はカウンセリングの中で親を通じて子どもの生活状態をきき，小さい変化が生まれると，それを親と共に確認することにしている。事実，ほとんど変化のないような毎日の生活の中にも，小さいながらも変化がある。たとえば，前に比べてあまり怒らなくなった，怒ってもすぐにもとに戻る，家族と口をきくようになった，ほほえみが増加した，普段着に着替えるようになったなど，些細なことでも，前に比べてよくなったと評価できる事柄が増えてくるものである。しかし学校復帰や家庭学習の再開などの大きな変化に親が捉われていると，これらの些細な変化は気づかれない。

　家庭生活で些細なことでも，これは自立に向けた変化であって，これらの積み重ねが子どもの成長の歩みであるととらえて，積極的に評価したい。親や教師がこのような対応ができると，それは子どもにとって「価値体験」になる。保護者にとっては，長く暗い登校拒否というトンネルの中でひとつの明るさとなり，明日への希望へとつながっていく。

7) 家庭の中での「心の居場所」づくり——自己存在感の体験

　文科省（1997）の「学校不適応対策調査協力者会議」の報告書によると，心の居場所とは「教師と児童・生徒が人間愛で結ばれ，学校が児童生徒にとって自己の存在感を実感でき，精神的に安定していることのできる場所」と規定している。

　登校拒否をはじめ不登校状態にある子どもには，学校の中に心の居場所がないから不登校になっているということもできよう。登校拒否の子どもは学校に比べて相対的に精神的に安定できる家庭に一時的に退避しているという特徴があるが，はじめから家庭は充分には心安らぐ居場所となってはいない。登校拒否は親には寝耳に水のようなできごとであり，はじめ保護者は1日も早い再登校を求め，家庭での生活はきちんとしてほしいと望む。子どもは情緒不安に陥っていて自分本位でわがままで，したい放題のことをする。これを保護者が受け入れるのは大変である。保護者と子どもとの間に強い心理的緊張が生まれる。

　登校拒否して家庭にいる子どもは絶望感，自己不適応感，時には自殺念慮ともなる自己否定感——生きていても仕方がない——などをもっている。親の期待に応じ

ることができないで自宅にいることに気を遣って，あるいは親や家族から逃げたくて自室に閉じこもりがちとなる。もちろん，外に出て家族外の人々に出会うことを恐れている。

　家庭にいても，はじめから家庭が子どもの心の居場所になっているわけではない。子どもは針のむしろに座っているように，家庭は心地よいものではない。学校から退避して，他に居場所がないから家庭にいるというだけの状態の子どももいる。

　登校拒否の子どもへの教育・心理的支援の第1目標は，子どもが心豊かに登校拒否して自宅にいることができるように，自宅が「心の居場所」となるように，家庭内人間関係の調整を図ることである。これを子どもの側からいうと，「私は，この家庭，または家族にとって大切な子どもなんだ」という実感がもてるようになることである。多くの子どもは登校拒否をめぐって家族との間に葛藤をもち，自分はこの世にいても仕方がない存在だという思いに駆られがちになっている。この自己存在への否定感情を取り去ることができるように，保護者が努力すると，次第に，子どもにとって家庭は心の居場所となっていく。

　これまで述べた基本的態度はすべて教師にも保護者にも求められるところであるが，これらの原則を加味した対応が家庭で十分に確立された時，家庭のなかに「心の居場所」ができあがって，子どもはのびのびと家庭内で生活ができるようになり，家庭内で少しずつ自己存在感が味わえるようになってくる。

　家庭内にでき上がった「心の居場所」こそが子どものエネルギーを充たし，登校拒否と対決させ，これを克服していく原動力となる。

　教師の家庭訪問時の態度について述べたが，教師は，その職務上，子どもに教授することを重視し，子どもが学校を休み，自宅にいることに，心理的に抵抗感がある。不登校は，教師には大きな挑戦であり，大げさにいうと，教師の存在の否定でもある。従って，教師は無意識的にも子どもに登校を求めたいとの衝動に駆られることとなる。この衝動の傾向について筆者は現職教員の継続教育の大学である，兵庫教育大学で見聞したところでもある。現職教員である院生と登校拒否の子どもに対して共同支援を行った。担任教師としての対応時の心情と院生としてのそれとの，最大の違いは，子どもへの登校期待であるという。担任としてはいつも登校を期待し，意識している。院生として子どもに会うと，いま，ここでの出会いに傾注し，ほとんど学校復帰は意識しないという。

　担任として登校拒否の子に会う時，子どもの目からすると，教師はどんなにしても，教師以外にはなれない。ここに，教師のひとつの限界があるし，反面，ひとつの特色がある。大切なことは教師がこのことをいつも意識していて，これがマイナスに働かないように，努力することであろう。

●第3節　教師の，教育・心理的支援における2，3の課題

　担任教師にとって家庭訪問は子どもの指導の中心となるが，それに伴う課題がいくつかある。ここで，その2，3を取り上げる。

1　電話，配布物の送付，手紙，交換日記などの利用
1）電話の利用

　教師は多忙で，家庭を訪問したくてもできない場合もある。よく利用するのが電話である。スクールカウンセラーで教員室に座っていると，多くの教師が休んでいる子どもの家庭に電話をかけており，その内容は学校側の要望や要件の伝達が多い。

　電話はface to faceの意志の伝達ではないので，誤解されたり，不満を与えることもある。また授業の合間の電話で時間が限られているので，十分に意志を交換しないままに打ち切られ，気持ちが燃焼しないままに終わることもある。これは保護者の側に強く残る傾向がある。中には担任が子どもに関心を払わないで，一方的に，要件を機械的に伝え，電話を切ってしまうこともある。

　担任の求めに応じて子どもが電話にでることは少ない。子どもが普段，家族以外の人の訪問に拒否的なために，教師の電話に出ないことも不思議ではない。訪問した教師には会わないが，電話では担任とことばを交わすことができる子どももいる。これは貴重な交流手段である。この機会をうまく使い，訪問面接まで発展させたいが，急ぐと，電話もとらなくなることもある。

　担任が保護者に電話する時には，いつも，子どもの様子をきき，これを受容したのちに，用件を伝えるのが望ましい。担任はいつも子どもに関心をもってくれており，心配してくれてありがたいといった感情が保護者に生まれるように電話したいものである。担任の用件とは別に，保護者から相談されたり，喜びをかたり，苦しさを訴えられることもある。この場合，時間が許せば保護者の気持ちをきいて，わかってあげるという，「理解・共有・支持の態度」で応じたい。保護者の電話の内容が深刻であったり，微妙な内容で，簡単に対応できない場合には，「いまのお話はとても大事なことなので，2，3日中に学校でお目にかかった上で話をおききしたい」と，来談面接の機会をつくって対応するのがよい。

　教師は多忙で家庭訪問できない場合には，時々保護者に電話して，「温かい教師の関心」を伝えたいものである。そして電話を受けた保護者が家族の前で「学校に支持されている」「学校から見捨てられてない」という安心感に包まれた姿を子どもにみせたいものである。

　一般的に，子どもが欠席する場合，保護者が学校に電話で欠席連絡するように，

学校は要望する。登校拒否になると，同じように，学校は保護者に当日の欠席の連絡を要望する。はじめのうちは，毎朝，保護者は学校に電話しているが，くる日もくる日も，「今日も登校できません」と電話していると，保護者は疲れてしまう。家庭からの電話を受ける教師は日によって違う。しかも，無関心に受話器をとる教師には，「子どもさんどうですか」のねぎらいのことばもない。次第に，保護者は電話することの意義に疑問をもつ。ついには保護者が学校に嫌悪感さえもつようになる。

登校拒否はかなり長期につづくことが多いので，担任は保護者と協議して朝の電話を省くことにしてもよい。その代わり，子どもが学校に向けて自宅を出た場合には，保護者から連絡する約束はとっておく。事故の予防のためにも，親も教師も子どもの居場所を確認しておくことは大切である。

2) 配布物の送付

学校行事計画，校内イベント，履修，PTA活動などについての連絡はクラス単位で配布物の形で保護者あてに行われることが多い。

スクールカウンセラーとして学校で保護者からきく不満のひとつは学校からほとんど何の連絡もないということである。既述のように，カウンセリングの日に学校の門をくぐってはじめてPTAの参観日の日と知った保護者や，クラスメートの母親から進路調査書のしめ切り日が明日と知らされ，見捨てられた寂しさを味わう母親，4月末から5月はじめにかけて行われる定例の家庭訪問予定に入っていなかったと怒りを覚えた保護者など。学校側の配布物の欠落による不満について保護者の名前をいわないで2，3人の担任にきくと，すべての教師は連絡しているという。保護者と担任のずれが大きい。担任に確かめてみると，一番前の子どもに，その列の子どもの数だけ手渡して，順番に送って配布させている。担任は欠席している子どもに届いているか，確かめていない。母親が弟の参観日に登校拒否中の姉の教室の机を開けると，バラバラに放り込んだペーパーがぐしゃぐしゃに詰め込まれている。母親はがっかりし，学校の冷たさを味わう。

多忙のためか，教師は子どもの家に行きながら誰にも会わずに，連絡物をマンション1階の集合ポストや一戸建ての門のそばのポストに入れて退去していることもある。保護者の中には共働きで日中不在のものもあって，ポストへの投げ入れになることもある。「せっかく家の門口までおいでになったのだから，先生の顔をみたかった」という保護者もある。

ポストに投げ入れる場合には，ペーパーの空いたところに簡単な添え書きをしておくと，配布物をとおして教師の気持ちが伝わる。

配布物をクラスメートに任せる場合も多い。担任の訪問と違って，クラスメー

トには気を遣う保護者も多い。わざわざ遠回りをしてもってきてくれるクラスメートに特に気を遣う。すぐ近所に住むクラスメートには隣り近所でいつもお世話になっていることに遠慮も働く。クラスメートの中には，玄関ブザーを押して直接家族に手渡す子どももいる。これが何回にもなると，親も会うのがつらくなることもある。その上，子どもはクラスメートに会わないので，親のつらさも倍加する。

　クラスメートによる定例化した配布物の伝達では，事前に，またはある期間をおいて教師が保護者と配布の仕方をチェックするのがよい。また，配布してくれているクラスメートの労をねぎらい，彼の気持ちをきき，必要な手だてを時々講じることが必要である。

3）手紙，日記の交換，パソコンの利用

　手紙や日記の交換も子どもとのコミュニケーションに有効に働くこともある。訪問しても，電話しても子どもと出会えない場合には，手紙が教師と子どもとの間をつなぐことになる。子どもからお返しの手紙がくることもあるが，多くの場合，教師の側の一方通行になる。それをカバーするのが保護者となる。

　筆者は手紙と日記の交換が子どもと校長との間で行われた事例を経験している。子どもが学校にいろいろの要望をもっていることがわかり，担任の了解を得て校長との交流をすすめた。校長はカウンセリングマインドのある人で，子どもの手紙にすぐ回答された。それを機に，二人の間で日記の交換となり，約1年間，これがつづいた。子どもはかなりきわどく自分の気持ちを伝えた。その内容は二人だけの信書であるので，カウンセラーである筆者にも担任にも明かされていないが，交換日記は子どもの安定感の回復にかなりの力となった。そして，校長は子どもと担任との関係を深める配慮をした。

　手紙でも日記でも，子どもの気持ちを尊重し，教師の側から必要なら連絡はするが，学校復帰も含めて，教師は自分の思う方向へ積極的に子どもを引っぱっていかないように留意する。そして，子どもの具体的な問いかけがあった時は，教師はきちんと回答する。

　時に担任教師は，登校拒否中の子どもに対してクラス全員のメッセージを載せた寄せ書きを送ることがある。筆者の経験では寄せ書き風のメッセージは当の子どもにはあまりプラスの効果はもたらさない。受け取った子どもの側に，喜びよりも，当惑が拡がっていく。何か月も会っていないクラスメート，まだ一回もみたことのない級友のメッセージに，どのように対応してよいかわからないで困っている子どもも少なくない。

　みなが心配しているとか，再登校を待っているとの，担任がまとめた級友の手

紙や寄せ書きよりも，クラスの中でお互いによく知っている1，2名の友人からの便りが子どもを喜ばせたり，落ちつかせることが多い。そして，返事の手紙も書きやすい。

最近，パソコンや電話などを使ってメールを交換している事例が増加した。担任に直接会わないが，パソコンを通じてメール交換などができる子どももある。登校拒否の子どもの中には，独学でパソコンをマスターしているものもある。筆者は，家庭経済を配慮しながら，子どもにパソコンへの関心をもたせ，活用できるようにするために，パソコンの購入をすすめることもある。パソコンを自宅においておくと，子どもは自分で，これにふれ，短期間で利用できるようになることも少なくない。

登校拒否して，ひとに会いたがらない子どもにとって，パソコンはコミュニケーションの有力な手段となり，これを媒介に，メール仲間と会い，次第に友人の輪が広がった事例もある。

2　クラスの子どもの指導と協力

登校拒否中の子どもへの教師の対応として，クラスメートへの働きかけも大切である。まず，登校拒否をどう理解してもらうかの課題がある。登校拒否中の子どもの中には，土曜日や日曜日には，または夕方などに外で元気で遊んでいるものも少なくない。子どもの中には時々登校しているものもいる。その時の状況は以前と少しも変わらない。また，旅行や文化祭など学校行事には参加し，それなりに活動しているが，授業がある時には登校しない子もいる。

友達が，時々みる登校拒否の子どもは元気で，五体満足である。そして，自分勝手に学校へきたり，こなかったりしているのに，教師も保護者も欠席についてなにもいわない。級友の中には，「学校を休んでも叱られない。自分も休もうか」と思うものもいる。

病気で衰弱している子ども，足の骨折で松葉杖をついている者などはどの子どもにもわかるが，登校拒否の子どもの問題状況はわかりにくい。どのようにクラスで説明するか，担任が戸惑う課題のひとつである。クラスの子どもに説明する原則は，①クラスの子どもたちが登校拒否の子どもを否定的にとらえない，②長期に休んでいても，クラスの仲間であって助け合わなければならない，の2つである。

この原則にそった具体的な説明例を1，2あげよう。「体は元気そうにみえるが，登校しようと思うと，朝，緊張して，腹痛が起きて動けなくなるのだ。本人は元気を出そうとしているが，思うようにならないのだ。いま，つらい気持ちになっているのは本人だよ。仮病でも，横着休みでもない」「夕方には元気になって，

外へ出て遊べるようになった。しかし学校へきて，みなと勉強したり，遊んだりするところまで元気が回復していないのだ」「元気で登校した時には，特別の目でみないで，さらっと受け入れ，みんな仲よくしてくれ」など。

　説明は子どもの年齢によって変えることになるが，クラスの子どもを十分に納得させることは容易ではない。筆者らは時に，子どもの症状によっては自律神経失調症とか起立性調節障害を例にとって説明してみては，と教師に助言する。「これは小学校5，6年生以上によくみられる体の病気で，外からみてはわからない。体のホルモンの調整が崩れて，朝とてもしんどくなる。夕方には軽くなる。そのために，朝起きて登校できるまでエネルギーがいっぱいにならない。発達に伴なう思春期の体の不調だ。思春期には珍しくない。時間がかかるが，必ずなおるのだ」。

　いま，登校拒否の子どもの手記がいろいろ出版されている。その中で，子どもの苦しみがよくわかり，クラスメートの援助でこれを解決した事例を選んでみなに読んでもらうのもひとつの方法である。筆者他（1994c）が出版した漫画を使用して，クラスの友達の理解ができて，うまく解決できたという報告も寄せられている。

　クラスの子どもたちの理解と協力を得るには登校拒否の子どもについて適切に説明することも重要であるが，それ以上に留意しておくことは，日常の学級経営の中で子どもたち相互の信頼感と連帯感を育成する努力が重ねられていることである。これを土台にしてはじめて特定の子どもへの，級友の理解と援助が実を結ぶ。

　登校拒否の初期には，担任は親しかった級友に家庭訪問させて関係をつくり，再登校のチャンスを得たいと望むことが多い。期待通りに，級友につられて再登校することもある。しかし本格的な登校拒否になると，級友が訪問しても，子どもは顔を出さないで，親から会えないと伝えられることが多い。時には，級友の訪問で家庭内での本人の状況が悪化し，不安定になることもある。この場合，級友の訪問を一時見合わせることになる。ある時期を経て家庭内で子どもが安定してくると，級友の訪問を受け入れるようになる。これは，「登校拒否の経過」でみると，Ⅵ期「回復の段階」以後になる。少なくとも，Ⅲ期「不安・動揺の段階」とⅣ期「絶望・閉じこもりの段階」では級友の訪問は難しい。

　登校拒否の経過に関係なく子どもが級友の訪問を受け入れるなら，いつでも級友を訪問させ，仲間関係を維持し，これを深めるがよい。

　級友の訪問で大切なことは，担任がクラスメートに自分の意向を代行させて登校を促さないことである。訪問するたびに，訪問者が相手の気持ちも考えないで，「登校させたい」の願いから学校のこと，登校のことなどを話していると，登校

拒否の子どもは次第に訪問に拒否的となる。訪問は「仲間関係づくり」に向けたもので，二人で楽しい時間をもつことに主眼をおく。自宅にいる子どもは家族だけとの生活がつづいていて，同じ年頃の子どもと交わりたいとの，社会的要求を本来的にもっている。この要求は，登校拒否に伴なう不安定な心理状況の中で意識化されていないが，子どもが安定を回復すると，この要求は意識化されることになる。従って，クラスメートの訪問の時期が自宅にいる子どもの心理的安定状況と合致すれば，訪問によって仲間関係は回復していく。

担任が訪問してくれている同級生に，1日も早く登校させたいとの意向を伝えておくと，彼は登校拒否の子どもの学校復帰に努力しなければならないと，思い込む。事態は簡単ではなく，級友の訪問だけで再登校の道が開かれるものではないのに，彼は重い責任を背負いこみ，次第に追いつめられることもある。事実，友人を学校復帰させることができないために思い悩み，訪問の子ども自身が登校拒否になった事例もある。担任はクラスの子どもを訪問させる前に，「本人と会えていっしょに遊べばそれでよい。また出会いを拒否されても気にしない」ようにと，心構えをつくっておく配慮が必要である。また，担任に頼まれてイヤイヤ訪問したというのではなく，友人として自発的に訪問したいという気持ちをクラスメートにもたせるように，担任は指導しておく。

訪問する級友の心に，悲しみや苦しみが生まれることもあるので，担任は級友を訪問させた翌日には状況をきき，訪問者の気持ちを十分に理解し，支持していくことが大切である。

クラスの中から誰を訪問させるか，難しい問題である。俗にいう「相性」もあって誰でもよいというものではない。日頃の教師のウォッチングや休んでいる子どもの保護者を通じて得た子どもの友人観をきいて決めるとよい。

担任の中には，入れ代わり立ち代わり訪問するクラスメートを変える人もあるが，これは訪問を受ける子どもにとって圧力になることが多い。「相性」が合うと思われるクラスメート1，2人にしぼったほうがよい。そして彼らの関係がうまく展開するにつれて自然に，友人関係の輪が広がるように配慮していく。

特定のクラスメートが訪問をつづけることになると，その保護者に理解と支援について協力を得ておくことも必要である。保護者は自分の子どもが登校拒否の子どもの影響を受けて，悪くなるのではないか，学校に行かなくなるのではないか，と心配することもある。担任はそんなことは起こらないと，保護者に保証する。母親どうしが，知り合いであれば，このような懸念は生まれにくい。

以上，教師やクラスメートによる家庭訪問，電話，連絡物の配布，手紙や日記の交換について述べた。これらの対応も含めて登校拒否の子どもへの対応では，いつも，その結果を評価して修正や一時中止，完全な中止など，柔軟さが求めら

れるのはいうまでもない。時期尚早な対応，たとえば家庭訪問ひとつをとってみても，それが子どもに不安感情を強め，豊かな登校拒否生活，心安らかな閉じこもりの生活を阻害するものであれば，すぐに中止し，対応の仕方を変えていかなければならない。

　学校側の働きかけが登校刺激となる時期もあるし，反対に，子どもの心の支えとなる時期もある。要は，子どもの登校拒否の経過を慎重に見守り，効果的に対応していくことが大切である。ある対応が効果的かどうかは，対応したあと子どもの生活状況を検討すればわかることは，前にも述べたところである。

3　学校復帰の進め方

　登校拒否の見方をめぐって，歴史的にみると，母子関係，母・子・父関係など家族に重点をおいた見方から，学校，ついで社会に視点が移動した（佐藤 1996, 2004）。それにつれて対応についても，学校を超えたところで，あるいは「学校なしでも生きられる」などの主張も生まれ，登校拒否への対応において学校復帰は以前ほど注目されなくなった。

　見方の推移に加えて，処遇が難しい思春期登校拒否の増加，中でも，無力型（小泉 1979b）や現代型（森田 1991）の登校拒否の増加によって学校復帰を果たせないままに，中学校を卒業していくものが増えたことも，学校復帰が以前ほど重視されなくなった一因となっているのではないかと思われる。

　しかし，これらの専門分野の見方とは別に，登校拒否の子どもと保護者の側からみると，学校へのこだわりは強く，所定の「学校」を終えないと，次の段階に移行できない状況にあるケースも多い。事実，高校期年齢にある子どもの「自分探し」を教育目標にしている兵庫県立神出学園の生徒の多くは心理的に安定を回復すると，高校，大検塾，大学，専門学校など，「学校」への道を再び目指している。同学園は中，高校で登校拒否になった子どもで卒業後，または中退後に進路が決まっていないものを2年間入園させ，その間に進路を見つけるよう支援する施設である。開園後7年経た平成13年8月現在，全入園生徒237名中，145名が「学校への道」を選んでいる。

　ここ5年間の，筆者のスクールカウンセリングの経験からみても，登校拒否の子どものほとんどが高校や専門学校を志向している。中学2年生の頃までは高校に行かないと断言していた子どもも3年2学期頃から軌道を修正し，高校進学へと変わっていく。担任教師や保護者の願望，そして中卒者にはほとんど職場が保障されていないわが国の進路状況なども軌道修正に影響しているが，子どもの心情の中に学校へのとらわれがあるのも事実である。

　いずれにしても，筆者は子どもの心の中に学校へのとらわれがあり，これから

解放するためには，学校への道を歩むように援助していくことも教育・心理的支援のひとつと考えている。

1）どのように学校復帰を考えるか

登校拒否の支援の目標が学校復帰にあるか否かについて従来から議論が交わされてきた。学校復帰に関する議論は4つに分けられる。

(1) 早期復帰論

1日も早い学校復帰が支援の目標ではないとしながらも，長い欠席がもたらす二次的障害，たとえば，学力の低下や社会関係能力の発達の遅れなどを予防するためにも，早期の学校復帰が望ましいという議論がある。この早期復帰論は専門家以上に，保護者や教師には受け入れやすい。登校拒否の長い臨床研究の初期には「警察力に頼っても……，早期に復帰させたほうがよいという意見」（佐藤修策 1985）もあった。当時，わが国においても，年少の登校拒否の子どもが多く，早期復帰論もひとつの見識であった。特に，小学校低学年で登校拒否の状況が軽い場合には，かなり有効な考え方であった。これはいまも成り立つ。

しかし，わが国では登校拒否が中高校生など，年長の子どもに多くみられるようになって，早期の学校復帰に主眼を置く支援では行きづまりをみせるケースも多く，結果的復帰論が台頭した。

(2) 結果論的復帰論

学校復帰に否定的ではないが，登校拒否の支援では家族，中でも母と子の関係を中心とした家族関係の調整を試みながら，子どもにカウンセリングや心理療法をきちんと実施することが一義的に重要だという議論である。家族へ働きかけて家庭を安定させ，必要な時間をかけて子どもにカウンセリングなどを行い，そして，子どものパーソナリティの発達を図ると，その結果として，子どもは学校へ復帰できるという。

結果的復帰論は，思春期登校拒否の場合には，非常に有効な考え方である。彼らは，早期の学校復帰を主眼においた支援には拒否的で，この方向でかかわると，子どもとの信頼関係をつくることが難しいケースも少なくない。この立場では中学校に限ってみても，中学校に出席できないまま卒業となるものも生まれる。この場合，卒業を超えて，子どもが成長，発達し，社会的自立を進めることがテーマとなる。

(3) 症状除去論

　行動療法の枠内で取り上げられるものである。行動療法では望ましい行動も，望ましくない行動もすべて学習されたものであるとする。登校拒否も学習されたもので，学習理論にそって登校拒否という症状を消去するという議論である。

　行動療法の専門家のみでなく，早期復帰論に立つ人も，結果的復帰論を唱える人も，子どもの学校復帰を進める時に，行動療法の手法を取り入れることも少なくない。筆者もその一人である（佐藤 1969a）。

(4) 自己実現論

　登校拒否のみならず，いろいろのタイプの不登校状態の子どもが多くみられるようになるにつれて，その形成について学校・社会が注目されるようになった（清原 1992，佐藤 1996a）。そして，既述のように，不登校ないし登校拒否の形成は学校がもつ制度的弱点や学校の社会的位置の脆弱化などにあるという見方が主張されはじめ，いまの学校教育を超えたところで対応しようという活動が動き出した。ここでは子どもがそれぞれに成長，発達するように支援し，自分の能力を最大限に発揮し，自己実現できることが期待されている。いわゆるフリースクールの活動はこの立場にある。

　フリースクールにもその趣旨や活動内容などいろいろあって，同断に論じることはできないが，スクールカウンセリングの実際の場でも，学校超越論的主張に同調する保護者もみられはじめた。筆者のいくつかの自験例でその主張を簡単にまとめると，「うちの子は学校に行きたがらない。まず，その気持ちをわかってあげないといけない。学校へ行かなくてもよい。学校が人生ではない」というもので，あるケースではきょうだい3人が不登校状態にあった。学校や教育委員会が保護者に働きかけても，「うちの子は……フリースクールへ行っているからもうよい」と，学校外のところでしか対応の道はないという親の信念が繰り返されていた。そのフリースクールは文字通り全くフリーで，多くの時間，子どもは家庭にいるのであった。

　以上，学校復帰をめぐる4種の考え方のうち，筆者は前三者にそれぞれ同意してきた。具体的にはケースバイケースで対応してきた。おおまかにいうと，小学校3，4年以下のケースでは早期復帰論，思春期ケースでは結果的復帰論がそれぞれ有効である。症状除去論の考え方は，実際に学校復帰をすすめる時に採用した。

　早期復帰論に立つにせよ，また結果的復帰論に立つにせよ，子どもが復帰しても，あと暫くの期間，保護者と子どものカウンセリングはつづける。特に，早期復帰論で，学校に復帰した後に，すぐにカウンセリングを中止すると，登校拒否の背後にあるかも知れない親子間の問題や子どものパーソナリティ上の問題など

が見逃される可能性があり，これが1, 2年後に登校拒否の再発因となることもある。

　自己実現論について筆者はその考え方は理解できるが，カウンセリングの実際ではこの立場は取らない。登校拒否への対応の実際では一時的戦略として学校から離れた場を求めることはあるが，カウンセリングのはじめからずっと，この立場で保護者に対応することはない。学校を超えて，あるいは学校を離れて子どもを教育できたとして，いまわが国では学校を超えて成長した子どもたちを受け入れる社会的受け皿はないのが実状である。たとえば，フリーアルバイターは別にしても，正式に就職し，安定した生活を保障する職場は，就職上の資格としてほとんどが高校卒業以上を求める。公務員になると，みな高校卒業以上となっている。

　自分本位に自己実現論に従う保護者は，共通して「子どもが学校に行きたくないという心のサインを送っている。対応はこのサインを受け入れることである」という支援者のアドバイスを受け入れ，子どもの不登校を積極的に認めている。加えて，「子どもさんが学校に行きたがらないのは，子どもや家庭でなく，学校に問題があるからですよ」とのアドバイスがつづく。これを確信している保護者の考え方をスクールカウンセリングの場で変えることは至難である。というよりも保護者は学校に近よらず，また学校からスクールカウンセラーを紹介されても，つづいて相談に行くことはほとんどない。

　「学校に行きたくない心のサイン」について，自己流に自己実現論を信じている保護者は子どもの心にはひとつのサインしかないと思い込んでいる。心はそれほど単純なものではなく，このサインを送っている心の中には別のサインがある。たとえば「みなと学校に行きたい」というサインもあるが，これが「行きたくないという心」の雲に覆われていて，子どもに意識されていない状況が保護者に理解されていないところに教育・心理的支援上の問題がある。

2) 学校復帰の進め方

　学校復帰を考える時，検討すべき2, 3の事柄がある。そのタイミングと進め方，学校側の受け入れ体制，学校復帰の推進者などである。

(1) 学校復帰のタイミング

　ほとんどすべてのケースで，子どもが登校拒否になった時，親も教師も1日も早い登校を望んだり，欠席が癖になってはいけないと，学校復帰に向けて努力する。そして関係者の願いは空しく，学校復帰できない。反対に，学校復帰をすすめると，子どもの状態は次第に悪化していくとわかって，登校復帰をあきらめる

方向へと変わっていくケースが多い。特に思春期に顕著である。

　登校拒否の教育・心理的支援のプロセスでいつ学校復帰を考えるか，支援計画の中にいつ頃学校復帰のプログラムをセットするか，これは大事な検討事項である。一般的にいうと，子どもの家庭内の生活が登校拒否前の状態にほぼ戻り，子どもが学校に再び関心をもちはじめた頃である。「登校拒否の経過」でこれをみると，Ⅴ期「あきらめ・自己探索の段階」までは学校復帰への試みは事態を悪化させるが，Ⅵ期「回復の段階」になると，支援プログラムの中に学校復帰を取り入れることができる。ここまでに必要な期間は子どもによって違い，2，3か月で可能なものもあれば，2，3年かかるものもある。また小学校や中学校の所定の在学期間内では学校復帰計画を支援プロセスに取り入れることが難しく，これが卒業後にもち越されることも少なくない。

　学校復帰への試みは「登校拒否の経過」では「回復の段階」以後と述べたが，経過そのものが子どもによって違い，たとえばⅢ期「不安・動揺の段階」から，Ⅳ期「絶望・閉じこもりの段階」Ⅴ期「あきらめ・自己探索の段階」まで発展しないで，一挙に，Ⅵ期の回復の段階となることもある。

　「登校拒否の経過」の模式図を離れて，学校復帰を支援計画に取り入れてもよいと判断できる子どもの状態を，「安定状態」として取り上げてみよう。既述のように，滝川（1990b）は「回復期の目安」として表7-7のように示している。

　以上をまとめると，回復期になると，子どもも家族も安定をみせはじめ，家庭生活の中で生活にリズムが生まれると同時に，自分のやり甲斐のあるものを見つけ，いろいろの活動が展開するようになる。また学校についても，家庭内で話し合うことができるようになる。

　梅垣（1990c）は「再登校へのタイミング」として次のようにまとめている。
①子どもの気持ちが安定化し，家族との対話も落ち着いている。
②教師に対する恐怖感や拒否感情がみられず，教師からの連絡（電話や家庭訪問）にも対応できる。
③子ども自身から学校に関する話題も出ることもある。少なくとも，学校に関して恐怖感や拒否感情をもっていないように思える。
④遊びや趣味への没頭ばかりでなく，家事手伝いや勉強への関心が高まっている。
⑤友人との関係も回復し，電話で話したり，直接会えるようにもなっている。

　筆者は回復期の特徴について，「啓蟄の時期」（219頁）に羅列している。滝川や梅垣の所見も参考に，「再登校」への試みが可能と判断できる子どもの家庭内の状況をまとめてみよう。
①全体的に，子どもの生活に安定がみられる。感情の起伏が少ない。朝不安と

なり，午後落ち着くといった情緒水準の変動が小さい。
② 生活の乱れが少なくなり，生活リズムが回復してくる。就床と起床，食事時間，夜着の着替えなど，毎日の生活のけじめがほぼ一定し，生活の乱れが少なくなる。嫌っていた散髪も母の手で可能となり，散乱していた自室も時々整理する。あるいは母親が整理しても怒らない。
③ 興味の局限とその耽溺行動が少なくなり，家事手伝い，室内体操，家庭内対話，パソコン，時には教科書など，興味と関心が拡がってくる。
④ 学校や担任，クラスメートへの拒否感が減少し，受容的となる。電話，連絡物，手紙などを自分で受け，家族と学校について話すこともできる。
担任の訪問も受け入れる。友人の電話にも出るし，友人の来訪を受けて遊ぶ。
⑤ 家族の誘いで自家用車で外出ができる。時には夕方や日曜日などに自分で本屋などに出かける。
⑥ 自室内から姿を消していた学生服や教科書など，通学関連のもちものが自室に姿を現すようになる。
⑦ 子どもの方から「学校に行ってみようか」など，登校意欲といったものが，ほんの時々ではあるが，表現されるようになる。

これらの言動がすべてどの子にも現われはじめるというわけではない。このうちの，いくつかがみられるにすぎないこともある。どちらにしても，子どもが家庭生活の中で安定を回復し，学校または登校に前向きの言動がいくつか散見される時，学校復帰を具体的な支援スケジュールに入れることになる。いうまでもなく，これはカウンセラーなどの支援者の側のスケジュールであって，保護者と協議しながら徐々に学校復帰への努力を重ねることになる。

学校復帰への努力をはじめる時に留意しなければならないのは，保護者の意欲の調整である。長いカウンセリングと日常の子どもへの対応から「学校復帰はあきらめた」「登校刺激は加えない」ことが十分に理解され，それを実行してきた保護者も，「学校へ復帰させたい」という願望を抑えているのであって，心底からそれを守っているわけではない。カウンセラーなど支援者が学校復帰の方向に動くと，保護者の中には「待っていた」とばかりに，その方向に加速的に動くこともある。保護者の抑制してきた「学校復帰への願望」への適切な対応も大切なことである。

(2) 学校側の受け入れ準備
登校拒否で長く休んでいた子どもがやっとの思いで学校へきても，学校側の受け入れ態勢ができていないと，子どもを失望させ，あるいは学校への不信感と挫折感を再び与え，登校は1日で終わることとなる。

担任には再登校してくる子どもの心理を十分に理解し，子どもを思いやる気配りがまず必要である。そして，子どもが学校に十分に適応できるようになるまで，学校の中に心安らぐ場所をつくる努力をつづける。この2点に立って，担任は受け入れ態勢をつくる必要がある。態勢づくりは登校拒否の子ども本人に向けたものと，クラスメートや教員に向けたものの2種となる。

①登校拒否の子ども本人に向けた態勢づくり

子どもにとって，学校復帰は1年以上の欠席のあとであるかも知れない。ここでは長く休んでいる子どもに焦点を当てて態勢づくりについて述べたい。

・本人や保護者に学校の様子を伝えておく。簡単な事柄だが，教室の場所，机の位置，下足置場，ロッカーなども知らせておく。
・同じクラスの中に，小学校または前学年でいっしょだったクラスメートの名前，その中で親しかった級友などもいることをあらかじめ教えておく。
・教室内での机の位置は子どもの希望もきいて対処したい。子どもによってはみなの注意が集まるのを恐れて，教室の一隅を希望するものもいる。あるいは親しかった友人のそばを望むものもいる
・担任は何回かの家庭訪問の中で，再登校に関連して生じる子どもの不安を緩和させ，学校が子どもにとって心の居場所となるように，次の事柄について説明しておきたい。

　ア　登校はじめから全部の授業に出なくてもよい。学校になれるまで無理をしなくてよい。疲れたら，途中で帰宅してもよい。
　イ　必ずしも，毎日，登校しなくてもよい。体が具合悪かったら，休むのもやむをえない。また，始業時間に遅れてきてもよいし，早引きしてもよい。休みながらでも，登校をつづけるほうがよい。
　ウ　出席しやすい教科について本人にきいておく。そして参加しにくい授業があれば，その時間は保健室に行ってもよい。
　エ　長く休んでいて学業も遅れていることもある。当分，テストは受けなくてもよい。
　オ　登校した時，教室に入りにくかったら，保健室，相談室，図書室などにいてもよい。
　カ　部活動はしてもよいし，しなくてもよい。

以上の点について担任は子ども，時に保護者も入れて話し合い，子どもの希望を確かめ，具体的な受け入れ態勢をつくっておく。態勢づくりのポイントは，再登校に当たって教師は，できるだけの援助をしたいことを子どもに伝えると共に，子どもの，学校や友人，学業などに対する不安と緊張をやわらげることである。登校をめぐる子どもとの話し合いの中で，子どもの気持ちを確かめて，以上の点

について必要に応じて教師の配慮を子どもに伝えることになる。

再登校しても，すぐに毎日登校できるケースは少ない。中には，1，2日登校しただけで，また休みつづける子どももいる。登校したり，しなかったりが暫くつづいて，ずっと登校できるようになることが多い。担任は登校に一喜一憂しないで，どっしりと構えていて，いつものように，温く，思いやる気持ちをもって対応するのがよい。1日しか登校できなかったという減点主義的な見方をしないで，「長い休みのあとに，1日，登校できた」と加点主義的に評価し，子どもに接するのがよい。

②学校（学級）側の受け入れ準備

担任が主に一人で指導に当たる小学校，多数の教員が指導する中・高校などによって，多少，違う面もあるが，学校の受け入れ態勢づくりが大切である。

病気で入院する場合には，担当医師は患者の病状に応じて病院の受け入れ態勢を整える。個室か大部屋か，ナースステーションの近くか否かなど物理的状況のみでなく，投薬などの治療そのものも患者個人に合わせて受け入れ態勢をつくっていく。病院に患者個人を合わせることはない。これに対して，学校の受け入れでは，学校の現状に登校拒否の子ども個人を合わせさせることが多い。1，2年間休んでいる間に，学校では授業も進み，学級集団も成長し，とどまってはいない。何か月間か，何年間かの教育活動の積み上げの上に，学校のいまがある。登校拒否の子どもは学力でも，集団適応でも，部活動や行事の上でも，この学校のいまの中に入っていかなければならないところに，学校への適応の難しさがあり，学校復帰の厳しさがある。

特定の，一人の子どものために，「学校のいま」をすっかり変えて，たとえば授業そのものを子どもに合わせるわけにはいかないのが学校でもある。従って，学校側としては可能な範囲で子どもに合わせた態勢づくりが求められる。この配慮のひとつが前述の，登校拒否の子どもに向けた態勢づくりである。この他に，教師集団と学級集団の協力態勢づくりがある。

ア　受け入れ態勢についての共通理解

できれば，教師全員の共通理解を得たい。中でも，教科担当教員，養護教諭，部活指導教員，生徒指導主事，教育相談係，管理職などの共通理解を求めておきたい。ここでは登校拒否一般についての理解ではなくて，再登校をすすめている子どもについての個別的理解であることはいうまでもない。現在までの支援経過，いまの子どもと家族の状況，子どもの登校意欲や学習意欲，担任が子どもと保護者と話し合った事項などについて十分な理解と協力を求めたい。特に，上記の「登校拒否の子どもに向けた態勢づくり」の内容については詳しく説明し，理解と協力を得ておく。教員の中には，甘すぎる，わがままを助長するなどの意見を

もつ人もあるが，病院の患者の受け入れ態勢なども例に引き，必要な対応であることを理解してもらう。

　イ　登校してきた子どもへの，教員の対応

　個々の教員が授業で，校内で，あるいは部活で久し振りに登校してきた子どもと出会った時，どのような態度をとるか，これも大切な事柄である。「出会った先生みなからよくきたね，といわれて，困った」とか，「先生が特別扱いをして恥ずかしかった」などの感想をいう子どもが多い。対応のポイントはできるだけさりげなく接することである。もちろん，学校を長く休んでいて，みなにどう思われるか，何かきかれるのではないか，変に思われはしないか，休んでいたので学習や活動がみんなと同じようにできるかなどの，不安と緊張が登校してきた子どもの心の底にあることを，十分，知った上でのさりげない対応が必要である。

　登校拒否ケースのひとつの特性といってもよいが，登校拒否の子どもは学校へくると，教師や友人を困らせる行動をするものはほとんどない。親を通じて知っている登校拒否中の子どもと全く違って，にこにこと，あるいは積極的に学校生活に参加し，全然，問題を感じさせないケースも多い。その状況を表面的に見ていると，「調子がよい。明日もくる」と楽観していると，翌日はこない。親にきくと，学校で気を遣いすぎて疲れ切って帰宅している。

　再登校も含めて登校拒否の子どもに対応した時には，その翌日あたりに，親から帰宅後の子どもの反応をきき，その日とった対応が適切であったかどうかを検討するのがよい。そして，次の対応を考えていく。

　ウ　学級集団における受け入れ準備

　久し振りに再登校してきた子どもにとって最大の不安と気遣いは，クラスメートとうまくやっていけるか否かにかかっている。「友達がどう思っているか」「何かいやのことをいわれないか」「いじめられないか」「うまくやっていけるか」などの不安や懸念をみな抱きながら登校している。

　登校復帰ができて，次第に学校になれ，完全に学校復帰が果たせるか否かは，いつにクラスメートとの関係にかかっているといっても，過言ではない。仲間との関係づくりは子どもが休んでいる時から試みられていく課題であって，明日，学校復帰するから，受け入れ態勢をつくっておかなくてはという性格のものではない。欠席中に学級の受け入れ体制がある程度できていることを前提に，登校予定の「明日から」の受け入れ体制について述べたい。

　久し振りに登校してきた時，小学生なら「長く休んでいた○○君がきました。みんな仲よくしてください」といった簡単な紹介でよい。中学生でも基本的には同じであるが，何となく教室に入って座ったら，みんなが集まってきてくれてホットしたという体験をもつものが多い。中には，家庭に誘いに行った友人といっ

しょに教室に入り，自席に座り，みなに受け入れられてよかったという経験をもつ子もある。小学生と違って中学生では，教師や親のつきそい登校は好まない傾向がある。

受け入れ策として，登校拒否の子どもの隣席に親友をおいたり，気のきいた子どもにそれとなく面倒を見させる方法をとる教師もある。この方法をとる場合，事前に登校拒否の子どもの希望をきいておく。

大切なことは，クラスメートが久し振りに登校した子どもの気持ちを理解し，温かい心で接し，支え合っていくことである。これは登校拒否の子どもに限ったことではなく，学級経営における日常的な配慮でもある。

久し振りに登校しても，よく休んだり，教室に入らないで，保健室など別室登校となるものもいる。また，遅くきて，早く帰ることもある。教師にとって苦しいことは，毎日，元気に登校している子どもには遅刻，早退，部活動のさぼりなどについて厳しく注意しているにもかかわらず，登校拒否の，特定の子どもにはやさしく，子どものいうままになっていると，クラスメートに差別と認識されることである。

後述の再登校後の指導で述べていることが十分に理解されると，その延長線で登校拒否の子どもについてクラスメートの理解が得られよう。

(3) 再登校に向けての対応

「安定期」または「回復期」に入っても，みなが自発的に決断して「ある日」から登校できるものではない。登校への実際の歩みについて，梅垣（1990，1996）は自己決意型学校復帰，受身型学校復帰，依存型学校復帰の3タイプに分けている。依存型学校復帰は小学校低学年以下の子ども，特に分離不安による登校拒否にみられるもので，母がつきそうと，学校に行けるものである。自己決意型学校復帰は高校生で急性の登校拒否ケースにみられるもので，カウンセリングを受けている過程で，自分で学校復帰を決断し，実行するものである。親からすると，どうして学校に行けなくなったのか，また，どうして学校復帰できたのか，わからないという感想が多い。

登校拒否の学校復帰でもっとも多く，そして時間とエネルギーがかかるのが受身型の学校復帰である。以下，これを中心に述べたい。

回復期に入ると，教師や親のすすめなどによって，あるいは子どもが自発的に「学校へ行こうか」「〜日に学校へ行く」など，登校に前向きの姿勢を示すことがよくある。親は期待するが，子ども本人がいい出した「その日」になっても，登校へ第一歩を踏み出せない。親はがっかりしないまでも，まだ踏み出せるだけのエネルギーが子どもの中に充満していないと自分にいいきかせたり，または軽い

いらだちを覚える。多くの親は，子どもの，長く苦しい登校拒否共同体験の中から，いま，無理をしてはいけない，自分で第一歩を踏み出すまで待っていなければいけないことを知っている。親は黙って子どもを見守っていたり，「また行ける時に行ったらよい」と，ことばをかけている。

行く，行きたいなどいいながら第一歩が踏み出せない。この状況がある期間をおいて何回か繰り返される。その状況は相撲の，エネルギーをためるための「仕切り直し」に似ている。また，踏み出す決断は「清水の舞台からとび降りる」心情に近いともみえる。この状況は，長い欠席がもたらした長欠感情（佐藤 1959，高木 1965）や失敗への恐れや不安，新しい行動場面への転換の難しさなど，いろいろの複合的な感情によって生まれていると思われる。

この「仕切り直し」あるいは「とび降りる」かどうか，子どもがためらっている時，保護者や担任が背後からやさしく第一歩が踏み出しやすいように，うまく「肩押し」ができると，効果的である。この肩押しの成否は「啐啄同時」ともいうべきもので，親や教師が，登校し，いまの閉じこもりの殻を破りたいという子どもの要求にうまく即応して，子どもが殻を破りやすいように，いかに支援するかにかかっている。早すぎても，遅すぎてもいけないし，また破る強さや範囲が大きすぎてもよくない。

再登校への「肩押し」に利用できるチャンスはおおまかに見て，次のように分けられる。
・学校行事の利用
・学年はじめや学期はじめの利用
・進級，卒業，進路決定の機会の利用

①学校行事の利用

学校行事には文化祭，体育大会，スポーツの対外試合，部活動，修学旅行，卒業写真撮影，進路相談，卒業式，行事ではないが，準ずるものとして定期試験などがある。自発的に子どもが行事に参加を決めることはほとんどない。多くの場合，子どもが真正面から自分でぶつかっていくことは難しい。ここで，担任や保護者が根気強く，焦らず対応して「肩押し」する必要がある。1, 2具体例を紹介する。

サッカーの対外試合の応援を肩押しのチャンスにしたいと，教師が子どもを誘っても，戸惑いをみせていた。その状況をみながら，「みなのいるところでなくてよい。離れた，みなからみえない場所から応援していてもよいのだから」と，教師にすすめられた。はじめて子どもは重い腰を上げ，教師とグラウンドに行った。そして偶然，トイレで級友の一人と出会い，みんなのところに連れて行かれた。その後，教師は出会った友人と子どもとの関係を深めていった。

ピアノの好きな登校拒否の女子中学生は欠席中もピアノの練習をつづけていた。3年生の文化祭の日，教師は彼女を体育館の演奏会に誘った。はじめ，彼女は尻込みしていた。教師は学生服でなく，普段着を着てもよい，また保護者と同じ席でみていてよいからと説得した。同級生の演奏が終わった段階で，みんなのところに行こうと誘うと，抵抗もなく応じた。

　兵庫県では中学3年生男子による小学生殺害事件をきっかけに，1996（平成8年）年から中学2年生全員に1週間ほどのトライアルウィークが実施されている。各中学校の校区にある事業所，たとえば，農家，スーパー，ガソリンスタンド，動物医院，保育園などに，希望に応じて中学生を配置し，体験させている。不登校の子どもがこれに多数参加している。スクールカウンセラーとして筆者が出向していた中学校でも，かなり多くの不登校状態にある生徒が参加した。筆者の登校拒否ケースの子どももみな参加した。ただ，ウィーク終了後に，引きつづき登校できる子どもは，予想に反して少ない。筆者の自験例の中に，このトライアルウィーク後に，引きつづき登校しているケースもある。これらのケースを検討すると，トライアルウィークの時期に不登校の回復期にあったことと，トライアルウィークの開始前に，いっしょに参加するクラスメートと休んでいる子どもとの間に，担任の指導によってグループ関係がつくられ，深められていたことがあげられる。換言すると，担任は，トライアルウィークをきっかけに登校できるように，事前に支援体制をつくっていたのであった。トライアルウィーク後に行われた文化祭や修学旅行なども，同じグループが登校拒否の子どもの支えになるように担任が配慮した。筆者も母親とのカウンセリングでトライアルウィークへの参加を再登校のきっかけにしたいと，何回か話し合い，母親から時に応じて参加するように子どもにすすめていた。結果として，子どもは1年半振りに外出し，登校し，ウィークの行事に参加したのであった。

　一般的に，登校拒否の子どもの中には，定期試験も含めて学校行事がある時に，登校するものも少なくない。表面的にみると，「教室における活動はしんどいが，行事，特に自分に好きな行事だけに参加するのは楽しく，楽だから」と受け取られやすい。実際に，「楽しい時ばかりに出てきやがって…」と級友から批判され，その後，もっときつい登校拒否状態になったケースもある。

　行事に参加した子どもに，参加しやすい事由をきくと，「真正面から友達と顔をつきあわせなくてよい」「先生が忙しいので，あれこれきいてこないから」「試験が終わると，みなすぐに帰宅してしまうから」などの回答が少なくない。登校拒否の回復期にある子ども，あるいは登校拒否状態が軽く，「登校拒否の経過」で，初期の段階にとどまっている子どもでは，その内面で学校に行かなければならない，あるいは学校へ行きたいとの気持ちが動いていると考えられる。しかし

登校して入るべき教室場面にはまだ多くの不安がある。たとえば，「休んでいた理由をきかれるのではないか」「友達が相手にしてくれるか」「勉強がわかるか」などの不安があり，そのため気持ちは動いていても，登校できない。試験を含めて行事場面では，行事を中心に活動が展開され，面と向かって友人たちに顔を合わせ，いろいろきかれることも少なく，また学習への不安も生まれない。教師も行事をこなすのに多忙で，教師から細々ときかれることも，要望される機会も少ない。

行事は教室場面がもっている種々の不安を弱化または緩和させ，登校したいという要求を行動化しやすいと考えられる。

学校行事を学校復帰のきっかけに使っても，行事だけの参加に終わる可能性も小さくない。「行事だけに参加しても，教室に入れないようではしょうがない」とか，「楽をさせ，甘やかすのはよくない」など行事参加を減点的に評価するむきもあるが，この評価では進展は望めない。「行事に参加できたじゃないか」と加点主義的にとらえていくと，次の行事への参加も期待できるし，その延長線で，別室登校や保健室登校へと発展させることも可能となる。

②学年はじめや学期はじめに寄せる子どもの期待の利用

登校拒否の子どもが自分から登校するといい出しても，なかなか学校に向けて第一歩が踏み出せない。保護者が啐啄同時的に肩押ししても，子どもは「あしたから行く」といわないで，たとえば1週間先に当たる月曜日から行くと，親からみて登校予定日を先延ばすように設定する。多くの場合，その日がきても，登校できない。このようなやり取りが何回か取り交わされて，やっと登校に第一歩を踏み出すこととなる。

登校拒否の子どもには，再登校しやすい時がある。入学式，4月，9月，3月の始業式の日である。そして週間では月曜日である。これらの日は，学校暦からすると，いずれも「はじまり」の日に当たる。月曜日は週の，また入学式や始業式は学校や学期のはじまる日である。保護者に「明日から」でなく，週はじめの「月曜日」から学校に行くという子が多い。小学校でかなり長く休んでいた子どもも中学校の入学式に出席できることも少なくない。また新学期の始業式か，その翌日に再登校する子どももいる。再登校しても，1日か，2日，あるいは10日ほど登校して，再び登校しなくなるケースも少なくない。

「はじまり」の日が再登校の日に選ばれやすい状況には，登校拒否の子どもの心理が反映されている。自分自から学校に行かなければという気持ちから，または保護者や教師に肩押しされて，登校へと子どもの心的エネルギーが高められていく。一方では，学校場面への不安は消えていない。両者の相克状態がある期間つづき，新しい行動を起こすのに区切りのよい時として「はじまり」の日が選ば

れていく。当日は式典だけで，授業はない。また，深く友人や教師とまみえなくても済む。

　勇を鼓舞して登校し，級友に受け入れられ，教師とも順調に関係ができて，しかも，学業もそこそこにわかるなどの体験が積み重ねられていくと，つづいて登校することができる。反対に，久し振りの学校で大きな違和感や不調感，時に挫折経験を味わうと，再び登校できなくなる。再登校から登校がつづくか否かは，思春期では友人関係がうまくいくかどうかにかかっている。1, 2名の親しい友人ができると，比較的登校がつづく可能性が高い。人間関係づくりがうまくない登校拒否ケースでは，これが難しく，教育・心理的支援のひとつのポイントとなる。

　学校歴の「はじまりの日」以外でも，たとえば学期末休業に入る一週間ほど前の時期も，授業は半日のみで再登校しやすい時期のひとつであるが，多くのケースでははじまりの日が復帰しやすい。極端にいうと，はじまりの日から2, 3日以内に再登校が実現しなければ，その学期内では再登校は難しい。週間の月曜日についても同じである。

　筆者の登校拒否支援においては，はじまりの日が登校できないままに過ぎると，次のはじまりの日に向けてカウンセリングをつづけていく。実際には，子どもがはじまりの日以外にも，再登校のための学校側の受け入れ体制は保持されていくが，「はじまりの日」が過ぎると，次回のはじまりの直前までは，積極的に教師や保護者から再登校への肩押しはしない。これは，子どもの側に貯えられていた登校へのエネルギーが消費されて，高まりがなくなっていることが多いからである。

　③進級，卒業，進路決定などの機会の利用

　再登校へ向けての「肩押し」のチャンスとして，進級や卒業はまたとないものだが，いま登校拒否について，社会や学校は以前ほど厳しい態度をとらない。昭和3, 40年代には，学校は出欠に厳しく，法令の示す出席基準に達しない場合には，進級や卒業は認められなかった。筆者は，昭和55年当時（1980），卒業証書の授与をめぐって中学校長とかなり激しく意見を交わしたことを覚えている。学校長は規則をたてに卒業認定はできないと強い意見をもたれており，一方，ケースにかかわった筆者と精神科医は卒業証書の授与をせまった。3か月後にやっと，学校長は卒業証書を交付された。以後，筆者のケースではこのような事例はなく，極めてスムーズに卒業は認定された。進級についても同じである。

　すでに述べたところであるが，子どもの側では「卒業や進級は欠席が多くて大丈夫」と先輩から後輩に引き継がれ，または担任が早い時期から，子どもに進級や卒業について「心配しなくてもよい」と保障しているのが現状である。従って，進級や卒業の機会を学校復帰に使用できない状況が生まれている。このような状

況の中で進級や卒業の機会を学校復帰のバネとして使いたいと，スクールカウンセラーとして2，3試みてみた。学校教育施行規則を示して，卒業要件を説明し，自動的に卒業できるものではない，と親と子どもに説明した。すると，みな一様に，「えー，義務教育だから卒業証書は自動的に交付されるのではないのか」と驚く。子どもの中には先輩の事例を引用し，自動的に交付されるものだと，いい張っていた。実際，子どものいう通りであるが，本来的には，要件をみたさないと，卒業証書は交付されないことを理解してもらい，親と子から学校長に卒業認定を申し込んでもらった。これを機に，一度，子どもに会いたいとの，学校長の要望で，子どもと校長の交流がはじまり，子どもは校長室で何度か校長と担任に出会った。ここに学校復帰の機会が訪れたのであった。

　ある中学校ではスクールカウンセリングで1年間交流し，3年生になった登校拒否の子どものうち，回復期にある登校拒否の子ども，そして文科省のいう無気力型，怠学の子どもを対象に学校復帰を試みた。すなわち，3学期に担任を通じて，「私が顔をみたことのない生徒には卒業認定できない。卒業したい生徒はいつでもよい，本人の都合のよい時に会いにきてくれ」と学校長の要望を伝えた。もちろん，これらのケースでは担任が丹念に家庭訪問を重ねてきていたのであった。結果的には，予定していた生徒の全員が学校に再登校した。そしてフルタイムではないが，断続的に卒業式の日まで登校がつづいた。

　筆者は登校拒否の支援において再登校にこだわっているわけではない。中・高校生で在学中に再登校できないケースもめずらしくない。再登校できても，できなくても，登校拒否の事態に子どもが正面から向き合い，自己形成を支援することが必要であると，考えている。1日も中学校に登校しないで卒業したものも少なくない。また高校を中退したものも多い。彼らにおいても，自分で進路を選択し，未来を築いていくように援助することがカウンセラーの仕事である。就職，フリーアルバイト，専門学校や大学への進学，大検受験など多様な進路がある。彼らが自分で進路を選択し，最終的には社会人として社会に参加できるように，支援することがカウンセリングである。しかし一方，筆者は，再登校できると思われるケースではその支援プログラムをつくり，支援していくことも大事なカウンセラーの仕事と考えている。筆者の臨床経験によると，卒業までに1日でも登校できて，級友や教師と出会っていると，卒業後の状況が良好である。進学しても職についても適応がよいのである。1回も同級生に出会わないままに卒業し，進学または就職しても，かなり長い間，同級生との出会いを恐れる傾向がある。この意義からも，筆者は卒業式の1日でもよいから登校できるように，必要に応じて支援してきた。

　卒業式について付言すると，筆者は登校拒否の子どもの通過儀式としてこれを

大事に受け止めている。理想としては卒業式に出席し，みなといっしょに卒業証書を授与され，教師や在校生から祝福されて学校生活を終えるのがよい。しかし中には出席できないものもいる。この場合には，別の日に校長室で授与式を行う。これも難しいケースでは保護者と子どもの了解のもとに校長らが家庭まで出向き，授与を行うように学校長に要望してきた。きちんとした卒業証書の授与は家族や子どもに学校側の温かさが伝わると共に，子どもにとって，学校を終えたという，心の区切りが鮮明につき，一種の心理的安定が高まるのである。

別の日に校長室で開かれた卒業証書授与式に出席したある両親は，学校長から中学3年間にわたる親の苦労をねぎらわれ，今日の日を迎えた意義を強調されて，涙にむせび，学校への不満も一挙に解消したという報告も少なくない。反対に，担任が帰宅の途中に郵便ポストに証書を投げ入れていたり，学校から卒業証書を渡したいとの呼び出しに応じて校門をくぐったところ，帰宅途中の担任から，「何の用事で？」と声をかけられて，立腹した親もある。登校拒否の苦しい日々を経て迎えた卒業式には，親にも子どもにも格別の思いがある。この日を新しい旅立ちの日として学校関係者が祝うことは，学校側が考える以上に，子どもには大事なことなのである。

学校復帰へのチャンスとしての中学3年生の，特に2，3学期の意義について述べたい。

中学校期の登校拒否への対応は殊の他難しい。彼らにあってはいわゆる治療意欲が脆弱であるばかりでなく，時間や労働意識の拡散，そして親や教師などへの反抗と独立への意識などもあって，もっとも対応が困難な発達期にある（佐藤他1987）。

平成14年3月までの5年間，筆者はスクールカウンセラーとして4つの中学校に出向してきた。その間，1週間に8時間，年間約35回と限られた時間であるが，学校全体の雰囲気を味わった。感想として，また教師が裏づけてくれたことだが，1年生の終わりから中学2年生の間は変化の激しい時で，前後の学年に比べて子どもは不安定である。軽いいじめもこの時期に多いし，いい争いも，また，教師に叱責されることも多い。また，男女それぞれの身体的変化が大きい。顔の形において男子であれば頬のラインが成人男性らしくそり立ってくるし，女子では成人女性のもつ体のふくらみが目立ちはじめる。また，男女共に身長や体重をはじめ，趣味や関心においても個性が目立ちはじめる。総体的に，中学2年生は少年から青年への実質的な変化の時であり，心理的にも不安定である。登校拒否への支援からみると，中学2年生の子どもとの接触は難しい。自分の進路についても拒否的で，高校進学を心配している母親の問いかけにも，「学校へなんか行かん」「中学校は卒業できなくてもよい」と，怒りを込めていい返す。母親は子どものこと

ばをそのまま受け止めて，高校進学の意志もないと，将来を現実問題として心配する。

　兵庫県では中学3年の夏期休業期に，地域内の連合体育大会や連合文化祭を最後に，3年生はみな部活動から引退する。そして2学期を迎える。校内の秋のスポーツ大会，文化祭を最後に，3年生は高校受験の準備に入っていく。この頃になると，前学年まで校内をぶらついていた子どもの数も減り，軽い怠学傾向にあった子どもにおいても登校する日が増加してくる。10月頃から3年生の雰囲気は落ち着きを増し，子どもの意識は高校受験へと集中していく。これに前後して，進学のための，保護者，子ども，教師との三者懇談も本格化し，志望高校の選択，決定へと動いていく。遅くとも，12月中には志望高校がしぼり込まれる。

　このような中学3年生の秋以後の流れと雰囲気は，当然，登校拒否中の子どもや家庭に有形無形に波及していく。筆者のスクールカウンセリングでは，担任教師はいうまでもなく，保護者にも，三者懇談に積極的に参加したほうがよいとアドバイスしている。子どもの参加は難しいことが多いが，母親一人でも参加し，状況をみながらその様子を子どもに説明し，彼の意見をきくこととなる。これが数回以上繰り返される。

　カウンセリングの中で進路について関心が母親から寄せられることが多い。筆者は進学にしても，就職にしても，最終的には子ども本人が決め，それを保護者が支持していくことが大切だと考えている。進路決定は子どもにも親にも大事なことだが，子どもがいろいろ考え，進路を決めるところに成長・発達のチャンスがあるとの立場を堅持してきている。親は子どもにいろいろの情報や考え方を提供する。ケースによっては子どもが進路について拒否的で，話し合いに乗ってこないこともある。この場合，親は子どもを無理に引きずり込まないで，家の中で場所を決めて進路に関する資料をおき，それをみるか否かは子どもに任せる。また，親は教師と話し合い，進路について十分な知識をもち，子どもが話題にした時，適格に応じられるだけの準備をしておく。

　スクールカウンセリングの経験では，どんなに無関心または拒否的な子どもも，遅い場合でも，3年3学期の1月か2月には卒業や進路に関心をもち，受験可能の志望高校を探すようになる。筆者の5年間のスクールカウンセリングの事例では2名の子どもが卒業時も引きこもり中で，進路決定ができないで，在宅となった。もっとも進路決定が遅かった事例では3月上旬に，定時制高校の第2次募集に応じた。

　卒業と進路の決定は，中学校期の登校拒否の子どもには重要な事柄である。親も，大抵の場合，次第に腹を決めて子どもにかかわり，最終的に実現できるかどうかは別にして，子どもは進路を選択していく。

3年生2学期以後の，卒業と進路決定を軸に展開する中学校生活は，学校復帰を促進するチャンスと考えている。この期間に，担任が直接または親をとおして間接に，子どもにかかわっていくと，ほとんどのケースで，担任との交流が再開され，たとえ1日だけでも学校復帰が実現する。筆者は，前記したように，学校復帰の仕方は子どもに応じて決められるのがよいと考えている。そして卒業式の日までに1回でも多く，登校できればよい。1，2年間という長い登校拒否を経た子どもが，たとえば3学期に2，3日でも学校復帰できると，子どもの状況は一変し，外出もでき，友人と交わり，安定していく。卒業または高校入学や就職の日までに，子どもの生活が家庭から出て社会化され，それが頻繁になっていくと，高校や職場の適応にプラスの効果をもたらす。

　高等学校は義務教育でないので，一定の出席日数に達しないと，休学や退学の方向が打ち出される。この場合の対応も，本質的には中学校の進路決定と同じで，最終的には子ども本人の決定が大切である。

　中・高校という若年の年齢期で進路決定を子どもに任すことは危険ではないか，十分に考える力もない年頃なのだから，という意見も保護者からきくこともある。筆者は，進路を決める過程の中に子どもの成長・発達の営みがあると，具体的に説明すると共に，いまの決定が一生のものとなり，取り返しがつかない事態にはならない，今後も，進路の再変更もあると，親を支援している。

　いずれにしても，中学校1，2年までに登校拒否になり，自宅に閉じこもり，友人や教師との交流が完全にきれている事例でも，中学校卒業が近づいてくると，徐々に子どもは変化し，学校の方向に顔を向けてくるものも少なくない。学校に行っていなくても，学校と友人のことはいつも，子どもの念頭にある。体は自宅においているが，意識の中にはいつも学校がある。自分が籍をおいている「外の」学校の動きは，子どもの「内にある」学校と連動している。ここに，3年生後期以後には担任が子どもと交流できる基盤のひとつが提供され，再登校の最後のチャンスがめぐってくるのである。

　1，2年以上も長い間，閉じこもっていて，学校や進学に全く関心を示さない，あるいはこれを拒否している子どもの，将来について思い悩んでいる保護者に，3年生の後半まで努力していると，子どもは将来を考えはじめ，卒業，進学，または就職について関心をもち，社会活動を再開するようになる可能性が高いことを説明すると，保護者は希望をもつようになる。

(4) 再登校後の対応

　子どもが再登校できても，そのまま学校に適応し，再び登校拒否にはならないという保障はない。長い登校拒否の期間を経て，「回復期」のあとに自発的・自

表8-1 再登校後の生徒の様子（神保 1984）

出欠状況		
1	時々休む	53.4
2	ほとんど休まない	21.5
3	休まないが，遅刻をする	3.1
4	休まないが，早退をする	2.1
5	休まないが，特定の科目を欠課する	2.6
6	全く休まない（遅刻，早退なし）	4.7
7	無回答	12.6
友人関係		
1	友人と交わらないで孤立している	23.6
2	特定の生徒をたよりその生徒とだけいる	48.2
3	学級にとけこんでいる	15.2
4	学級のリーダーになっている	0
5	無回答	13.1
活動状況		
1	部活動には参加していない	70.7
2	積極的に部活動に参加している	11.5
3	無回答	17.8
学習態度		
1	消極的	51.3
2	ふつう	32.5
3	積極的	3.7
4	無回答	12.6

己決定的に学校に復帰できても，再び登校拒否するものもいる。まして，肩押しされて，受動的に学校復帰した子どもの中には，十分に予期されるように，再び学校に行けなくなるものもめずらしくない。神保他（1979）は中・高生191名について「再登校後の生徒の様子」を表8-1のようにまとめている。彼らは再登校の様子，友人関係，部活動，学習活動の4カテゴリーに分けて分析している。出欠状況をみると，ほとんど休まないと全く休まないが合わせて26.2％と，まずまず登校できている生徒は4分の1しかない。そして時々休むが53.4％と過半数となっている。友人関係や部活状況，学習状況などをみると，再登校しても，学校適応状況は厳しい。神保らは「子ども達が再登校後，学校生活を円滑に送っているとはいえない」とみている。ここに，再登校後にも，カウンセラーや担任の支援などの続行が必要となる。

①再登校に対する担任の対応

子どもはみな少しの不安もなく，自信と希望をもって再登校しているのではなく，不安と恐れをもっておずおずと学校へ向かっているのである。再登校に向かって努力している子どもの心理について担任は十分に理解しておくこと，これが担任の対応の仕方の第一歩である。

①クラスメートがどんな顔をして自分を迎えるのか。
②長く休んでいた理由をきかれるのではないか。きかれたら，何と答えようか。
③クラスメートとどんなことばを交わせばよいか。
④勉強についていけるか。授業で指名されたらどうしよう。
⑤みんなが自分をどう思っているのか。
⑥みんなの前で何か失敗しないか。

　子どもがあげる不安を具体的にまとめてみたが，彼らはみな重い気持ちの中でプレッシャーを抱きながら登校してきている。子どもの中には，内向的で，他人の気持ちも含めて細かいことに気を遣いながら，自己主張しないものも少なくない。登校し，何か月振りかで教室に入ってきた子どもの中には，表面的には登校拒否前の状態と同じで，変わったところがない印象を与えるものも少なくない。明るくふるまい，クラスメートと同じ行動をとっている。どうなることかと，心配していた担任からみると，気が抜けるくらい，ふつうの行動をとっている。しかし担任やクラスメートの受け止め方とは違って，子どもはにこにこしていても，失敗しないか，みんなに変に思われないかと，内心，張ちきれるほどの緊張感を包み込んでいて，強いプレッシャーのもとにいる。

　担任は，再登校してきた子どもは学校に関する心理的葛藤を完全に整理して，喜び勇んで登校していると思ってはならない。長い苦しみの末，ある程度，自分を整理して登校してきていても，その根っこには登校拒否感情が生きていることに担任は思いをいたらせ，この感情に配慮しながら，子どもを温く受け止めることが大事である。そのためには，前述のように，担任は子どもの緊張感を緩め，できるだけ子どもが気持ちを楽にして学校にいることができるように配慮する。久し振りに登校してきたが，またこなくなってはいけないと担任が張り切りすぎて，呼び出していろいろきいたり，何かしてほしいことはないかときくと，かえって子どもは緊張する。学校の中では，担任は静かに子どもを見守っているのがよい。子どもの表情ひとつに，動きの一つひとつに担任が目を配り，懸念をもってことばひとつでもかけたくなる。登校拒否の子どもは何もいわなくても，担任や級友の言動を敏感に受け取る傾向があるので，担任の不安の目は相手に負担となりがちである。学校では担任は特別扱いしないで，見守っているのがよい。そして，家庭訪問などで子どもに出会った時に，学校生活についての気持ちをきき，相談にのるのがよい。また「困った時にはいつでも連絡してほしい。相談にのるから」と，担任の心を事前に子どもに開いておく。

　再登校してきても，子どもはその日からつづいて登校してくるとは限らない。実際にはこのような子どもは少ない。きては休み，休んではくるといった断続的に登校を重ねながら次第に学校に適応し，登校拒否状態から脱却するものである。

休みが時々あっても，担任はあまり心配しないのがよい。「今日休んだか」とがっかりして子どもをみるよりも，昨日まで登校できたことを喜び，評価する加点的態度をとるのが望ましい。

かなり多くの子どもが再登校しても，2，3日または1か月ほどの登校の後に，再び登校拒否となる。この事態は子どもを熱心に支えてきた担任や級友には失望感を与える。担任によってはつづいて支援していくだけの気力をなくしてしまう。ここで登校拒否の支援は子どもを登校させることではなく，子どもの生活を豊かにし，子どもができるだけ自発的に行動して，自己形成に努力できるようにすることである，との認識が担任にあると，担任は落ち込まない。

登校拒否の支援では，登校できたかどうかで一喜一憂しないで，子どもと共に歩む態度が大切である。子どもが再び登校拒否で在宅状態になると，担任は静かに，そしてやさしく，従来つづけてきた家庭訪問をつづけることになる。担任が，どんな事態に遭っても，あわてず，あきらめないで，支援をつづける姿勢が子どもにとっては精神的安定と成長・発達のひとつの原動力となる。

②級友の支援と協力

再登校した子どもが安定に向かうか否か，これには教師の対応も大切であるが，もっと重要なのは級友の対応である。自験例について検討してみると，引きつづき登校できるケースでは級友の温かい受け入れと，親しい友人ができることが共通して認められる。特に中学校期にはこれが大切である。級友に珍しがられたり，特別にみられたりして登校できなくなるケースも少なくない。担任が，自然に，さりげなく本人を受け入れるように，クラスの態勢をつくり，本人が孤立しないように友人関係ができると，子どもはクラスに馴染みやすい。これは，子どもが再登校してきたその日に急につくれるものでなく，日常の学級経営の中でつくられておくべきものである。

外来形式の，専門のカウンセリング機関ではわかりにくいことだが，スクールカウンセラーとして多くのケースを引き受けてみると，担任が登校拒否の支援に熱心であると，登校拒否の子どもに積極的な態度をもつ同級生が多くなる。反対に，担任が休んでいる子どもにほとんど関心を示していない場合には，援助しようという級友は出てこない。級友からみて，担任教師が自分たちのみでなく，休んでいる子どもを心配し，クラスでその子どもの状況をかたり，いろいろ努力している姿を日常の学級経営の中でみせておくと，級友も自然に休んでいる子どもに関心をもつ。そして，「自分がもし登校拒否になったら，担任は大切にしてくれる」という期待と信頼感がクラスに行きわたり，休んでいる子どもの苦しみなどが共有されることになる。この共有から，登校してきた子どもが求めれば，学習の遅れの回復を手伝ったり，昼の時間も誰かが話し相手になってくれたり，ま

たは登下校を共にしてくれる級友が生まれてくる。

　ふつう担任は，登校拒否前に親しかった級友をクラスの中に配置したり，子どもの隣席にこの種の友人を配席しておく。中学生になると，友人の好悪は多分に個人的なもので，第三者である担任が決めてもうまくいかないことも十分に予想されるが，性格的に同質の子が結びつきやすく，また趣味を同じくする子どもがそれを媒介として友人関係をつくりやすい。

　級友が関心をもち，支援してきた子どもが再び登校拒否になると，みな失望し，落胆してしまう。担任は，クラス員の気持ちを十分に理解し，受け入れた上で，再び学校にこなくなった子どもの心理的苦しさと相互援助，助け合いの必要性を述べ，必要な協力を得たいとクラスのみなに望んでおくようにしたい。そして，再び登校してきた時，「クラスはみな自分のことを考えておいてくれている」とか，「クラスは落ち着いていることができる場所だ」といった体験が，前の登校時よりも鮮明に子どもに経験できるように学級をつくりたいものである。

3) 別室登校など

　クラスメートのいる自分の教室には入れないが，ある時間，保健室や図書室などにはいることのできる子どもがいる。一般的に，これは保健室登校または別室登校と呼ばれている。また文科省は，子どもが在籍校には登校できないが，学校以外のところならいけるケースがあることに着目して，市町村単位に適応教室を設置している。この教室は，学校のイメージが薄い教育センターとか，公民館，あるいは民家などに設置されている。

(1) 保健室登校

　法的には「健康診断，健康相談，救急処置を行うため保健室を設けるものとする」（学校保健法19条）とされていて，当初，保健室は学校医の執務の場所としての意味合いがあったと思われる。しかし時代も変わり，保健室のイメージも変化し，いま保健室は，「一息入れるところ」「立ち寄って自分なりに時間を使うところ」「気持ちを切り変えて教室にもどるところ」「好きなことを思うぞんぶんいえるところ」などの認識（宮島 1994）が定着した。一言でいうと，保健室は体の健康を促進するという役割に加えて，心のケアという役割を担っている。

　学校保健室が心のケアの場所としてどんな問題を抱えているか，他の機関などとの対比でみると，表8-2のとおりである（鈴木 1991）。

　病院や保健センターの医師，相談機関や少年鑑別所のカウンセラーやケースワーカー，学級担任，養護教諭など3,339人などを対象とした調査結果である。この表を通覧すると，医師欄のてんかんを除いて，3群間で順位こそ違うが，ほぼ

表8-2　子どもや保護者からの相談内容（％）（鈴木 1991）

医師／Cor (N = 2025)		学級担任 (N = 226)		養護教諭 (N = 1088)	
登校拒否	(19.0)	いじめ	(26.0)	心身症・同疑	(21.0)
心身症	(14.0)	登校拒否	(20.0)	情緒問題	(18.0)
暴力行為	(13.0)	身体症状	(20.0)	いじめ	(17.0)
情緒障害	(12.0)	情緒問題	(18.0)	登校拒否	(15.0)
いじめ	(12.0)	暴力行為	(9.0)	性の問題	(12.0)
神経症	(11.0)	性の問題	(7.0)	神経症・同疑	(11.0)
性の問題	(0.8)	その他	(1.0)	暴力行為	(5.0)
てんかん	(0.6)			その他	(2.0)
その他	(0.6)				

同じ内容の相談をもっている。鈴木によると，学級担任の相談内容で身体症状の中に登校拒否相談があり，担任教師の相談内容の中のいじめは登校拒否に深い関連があって，医師，教師，養護ともどもに登校拒否相談が第1位を占めているという。

亀井（1997）によると，1970年代半ばから「生徒たちの体に何か異変が生じているのではないか」と養護教諭の間で話題になりはじめ，この時期に保健室登校ということばが使われはじめたという。その後，保健室のかかわる登校拒否相談が年々増加し，東京都養護教諭研究会が1992年に調査した年間統計によると，「保健室登校」生徒を抱えた養護教諭は小学校で18.4％，中学校で27.6％に達したという（宍戸 1994）。

登校拒否による保健室登校とは，学校には行けるが，身体的理由あるいは心理的な事由によって自分の教室に入れず，保健室であれば，ある時間，学校にいることができるものをいう。スクールカウンセラーとしての経験によると，保健室登校は，子どもの要望によるもの，保護者のすすめまたは教師の指導によるもの，これらが複合しているものの4種に分けられる。そして保健室から原学級への移行経過は次の4種となる。

　ア　比較的短期間で教室へ移行できるケース
　イ　保健室⇔学級⇔自宅を断続的に繰り返すケース
　ウ　比較的長期にわたって保健室にいて，教室に移行できるケース
　エ　保健室登校のまま卒業期を迎えるもの

なぜ子どもが保健室登校を選ぶかについては種々の要因が考えられるが，簡単にいうと，主観的には，保健室ならある程度落ち着いていることができるからである。子どもの側からみると，気持ちの中に学校へ行きたい，行かなければならないといった願望があることや，親や教師の側にも登校してほしいとの要望があることなどが働いている。一方，教室に入れるだけの情緒的安定が回復していないことなどから，教室への代用場所として保健室が選ばれると推測できる。

さらに，保健室の特性を分析してみると，保健室のもつ物理的特性，たとえば教室の雰囲気がない，友人に会わなくてすむ，心配している勉強がない，やさしい女性の教員が一人いるだけなどの他に，次のような養護教諭のもつ心理的特性が保健室登校を容易にしている。

　ア　養護教諭が女性である。
　イ　この教諭は，授業や生活指導による評価や進路決定の役割をもっていない。
　ウ　養護という職責上，子どもとの出会いは個人的で，しかも子どもの気持ちを受け入れる態度が職種の特質として形成されている。
　エ　養護活動という職種がパラメディカルで医療行為に類似している。
　オ　養護教諭と出会うか否か，子どもが決めることができる。

これらの養護教諭がもつ特質を一言でいうなら，学校の中でカウンセラーになりうる特質をもっとも色濃くもっている存在である。簡単に説明を加えよう。

養護教諭は女性で，保健室にいつも一人でいることは，子どもにとって入室を容易にさせる。教室であれば，クラスメートが沢山おり，中学校では複数の教師が教室に出入りする。子どもがおずおずと保健室のドアを開けると，いつも女性の養護教諭が一人にこやかに迎えてくれ，室内には何となく母親に似て自分を包み込んでくれるようなやさしさが漂う。この母性性が女性である養護教諭に期待できる特質のひとつである。

養護教諭は子どもに試験を課し，評価し，そして進路を決める立場にないという特質は，他の教員との決定的違いである。教員，特に担任教員であれば，授業や生徒指導をとおして子どもを指導し，評価する。子どもの側に問題があれば，それを指摘し，解消する方向に圧力をかける時もある。また教師は進級や卒業，進学あるいは就職について相談に応じ，適切なガイダンスを行う。内申書や推薦書の作成にも担任が当たる。養護教諭にはこの種の評価権は与えられていない。これは，養護教諭は学校教育法に規定された教員でないということの具体的な意味のひとつであるが，このことは，自分たちは恵まれない，不遇な位置に置かれているなどの養護教諭の不満にも連なってくる。しかし，学校精神保健からみると，この評価権をもっていないことは養護教諭の利点である。教師がどんなにカウンセリングに優れていても，子どもや親からみると，自分たちの首の根っこを握っている人で，うかつに本当のこと，子どもや家庭の弱点を口に出すことに抵抗をもち，自己防衛的になっていく。それに反して，養護教諭には，彼女がカウンセリングの基本である相談内容の秘密を守ってくれる限り，子どもも親も自分たちの心の底までもかたりつくすことができるのである。ここに心のケアを職務とする養護教諭の役割がある。清水（1994）は養護教諭の役割に関連して養護教諭には「全き受容の心」が求められるとして，「何でもきいてくれるという印象

を与える優しさと，何をきいてもたじろがない逞しさとが求められる」と述べている。そして，「このウォークマンを盗んできた」「妊娠してしまった」ときかされてあわてるようではメンタルヘルスの相談は受けつけぬほうがよいとも述べている。

　歴史をひもとくと，養護教諭は1905年に岐阜県で学校看護婦が採用されたところまでさかのぼる（清水 1994）。そして第二次世界大戦後，教育制度の改革と共に養護訓導から養護教諭の名称になった。ここでは看護婦免許を基礎資格としていた。そして，戦後まもなく教育職員免許法が改正され，看護婦や医療とはかかわりのない養護教諭の養成コースが新しく設置され，今日にいたっている。養護教員養成にはこの歴史が色濃く反映していて，学校教育職員の中でもっとも医学や医療のもとに教育された，パラメディカルな教員といってもよい。特に，看護婦養成所を経た養護教諭はかなりしっかりした看護技術を習得している。看護に従事する職種の人に期待されるやさしさ，患者個人のニーズに応じた看護にみる個別性は，いまの養護教諭に十分に認められるところである。これは教員と比較するとよくわかる。教員は子どもの個々のニーズや個性を大切にしなければならないといわれてきているが，教員にとっては個々の子どもは飽くまでもクラス全員の中の一人にすぎない。子どもの関心事である成績の評価も，進学指導も他の子どもとの関連で相対的に評価される（2004年から絶対評価になったが）。集団生活である以上，規律に従うことが求められ，集団基準からずれると，子どもの個別的なニーズに関係なく，教員はきちんと指導するのである。

　養護教諭はあまり意識していないようだが，保健室に入ると，ベッド，聴診器，血圧計などの医療器具，消毒液の臭いなど，教室よりも，病院の雰囲気が漂う。また養護教諭は，毎年，春の健康診断で学校医の検診に立ち合い，医師の指導のもとに医療行為に参加している。子どもには教師と全く違う存在にうつる。このパラメディカル性は体を診てもらうために保健室に入りやすくする。登校拒否の初期にある子どもにも，体の調子が悪いと大手を振って利用できる場所である。

　養護教諭がもつ，このパラメディカルな特性は負に働くことはない。子どもがいままで病院で経験してきた患者としての子どもと，やさしい小児科医との出会い経験は，養護教諭と子どもとの関係に転移され，教師とは違った関係をつくる素地として働いている。

　最後に，保健室の利用は子どもに決定権がある，という事実は教員とは決定的に違う点である。子どもは親を選んでこの世に生をうけるのではないことと同じとまではいわないが，これに類似していて，子どもが担任を選ぶことは極めて難しい。登校拒否のきっかけが担任にあることが明白なケースでも，または担任と相性が合わない場合でも，子どもは学年末まで同じ担任とつきあっていかなけれ

ばならないという宿命をもつ。担任が嫌いだとしても，別のクラスに入ることもできない。これに比べて，子どもは養護教諭に無理をして会わなくてもよい。校内でけがをすると，その場では養護教諭の緊急手当てを受けるが，事後は病院に行けばよい。保健室登校がいやなら，そこへ行く必要もない。カウンセリングは学校外の所で受けることもできる。

　この養護教諭との出会いにみる子どもの自由さは専門機関のカウンセリングに似ている。専門機関は親と子が選択できる。心のケアについての養護教諭と子どもの関係はこれに似て，本質的には子どもと親に選択の余地がおおいにある。これに反して，担任教師については学校長に保護者の希望は伝えても，親と子に選択権はない。保健室の利用では心のケアを受けるについての責任は主として子どもと親にあることを意味していて，子どもと親の主体性が尊重されている。

②保健室登校開始前の課題
　養護教諭が保健室登校の子どもの受け入れに際して留意しておく事項について述べたい。
　第1の留意点として，保健室の，近年の機能のひとつである心のケアについて教職員の理解と支援を得ておくことが，まず重要である。
　養護教諭の間では保健室のもつ心のケアの必要性は十分に理解されているが，一般の教師には十分な理解が得られているとはいいがたいのが現状である。旧態依然として，養護教諭は，小さいけがを赤ちんで手当てする人と考えている教師もある。また子どもが業間の休みに保健室に集う状況を否定する教師もある。「養護の先生は甘やかして困る。何かにかこつけて生徒が保健室に行く。養護の先生は正直に子どもの訴えを受け入れてしまう。困ったものだ」などの不満をよくきく。学校によっては保健室を校長室や職員室の隣りに設け，いつも教師間の監視下においている。また生徒指導担当教師が時々保健室にきて，子どもに対し教室に帰るよう強く指導するところもある。養護教諭からみると，生徒は授業や友人関係に疲れて保健室を「駆け込み寺」として利用しているので，そこから生徒を無理に追っ払ったとしても，これは一時的なものである，先生方は駆け込まざるをえない学校生活のあり方を分析して根本的に対応すべきだ，などの思いが生まれる。

　保健室の利用を難しくしているもうひとつの要因は，従来からよくいわれることだが，「学級王国」がある。原則として学級は一人の教師が担当している。担任の中には，他の教師が自分のクラスの子どもにかかわっていくことを好まない人もある。学級王国観のもとには「自分のクラスの子どもだ。手を出すな」式の考え方が生まれやすい。子どもが自分のところでなく，保健室へ行くことをにがにがしく思う教師もいないこともない。

保健室登校を受け入れる前に,保健室がもつ心のケア機能の重要性について学校全体の中で意見を統一することが大事である。

学級王国観については,各担任が責任をもってクラスの子どもの指導に当たるという意味なら,当然のこととみることができる。しかしこれが他の教職員の協力方の排除につながるとすれば,教育的にみて適切ではない。教師がそれぞれにおいて自分の責任を果たし,教職員一丸となって教育に当たらないと,実効はない。保健室の利用も養護教諭の協力もそのひとつであって,担任よりも,カウンセリング的な人間関係を結びやすい養護教諭の活用が否定されると,子どもにとって不幸である。

保健室登校を受け入れる際の第2の留意点として,子どもについて担任教師と十分に話し合い,担任の,養護教諭への期待を知ると同時に,養護教諭の限界についても担任の理解を得たい。

保健室登校している子どもに関する教育上の直接責任は担任にある。担任が養護教諭にどんな期待をもっているか,また養護教諭はこの期待にこたえることができるかなど,具体的なケースをはさんで十分に話し合うことになる。担任の中には,自分が困って,あるいは責任をもちたくなくて,保健室登校を利用している場合もなくもない。反対に,子どもとの人間関係を十分に理解していて,担任を助けてほしいと,養護教諭にカウンセリングを期待している場合もある。

養護教諭の側からすると,カウンセリング能力をもっていたとしても,保健室にはいろいろの訴えをもって子どもが沢山くる。この保健室の通常業務に加えて,特定の子どもをある程度継続的に受け入れると,養護教諭の負担過重やいろいろの面に支障が生まれることもある。これは保健室登校を希望している子どもの状況によって違ってくる。保護者や担任にすすめられ,いやいや保健室登校しようとしている子ども,登校拒否状態が大幅に改善されて原学級に入る前に,足ならしとしてちょっと保健室へきたい子ども,学校に復帰したい希望はあるものの,他の子どもに会うことに強い抵抗があって,一人で1,2時間,教室の代わりに保健室にいてもよいとする子どもなど,保健室登校の子どもの状況は様々である。

担任をはじめ,他の教師の協力可能性についても十分に話し合う。保健室登校といっても,養護教諭がすべてにおいて丸抱えできるものではない。養護教諭が一般業務をこなしながら,終日,保健室登校の子どもにかかわることはできない。子どもによってはカーテンで仕切ったコーナーに入り,養護教諭以外に教師も友人も寄せつけないものもいる。反対に,養護教諭を一人占めしたくて,つき回るものもいる。時には落ち着きなく,目が離せないものもいる。あるいは保健室にいても,何もすることがなく,退屈している子もいれば,好きな教科について指導を求めてくるものもいる。最終的には,保健室から原学級への移行も考えて,

保健室登校の期間に，担任と子どもとの関係，子ども同志の関係の修復あるいは構築も指導のプログラムへ入れなければならない。いつ，どんな形で担任またはクラスメートとの交流をはかるかも，保健室登校中の課題となる。

担任と養護教諭との間で受け入れについて細かく話し合い，どこまで対応できるか，どんな対応を展開していくかなどについて，事前に理解し合っておく。

担任と養護教諭の話し合い結果について，校長はじめ学校内の教職員の理解と協力，そして支援を得るために，所定の校内組織の中で説明しておくことになる。

第3の留意点として，保健室登校の受け入れに先立ち，保護者とどのようにかかわるかについても担任をはじめ，教職員の同意を得ておく必要がある。

子どもが保健室登校をはじめると，望まなくても自然に養護教諭は子どもの保護者にかかわることになる。長い登校拒否のあとに，子どもが保健室登校をはじめたことは保護者には無上の喜びとなる。一方，いつまでも保健室登校をつづけていると，親は，学力や友人関係，進学などに思いをいたし，不安や拒否感情も芽ばえてくる。保健室登校を充実させるためにも，養護教諭は時々保護者と面接するのがよい。

関係が深まると，保護者は，既述のように，担任と比べて養護教諭に気安く，いろいろの面に渡って相談することとなる。その結果，担任，養護教諭，時にはスクールカウンセラーなど，一人の子どもに2，3人以上がかかわることになる。教職員がバラバラに対応することになると，保護者などに混乱が生まれる可能性が大きい。学校関係者が時々ミーティングして，情報を交換し，一貫性のある対応を築かなければならない。

③保健室登校における養護教諭の課題

保健室登校が子どもの登校拒否自体の解決につながるためには，カウンセリングのあり方をはじめ，養護教諭にはいろいろの課題がある。

保健室で養護教諭が行ういろいろの教育・心理的支援をカウンセリングと一括して，そのあり方の2，3について考えてみよう。

(1) プレイ器具の整備

高校生になると，face to faceの形でスピーチを通じてのコミュニケーションは可能であるが，小，中学生，特に小学生では，スピーチによる交流だけでは関係が深まらないのみでなく，10分の面接もつづけられない。これは小，中学校レベルの子どもは自分の心の深いところまで省察し，心の働きをとらえてうまくことばで表現できるほど，発達していないからである。このことから，小学生ではプレイを通じての面接が欠かせない。中学生になると，スピーチによる交流と，時にプレイを導入することになる。

この観点から保健室の設備などをみると，非常に不満足な状態にある。健康診

断や救急処置を本務として発展してきた保健室には，必要な医療器具は揃っているが，心のケアに必要な器具はほとんどない。しかし，前述のように，心のケアを求めてくる子どもが増加している現状に対応するには，必要な器具や設備は整えておくことである。

　保健室で救急処置をとる場合にも，病院ではないので，医療器具はごく簡単なものしか置かれていない。本格的な医療が必要なら，病院を紹介することになる。心のケアにしても，養護教諭は心理療法家でないので，心の深いところまで作用する心のケア器具は必要ない。筆者の知人の養護教諭はユング心理学に関心をもち，高価な箱庭療法のセットを保健室に設置し，自分の転勤に合わせて，そのセットを運んでいる。保健室では，ここまでは求められない。

　保健室で使うカウンセリングのための器具は，保健室のスペースをあまりとらないもので，しかも保健室の清潔さをあまり損なわないものがよい。相談専門施設には必ず置かれている砂や水は，使用後に保健室の清潔さを回復するのに時間と手間をとることが多いので，あまり推薦できない。また養護教諭が多忙な日常活動の中で手軽に使用でき，しかも，保健室のベッドで休んでいる他の子どもにも邪魔にならないもの，などの条件を考えると，その種類と数は限られてくる。養護教諭が比較的に使いやすい器具には，ゴム粘土，組立パズル，描画用紙一式，落書きノート，イヤホンつきテレビかラジオ，漫画，雑誌，将棋盤，碁盤などである。その他に，子どもの教科書も揃えておくと，要求によって使える。

　子どもが保健室登校に適応し，室外でもプレイすることができるようになると，体育館での軽いスポーツ，卓球，草花の栽培，パソコンなど，保健室外での活動も取り入れられる。

　カウンセリング用具の中でもっとも使いやすいのは描画である。自由に描かすこともできるし，課題にそって表現させることができる。療法的にいうと，自由画法，人物画法，家族画法，動的家族描画法（日比 1986），九分割描画法（森谷 1995），風景構成法（皆藤 1994）などがある。またコラージュ法（杉浦 1994）も楽しい表現法である。子どもが描いている間，養護教諭は関心をもって子どものそばにつきそい，描画が終わると，作品について子どもに自由にかたらせ，よく傾聴し，非指示的な質問――特定の回答ではなく，どんな形のものでも，子どもが自由に反応できる形の質問――をしていくと，子どもの心の世界が拡がってかたられていく。

　(2) カウンセリングスペースの獲得

　保健室にカウンセリング専用のルームがある学校は少ない。多くの場合，保健室の空いたスペースを利用している。

　理想的には，救急処置や安静のためのベッドが置かれているスペース以外に，

カウンセリング用のスペースがほしい。できれば，保健室からドアひとつですぐに移動できる別室がよいが，最低限，保健室の役割や機能を考えた上でのレイアウトを考えることが必要である。高田（1991）は，図8-1のようなレイアウトした保健室の整備を提案している。

・色彩の調和（壁，ベッドのカーテンはクリーム色。床のカーペットはオレンジ色。窓には天井から床までの長さの白いレースカーテンを引くなど）。
・パネルスクリーンで仕切った相談室コーナーを設ける（丸テーブル，ソファーを置く）。
・植物（ゴム，コーヒーの木，鉢植えなど）を配置し，サロン的な雰囲気をつくる。

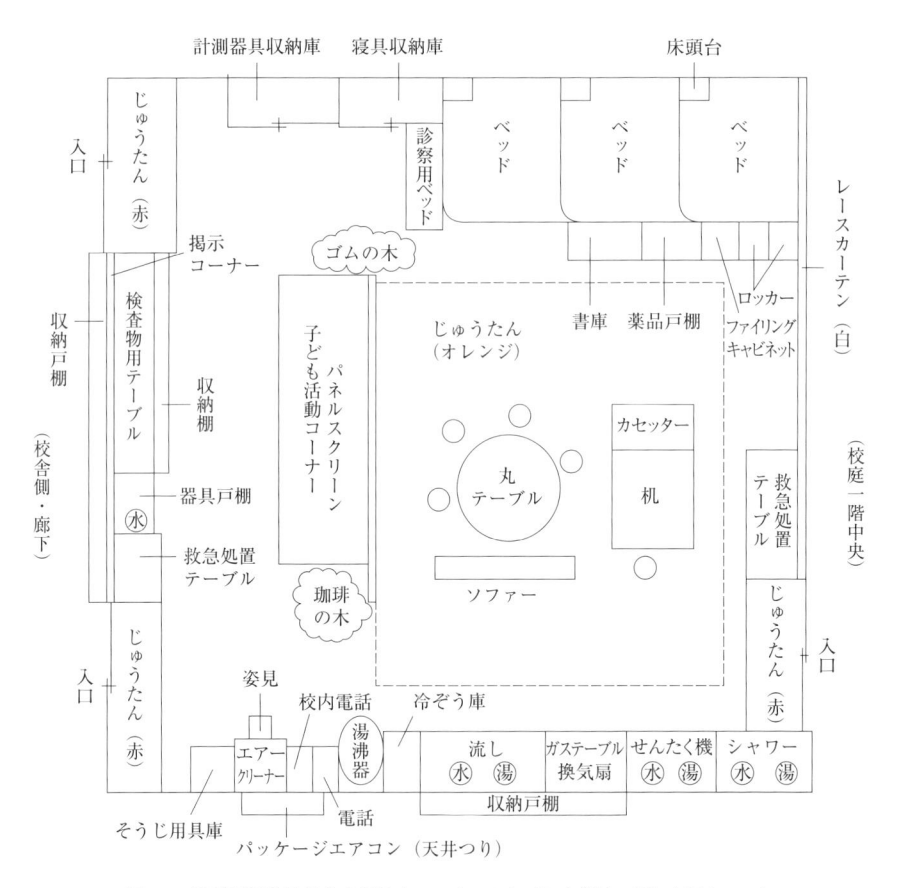

図8-1　登校拒否を予防する保健室のレイアウト（A中学校の例）（高田 1991）

・子どもたちの自由な場，おしゃべりコーナーを設ける。
・入口に，養護教諭の「行先表示板」を取りつけ，不在の場合，行先を明示する。

　高田は以上を提案しながら，この実現は「夢に近い」という。この感想の中に，保健室がもつ心のケアについての学校内の理解と支援の不足が滲み出ている。現状では，与えられたスペースの中でレイアウトを試み，子どもが入りやすく，心身共にくつろぎやすい雰囲気をもつ保健室を整備することであろう。生徒減によって空き教室も増えているので，機会をみて保健室の整備について校内全体で取り組むことが望まれる。養護教諭が心のケアに関心をもっていても，これを実施するに必要な時間と物的整備がないと，心のケアに当たれない。

④保健室の利用とその限界

　保健室の運用でもっとも難しい事態は，心の安定を求めて子どもが過剰に集まることであろう。こうなると，養護教諭の手が回らないだろうし，また，教師は「保健室」に子どもが逃げて教育活動の障害になると思うことにもなる。時には教師から「保健室の先生は甘いので，子どもが安易な気分に流されてしまう。保健室を閉じろ」という意見も生まれてくる。反対に，養護教諭サイドでは子どもが保健室にくるのは気持ちが安らぐ駆け込み寺を求めているのだ，先生方は子どもが保健室に行かざるをえない気持ちを考えてほしい，子どもの心のケアについて学級でもきちんと対応してほしいということになる。学校全体が荒れている時には，保健室をめぐってこのような事態が起きることは，方々の学校で経験したところである。

　学校が落ちついている場合でも，教師と養護教諭の間には，利用する子どもをめぐって種々の議論が生まれる。保健室の適切な利用について学校全体で協議し，ひとつの方向性をもつことが必要である。この場合，留意しておきたいことは，保健室の利用の決定権は子どもにおくことである。学校によってはこの権限が担任に与えられていて，保健室は利用者で賑わうことはないが，保健室で安らぎを得たい子どもが利用できないことにもなる。

　養護教諭は，保健室にくる子どもすべてを受け入れる態度をもつ一方，授業がはじまると，教室に帰るよう強く子どもを指導することも大事である。養護教諭には子どもを受け入れ，気持ちを受容し，安らぎを保障する母性原理だけでなく，子どもによってはきついこともある教室に子どもを押し出す，厳しさをもつ父性原理をもあわせもつことが求められる。

　保健室登校を認める子どもの対応についても事前に，担任，保護者，子どもと相談し，保健室での対応とその制限について話し合っておく。何も約束しないで，漫然と受け入れると，教師や養護教諭の側にも，子どもの側にも，不満や失望が

生まれることになる。
　事前の検討事項の中には以下のものがある。
　(1) 来室時間と滞在時間
　登校時間や下校時間は基本的には子どもに任せるのがよい。一般的には，保健室登校を選ぶ子どもは，登下校時に級友をはじめ他の子どもに出会うことを嫌う。従って，授業がはじまってから登校し，授業時間中に下校するものが多い。
　保健室登校のはじめには，子どもの要望を100％取り入れ，「きたい時にきて，帰りたい時に帰る」という形になる。そして子どもが保健室に適応し，状況全体が好転していくにつれて，養護教諭は子どもと話し合いの上，登下校時間を徐々に変更し，最終的にはふつうの登下校時間と合うようにもっていく。これが可能になると，原学級への復帰が現実となる日も近い。
　(2) 子どもへの対応時間とその内容
　養護教諭には保健室登校の子どもへの支援以外に，いろいろの仕事がある。出張も入ってくる。子どもにこの状況を説明し，了解をとっておく。そして，養護教諭が直接に対応できる時間と対応の内容，その他の時間における子どもの活動についても，子どもと話し合っておく。
　保健室登校を開始しても，多くの場合，いつでも対応できる専任の教師はいない。空いた時間に教師が交代で保健室に姿をみせて，子どもに対応することが多い。また，長い時間，子ども一人で放置されることもある。
　養護教諭以外の教師と子どもとの接触の仕方と指導の内容，一人でいる時の子どもの活動，保健室外での活動（たとえば卓球，散歩など）などは，子どもの保健室での適応が進むにつれて変わっていくことになるが，これらについても養護教諭が子どもと話し合って決め，他の教師の協力を得ることとなる。
　筆者は保健室登校に関与する時，養護教諭にいつも，「保健室活動予定」を毎日，子どもとつくることをすすめている。朝，登校してきた子どもを受け入れて，「今日，どんなことをしたいか」と質問して，子どもに大まかな予定をつくらせる。登校時間，下校時間，保健室でしたい活動などについて子どもといっしょに，その日の予定をたてる。はじめは，子どもは「何もしたくない」とか，時には養護教諭を困らせる内容の予定をいうこともある。そのまま受け入れて，「特別したいことはない」と書くし，またできないことを予定にあげても，そのまま記入すればよい。
　予定をつくる時に，前日の「予定」の評価を子どもにさせるのもよい。うまくできたかどうか，ごく簡単な評価でよい。
　日々の「予定」づくりの間に，子どもと養護教諭との間に交わされる会話は，カウンセリングそのもので，養護教諭にはカウンセリング的対応が求められる。

初期には予定もつくれない子どももいるし，つくっても予定は無視されることもある。養護教諭が子どもを引っ張っていくような，予定づくりでなく，子どもの感情や希望が色こく表現されている予定づくりがよい。時には予定表が真っ白であることもある。この白い空間に，養護教諭はその日の子どもの感情を推測し，受容していけばよい。

(3) 級友の来訪

保健室登校中に，級友が偶然に，または意図的に保健室に入ってくることがある。一般的に，保健室登校の子どもは他の子どもに会いたがらない。子どもが入ってくると，隠れたがる。

保健室には子どもが自由に入って他の子どもと会わないですむ，コーナーが必要である。保健室のコーナーをカーテンで仕切ることもひとつの対応である。

養護教諭は受け入れのはじめに，子どもの，友人などへの感情をきいておく必要がある。会ってもよいか，絶対に会いたくないか，どんな人なら会えるかなどについて知っておく。もちろん，養護教諭は，他の子どもに会うかどうかも子ども本人が決めてよいと，その決定を子ども本人に任せる。

級友に会うか否か，これも子どもの適応状況によって変わってくる。子どもが級友に拒否的でなくなった時期になると，保健室に級友を招くことも，保健室登校の対応のひとつとなる。

⑤原学級への復帰

保健室登校は，本来的に，子どもが原学級に復帰し，他の子どもたちといっしょに学校生活が行えるようになると，その目的が果たせたことになる。いってみれば，家庭と学級の中間の活動である。

長く登校拒否がつづき，いろいろの努力の末に，やっと保健室登校という形でも自宅への閉じこもりを止めて，登校できるようになると，保護者も担任もホッとし喜ぶ。しかし，これが半年間，あるいは1年間もつづくと，保護者も教師もこのままでよいのかと，迷いはじめる。担任教師には3つのタイプがある。①第1のタイプでは担任が1日も早い原学級復帰を望み，機会があるたびに養護教諭などに早期復帰を望む。②のタイプでは担任が保健室登校だけで満足し，ほとんど養護教諭に任せ切りで，原学級復帰に積極的関心を示さない。③のタイプでは担任は保健室にいる子どもに関心をもち，養護教諭と時々は話し合い，時間があれば保健室に足を運ぶ。そして状況に応じて子どもと話し合い，求められると，勉強も教える。子どもの状況によって原学級への復帰を図ろうとする。

保健室登校の成否を決めるのは養護教諭の支援のあり方以外に，担任を中心にした教師集団の理解と協力である。①と②のタイプの教師では，保健室登校は失敗するか，または最終的解決が長引く可能性がある。「養護の先生が保健室に子

どもを抱え込んで学級に復帰させようとしない」とか，「養護の先生が甘く，子どものいいなりになる。もっと強く学級復帰をすすめてくれないといけない」などの批判が①のタイプの先生の中で起こりやすい。この種の先生の中には，子どもの適応状況を考えないで，原学級復帰を強制し，保健室登校そのものも中断させてしまったケースもある。

養護教諭の中にも1日も早い学級復帰を望み，教師集団の雰囲気に押されて，いつもその方向に顔を向けていて，保健室が子どもにとって安らぎの場所にならなくなってしまうこともある。

保健室登校に全校一致して踏み切ると，その後の対応の中心は養護教諭となり，担任も養護教諭との話し合いを経て，子どもに対応することになる。養護教諭が1日も早い原学級を強く望んでいると，保健室は子どもにとって心の居場所，安らぎの場所とならない。養護教諭は原学級復帰を第一義的に考えないで，保健室で子どもが居心地がよく，自由な活動ができて自己実現できる場所となるように，支援していきたい。基本的には原学級に帰るか否かを含めて復帰の時期を決めるのは子どもである。極端にいうと，子どもが望むなら卒業まで保健室登校がつづいてもよいと決断し，その態度を堅持していくことが養護教諭に求められる。

一方では，可能な状態になると，原学級復帰が図られることも必要である。これに当たるのは養護教諭でなく，担任教師である。学級復帰には友人関係の発展や学力補充などへの配慮が必要で，これは学級経営そのものであって，これには教師が当たることになる。

養護教諭は原学級復帰のために，保健室登校中，友人関係づくりや学力の補充活動に協力する。いつ頃から保健室に友人を招くか，教師による学力補充はどのように進めるかなどについて，担任に情報を提供すると共に，来室した友人や教師と子どもとの間を取りもつことが仕事となる。

(2) 適応教室への通級

文科省（1992）が登校拒否への「多様な適応指導の方策」のひとつとして打ち出したのが適応指導教室である。登校拒否の子どもは，学校に行けない状況にある間，家庭以外に自分の居場所を見いだせないでいることが多く，そのため心理的にも孤立感を深め，閉じこもることが多い。これを打破するために，学校と家庭の中間施設として設置されたのが適応教室である。

登校拒否の子どものうち，学校に拒否的で，学校には行けないが，それ以外のところなら行くことができる子どもがいる。また，午前中には外出できないが，午後なら外へ出ることができるものも少なくない。この特性を利用して，教育センター，公会堂，公民館，民家など学校の雰囲気をもたないところに適応教室が

つくられることが多い。筆者がよく知っている高知市立教育研究所では，研究所内に中核となる適応教室を設けている以外に，高知市内の民家の2, 3を借り，市内に散在させて適応教室が設置されている。民家は手入れはしないで，そのままの部屋が使用されていて，ふつうの家庭の雰囲気を漂わしている。

　登校拒否の子どもの増加にともなって表8-3のように，年々，適応教室は増加している。

　適応教室は約10年の歴史をもち，かなり多く設置されているが，十分に理解されているとはいえない。実際に，筆者がスクールカウンセラーとして出向している中学校でも，個々の教師となると，ほとんどの人が理解不足で，時々適応教室をめぐって保護者との間にトラブルも起きることがある。

　適応教室は定年退職した元教員の非常勤職員が多いこと，設備，備品が十分でないこと，財政不足，しっかりした理論や実践がまだ確立していないことなど解決すべき課題もある（太田他 1994，今田他 1997，相馬他 1998）が，成果も上っ

表8-3　適応指導教室の設置数及び利用状況の推移（文科省資料による）

	都道府県が設置	市町村が設置	合計
平成2年度	7	77	84
平成3年度	15	118	133
平成4年度	21	204	225
平成5年度	34	338	372
平成6年度	30	442	472
平成7年度	32	510	542
平成8年度	29	669	698
平成9年度	32	682	714
平成10年度	34	770	804
平成11年度	28	855	883
平成12年度	28	900	928
平成13年度	33	958	991

	利用者数（A）	不登校児童生徒数（B）	利用率（A／B）
平成3年度	3,562	66,525	5.4％
平成4年度	5,444	71,776	7.6％
平成5年度	5,996	74,432	8.1％
平成6年度	5,603	77,028	7.3％
平成7年度	6,574	81,038	8.1％
平成8年度	8,144	93,667	8.7％
平成9年度	9,529	104,727	9.1％
平成10年度	12,168	126,022	9.7％
平成11年度	13,089	128,431	10.2％
平成12年度	13,880	132,349	10.5％
平成13年度	14,296	136,630	10.5％

（注）不登校児童生徒数は，公立小・中学校における数

ている（今田他 1997，相馬他 1998，高知市教育研究所 1991）。

　筆者は，2，3の適応指導教室の運営にかかわった経験や子どもを入級させた実績などから，適応教室は登校拒否の子どもにとって大切なひとつの支援機関だと，高く評価している。しかし現実にはスクールカウンセラーとして，保護者と子どもに適応教室を紹介し，施設見学もすすめるが，多くの場合，適応教室には行きたがらない。その主な事由をあげると，第1に家庭を出て適応教室に行けるだけの，心身のエネルギーが子どもにたまっていないことである。登校拒否そのものが学校からの家庭への退避，閉じこもりであって，外に出ないということは子どもがもつ心理的課題がまだ十分に解決されていないのである。逆説的にいうと，適応教室に参加できる子どもでは登校拒否状態がかなり解決されており，適応教室に行かなくても，保健室登校などが可能となるものもある。第2に，適応教室が学校教育体制の中で十分に位置づけられていない状況がある。適応教室は市町村設置が多く，入級するにもいくつかの条件がある。そして条件に合っていても，入級は自由で，子どもと保護者に任されている。学校側の，自信のある強いすすめもない。通級している子どもよりも在宅している登校拒否の子どもが多い。

　制度として，適応教室に入級すると，通級日数は原籍校で出席日数に換算され，進級や卒業はスムーズに取り行われる。しかし，毎年5月1日実施の学校基本調査では文科省や教育委員会設置の適応教室に1年間，毎日通っても，その子どもは不登校と統計に計上される。多分，文科省は適応教室の教育は学校教育法にいう学校教育ではなく，フリースクールと考えているのであろう。このような制度上の不備もあってか，子どもの出席日数をめぐって担任と保護者の間にトラブルが起こることにもなる。たとえば，担任は学期末の通知表の出席欄にオール欠席と書き，保護者の抗議に会ったりしている。

　適応教室への入級や教育について2，3留意点を述べたい。

①担任は適応教室への通級をすすめる時，子どもの状況をきちんと分析し，入級可能な子どもを選ぶ必要がある。登校拒否の初期やその状態が悪い時には，親または子どもは入級を受けつけない状況にある。筆者の「登校拒否の経過」にそっていうと，第VI期回復の段階以後にある子どもで，いろいろの事由から学校に復帰できないが，学校以外の場所なら通えるという場合は，通級をすすめてもよい。簡単にいうと，家庭を出て行動できるが，何かの理由で自分の学校には通えない子どもの場合，通級可能性が高い。

②適応教室をすすめるに当たって，担任は子どもと保護者と十分に話し合う必要がある。あまり指導もしない上に，話し合いも不十分なまま入級をすすめると，親や子どもは「先生に見捨てられた」と受け取ることがある。この場合，たとえ入級しても，学校への不信は消えていない。

③担任は入級させたあと，自分の指導は終わったと，子どもを手放さないことが大切である。多忙な担任からすると，入級後の指導までも手が回りかねて，結果的に長い間，放置しておくことになりかねない。適応教室の多くでは，スタッフが2, 3人いるのみで，十分な指導はできない状況にある。教科の指導になると，スタッフは揃っていない。できれば，担任やその他の教師も時々出向して，子どもの指導ができればと思うことも少なくない。

ともかく，適応教室に入級させたら，担任としての役割は終わったと思ってはならない。教科指導とはいわないまでも，時々訪問し，子どもに面接し，担任の温かい気持ちを伝えたい。

④適応教室は家庭と学校の中間的位置にあると，とらえられることが多い。この認識から生まれる課題のひとつは，適応教室から原籍校への移行がある。適応教室の指導教員は，教室は子どもにとって仮の学び舎で，1日も早く原学校に返さなければならないと思いがちである。特に小・中学校の元教員である指導員にこの思いが強い。中には，長く教室に子どもが通うことが罪のように思っている元教員もある。筆者が「卒業まで，あと2年間，適応教室で学んでもよいのではないか」と意見を述べると，多くの指導教員には困った表情が浮かぶ。

原学級に復帰させようと，適応教室ではいろいろの対策がとられている。担任教師の訪問，子どもの原学校への訪問，時には，週1回原学校で生活しないと，適応教室にはきてはいけないなどの強制法を採り入れているところもある。

適応教室から原学校への移行は大切な課題であるが，これに執着していると，適応教室が子どもにとっての居場所にはならない。適応教室への登校も拒否されることにもなる。

基本的には適応教室から原籍校への移行は子どもが決めることである。子どもが移行したいと決めるまで，教員は適応教室でじっくりと，焦らずに子どもを支援していくこととなる。適応教室の指導教員は「うちで卒業を迎えてもよい」と，腹を決め，日常の指導に当たることである。そして子どもの状況をみながら，在籍校復帰への「肩押し」を試みることになる。

適応教室では指導は非常に限られている。学力増進にしても，友人や教師などとの交流においても，また学校行事でも十分でないことを関係者は知っている。特に小・中学校経験のある元教員の指導者にとっては，この不十分さがたまらないほどにわかりすぎている。1日も早く原籍校に移行させたいという気持ちも強くなる。

この移行の問題も，教育委員会と子どもを依頼する学校が適応教室の教育をどのように位置づけているか，どんな期待をもっているかに深くかかわっている。適応教室の指導教員だけの問題ではない。

⑤学校外に登校拒否の子どもへの支援機関ができることは非常によいことである。適応教室，スクールカウンセラー，教育委員会の管括下の教育研究所または同センターなどなどの支援機関と学校との関係についていうと，学校はこれらの機関への送り手だけにとどまってはいけない。支援機関と協力して子どもへの支援を行うことが必要である。
⑥適応教室が不登校の子どもの「捨て場」になってはならない。これはきつい表現であるが，担任として子どもを適応教室に入級させて，やれやれと思い，その後，先方任せになると，「捨て場」にされたと批判されても仕方がない。

　適応教室の利用は，担任として不登校への支援過程のひとつと位置づけ，入級後も，機会あるごとに子どもと接触し，適応教室の指導者と共に，支援していく姿勢が求められる。

第9章

登校拒否の予後

　我々がはじめて「学校に行けない」との相談を受けた時，保護者はみな，「どうしたら学校に行けるようになるか」「いつ頃，元気になるか」との質問をあびせかける。保護者の困り切った表情や態度を見ていると，カウンセラーはこれらの質問に正確に応答したくなる。しかしこれは本当に難しい。中でも，後者の質問に絡んで，「将来，どうなるのか」「大きくなって自立できるのか」または「いま新聞などで話題になっているように，20歳代になって引きこもりにならないか」なども保護者の心配の種になる。カウンセラーからすると，正直なところ，「やってみないとわからない」というのが実状である。しかしこの回答では保護者の不安は軽くならない。保護者が不安に耐え，将来に希望をもって子どもの不登校に立ち向かうように支援するためには，カウンセラーは自分の経験に基づいてある程度，将来の見込みをもって保護者に向かう。この場合，自分の臨床経験以外に，登校拒否の「予後」に関する諸研究が役立つ。

　門真（1998）や小池（1992）らは，従来の登校拒否の予後研究報告について，予後（Prognosis）とはこれから先のことをあらかじめ（pro），認識する（gnosis）ことを意味しているので，いろいろの報告を「予後」調査とするのは正しくない，と批判している。そして，正しくは治療終結後に実施された調査時点での状況をまとめたものなので，これは転起（out-come）あるいは「追跡調査」の結果というのが正しいと述べている。

　これらの意見は正しいが，実際は多くの人が予後ということばになじんでいる

ので，本書では従来通り，これを使用する。

　登校拒否の予後判定には，従来から学校復帰と社会的自立の2つの基準が使われてきた。登校拒否は学校欠席を中心とした問題であるので，登校できるようになったか否かが関係者，特に保護者や教師の関心の的となるのは容易に理解できる。事実，昭和30年代，初期の登校拒否臨床では治療の目的に学校復帰をおいている人が少なくなかった。子どもが学校復帰すると，治療は終結となり，関係者は喜ぶ。このレベルでの学校復帰は治療効果の判定にすぎないが，治療終結後2, 3年以上経った時点で子どもがつづけて登校しているか，あるいは学校を終えているかを調査した場合，これは学校復帰を基準にした予後調査となる。

　登校拒否予後研究の初期には，学校復帰の判断基準に立った研究が多い。この種の研究や登校拒否臨床がつづけられていくうちに，学校復帰でもって治療を終結したケースで1, 2か月後に，あるいは1, 2年後に再び登校拒否となることも少なくないことがわかり，学校復帰だけに重点をおく支援は行きづまりをみせてきた。加えて，登校拒否が次第に中・高校生など，年長の子どもに拡大し，そして年少児に比べて年長児，特に中学生では学校復帰が難しく，欠席のまま中学卒業となるケースも増加していった。このような経過の中で，学校復帰よりも，子どものパーソナリティの成長・発達を図り，心理・社会的成長の促進が重視されるようになった。ここに，予後の判断基準として社会的基準が登場するようになった。

　以下の登校拒否予後研究の考察では結果のまとめ方はほぼ門真（1994, 1998）に従った。相談機関によって不登校の状態に差があると想定されるので，結果は相談機関別，すなわち，児童相談所などの教育相談機関，一般病院，そして大学または大学病院の3つに区分して呈示している。病院や大学などでは精神科関係が多く，2, 3小児科のケースも入っている。文献はほぼ報告年順に並べた。予後良好群と不良群の計算では，精神分裂病（統合失調症），神経症，自殺などの例数は除外して計算している。分別できない場合には，原著者の計算そのものを使用した。その具体的数字は備考欄に明記されている。

●第1節　再登校基準からみた予後

　再登校基準からみた予後は表9-1のとおりで，教育相談機関と大学病院の研究にわかれている。わが国で登校拒否臨床がはじまったのは1960年前後（佐藤1959，鷲見 他1962，高木 1963）であるので，初期の予後研究では再登校を基準としたものが多いのは当然である。

　表9-1の結果を通覧すると，良好群の割合は管らの44.9％から福間らの93.3％

第9章 登校拒否の予後

表9-1 登校拒否追跡報告一覧:基準 再登校

報告者 発表年	受診時 年齢・学年	臨床期間 調査年	対象数	治療機関	治療法	診断名	追跡期間	平均追跡期間 調査時年齢	調査法	再登校率 良好	再登校率 不良	備考
1.篠原 1964	平均11歳	?	23	岡山 中央児相	通所	神経症的 登校拒否	受付から 2年以上	3年10ヶ月 平均14歳8月	学校の 学籍簿	56.5	43.3	
2.鑪ら 1964	4～14歳	? ?	*12+6	京大心理 教育相談室	カウンセリング 遊戯療法	学校 恐怖症	終結・中断後 1～2年	? ?	?	83.3 (75)	11.1 (1.7)	助言だけのケースを加えて計算 ( )内は元報告者の%、不明1
3.佐藤 1966	?	1965	47	岡山 中央児相	カウンセリング など一時保護で	神経症的 登校拒否	受付から 2年以上	? ?	アンケート、学校の学籍簿調査	62	38	「いつも登校するので不安は全くない」の判定基準 半数が1ヶ月の収容指導
4.菅ら 1972	6～14歳 平均 10歳7ヶ月	62～'71 1962	49	岡山 情短施設	収容治療, 心理治療, 生活指導	神経症的 登校拒否	退院から 2年	? ?	面接	44.9	55.1	
5.福間 1980	?	59～'70 1978	92 ～5	島根 中央児相	通所	学校 恐怖症 登校拒否	7年8ヶ月～ 18年8ヶ月	11年6ヶ月 15～29歳	郵便、電話	93.5	6.5	
6.山本 1965	?	? ?	28	東京大学 分院	外来？	登校拒否	発症から 1年7ヶ月～6年7ヶ月	?	?	53.6	46.4	
7.宮本ら 1986	?	1985	83	筑波大 関連病院	短期入院	登校 拒否症	退院から 2年7ヶ月	平均16歳1ヶ月	電話 または面接	80.7	19.3	登校の中に出勤も含む
8.若本ら 1996	中3以下	84～'89 1996	50	九大精神科	通院 入院	神経症的 不登校	発症から最短1年3ヶ月～最長6年4ヶ月	? 小2～21歳	?	70	30	遠隔地のための3名入院

の間に分布している。この差には，対象児，予後基準，調査までの年数，その他いろいろの条件が絡んでいるが，特に予後基準の差によるところが大きい。たとえば，管らは①家庭復帰後2年間に登校拒否症状が一度もみられない，②親の登校拒否に対する不安が消失している，③学校の指導要領で行動評価が向上している，の3条件をみたした時，予後良好群としている。また，佐藤は学校の指導要録で出欠状況を調べ，欠席がなく，しかも親が抱く登校に関する不安度を5段階に分け，「いつも元気で登校しているので不安は全くない」ものを良好群としている。一方，再登校率が93.5％ともっとも高い福間の研究では，児童相談所で治療的対応した後の登校拒否状況を調べ，登校再開（60.9），時に休む（32.6），行かず（6.5）と分類している。福間とは独立に，門真（1998）や筆者が予後研究を二分法にまとめ，予後良好93.5％としたのである。福間の結果も，「登校を再開したもの」を予後良好とすると，他の研究結果の多くに接近してくる。

　登校拒否臨床経験をもつ人なら，誰でも経験していることだが，カウンセリングは子どもの再登校によって終結となることが多い。その後，再び登校を拒否するものも少なくない。これは後述の小泉（1977）の研究からもわかる。この事実から，再登校率調査の時期によって予後の結果が違うことが十分に予想できる。本節にまとめた研究では，多分，カウンセリング終了時には，表示されている再登校率よりも，高いものであったと推測される。

　以上をまとめると，再登校率による予後研究では，おおまかに60〜70％台の結果のものが多い。

　統計的には無意味だが，ひとつの目安として図表9-1の結果を単純平均すると，予後良好群は68.7％となる。

●第2節　社会的適応からみた予後研究

　表9-2に社会的適応からみた予後研究をまとめている。各研究における社会的基準の内容は幅広く，一言でまとめにくいが，いずれも，学校での在学状況，就職状況，あるいは社会への適応状況などから予後が判断されている。危険を承知で一言でいうと，「社会的自立」状況からの判断といってよい。従って，再登校基準による予後研究よりも，社会的適応基準ではその追跡期間が長い。たとえば福間（1980）では，追跡は初診後7年8か月〜18年8か月，その平均追跡期間は11年6か月となっている。そして対象ケースの調査時年齢は15〜29歳である。

　社会的適応を基準とした場合，受理時からかなり年月が経ち，その間に，ケースによっては統合失調症で入院したものもある。ここに生涯診断などへの関心が起こるのは当然であろう。研究の多くで生涯診断などが実施されたり，精神病な

どで入院，治療をうけたケースもある。表9-2には社会的基準による予後研究の概要がまとめられている。門真の手法に習って（多くが門真の原著を取り入れる結果となっているが），統合失調症などのケースは予後判定から除外した。原著論文で統合失調症の例数や割合が記述されている場合には，そのまま原著者の社会適応率を記入した。

　大学病院，精神科外来を除いて，表を通覧すると，再登校基準による予後判定よりも，予後良好群の割合がかなり高い。

　相談機関別に結果をみると，教育研究所や児童相談所などの相談機関の結果では，清水の77.0％から小泉の94.6％の間に良好群が分布している。単純な平均値計算では84.2％となっている。一般病院のケースでこれをみると，斉藤（2000）の73.2％を最低に，吉田の92.0％を最高に，結果がそれぞれ分布している。このうち可知，斉藤（1993，1998，2000）では統合失調症のケースを含めての計算となっていて，もし失調症のケースを除外して計算できれば，良好群は高くなっていると推測される。一般病院関係の良好群の単純平均は79.87％となっている。

　大学付属病院関係の良好群は単純平均率で67.07％と，その他の機関の数値よりかなり低い。若林の56.0を最低に，森口の86.4％まで分布している。梅垣と森口を除くと，いずれの報告も5，60％台であって，これは学校復帰による予後研究と，大体同じ傾向である。

　一般的に，不登校相談でも，初期症状として身体症状が多くみられるので，保護者は小児科を訪ねる。不登校が前面に出ている場合には，学校側のすすめもあって，教育センターや児童相談所などに相談することが多い。大学精神科外来や大学病院には，小児科や相談機関で解決できなかった保護者などが訪ねることが多い。これらのケースでは，不登校の出現から初診までの期間が長く，それだけ子どもの不登校状態は重いと考えられる。このようにみると，精神科などのケースの予後は，他の機関のそれに比べて望ましくない傾向にあるとなっていても，不思議ではない。

　斉藤（2000）が先行の予後研究を概観して，「数年以上の長い経過でみていると，不登校の70-80％は社会的に良好な適応を示すようになるが，20-30％ほどは社会的適応の難しい不安定な状態にとどまるものもあるという大まかな見込みである」とまとめているが，本論の予後研究のまとめでは，大学精神科外来や大病院のケースの予後を除くと，斉藤のまとめは妥当と思われる。

●第3節　比較的に，長期にみた登校拒否の経過

　不登校の支援に携わるものなら誰でも知っているように，支援によって再登校

表9-2 登校拒否追跡報告一覧：基準・社会適応

区分	報告者発表年	受診時年齢・学年	臨床期間調査年	対象数	治療機関	治療法	診断名	追跡期間	平均追跡期間調査時年齢	調査法	再登校率 良 不良	備考
相談機関	9.小昿田ら 1977	4～20歳 1976	'60～'70 1976	'60～4	都立教育研究所	通所	登校拒否一広義	来所後5～15年	7年 9～28歳	郵便→面接・電話	94.6 5.4 (88.3) (11.7)	神経症主たは精神病の4ケースを除いて計算 ( )内原著者
	10.福間ら 1980	?	'59～'70 1978	'92～5	島根県中央児相	通所	学校恐怖症登校拒否	初診後7年8ヶ月～18年8ヶ月	11年6ヶ月 15～29歳	郵便・電話	88.5 11.5 (83.7) (16.5)	分裂病5ケースを除いて計算 ( )内原著者
	11.清水 1993	?	?	93	京都市児相	通所	登校拒否（主訴）	受付から5～7年	?	郵便	77 23	中間群は良好群に含めた
	12.門 1994	?	1977 1977	6	福知山児相福知山児相	面接1度のみいろいろ	登校拒否登校拒否	受付から4～13年受付から4～13年	??	家族から聴取家族から聴取	83.3 16.7 81.8 18.2	
	13.室田 1997	小4～高3 1955	'84～'85 1955	35	都立教育研究所	通所	登校拒否	?	13年8ヶ月	面接／予後聴取	80.0 20.0	
一般病院	14.吉田 1983	5～16歳 1983	'56前～4	'56～4	小児保健センター	外来	登校拒否	初診から4年6ヶ月～17年4ヶ月	? 11～31歳	アンケート	92.0 8.0 (85.7) (14.3)	精神病4名を除いて計算 ( )内原著者の報告
	15.渡辺 1983	?	'73～'74 1978	169	国立国府台病院	外来？／入院	登校拒否	受付から4～5年	?	電話・面接	82.8 17.2	
	16.梅沢 1984	入院時中高生83%	'70～'80 1983	40	島根県立湖病院	入院	登校拒否	退院から2～12年	?	郵便・電話	75.0 25.0	不良群の割合 31.0%（追跡4年内）33.3%（同5～7年）8.3%（同8～12年）
	17.渡辺 1986	最高年齢 15～16歳	'65～'74 ?	50	国立国府台病院	入院	登校拒否	退院から9～17年	14年	直接面接して把握	92.0 8.0	原著者は割合を計算していない
	18.河合 1986	小高学年～高校	? 1982	'222～9	国立小児病院	外来（入院）	不登校	入院から	9歳1ヶ月 19歳4ヶ月	?	88.7 7 (85.1) (10.8)	分裂病9ケースを除いて計算 ( )内は元の計算（継続中9ケース）
	19.藤田 1988	中学生	'78～'85 1985	40	国立病院小児科院内養護学校	入院院内学校	登校拒否症	入院から3～10年	?	?	80.6 19.4 (68) (32)	不明7ケースは除外 ( )内は不明を入れた原著者の計算
	20.西尾ら 1988	6～18歳（12、3歳が半数）	'80～'87 1988	56	京都第2赤十字病院小児科	外来／入院	登校拒否	?5ヶ月～6年9ヶ月	?	医師・教師にヒアリング	80.4 19.6 (64.3) (35.7)	不明5ケースは除外、中間群を良好群に参入 ( )内は不明を入れた原著者の計算
	21.斉藤 1988	中学生	'65～'83 ?	190	国立国府台病院院内中学校	入院院内中学校	不登校症伴う神経症中心	退院・卒業から8年	8年	?	73.2 26.8	

第9章　登校拒否の予後

区分	報告者 発表年	受診時 年齢学年	臨床期間 調査年	対象数	治療機関	治療法	診断名	追跡期間	平均追跡期間 調査時年齢	調査法	再登校率 良好	不良	備考
一般病院	22.斉藤 1988	中学生	'65〜83 '87	*92〜7	国立国府台病院 院内中学校	入院	不登校を伴う神経症	退院・卒業から8年	8年 19〜37歳 平均23歳	アンケート	74.1 (69.6)	25.9 (30.4)	精神病7名を除いて計算（ ）内は原著者の計算
	23.丹治 1990	中学生	'84〜'86 1985	51	天竜病院 院内中学	入院	登校拒否	退院から1〜3年	?	アンケート	78.4	21.6	
	24.可知 1993	入院時平均 13歳3ヶ月	'80〜'90 ?	147	天竜病院 院内中学校	入院	不登校（主訴）	退院から?	5年 19歳2ヶ月	アンケート	84.0	13.0	分裂病（13）を含む
	25.斉藤 2000	中学生	'66〜'88	106	国立国府台病院 院内中学校	入院	内的葛藤を伴う不登校	卒業・退院後10年	初診依頼14.9年 平均27.8歳	アンケート	73.0	27.0	精神分裂病6名(6%)を含む
	26.梅垣 1966	?	'57〜'65 1965	*150〜10	名古屋大学	外来	学校恐怖症	発症から6ヶ月〜8年10ヶ月	?	郵便	80.0 (74.7)	20.0 (25.3)	精神症5ケース、他の精神症状5ケースを除く。（ ）は原著者の計算
	27.若林 1983	?	?	25	名古屋大学 関連病院	インテグレイト なかかわり	登校拒否	発症から5年〜21年	12年	面接・親から聴取	56.0	44.0	
	28.相川 1983	'66〜'82 1983		*59〜5	長崎大学	?	登校拒否	初診から?	6年4ヶ月	アンケート	67.0	33.0	精神分裂病5名(8%)を除いて計算
大学病院	29.大里 1984	義務教育 に発症	'75〜	40	近畿大学	?	登校拒否	初診から?	? 15〜22歳	?	65.0	35.0	
	30.生田 1984	?	'75〜'79 ?	77	慶応大学	?	不登校	初診から?	4年8ヶ月 20歳	郵便・電話	60.0	40.0	
	31.大高 1986	?	?	40	名古屋大学 関連病院	インテグレイト なかかわり	登校拒否（神経症性）	発症から6年〜22年	14年	面接 20歳以上 平均26歳	65.0	35.0	
	32.森口 1986	高校生	'69〜'89 ?	*48〜26	横浜市大・県立汐香病院	外来・入院	不登校（主訴）	初診から2〜14年	5年10ヶ月 22歳3ヶ月	電話・郵便	86.4 (65.2)	13.6 (37.5)	高校生時初発。精神病、神経病の26ケースを除く
	33.星野 ?	5〜17歳 平均12歳	?	128	福島県立医大関連病院	外来	登校拒否	4年〜13年8ヶ月	7年12〜17歳 平均18歳	家族 ききとり	57.4	42.8	精神分裂病7名(5.5%) 人格障害23名(18.1%)

できたからといって，子どもの登校状態は一直線に改善されるものばかりではない。半年から1年以内に，あるいは2,3年以内に再び登校拒否になるものもめずらしくない。再登校と登校拒否を反復するものもある。また，次第に悪化していくものもある。

これらの臨床的な印象は小泉の研究（1977）が裏づけている。小泉は，登校拒否発現後5-10年の期間における登校の経過を以下のように分別した。

①単発型：発症後，登校を再開し，調査時点まで登校拒否が起きていないもの
②再発型：登校拒否を2度繰り返したもの
③繰り返し型：登校と登校拒否を繰り返したもの
④繰・除籍型：繰り返しているうちに除籍，中退となったもの
⑤継・除籍型：登校しないまま除籍となったもの

④と⑤型は，多分，高校生にみられるものであろう。小中学校は義務教育であるので，中退，除籍はない。参考までに，法規上，中学校では卒業でもなく，除籍でもなく，子どもが15歳に達した年度の末に，義務教育期間が「終了」となる。この場合，卒業は認定されない。

表9-3は，定期的な通所（治療）を終えて3年目の時点における登校状態を小泉がまとめたものである。

表9-3からわかるように，全く登校拒否の再発がなかったものは30％にすぎない。残りはすべて2回以上の登校拒否を再発させている。登校拒否を反復し，終わりには除籍になったもの6名（10％），全然登校できないまま除籍となったもの2名（3％）となっている。約1割強の子どもが除籍になっている。

再登校の有無が直ちにその後の社会的適応の良否に結びつくか否か，関心のあるところである。小泉は同じ研究で，「調査時において各個人が所属している場（学校や職場）にどのようにかかわって生活しているか」を判断基準にして，社会的適応を適応群と不適応群に分類して，図9-1のように，結果をまとめている。

単発型のものはすべて社会的適応良好となっている。社会適応が不良なものは，再発型10％，繰り返し型16％，繰・除籍型33％，継・除籍型50％となって，後

表9-3 型別にみた登校の有無（終了後3年*）（小泉 1979b）

	単発型	再発型	繰り返し型	繰・除籍	継・除籍	計
登校	18	5	6	5	0	32 (53)
登校せず	0	5	17	3	2	27 (45)
不明	0	0	1	0	0	1 (2)
計	18 (30)	10 (17)	24 (40)	6 (10)	2 (3)	60 (100)

（注）*定期的な通所を一応終えた後の3年目。（ ）内は％。

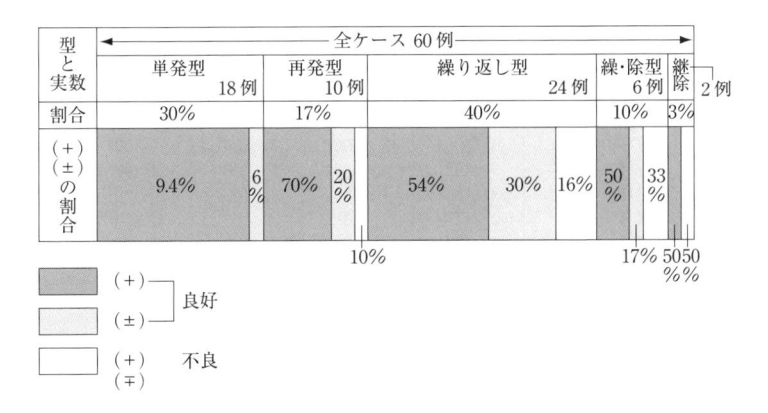

型と実数	←―――――――――― 全ケース 60 例 ――――――――――→				
	単発型 18例	再発型 10例	繰り返し型 24例	繰・除型 6例	継除 2例
割合	30%	17%	40%	10%	3%
(+)(±)の割合	9.4% / 6%	70% / 20%	54% / 30% / 16%	50% / 33%	50/50%

　　　　　　　　　　　　　　　　　　　　　　　　　　10%　　　　　　17% 50/50%

■ (+) ─┐
▨ (±) ├ 良好
□ (+)(∓) 不良

図9-1　4型別の割合と予後（小泉 1979b）

の型にいくに従って不良のものが増加している．積極的に結果をみると，再発型で90％，繰り返し型で84％，繰・除籍型67％，継・除籍型50％の子どもでは適応はよい．

この結果からみると，登校拒否を長期に渡って繰り返す子どもにおいても，長い年月の間に，子どもがそれなりの工夫をして適応をしているといえる．

表9-3と表9-1の両結果を関係づけてみると，登校拒否の子どもは短期間には適応はよいとはいえないが，長期的にみると，かなりの子どもがよい適応を示している．また，登校拒否の予後調査の結果は経過年数によって差がみられ，かなり長期にわたって経過をみる必要があることがわかる．

登校拒否の予後研究で，小泉と同じく，長期にわたる観察が必要とするものに，相川（1983），梅沢（1984），斉藤（1998, 2000）などがある．

相川は調査時年齢11〜28歳（平均年齢20.19歳）の59ケースについて1年6か月〜15年（平均6年）の期間をおいて予後を調査し，その結果を表9-4のようにまとめた．

さらに，結果を初診後8年以下のものと9年以上のものの2期に分けてみたところ，後者では適応良好なものは82％であったという．この事実を解釈して，相川は「予後の判断を登校再開についてのみとるのではなく，成人期に達するまでの学校や社会生活上の適応をもとに判断すべきであると共に，登校拒否は悲観的予後を示すものではない」とした．

梅沢は，県立病院で入院治療を受けた40名の登校拒否ケースについて2〜12年の追跡期間をおいてみた予後の結果を追跡期間別に，表9-5のようにまとめている．8〜12年という長期追跡群では12名中11名（91.7％）が適応良好となってい

表9-4 長期予後―受診後の経過年数―（相川 1983）

経過年数	適応良好群 n＝36 (％)	適応不良群 n＝18 (％)	精神障害群 n＝5 (％)	計 n＝59 (％)
1年6月	36 (100)	18 (100)	5 (100)	59 (100)
2年	33 (92)	15 (83)	5 (100)	53 (90)
3年	31 (86)	10 (56)	5 (100)	46 (78)
4年	27 (75)	7 (39)	5 (100)	39 (66)
5年	23 (64)	6 (33)	5 (100)	34 (58)
6年	17 (47)	3 (17)	2 (40)	22 (37)
7年	15 (42)	3 (17)	2 (40)	20 (34)
8年	11 (31)	2 (11)	2 (40)	15 (25)
9年	8 (22)	0 (0)	1 (20)	9 (15)
10年	7 (19)	0 (0)	1 (20)	8 (14)
11年	6 (17)	0 (0)	1 (20)	7 (12)
12年	5 (14)	0 (0)	1 (20)	6 (10)
13年	4 (11)	0 (0)	1 (20)	5 (8)
14年	2 (6)	0 (0)	1 (20)	3 (5)
15年	1 (3)	0 (0)	1 (20)	2 (3)
平均経過年数（年）	7.01 ± 3.81	4.37 ± 2.26	8.15 ± 4.37	6.38 ± 3.68

る点が目立つ。梅沢は，登校拒否の追跡は長期間にわたることが必要としている。

　斉藤（2000）は児童精神科病棟に入院し，院内中学校に在学していた106名について退院後10年目の予後を取り上げている。図9-2は院内学級中学校卒業後10年間にわたる社会的適応状況をまとめたものである。

　二分法で図をみると，中卒後1年目の適応群ケース56％で，約半数にすぎない。その後，1年ごとに適応群に入るケースが増加し，中卒後4年目で最大82％となる。しかし5年目以降，適応群は75％強まで減少し，10年目に73％となっている。

　このように，10年間の社会的適応の変化を統計的に検証し，斉藤は5年目以降の社会的適応は10年目と差がないという。この結果を積極的に表現すると，中卒後4年目までに適応群は中卒後年を追って増加していくが，5年目以降は適応群の比率は低い水準（76％前後）になり，一定し，10年に73％となっている。

　中卒後4, 5年目を境にしたこの変動について，中卒後5年間までは学校生活をめぐる適応の時期に当たり，中卒後年を経るごとに学生として適応するものが増加していく。20代に入ると，主に職業人としての自立が課題となり，学生時代よりも適応上の問題をかかえるものが多くなることを示しているのではないかと，斉藤は述べている。

　斉藤はさらに，細かい分析を行い，中卒後，10年間の社会的適応の経過を3つ

表9-5　追跡調査結果（梅沢 1984）

追跡期間	適応	不適応	計
8～12年間	11	1 (8.3)	12
5～7年間	6	3 (33.3)	9
2～4年間	13	6 (31.6)	19
計	30	10 (25.0)	40

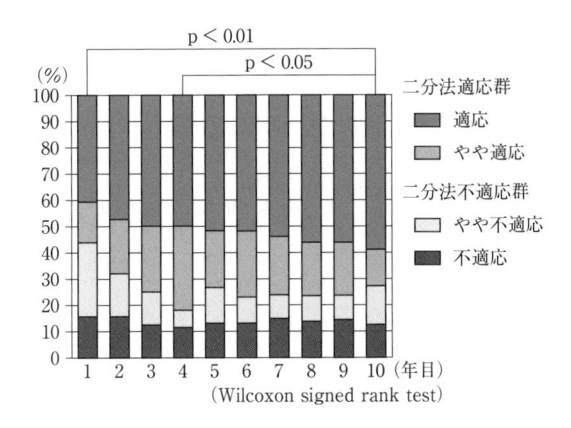

図9-2　院内学級中学校卒業後10年間の社会適応状況

に分けた。
　①予後良好型経過：中卒後5年間は必ずしも適応状態にあるとは限らないが，6年以降は大きな変化なしに適応群に属しているもの
　②予後不良型経過：中卒後5年間のうち2年目から5年目までは必ずしも不適応状態にあるとは限らないが，6年目以降はほぼ不適応群に属しつづけるもの
　③予後不定型経過：10年間をとおして適応群と不適応群の間を変化しつづけるもの

　以上の結果にもとづいて，斉藤は以下のように述べている。「義務教育終了後の5年間は不登校児が最終的にどの型の経過をたどるかは判然としないので，基本的にはすべての不登校児に対して支持的な接触を持続させることが望ましい。もちろん，この段階で不適応状態にある場合には，より積極的な治療的介入によって不適応状態の解消に努める」。

　斉藤の研究から次の点が指摘できる。すなわち，①不登校の子どもの予後については，義務教育終了後5年間，社会的適応状態が安定しないので，5, 6年以上の長期の観察が必要である。②卒後5年間は最終的にどの型の経過をたどるかは判然としないので，基本的にはすべての不登校児に対して支持的な接触をつづけ

るのがよい。③この段階で不適応状態にあるものには積極的な治療的介入を行う。④中卒後6年目以降になると，経過良好なものと不良なものとにわかれてくるので，予後不良の経過をたどるものに，集中的に治療援助を行うなどである。

　以上，社会的適応と長期予後に関する予後研究から，安定した予後の判定にはかなり長期の観察が必要であること，はじめ予後がよくないと判定したものも，長期的にはいろいろの適応上の工夫がなされ，よい方向に変化していくものもあること，そして，少数であるが，ずっと不適応状態にとどまっているものもあり，この場合には治療援助が必要であることなどが明らかになった。

第4節　長期の予後を規定する要因

　予後研究では従来から，予後の良否のみでなく，その規定要因を明らかにしようという試みが行われてきた。

1　予後と関連因子

　あまり多くはないが，表9-6にまとめた。表の最上段の項目は，それぞれの予後研究で取り上げられていたものを羅列したものである。表中の－印の項目は，予後研究で取り上げられていないことを意味している。

　研究者が自分なりに固有の因子を取り上げて分析しているので，表は一貫性に欠けるが，斉藤（2000）がもっとも広く分析しているので，これを中心に述べていきたい。

1）性差

　斉藤は中学校卒後10年目の社会的適応には性差はないという。斉藤の他に性差を検討したものに，表9-6のように，10篇の研究がある。その中で，相川（1983）は男子の予後が良好としているが，大里他（1984）は不良とし，また森口は女子がよいと述べている。残りの研究ではすべて性差と予後との間には関連がなかったといい，結果にばらつきがある。

2）登校拒否の発現学年

　斉藤は登校拒否発現学年を小学校と中学校に大別して，中卒後10年の社会適応には差は見いだされていない。

　登校拒否の発現年代または学年を取り上げた報告は，斉藤以外に11篇ある。このうち，年少なほど予後がよいとするものは佐藤（1966）の他に，山本（1965），梅垣（1966），岩元（1996）などがある。表現に差があるが，年長ほど予後はよ

第 9 章　登校拒否の予後

表 9-6　登校拒否の予後と関係因子

報告者 報告年	性差	出現 年代	発現〜 受診期間	外来 期間	入院 期間	発現 状況	誘引	拒否症	治癒症	学校 状況	学身 家庭	三代 家族	同胞 数	家族 病理	知能	学業	親友	生活 リズム	家庭内 暴力	心身症	身体 失陥	ひきこもり	抑うつ感	経過 年数	休学 中退	性格 or タイプの傾向
篠原 1964	—	—	—	—	—	—	—	—	—	—	—	—	—	—	—	—	—	—	—	—	—	—	—	—	—	良：すなお、温和、積極的 不良：活気なし、小心、弱気、非論調、孤立
佐藤 1966	関連 なし	年少 ：良	—	短期 ：良	長期 ：不良	—	—	—	—	—	—	—	—	—	高知能 ：良	高学 業良	—	—	—	—	—	—	—	—	—	良：性格軽度小 不良：性格障害、消極的、無気力
菅 1972	関連 なし	関連 なし	—	—	—	急性 ：良	—	—	—	—	—	—	差なし	—	—	関連 なし	—	—	—	有： 不良	—	—	—	—	—	良：中核群（神経症あり、辺縁群 病い疑いを含む） 不良：
山本 1965	—	年少 ：良	関連 なし	—	—	—	—	—	—	—	—	—	—	—	—	—	—	—	—)	—	—	—	—	—	—	—
岩元 1996	関連 なし	低年齢 ：良	—	—	—	—	明白な もの：不良	有： 不良	時に 登校良	—	—	—	—	—	—	：良	有	規則的 ：良	—	—	—	—	—	—	—	良：中核群（神経症あり）、分裂病の疑いを含む 不良：
斉藤 2000	関連 なし	—	関連 なし	関連 なし	関連 なし	—	—	—	—	—	—	関連 なし	多： 良好	—	—	関連 なし	—	—	—	有： 不良	—	有： 不良	—	—	関連 なし	過剰適応型や受動型、衝動統制未熟型 混合型はより良好
梅垣 1966	関連 なし	年少 ：良	短期 ：良	—	—	—	—	—	—	—	関連 なし	—	関連 なし	—	—	関連 なし	—	—	—	—	—	—	—	—	—	—
相川 男子 1983 良好 ：不良		—	—	—	—	—	—	—	—	—	—	—	—	有： 不良	—	—	—	—	—	—	—	—	—	—	—	性格上の問題と改善しがたい家庭環境：不良
大里 男子 1984 ：不良		高齢 ：不良	長期 ：不良	—	長期 ：不良	—	—	—	—	—	—	—	—	—	—	—	—	—	—	—	—	—	—	多いもの：良	—	—
生田 1984	—	高学年 ：良	—	—	—	—	—	—	—	—	—	—	一人子 ：不良	—	—	高成績 ：良	—	—	—	—	—	—	—	—	関連 なし	—
守口 女子 1986 ：良		高学年 ：不良	短期 ：良好	関連 なし	—	—	—	—	時々 登校良	—	—	—	—	—	—	—	—	—	—	—	—	—	有： 不良	—	不良	不適応群：頭痛、嘔気、抑うつ気分、朝起きられない 消化症状、意欲減退、無気力、易感性、いらいら
中山 1980	関連 なし	関連 なし	—	—	—	—	—	—	—	—	—	—	—	—	—	関連 なし	—	—	関連 なし	—	—	—	—	—	—	—
宮本 1986	関連 なし	関連 なし	—	関連 なし	関連 なし	—	—	—	—	—	—	—	—	—	—	—	—	—	—	—	—	—	—	—	—	—
小泉 1977	—	—	—	—	—	—	—	—	—	—	—	—	—	—	—	—	—	—	—	—	—	—	—	—	—	不適応群：忍耐力の極度の欠如、極度の神経質 人とのつきあいをさける、対人関係不良
福間 1980	—	高学年 ：不良	—	—	—	—	—	—	—	—	—	—	—	—	—	—	—	—	—	—	—	—	—	—	—	神経症群予後良、ついで性格障害がよい 精神病群不良
丹治 1990	—	—	—	—	—	—	—	—	—	—	—	—	—	—	—	—	—	—	—	—	長期 ：不良	—	—	—	—	神経質で融通性にとぼしい、未活動、内向的：不良
吉田 1983	—	関連 なし	—	—	—	—	明白な もの：不良	—	—	—	—	—	—	有： 不良	—	—	—	—	—	—	—	—	—	関連 なし	—	—
星野 1997	—	—	—	—	—	—	—	—	—	—	—	—	—	—	—	—	—	—	—	—	—	—	—	—	—	—

くないとするものは福間（1980），生田他（1984），森口（1986）などがある。これでみると，予後関連因子の中で発現年代については，かなり多くのものが関連ありとしているとみてよい。

3）登校拒否の経過

登校拒否の発現経過について，菅（1972）は，急性の発現のものの予後がよかったとしている。反対に，宮本他（1986）は関連しないという。

4）登校拒否発現から相談までの期間

この期間の長短と予後との関係について，稲垣（1966），相川（1983），森口（1986）などは，期間が短いほど予後良好としている。生田（1987）は長期のものほど予後不良としている。岩元（1996）は両者には関連なしとしている。

岩元以外は，短期なものの予後が良好としている。

5）支援（入院も含む）期間と予後

宮本他（1986）と斉藤（2000）は両者間には関連なしとしているが，佐藤（1966），生田他（1984）は長期間のものは不良としている。

6）登校拒否の誘因

登校拒否の誘因はすべてのケースで明確になるものではない。本人にきいても，わからないとの回答が返ってくることも少なくない。

誘因がはっきりしているケースでは予後はよいとするものに，相川（1983），吉田（1983），岩本（1996）の研究がある。誘因を分析したものは，この他にない。

7）家庭歴

斉藤は同胞数とか，家族形態から家族歴と予後との関係を検討した。それによると，同胞数が多いものにおいて10年目に適応が良好であった。核家族または拡大家族との関係からみた社会適応率に有意差はなかったが，予後不良群に拡大家族の傾向がうかがえたという。また欠損家庭（broken family）と非欠損家庭（intact family）と予後との間にも，あるいは家族内のトラブルの有無と予後との間には関連はみられなかったとしている。

菅（1972）と森口（1986）は，同胞数の大きさと予後との関係について，菅は関連なしといい，森口は一人っ子の予後がよくなかったという。

離婚などの家族病理について，大里他（1984）は「改善しがたい」家庭環境に

あるものは中卒後にも不適応がつづくとしている。

8) 生育歴

斉藤は思春期障害，乳幼児期の障害，家庭内における重要な問題などの有無と，中卒後10年目の社会的適応との間には，関連が見いだせなかったとしている。

生育歴と予後との関係でよく議論されたものに知能と学業成績がある。佐藤（1968）は知能が高いほど予後がよいといい，管（1972）や中山（1980）は関係がないとしている。学業については篠原他（1964），佐藤（1966），森口（1986）は小，中学校期の成績がよいほど予後がよいとしている。一方，管（1972），梅垣（1966）は，関連はないとしている。

斉藤の研究（2000）では予後良好群では同胞数が多いものが予後良好であったという。一人子で予後不良という森口の結果は，斉藤と似ている。同胞の意義について斉藤は，きょうだいには不登校発現の母子共生関係に介入して，これを調整する「ライバル機能」と，不登校の子どもがいったん見失った社会的活動や人間関係の具体的な姿をみせてくれる「モデル機能」があると解説している。この両機能を欠くきょうだいの不在は，不登校によってもたらされる家庭への引きこもりから抜け出す機会を少なくすると考えている。

学校内友人関係について，岩元（1996）は，登校拒否発現時の学年で同年齢小集団の仲間と呼べる友人がいて，そして発現前学年までに特別な友人，つまり同性同年齢の親友，サリバンのいう同性同年輩関係をもった経験があれば，学校復帰の可能性は高いという。同じく高橋他（1987）は，予後研究ではないが，一般中学生に比べて不登校の子どもは親友や友人が少ないと指摘し，岡田他（1981）らは，同性同年齢集団への参加技術の習得が不登校の改善のひとつの支援指針になると述べている。

9) 随伴症状と予後

斉藤（2000）は対象ケースの10％以上のものに出現した随伴症状，すなわち身体症状，不安・恐怖，抑うつ症状，家庭内暴力，過度の引きこもり，転換・解離症状，強迫症状などに加えて，妄想関連症などが予後にどう関係するかを検討した。中学校卒業時までに家庭内暴力，抑うつ症状，妄想関連症状（敏関係妄想や軽度の被害的着想等）を示していたものは中卒後10年目の適応はよくなかった。また身体症状を示したものは適応群に多く，過度の引きこもりは不適応群に高率であった。

心身症と予後の関連について篠原他（1964）や管（1972）などは心身症をもつものは予後不良とした。一方，中山（1980）は両者には関連なしという。

抑うつ病症状について森口（1986）は斉藤と同じく，予後不良であったとした。

10) その他
表9-6には記述していないが，森口（1986）は病識をきちんともつものは予後がよいという。

2　タイプ別の予後研究

不登校や登校拒否は登校に関する子どもの状態に命名されたもので，その背景も違うし，状態も異なる。そのため従来から登校拒否や不登校を分けて考えようとする視点があった。文部省の不登校に関する態様区分（1997）もそのひとつである。タイプ別に予後研究を取り上げている2，3の研究を紹介したい。

1) 山本の研究（1967）

山本は精神科外来で対応した30例を，中核群と辺縁群に分けると共に，年齢も考慮に入れて長期予後を考察している。それによると，「中核群の予後がよく，さらに，比較的単純な逃避反応である登校拒否のきっかけが明らかな登校拒否症Ⅰ型がもっとも予後良好であった。登校拒否の発現年齢からみると，6～8歳の年少群がもっとも予後がよかった。中核群の中で検討すると，11歳以下のものが，12歳以上に比べてよいという。

山本のいう中核群は次の特徴をもっている。
①持続的に頑固な登校拒否を示す。
②診療に対して拒否である。
③登校拒否以外に神経症状に乏しい。

山本のいう中核群は登校拒否以外に，神経症的症状を示さないものに限っており，一方，多様な神経症状を随伴する登校拒否は神経症型として辺縁群のひとつに位置づけている。筆者はこの両者を登校拒否と呼んでいる。他に，山本は辺縁群のひとつに精神分裂病の疑いのあるものを入れている。

山本の予後研究の結果を大きくまとめると，精神分裂病の疑いのないものの予後はよいということになる。しかも，11歳未満，特に8歳以下の登校拒否の予後がよい。

2) 小泉らの研究（1977）

小泉（1973）は，登校拒否を9種に分類し，都立教育研究所で対応した広義の登校拒否児60ケースの予後を表9-7のように明らかにした。

タイプごとに予後結果を述べよう。

表9-7 対象児のタイプ別分類とその予後判定（小泉 1973）

予後判定	タイプ	Aタイプ	Bタイプ	Cタイプ	怠学傾向	一過性	分離不安傾向	発達遅滞	積極的拒否	その他	計
適応群	+	7	7	7	3	8	2	2	1	4	41
	±	1	4		1		3	3			12
不適応群	∓		1	2							3
	−		2					1		1	4
計		8 (13)	11 (19)	10 (17)	6 (10)	8 (13)	5 (8)	6 (10)	1 (2)	5 (8)	60 (100)

(注) 数字は人数，（ ）の数字は%

①優等生の息切れ型（Aタイプ）

親の支援下で，親の期待通り「よい子」として育ってきた自分に疑問をもち，親の枠に反発し，親からの心理的独立を求めて登校拒否となったものである。このタイプは思春期に発現するものが多いが，小学校高学年にもみられた。登校拒否期間も3か月から1年3か月で比較的に短い。登校拒否は1回のみのものが多く，優等生（よい子）として順調に育ってきた自己が挫折し，自分の心理的葛藤の解決によって，登校拒否は解決していく。

彼らの予後はみな予後良好である。改善要因をみると，カウンセリングで優等生（よい子）からの脱皮を図ったもの，親子が自力で親子関係の改善を図ったもの，本人が自力で立ち上がり，進路を開拓したもの，親が積極的に環境調整（転校）を行ったものなどとなっている。

②甘やかされ型（Bタイプ）

Aタイプと同様に，神経症的登校拒否であるが，このタイプでは親から甘やかされ，社会的情緒が十分に成長せず，困難や失敗を避け，安全な家庭に逃避した結果，登校拒否となったものである。このタイプの登校拒否の発現はAタイプより早く，幼児・小学校の段階で登校拒否発現の芽が認められたものが多い。

このタイプの予後は，全例良好であった。しかしAタイプと違って登校と登校拒否の反復で，慢性的経過をたどったものが多い。また登校拒否の期間も3～9年と長期に及んでいた。

③精神病，神経症の疑い（Cタイプ）

登校拒否の発現年齢は小学校高学年～大学と，前思春期から思春期であった。このタイプは登校にかかわることだけでなく，日常生活のすべてに病的な問題を起こしており，Aタイプと同じく思春期に多い。

登校拒否の経過は様々で，一定の傾向はみられなかった。また，予後も良好と不良にわかれていて，AとBタイプに比べ，予後は様々であった。改善要因をみると，精神医学的治療，本人の自立を促す方向への親の態度の改変，周囲から励

まされ，本人が自信を回復したもの，本人が自力で進路を開拓したもの，環境の調整・変化などであった。

④怠学（無気力傾向のあるもの）

中・高校生になってから来談したものが多いが，登校拒否の発現の芽は小学生の段階で認められたものが多い。いずれも親自身がルーズで，きちんとしたしつけをしておらず，親の側に問題が多い。このタイプは時々休むが，まがりなりにも登校している。

このタイプの予後も表のように様々であった。登校拒否経過をみると，登校と登校拒否の繰り返しで，慢性的経過をたどるものが多い。改善要因についてみると，退学させて就職，児童福祉施設への収容などであった。予後良好なものではそれまでの環境を変えたことが力となった。

親や子どもが環境を変える決心をするまでに長い時間的経過が必要であった。

⑤分離不安

分離不安のみられる登校拒否の発現は小学校低学年に限られていた。このタイプの特徴は親と子の間に分離不安が強く，現象的には親との分離が難しく，学校への恐怖や不安が目立つ。

このタイプの予後は全例で良好で，親子間の分離に関して問題はなく，一人で登校している。その改善要因は心理治療で親子間の分離ができたもの，本人が成長し，自然に親から分離できたもの，学校が親子の分離を促すため環境調整したものなどである。いずれも，親子間の分離不安を解決することが主な課題であった。

一過性のものと発達遅滞タイプのものは，割愛する。

3）福間らの研究（1980）

福間らは島根県中央児童相談所で対応した108のケースについて，次の4群に分けて予後を明らかにしている。

①性格障害群：登校拒否の発現に子どもの性格上の問題が大きく関与していて，その出現は序々であって，幼稚園時代に登園拒否していたものが多い。

②神経症群：急性の心的外傷や慢性の内的葛藤から生じた登校拒否で，その発現は急性的で，その他の神経症症状や退行現象を伴いやすい。

③類精神病群：内因性精神病を思わせるもので，さらに分裂病的なニューアンスをもつ自閉型，抑うつ型に分けられている。

グループごとの予後は表9-8のようにまとめられている。登校拒否の発現年齢からみると，性格障害群——未熟型の平均は7.8歳でもっとも早く，その他の群では11.2〜13.6歳の間にあって，ほぼ同じ発現年齢であった。

表9-8 臨床類型と現在の社会適応（福間 1980）

性格障害群	良好	やや問題あり	著明な障害	精神病
未熟型　　　　N=31	23（74.2）	2（6.5）	5（16.1）	1（3.2）
その他の型　　N=37	21（56.8）	10（27.0）	4（10.8）	2（5.4）
神経症群　　　N=21	14（66.7）	5（23.8）	1（4.8）	1（4.8）
類精神病群　　N=3	1（33.3）	1（33.3）		1（33.3）
計　　　　　　N=92	59（64.1）	18（19.6）	10（10.9）	5（5.4）

（注）数字は人数，（　）の数字は%

表9-9 発症学年と現在の社会適応（福間 1980）

	良好	やや問題あり	著明な障害	精神病
小学低学年　　N=30	24（80.0）	4（40.0）	2（20.0）	
高学年　　N=31	19（61.3）	6（19.4）	4（12.9）	2（6.5）
中学　　　　　N=27	14（51.9）	7（25.9）	4（14.8）	2（7.4）
高校　　　　　N=4	2（50.0）	1（25.0）		1（25.0）
計　　N=92	59（64.1）	18（19.6）	10（10.9）	5（5.4）

（注）数字は人数，（　）の数字は%

　タイプと予後の関係をみると，予後良好は「未熟型」でもっとも多かったが，反面，予後良好のものもあって，二分されている。他の群についてみると，「神経症群」で良好なものが多く，「性格障害群・その他」がこれについでいる。全体的に「性格障害群」では著名な障害があるものが多い。ここでいう著名な障害とは，「転職が多く，仕事が一定しない」「しばしば休む」など，社会生活上目立った障害を意味している。

　「類精神病群」は3名となっている。そのうち1名は社会的適応良好で，1名は精神病に罹患している。

　福間らは登校拒否の発現学年と社会適応との関係についても分析し，表9-8の結果を得ている。表によると，登校拒否が低学年で起こったものほど社会的適応は良好で，学年が進むにつれて不良なものが多い。精神病の発現は高校生で高率であるが，小学校高学年のケースでもみられる。

　以上，福間らの研究をまとめると，登校拒否が低学年で起こったものほど予後がよく，また，「性格障害－未熟型」「神経症群」のものが良好な社会適応を示している。

4）斎藤の研究（2000）

　斎藤は国立国府台病院に入院し，院内中学校を卒業した106名について卒業後10年目の予後を明らかにしている。

　彼は不登校発現以前の学校への適応姿勢と不登校発現にいたる危機の特徴か

ら，「不登校」を次の4種のカテゴリーに分けた。
　①過剰適応型：不登校発現以前の学校生活に過剰適応的な姿勢が目立っているもので，不登校は主にこの過剰適応的な姿勢の挫折や消耗の結果として発現してきたもの（全ケースのうち52％）
　②受動型：不登校発現は学校生活におけるそれまでの周囲に圧倒され，萎縮した衝動や，その結果として消極的姿勢が限界に達したことを意味し，もはや不安と恐れに満ちた学校状況にとどまることが不可能となって家庭に引きこもったもの（全事例のうち36％）
　③衝動統制未熟型：体質的な多動性からある種の人格障害までの様々な要因による衝動統制未熟なために，仲間集団との関係や学校生活において批判され，排除される孤立が生じ，その疎外感から学校にとどまる意欲を失って不登校が発現したもの（全事例のうち7％）
　混合型：以上3型の下位分類にあてはまらない，複数の型の混合したもの（全事例のうち5％）

以上4つの型と卒業後10年目の社会的適応との関係は図9-3にまとめられている。過剰適応型の適応率が他の3型に比べて有意によい。

以上，登校拒否の下位分類ないしタイプとの関連から登校拒否の社会適応を見てきた。研究者によってタイプ分けの視点が違っていて，同じ水準でこれらをまとめたり，比較することはできない。また，登校拒否のすべてが，それぞれの分類にきちんと入るわけでもないのも想像にかたくない。しかし，これらの報告をそれぞれ独立して読み，カウンセラーや教師がいま手がけているケースを脳裡に具体的に描いていると，いま手がけているケースの中に，「あ，そうか，これにあてはまるな」と思うものもあるし，「全然ちがう」と空しくなることもある。

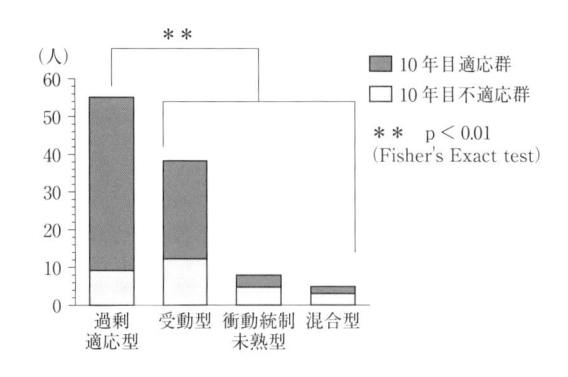

図9-3　不登校下位分類と中卒後10年目の社会適応状況

分類と予後との関連について，このように個別的に利用することは可能である。

第5節　中学校卒業時またはその後の進路

　登校拒否の子どもをもつ親にとって，既述のように，不登校状態を受容するにはかなりの時間がかかる。そして受容できる段階になると，中学校は卒業できるが，後どうなるかが大きな関心となる。「中学校で不登校になっても仕方がない。高校に行けるか，就職できて，社会的に自立できるか」と，カウンセリングの場で質問されることも少なくない。

1　中学卒業時点での進学・就職の状況

　図9-4は，森田（2001）が卒業時の進学状況を調べたものである。これは，平成5年度に公立中学校3年生に在学した生徒のうちで，「学校嫌い」を理由に年間30日以上欠席したもので，いわゆる文科省のいう不登校（登校拒否）の子どもを対象としている。

　これによると，進学しなかったものが約3分の1を占め，3分の2強のものが進学している。進学先でもっとも多いのは全日制高校であるが，これは全進学者中の30.0％で，半数にも満たない。定時制16.4％，通信制7.2％となっていて，この割合は同時期の中卒者の定時制1.3％通信制0.8％に比べると，はるかに高い。この傾向をどのように解釈するか。筆者の経験では不登校による学力不足のために全日制高校に進めなかったことにもよるが，一方，全日制高校では欠席日数を合格基準のひとつにしていることも一因となっていると思われる。

　中卒時に進学しなかった者のその後は図9-5にまとめられている。有効回答数

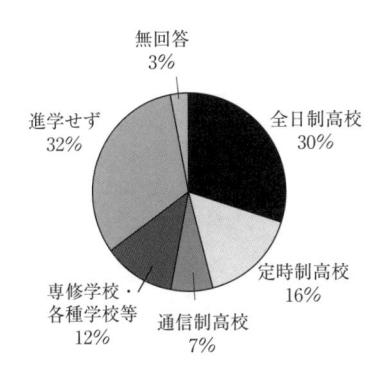

図9-4　中学校卒業時点での進学状況（森田 2001）

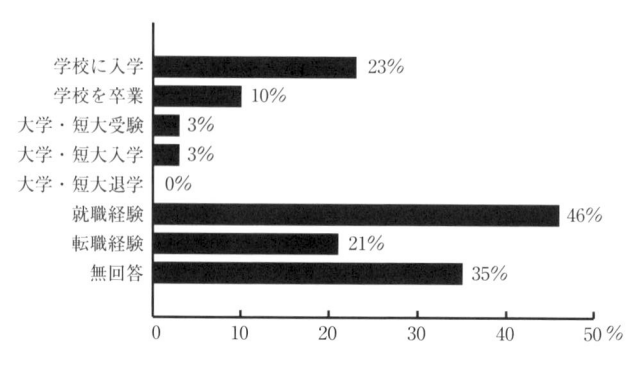

学校に入学	23%
学校を卒業	10%
大学・短大受験	3%
大学・短大入学	3%
大学・短大退学	0%
就職経験	46%
転職経験	21%
無回答	35%

図9-5 非進学者のその後（森田 2001）

286名中，101人が，中卒後ある期間をおいて「学校に入学している」。

図9-4と表9-3の数値から，中卒後に，または期間をおいて学校に進学しなかった者は，結局，342名で，これでもって図9-4の進学せずのところを修正すると，25％となる。すなわち，中卒後，進学したものは全対象の4分の3に当たる。

中卒後に決めた進路も，登校拒否の支援経験からみると，変更されることが少なくない。図9-6は中卒直後の進学者のその後である。

進学した学校を「卒業・終了」の者は，進学者の58.1％で，中退者は37.9％となっている。中退し，転学または就職したものは21.9％である。中退が進路変更とならずに，「何もしていない」ものが16.0％となっている。

森田は，中卒後に進学した者についてのまとめとして「進学先の学校を卒業・修了，もしくは中退し転学先の学校を卒業・修了した者は64.6％（全調査対象者の42.2％），また中退し就職した者，もしくは転学先で中退後就職した者は11.3％（全調査対象者の7.4％），中退し，その後他の学校に通うことも就職もしていな

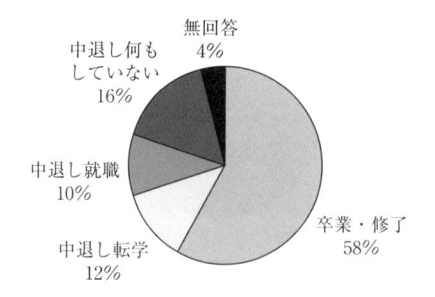

図9-6 中学校卒業後進学者のその後（森田 2001）

- 卒業・修了 58%
- 中退し転学 12%
- 中退し就職 10%
- 中退し何もしていない 16%
- 無回答 4%

いものは16.0％となっている」とまとめている。

中学校卒業時点での就業状況をまとめると，図9-7のようになる。

正社員12.2％と少なく，「就労せず」が圧倒的に多い。この中には，当時，就労の機会がなかったものもあるが，心身の状況が就労までに回復していなかったものもかなりあることが推測できる。

大学・短大への受験または入学した統計は図9-8にまとめられている。この資料は中卒後5年を経た時点で得られたものなので，大学卒業までにいたっていないと推測される。退学の数字を考慮すると，大学・短大の在学者は約25％となる。

いまみてきた森田の進路状況は主として中学校卒業時のもので，他の予後調査でも，進路状況が分析されている。主な研究をみてみよう。

2　臨床的予後研究からみた進路状況

病院，相談機関で対応した事例に関して，進路状況をとり上げたものもある。表9-10がこれである。対象，機関，予後追跡期間，その他，いろいろの状件の差があるので同じレベルで考察できないのはいうまでもない。

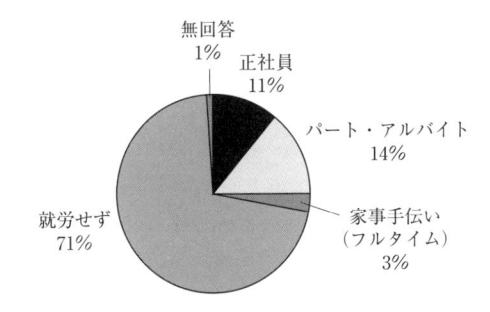

図9-7　中学校卒業時点での就業状況（森田 2001）

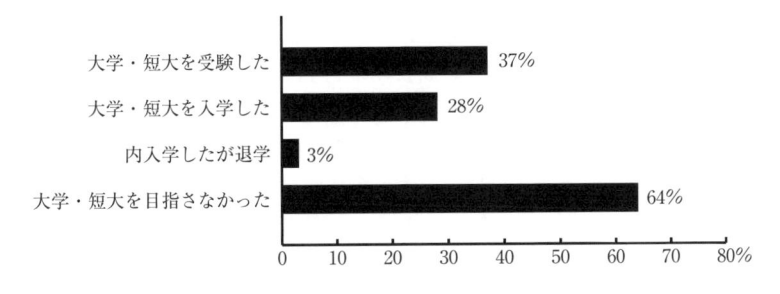

図9-8　進学継続者のその後（森田 2001）

高校進学以上の学歴をもつものは福間68.5％，相川83％，大里78.9％，斉藤75％，大高75％，斉藤92％で，70％〜92％の間に分布している。福間と大里は，同県内の当時の進学率と比べてかなり高校進学率は低いと評価している。一方，相川は県内の全一般進学率と比べて差はないとしている。高校中退率についてみると，福間10.9％，大里13％，斉藤29.29％，大高（1986）31％，斉藤21％となっていて，いずれもかなり高い。短大・大学在学または卒のものは，福間23％，大高25％，斉藤33％となっている。
　学歴と予後結果との関係について，相川は両者間には差なしとしているが，斉藤（1993）は，予後良好群で学歴が有意に高く，現代社会においては高学歴が社会的適応を容易にする要因となっていると指摘し，また大高は，社会的不適群では中卒が多く，高校中退も少なくないとしている。加えて，自宅でブラブラと生活しているものが多いという。

●第6節　登校拒否の子どもからみた不登校経験の評価

　筆者は，登校拒否への支援は発達課題の解決であると考えてきた。第1章でもふれたように，これは学校教育の本質に合うし，登校拒否事態の根底に存在すると想定される子どもの課題を見いだし，その解決を支援し子どもの発達を進めるように支援していくことが，登校拒否への対応である，との立場を筆者は取っている。この立場から登校拒否という事態をみると，これは「不幸なこと」「取り返しのつかないこと」と取らないで，「子どもの人格形成に役立つ」などと肯定的に受け取ることになる。従って，登校拒否という事態が解決された後に，子どもや保護者が回顧して登校拒否の日々をどのように評価しているか，興味あるところである。
　加えて，予後調査で「社会的適応状態」に問題がないと回答した個人は，多分過ぎ去った「登校拒否事態」にあまり否定的ではない，と予想される。ここで，「いまがよい」ので過去経験に肯定的であるのか，または当時から登校拒否そのものに受容的で，この機会を子どもの成長へのチャンスととらえて対応した結果として「社会的適応」がよいのか，という問題が生まれる。近藤（2000）の次のコメントは，意味深長である。「引きこもりの中には，不登校や高校中退からの遷延例がある。これらのケースでは，本人と家族が不登校や中退を「取り返しのつかない挫折」「人生の落伍者」など，極端に否定的にとらえていることが特徴的であるように思われる。不登校の子どもを取り巻く周囲の大人が，「取り返しのつかない挫折」ととらえるのと，たとえば，「この子が今後の自分の人生や自分自身について考えてみる機会」ととらえるのとでは，不登校をめぐる子どもの

第9章 登校拒否の予後　323

表9-10　予後追跡調査における進路就職の状況

No.	報告者（報告年）	対象数	調査時年齢	学歴・職業	コメント
	福間(1980)	92	15～29歳	高校卒(在)39(42.4%)、高校中退10(10.9%)、定時制高校(在)8(8.7%)、同中退6(6.5%)、中卒29(31.5%)、大卒(在)10(32.6%)、短大卒(在)7(16.3%)　技能士、生産工程作業者(工員、自動車整備工、大工、サービス職業従事者、タクシー、トラック運転手、事務従事者、小中教師3名、気象技術者1名、警察官、自衛官各1名	・中卒後の進級率はなかなか低い。進学にも中退者が多い。・高卒中のもの以外に、殆どが就職、県の統計に比べて事務従事者が少なく、サービス職業従事者が多い。全体として工員、運転手、調理師など現場従事者が多い。
	相川(1983)	59		中卒54名中、高校進学以上の学歴のあるもの45名(83%)　登校拒否発現後高校に進学したもの32名(59%)　学業を終えた40名中、24%が徒労。うち1名に心気症的傾向	・県内の一般高校進学率と差なし・進路について予後良・不良には差なし
	大里(1984)	38	15～22歳	高校進学30名(78.9%)、高校在学中15名、高校中退10名、退学5名　就職しているもの4名、未就職のもの4名	・全国高校進学率94.2%より低い・中卒後も高校進学を断念又は高校中退していることから、学校不適応が続く・中卒後、高校中退においても、半数以上が不適応
	斉藤(1993)	92		・中卒時に進学希望者が多く、75%は高校に進学した。しかし最初に進学した学校をそのまま卒業するのは進学者の半数。・最終学歴：中卒13%、高校などの中退29%、高卒以上58%	・社会適応良好群が有意に高く、現代社会においては高学歴が社会的適応を容易にする要因となる。
	大高(1996)	32	21～35歳	・社会適応良好群：中卒4名、専門学校卒6名、高中退4名、短大卒1名、大卒4名、大学院卒1名　・何とか適応群：中卒1名、高中退3名、高校浪人1名、大卒2名　・社会適応不良群：中卒4名、専門学校中退1名、高校中退5名、休学5名、大学中退3名	・非社会性、引きこもりの性格特徴有、学校も中退が多い・中卒後が多い、大部分が神経症性症状や、性格による中・退学が多い・在宅し、ブラブラの例が多い。
	室田(1997)	35	27歳(平均)	・社会適応良好群：最終学歴：中卒18.1%、定時制高卒4.5%、定時制高卒22.7%、短大卒4.5%、大卒50.0%　就職：有職者86.3%、全員一定期間、就職、就職後結婚13.6%　・社会適応不良群：最終学歴：中卒69.2%、高卒15.4%、定時制高卒0%、高校・専門学校中退23.1%、大卒以上15.4%	
	斉藤(2000)	106		・中卒時進路先：全日制高卒42名、定時制高卒41名、専門学校4名、就業4名、在宅12名、他の進路3名　・最終学歴：中卒9名、高校中退22名、高卒35名、大学以上35名	・中卒時の進路と中卒後10年目の社会的適応においては関連なし・中卒後11%が進路未決定、大学が当初引きこもり・高卒以上の学歴をもつものが、中卒と比べて中卒後10年目の適応が良好・進路変更したものは45%

体験はずいぶん違ったものになる。

　不登校経験についての評価と予後との関係についてこれを体系的に取り上げた研究は少ない。斉藤他（1990）と森田（2001）の調査結果を中心にこれを取り上げたい。

1　斉藤の研究

　斉藤は国府台病院院内中学校を卒業後4年以上経たもの268名を対象にアンケート調査し、そのうち本人が回答した78名について分析した。「学校に行かなかった体験を自分にとってプラスと思ったことがあるか」の回答結果は表9-11にまとめられている。「はい」と「どちらでもない」を合わせると、78.6％となり、「いいえ」と回答したものは24.4％であった。しかし、質問を変えて不登校体験がマイナスまたはハンディキャブと思ったことがあるかの質問では「はい」と回答したものは64.1％、「どちらでもない」は16.7％となって、前問の結果とは反対である。質問の観点によって反応は異なる。ついで、「総合的に見て学校に行かなかった体験をどのように思うか」の質問への回答は表9-12となっている。「登校体験をすべてマイナスとは思わないという気持ちを表明した〈はい〉と〈どちらでもない〉」を合わせると、71.8％である。この結果を社会適応との関連をみたものは表9-13である。適応群に「プラスと思う」の比率が有意に高い。また、不適応群では「マイナスに思う」の比率が他群より有意に高い。

　つづいて、「プラスに思った」「マイナスに思った」について自由筆記したもの

表9-11　学校に行かなかった体験を自分にとってプラスと思ったことがある（森田 2001）

	男（％）	女（％）	計（％）
はい	17 (38.6)	20 (58.8)	37 (47.4)
いいえ	14 (31.8)	5 (14.7)	19 (24.4)
どちらとも言えない	13 (29.5)	9 (26.5)	22 (28.2)
計	44	34	78

表9-12　総合的に見て学校に行かなかった体験をどのように思うか（森田 2001）

	男（％）	女（％）	計（％）
プラスと思う	11 (25.0)	12 (35.3)	23 (29.5)
マイナスと思う	13 (29.5)	6 (17.6)	19 (24.4)
どちらとも言えない	17 (38.6)	16 (47.0)	33 (42.3)
記載なし	3 (6.8)		3 (3.8)
計	44	34	78

表9-13　不登校体験のとらえかたと社会適応分類（森田 2001）

	適応群（%）	不適応群（%）	計（%）
プラス	21（36.8）	2（9.5）	23
マイナス	8（14.0）	11（52.4）	19
どちらとも言えない	26（45.6）	7（33.3）	33
記載なし	2（3.5）	1（4.8）	3
計	57	21	78

表9-14　学校に行かなかった体験がプラスに思ったことがありますか（自由記述集計）（森田 2001）

	男（%）	女（%）	計（%）
a 自己との直面・様々な生き方の発見	11	16	27
b 保護的な場・新しい人物との出会い	7	5	12
c 精神的力の獲得・親からの分離	4	3	7
d 他者への共感性の拡大・人間理解の深まり	1	3	4
e 社会観の変化と確立	1	3	4
計	24	30	54

	男（%）	女（%）	計（%）
a 学力	16	10	26
b 学歴	4	8	12
c 共通した学校体験の話題が持てない	2	5	7
d 対人関係・友人関係の困難さ	4	3	7
e 不登校体験に対する後悔あるいは劣等感	12	11	23
f 留年による年の遅れ	2	2	4
g 今後の不安	3	1	4
h その他	3	3	6
計	46	43	89

をまとめたものが表9-14である。一見すると，前者の内容は人生の生き方や生活の仕方について，後者は生活の上で支障になった点をそれぞれ表わしているように，筆者には思われる。

調査結果の「自由記述」を中心に斉藤は，治療論的立場から，次のような見解を述べていて，筆者は全く同感である。まず，不登校経験でプラスと思ったことについて述べよう。

①自己との直面・様々な生き方の発見

登校拒否に陥った際に，子どもは，画一的で狭い価値観（おそらく学校教育を絶対視したり人間性評価と同一視して当然とするような価値観）によって不安や恐れ，あるいは自己否定などの苦悩をもつこととなり，その中で罪業感，挫折感あるいは劣等感がもたらされている。このような挫折体験を治療的介入によって子どもは意味ある体験として受け取ることができるようになったし，また様々な

生き方が無意味でないことを知った。かくて，登校拒否問題は，子どもがそれに直面し，自らの価値観や枠組みを柔軟で現実的なものに変換させていくきっかけになったのではないか。そして，治療者側に「このような支持的で，学校教育に対して中立的な姿勢を治療者側が貫くことによって子どもたちが自分の欠点や限界と直面し，これを乗り越えようという意欲と勇気を育てることができたのではないか」という。

「自己との直面・様々な生き方の発見」は筆者も期待してきた視点で，筆者のいう発達課題解決としての，子どもへの教育・心理的支援と合致しており，登校拒否体験によって子どもは成長・発達していくという支援観に繋がっていく。

②保護的な場・新しい人物との出会い

比較的長期に及ぶ不登校状態の子どもにとって治療者との出会いは停滞していた成長を再開することにかかわってくれる新しい人物との出会いである。この中には院内の治療スタッフであり，院内学級の教師であり，同じ体験をもつ友人である。このような出会いは苦しみ絶望した子どもに，冷静に自己と直面する勇気とその向かうべき方向を示唆するモデルを与えることに寄与する。

筆者も，登校拒否中に子どもがどんな人に出会うか，その人の出会いの中でどんな体験をするかは大切であると考えている。カウンセラーはいうまでもなく，教師との出会いと体験は子どもの成長・発達に重大な影響をもたらす。教え―教えられるという教師と生徒・児童の関係を離れて，一人の人間として子どもの苦しみがわかり，それを共有してくれ，支えてくれる教師との出会いは，子どもの将来に，少なくとも，学校期の子どもの生活の仕方に大きな影響を及ぼすと，筆者はいつも痛感している。

③精神的力の獲得・親からの分離など

精神力の獲得・親からの分離，他者への共感性の拡大・人間理解の深まり，社会観の変化と確立など登校拒否体験及び治療体験が親からの自立という思春期の発達課題を達成し，新しい能力の獲得に寄与したという実感を，17.5％の子どもがもっている。

斉藤は，子どもの自由に書いた文章を読んでいると，登校拒否体験に強いマイナスの評価をもっていて，反動形成的にプラス面を強調しているのではないかと推測される点もあるが，「多くの回答者がプラス面を率直に評価しているのは事実であり，そうした感情を育てることが治療の目的となりうることを示している」とまとめている。

不登校体験のマイナス面をみると，最も多かったのは「学力」で，50％のものがあげている。昨年の調査では75％のものが進学しているが，そのほぼ半数が少なくとも1回の進路変更（中途退学）していることにも，これが現れていると，

斉藤は解釈している。ついで，「不登校体験に対する後悔あるいは劣等感」があげられている。この種の記述は社会的適応群にもみられ，多くの回答者が登校拒否体験をすべて無駄であったわけではないといった自己親和的なイメージで受け取るための内的苦闘をつづけていることを示すと，斉藤は解釈している。

　以上の調査を要約して，斉藤は次のように述べている。「登校拒否経験者の多くはこの体験のマイナスの影響について認識しつつもプラス面の影響も沢山あったと考えており，この傾向は社会的適応群に属する人に多く見いだされた。このような受け止めかたをするにいたるには青年期（10代後半）でマイナス面としてこだわっていた後悔や劣等感あるいは現実的なハンディキャップ（学力や中学校生活の不足など）と直面し，これを克服するための内的作業が必要であることが今回の調査からわかった。この作業は個人的な作業であると共に，友人や周囲の年長者に相談したり，あるいは精神科治療のなかでなされる……30％ほどの不適応群の人たちには青年期及びそれ以降も精神医学的な援助を積極的に提供する必要がある」。

2　森田の研究

　保護者はもちろん教師も，時にカウンセラーも子どもが不登校になると，将来に大きな影を落とし，様々なマイナスの影響がその後の人生に働くのではないかと心配する。森田が行ったアンケート調査研究（1993）の一部に，この点を取り上げた「不登校経験の影響に関する評価」がまとめられている。この調査は，1993年に「学校嫌い」を理由に年間30日以上欠席し，中学校を卒業しものについて中卒後5年経た時点で，実施された。

　森田は，第1の分析として，①不登校時の状況について，「不登校の態様による評価の違い」と「休んでいた時の気持ちとの関係」を明らかにし，ついで「小・中学校時の不登校に対する現時点からの評価」を取り上げている。その結果は図9-9にまとめられている。図からわかるように，不登校体験をいま考えて，「後悔している」人々は不登校をマイナスと感じているものが非常に多く，「マイナスではない」とする人々との差は約20％である。一方，学校を休んで「むしろよかった」と思っている人々は，不登校だったことが現在の自分にとって「マイナスではない」と考えているものが非常に多い。「マイナス」と評価している人々は，わずかに4.4％にすぎない。

　森田はこの調査結果のまとめとして，「不登校経験がいまの自分の状態にとってプラスだったか，マイナスだったのかの評価は，学校を休んでいた当時の気持ちといった〈過去の状態〉よりも，いま現在の時点でそうした状態をどう評価するのかに強く関係している」という。

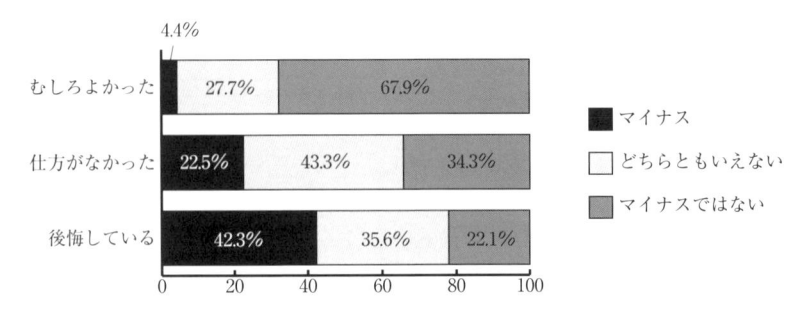

```
          4.4%
むしろよかった  ┃ 27.7% │ 67.9%     ┃
仕方がなかった  │ 22.5% │ 43.3% │ 34.3% │
後悔している    │ 42.3% │ 35.6% │ 22.1% │
              0    20    40    60    80   100
```

■ マイナス
□ どちらともいえない
▨ マイナスではない

図9-9 「不登校経験への後悔の有無」と「不登校による現在へのマイナスの影響」（森田 2001）

不登校経験がいまの自分にマイナスかどうかは，不登校時代の学校状況をどのように見ているかだけでなく，卒業後，どのような経験をしてきたかによっても違ってくることが予想されるとして，森田は第2の視点として「中卒後の様々な経験や出会いとの関係」を分析している。

これを5つの視点から調査分析している。
①自分の望み通りの仕事や学校に出会えたか。
②自分の能力や適性に合った仕事や学校にめぐり合えたか。
③仕事や学校の場で，信頼できる人間に出会えたか。
④職場や学校の雰囲気が自分に合ったか。
⑤仕事・学業を通じ，自分に自信がわいたか。

分析の結果のまとめによると，中学校卒業時から現在まで，学校や職場でよい出会いや経験にめぐり合えなかったグループほど，不登校が現在の自分にマイナスの影響を与えていると，評価している。

5項目の中で，どの項目が不登校経験をマイナスと感じさせたか，反対に，「マイナスでない」と感じているグループではどうかについてみると，図9-10と9-11となる。

ふたつの図から読み取れるように，中卒から現在まで，学校や職場でよい出会いがあったか否かによって不登校体験が個人に与える意味が異なっている。すなわち，よい出会いや経験が少ないグループほど，不登校体験がいまの自分にマイナスの影響を与えているとしている。反対に，現在の自分の状態に照らして不登校体験がマイナスではないと評価しているグループでは，図9-11のように，5項目にわたる領域で出会いや経験に恵まれたと回答している。

森田は，第3の視点として「不登校でこれまで苦労したこととの関係」について分析している。不登校だったために，中卒後，
①不利益や不当な扱いを受けたことがあるか。

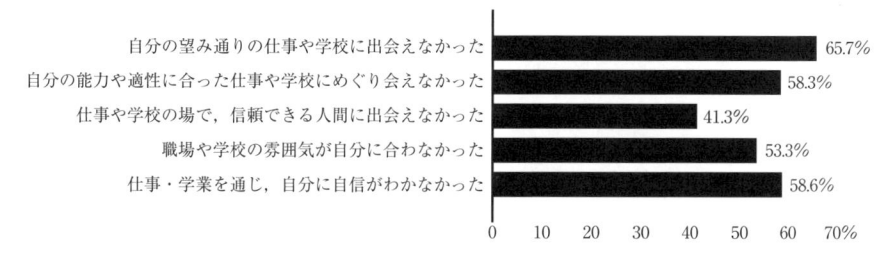

図9-10　不登校の影響を「マイナス」とみる人々のなかで，よいさまざまな出会いや経験がなかったとする人々の割合（森田 2001）

- 自分の望み通りの仕事や学校に出会えなかった　65.7%
- 自分の能力や適性に合った仕事や学校にめぐり会えなかった　58.3%
- 仕事や学校の場で，信頼できる人間に出会えなかった　41.3%
- 職場や学校の雰囲気が自分に合わなかった　53.3%
- 仕事・学業を通じ，自分に自信がわかなかった　58.6%

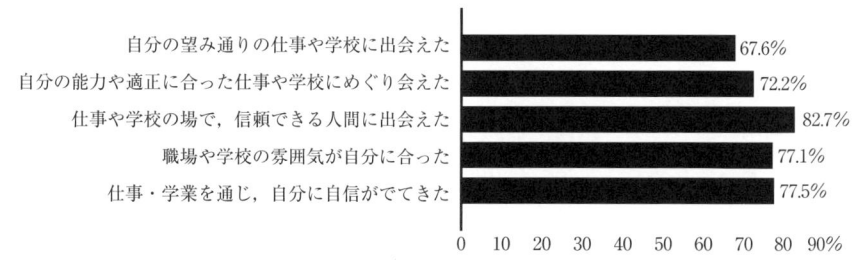

図9-11　不登校による影響を「マイナスではない」とする人々のさまざまな出会いや経験（森田 2001）

- 自分の望み通りの仕事や学校に出会えた　67.6%
- 自分の能力や適正に合った仕事や学校にめぐり会えた　72.2%
- 仕事や学校の場で，信頼できる人間に出会えた　82.7%
- 職場や学校の雰囲気が自分に合った　77.1%
- 仕事・学業を通じ，自分に自信がでてきた　77.5%

②学力や知識が足りず，受験や仕事などで苦労してきたか。
③体力が低下したり，不足したりして苦労してきたか。
④生活リズムが崩れ，苦労してきたか。
⑤現在，他人とのかかわりに不安を感じることがあるか。

　この結果は表9-15である。①社会的不利益が「全くなかった」と答えたものは65.8％，被ったとの回答は32.7％となっている。これに対して，②〜⑤の4項目については「全くなかった」と答えた人は，いずれも，5割を下回っていて，何らかの形で苦労した経験をもっている。

　森田は一部の者を対象に，不登校であったことで「失ったもの」と「得たこと」について聞き取り調査している。また，「成長した点と現在の課題」についてもアンケート調査をしている。

　①失ったもの

　およそ6分の4程度のものが「失った」ものがあると答えている。割合が高い順にあげると，「人間関係」「学校生活」「自分」となっている。人間関係ではほとんどの回答者が「友達」を失ったとしている。これは，ニュアンスから「いまは友達はいるが，不登校のため当時の学校の友人がいない」というものと，「いまも昔も友達がいず，もし学校に行っていたらできたかもしれない」というもの

表9-15 不登校による不利益や苦労したこと (森田 2001)

項目		不利益な扱い	学力・知識不足	体力低下	生活リズムの崩れ	人間関係に不安
おおいにあった	人数 割合	85 6.1%	271 19.5%	219 15.7%	336 24.1%	277 19.9%
少しはあった	人数 割合	370 26.6%	534 38.3%	451 32.4%	539 38.7%	466 33.5%
まったくなかった	人数 割合	917 65.8%	560 40.2%	701 50.3%	500 35.9%	632 45.4%
無回答	人数 割合	21 1.5%	28 2.0%	22 1.6%	18 1.3%	18 1.3%
回答者総数		1393	1393	1393	1393	1393

とにわかれた。

「人間関係」の中で「人間不信」をあげたものもいる。これには教師，親，友人，世間などが含まれている。自分が信用されていない（と思う）ことから不信に陥るという場合も含まれている。たとえば，「大人を信じる心を失い，人間不信に陥り，心の健康を失った」「親への信頼，親からの信頼を失った」など。

このような不信感を，現在も引きずっているものもいれば，そこから脱した人もいる。後者は，そのきっかけとして，その後に信頼感を回復できるような人間関係（教師，友人，カウンセラーなど，あるいは不信感をもっていた家族構成員が変化して信頼感を回復したなど）をもてる機会があったとしている。

「学校生活」で失ったものでは「学力」が多い。次に多いものは「中学校生活の思い出」で，具体的には修学旅行等，卒業式などである。

以上をまとめると，不登校であったことにより「失ったもの」として，学校が果たしていると思われる役割，すなわち，「友人との出会いの場」「勉強の機会の場」「思い出形成の場」という三つの面をあげている者が多い。

②得たもの

不登校であったことにより「得たものはない」とする者はおよそ6分の1程度で，残りの不登校経験者の多くは何らかの意味で不登校に肯定的な意味もあることを見いだしている。多い順から「得たもの」があると答えた者の内容をあげると，「現在の自分の状況」「人間関係」「考えること」「自由・時間」である。

現在の自分の状況では「不登校によって，自分の意志が強くなった」「周囲に左右されず自分の意見をもてるようになった」などに代表される，精神的に強くなったことをあげる者が目立った。「いまの自分」や「不登校という経験そのもの」を得たとするものもみられた。

「人間関係」に関して得たものをみると，不登校に絡んでつらい状況にあって

も見捨てなかった「友人の大切さ」「心配してくれる人の気持ち」を得たとするものと、「フリースクールや通信教育に通うことになり、昼間はアルバイトをしていろいろの人と出会えた」「年齢に関係なく友人ができたこと。年上の人たちと話せていろいろ教えてもらえたのはよかった」などのように，不登校であるがゆえに得られた場で貴重な出会いをしたと答える者の二つのタイプがあった。

「自由・時間」については，ゆっくりと考えたり，趣味を時間がもてたことを評価する回答が多かった。具体的には，「学校に縛られなくなったので，友人たちとの交流や好きなことが十分できる自由な時間が多くもてた」「本がゆっくり読めた」「学校に通っている人たちとは違う時間の過ごし方をした」など。

得たものとして，「考えること」と答えた者の例をみると，「自分と向き合えたこと。よく考えられたこと。あの時間がなかったら，もっといい加減に自分の人生を決めたかも知れない。周りに流されていたかも知れない」など。

その他に，「人に優しくできるようになった。心の痛みがわかってあげられるようになった」という内容の，「気持ちの理解」をあげた者もいた。

③成長した点と現在の課題

中学校を卒業した頃と比べて現在の自分が成長した点，そして同世代の人と比べていまの自分の課題について森田は分析し，表9-16にまとめている。いずれもベスト6項目を取り出している。成長した点で最も多かった回答は「経済的自立」であり，55.6％となっている。ついで，「人づきあい」45.7％，「身辺自立」45.1％，「自信の獲得」45.0％となっている。

「現在の課題」において回答の多かった項目を順にあげると，「人づきあい」41.1％，「自己主張」39.8％，「自信の獲得」37.7％，などである。図9-12は2次元座標上にプロットされた散布図である。各調査項目について，「成長した」と回答した人の比率をx軸に，「現在の課題」と回答した人の比率をy軸にとってプ

表9-16 「成長した点／現在の課題」項目の内容（森田 2001）

身辺自立	身のまわりのことを自分ですること
身体的健康	身体を健康にすること
規則的生活	生活のリズムをつくること
経済的自立	自分で働いて収入を得ようとすること
人づきあい	人とうまくつきあうこと
自信の獲得	自分に自信を持つこと
家族関係改善	家族とのよい関係を持つこと
将来に希望	将来の希望を持つこと
情緒の安定	かっとしたり，いらいらしないこと
くよくよしない	いつまでもくよくよ悩まないこと
自己主張	自分の気持ちや意思をはっきり表現すること
孤独に克つ	孤独に耐えられること

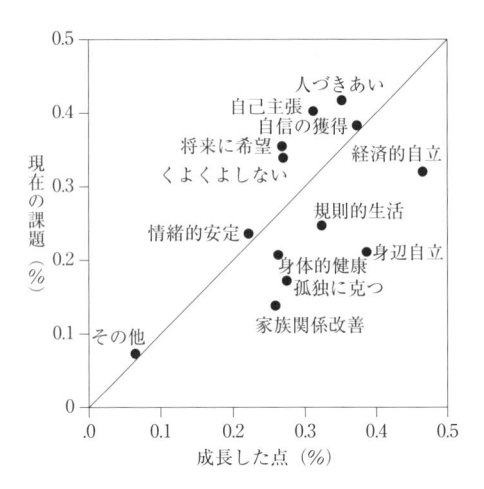

図9-12 「成長した点」と「現在の課題」（森田 2001）

ロットした。従って、x座標の値が大きいほど、「成長した」と回答した比率が大きいことを、そしてy座標の値が大きいほど「現在の課題」と回答した人の比率が大きいことを表している。対角線よりも下方に離れるにつれて「成長した」と回答した人の比率が「現在の課題」と回答した人の比率よりも大きくなっていることを示し、反対に、上方に離れるにつれて「現代の課題」と回答した人の比率が「成長した」と回答した人の比率よりも大きくなっている。

　この図を全体からみれば、中学時代に不登校を経験した人々が現在にいたる過程において、もっとも「成長した」と考えるのは「経済的自立（自分で働いて収入を得る）」である。また、「身辺自立」「規則的生活」「身体健康」「孤独に克つ」「家族関係改善」の項目において顕著に成長したと回答した比率が「現在の課題」の比率よりも大きくなっている。これらの項目から、不登校経験者の中卒後5年間における「成長」の典型的な型として「自立した日常生活の確立⇔経済的自立」という過程が想定できる。

　これに対して、対角線の上側には「人づきあい」「自己主張」「将来に希望」「くよくよしない」などの項目がプロットされており、これらの項目は「成長した」という回答比率よりも、「現在の課題」という回答比率のほうが大きいことを示している。いまみたように、多くの不登校経験者が「成長した」と回答しているが、同時に、彼らの多くが現在でも様々な「課題」をも抱えている。とりわけ社会生活における困難（人づきあい、自己主張、将来に展望が見いだせないなど）を抱えていることがわかる。

文 献

安部忠良　1982-5　登校拒否　小児内科　**14**（5）657-660
安部忠義　1986　起立性調節障害を疑われた登校拒否の検討　思春期学　**4**　141
上里一郎編　1993　登校拒否Ⅱ　岩崎出版
Agrass, S. S.　1959　The relationship of school phobia to childhood depression. *Am. J. Psychiat.* **116**　533
相川勝代　1983　登校拒否についての臨床的研究　長崎医学雑誌　**58**（4）321-342
相川勝代他　1978　登校拒否の臨床的研究―予後にかかわる因子を中心に　九州神経精神医学　**24**　63-69
American Psychiatric Association　1994　*Diagnostic and statiscal mannual of mental disorder. Forth Edition*（高橋三郎他訳　DSM－Ⅳ　精神疾患・統計マニュアル　医学書院）
安藤公　1985　児童期に発症した精神分裂病―自験例15症例の臨床的経験から　精神医学　**27**　1255-1266
Broadwin, I. T.　1932　A contribution to the study of truancy. *Am. J. Orthopsychia* **2** 253-259
地崎和子　1997　不登校　小児科　**38**（6）819-522
Chotiner, M. M. et al.　1974　Adolesent school phobia: Six controlled cases studied restrospectively. *Adolescence.* **9**（3）467-480
Coolidge, J. C.　1964　A ten year follow up study of sixty-six school phobic childldren. *Am. J. Orthopsychiat.* **36**　75
弟子丸元紀他　1996　小児期の精神分裂病　精神医学　**38**（7）686-698
弟子丸元紀　1998　児童期発症の精神分裂病の状態像の特徴について　児童青年精神医学とその近接領域　**39**（2）10-18
傳田健三　2000　児童青年期の気分障害　臨床精神医学　**29**（8）1015-1021
傳田健三　2002　子どものうつ病　金剛出版
江口研他　1990　登校拒否の初期臨床像　梅垣弘編　医師のための119番　2-12
Eisenberg, L.　1958　School phobia. A study in the communication of anxiety. *Am. J. Psychiat.* **114**　718
柄沢宏幸　1997　学習障害の同胞に出現した不登校状態とその改善について　小児の精神と神経　**37**（2）145-151
藤原秀樹　1992　教師によるアフターケアー　登校拒否のすべて　**1-7-3**　1-15　第一法規
藤原直樹　2001　ひきこもりと人格障害　現代のエスプリ　**403**　78-85
藤掛永良　1966　学校恐怖症の一時保護　臨床心理学の進歩　110-111

藤沢敏幸　1983　いろいろな治療施設における心理臨床　鑪幹八郎編　心理臨床家の手引き　誠信書房
藤田勝久　1988　入院治療を行った中学生の登校拒否検討　小児科臨床　**41**（5）205-209
深谷和子　1977　登校拒否へのカウンセリング的アプローチ　季刊　精神療法　**3**　251
深谷昌志　1994　（特別提言）「不登校を学ぶ」―教育社会学の立場から　児童心理　**631**　173-177
福田俊一　1985　登校拒否のシステム　家族療法　臨床精神医学　**14**　1569-1976
福間悦夫　1978　登校拒否症の類型　九州大学精神医学誌　**24**　71-78
福間悦夫　1980　登校拒否症の長期予測　精神医学　**22**（4）401-408
福山清蔵　1985　登校拒否児と家族への援助，心の健康と家族　家族心理学年報　**2**　141-166
学校臨床心理士ワーキンググループ　1996　学校　臨床心理士の活動と展開　日本学会事務センター
Glaser, K. 1959 Problems in school attendance: School phobia and related condition. *Pediatrics* **23** 371-383
花田雅憲　1996　登校拒否，不登校　臨床精神医学　**25**（7）857-860
花田雅憲　1998　学習障害　松下正明編　児童青年期精神医学講座　第11巻　児童青年期精神障害　121-127
服部祥子　1995　登校拒否の初期段階はどんな傾向がみられるか　教職研修　9月増刊号　54-55
Hersov, L. A. 1960 Persistent non-attendance at school. *J. of child psychol. and psychiat.* **1**（1）130-135
日比裕康　1986　動的家族描画法（KFD）ナカニシヤ出版
平井信義　1966　School phobiaあるいは登校拒否の類型と原因的考察並びに治療について　日本臨床心理学会編　臨床心理学の進歩　1966年版　誠信書房　80-90
平井信義　1971　正常と異常　小林提樹編　乳幼児精神衛生　89-106　日本小児医事出版
平井信義　1975　登校拒否の概念　全国情緒障害研究会編　登校拒否児　日本文化科学社
平井信義　1979　登校拒否　社会精神医学　**2**　561-567
平野誠也　1991　児童青年期発症の感情障害に関する臨床的研究　厚生省精神・経疾患研究委託費　感情障害の臨床像・長期経過後に関する研究　平成3年度研究報告　15-26
平尾美生子他　1982　家庭内暴力の臨床的研究　東京都立教育研究所紀要　**26**
広沢郁子　1997　学童期発症の精神分裂病にみられる不安の特性　臨床精神病理　**18**　23-24
法務省　1989　不登校の実態について
本城秀次　1982　思春期の家庭内暴力　児童精神医学とその近接領域　**23**　110-123
本城秀次　1984　登校拒否児における家庭内暴力の意味について　児童精神医学とその近接領域　**25**（1）54-55
本城秀次　1987　登校拒否像の時代的変遷について　児童青年精神医学とその近接領域　**28**（3）183-191
本城秀次　1987　昼夜逆転の生活をどう考えるか　梅垣弘編　医師のための登校拒否　119

番　ヒューマンテイワイ　110-113

Honjo, S. et al.　1989　Obsessive-compulssive symptoms in childhood and adolescence. *Acta psychitary Scand* **80** 83-9

本城秀次　1994　児童の気分障害　精神科治療学　**9**（6）721-727

本城秀次他　1998　児童期の強迫性障害　児童精神医学とその近接領域　**39**（2）18-25

堀要　1963　児童神経症の研究（その1）登校拒否児童について　精神神経学雑誌　**77**（2）67-68

堀内聡　1995　登校拒否の原因—家族，学校，社会，本人の要因　神保信一他編　登校拒否が分かる本　22-29　日本科学社

星野仁彦　1985　登校拒否症の発症に関する家族，社会的要因　福島医学誌　**35**（4）413-423

星野仁彦　1986　登校拒否と家庭・学校　社会精神医学　**9**　15-19

星野仁彦　1994　登校拒否の予後の考え方と研究動向　登校拒否のすべて　第1部理論編　1-20

星野仁彦　1995　学習障害を伴う登校拒否児の病像特徴　小児の精神と神経　**35**（4）287-297

星野仁彦　1997　社会適応の観点から見た不登校（登校拒否）児の予後　児童青年精神医学とその近接領域　**38**（1）23-24

一原浩他　1984　脳障害型登校拒否　児童精神医学とその近接領域　**25**（1）35-36

井口敏之他　1996　不登校の症候　小児内科　**28**（5）653-657

井口由子　1995　動物家族画　日本描画テスト・描画療法学会編　臨床描画研究X　金剛出版　3-14

飯田順三他　1995　前駆期に脅迫症状を有する児童期発症の精神分裂病の特徴　精神医学　**37**（7）723-730

飯野利二　1984　〈不登校〉に関する研究（その2）—症候学的側面　児童青年精神医学とその近接領域

生野照子　1990　登校拒否の成因　梅垣弘編　医師のための登校拒否119番　ヒューマンテイワイ　45-49

生田憲生他　1984　不登校に関する研究（その3）—転帰・予後　児童青年精神医学とその近接領域　**25**　30-31

今田浩他　1997　現在の適応教室の課題に関する一考察—学校との連携を中心として　生徒指導研究　**8**　41-50

稲垣卓　1991a　登校拒否児への援助　金剛出版

稲垣卓　1991b　登校拒否（総論）精神科治療学　**6**（10）1131-114

稲垣卓　1994　不登校児とのつき合い方—学校教師のために　日本評論社

猪子香代　1993　中学生のうつ病とうつ状態を伴う登校拒否の比較検討　東女医大誌　**63**　E260- E266

猪子香代他　1992　児童青年期の神経症的問題における年齢特性について　児童精神医学と近接領域　**33**（3）208-216

稲村博　1978　若年化する自殺　誠心書房
稲村博　1980　家庭内暴力　新曜社
稲村博　1994　不登校の研究　新曜社
猪俣大　1986　学校保健における児童自動精神科医の役割　児童青年医学とその近接領域　**27**（2）6-12
猪俣丈二　1993　非行と不登校　こころの科学　**51**　83-87
石川元　2002　ADHDが取り持つ学校現場と精神医療のチャミングな関係　現代のエスプリ　**414**　5-16
石川元編　2000　LD（学習障害）の臨床—その背景理論と実際　現代のエスプリ　**398**
石川元編　2002　ADHDの臨床—21世紀からのアプローチ　現代のエスプリ　**414**
石川元他　2000　座談会　なぜ今LDか　イメージ，不登校・社会不適応に隠れて　現代のエスプリ　**398**　LD（学習障害障）の臨床　その背景理論と実際　25-45
石川憲彦　1988　子どもの変容にどう対応するか—治療の見直し　小児看護　**11**（9）1083-1087
石川憲彦　1990　登校拒否の臨床的研究　精神神経学雑誌　**92**（12）947
石川憲彦他　1990　登校拒否の長期予測　精神神経学雑誌　**92**（12）945-946
石坂好樹他　1989　児童期の脅迫症状の病状について　児童精神医学とその近接領域　**30**　367-378
石坂好樹他　1990　児童思春期のうつ状態の診断および実態について　厚生省精神神経疾患研究委員費　児童・思春期における行動・情緒障害の成因と病態に関する研究　平成2年度研究報告
岩本澄子　1996　登校拒否児の学校適応という視点からの予後予測　児童青年精神医学とその近接領域　**37**（4）331-344
岩波文門編　1983　小児の心身症　小児科MOOK　30　金剛出版
神保信一他　1984　登校拒否生徒の指導に関する調査　神保信一他編著　登校拒否児の理解と指導　日本文化科学社
Johnson, A. M. et al.　1941　School phobia. *Am. J. Orthopsychiat.* **11**　702-711
Johnson, W. et al.　1956　Speech handicapped school children. *Harper & Row*
可知佳世子　1993　入院治療を行った不登校児の長期的予後—アンケート調査をもとに　児童青年医学とその近接領域　**34**（1）101-102
門真一郎　1994　登校拒否の転帰—追跡調査の批判的再検討　児童青年医学とその近接領域　**35**（3）297-307
門真一郎　1998　不登校を解く　ミネルヴァ書房
甲斐志郎　1990　登校拒否児のためのチェックリストの活用と留意点　登校拒否のすべて第一部理論編　183　第一法規
甲斐志郎　1995　登校拒否の兆候発見のチェックリストにどんなものがよいか　坂本昇一編　登校拒否指導マニュアル　教職研修　9月増刊号　50-52
皆藤章　1994　風景構成法—その基礎と実践　誠心書房
郭麗月　2003　子供の脅迫障害　河合洋他編　子どもの精神障害　日本評論社　79-91

金生由起子　2002　子どもの脅迫症状　こころの科学　**104**　67-71
亀井よ志子　1997　学校保健における一時予防と初期介入　精神医学　**39**（5）499-504
金子保　1995　家庭訪問の仕方―どんな対応が効果的か　坂本昇一（監）登校拒否マニアル　教職研修　9月増刊号　166-168
笠原敏弘　1988　単身赴任の諸問題　社会精神医学　**118**（4）329-334
笠原嘉　1973　現代の神経症―とくに神経症性Apathy（仮称）について　臨床精神医学　**2**（2）153-162
笠原嘉　1998　精神病　岩波新書
加藤純一　1995　進級できるか　登校拒否が分かる本　日本文化科学社　162-163
加藤敬　1989　教育現場で気づかれない軽度精神発達―登校拒否を通じて　小児の精神と神経　29　137-14
河合隼雄　1976　母性社会日本の病理　中央公論社
河合隼雄　2003　不登校　金剛出版
河合伊六　1991　登校拒否―再登校の指導　ナカニシヤ出版
河合伊六　2000　不登校　再登校への支援　ナカニシヤ出版
河合洋　1985　中学生の登校拒否に関する意識調査2　児童青年精神医学とその近接領域　**26**（1）33-34
河合洋　1986　学校に背を向ける子供たち　日本放送協会
河合洋　1991　登校拒否　日本医師会雑誌　**105**　1511-1518
河合洋他　1979　思春期登校拒否児童の治療処遇をめぐって　第19回児童精神医学総会シンポジウム　児童精神医学とその近接領域　**20**（1）30-54
川合大治　2001　思春期と家庭内暴力―治療と援助の指針　金剛出版
木村隆夫　1982　起立性調節障害　医歯薬出版社
北村栄一他　1983　公立中学校における過去15年間の不登校の実態　児童精神医学とその近接領域　**24**（5）322-336
北村陽英　1984a　公立中学校における過去15年間不登校の実態　児童精神医学とその近接領域　**25**（1）28-29
北村陽英　1984b　登校拒否と現代社会―中学生とのかかわりから　児童青年医学とその近接領域　**25**（2）17-23
北村陽英　1990　自殺行為をどう防ぐか　梅垣弘編　登校拒否　119番　119-123　ヒューマンテイワイ
北村陽英　1995　中学生不登校　臨床精神医学　**24**（11）1385-1391
清原浩　1992　不登校・登校拒否に関する系譜―概念規定をめぐる歴史的展開を中心に　障害児問題研究　**69**　4-12
小林正幸　2003　不登校児の理解と援助　ナカニシヤ出版
高知市教育研究所　1991　ひらけ心のまど―登校拒否の親と子どもの手記
小池清廉　1992　学会印象記　児童青年精神医学とその近接領域　**33**　51
小泉英二　1973　登校拒否―その心理と治療　学事出版
小泉英二　1979a　思春期登校拒否児童の処遇をめぐって―教育相談の立場から　第19回日

本児童精神医学総会シンポジウム　児童精神医学とその近接領域　**20**（1）33-38
小泉英二　1979b　情緒障害児の予後に関する研究（その1）都立教育研究所　佐治守夫編　1979　登校拒否　現代のエスプリ　**139**　至文堂
小泉英二　1988　教育相談の立場からみた不登校の問題　児童精神医学とその近接領域　**29**（6）359-366
小松保子　1982　身体症状を主訴とする不登校児　小児の精神と神経　**22**（4）177-182
近藤直司　1997　非精神病性ひきこもりの現在　臨床精神医学　**26**（9）159-116
近藤直司　2000　ひきこもり　臨床精神医学　増刊号　525-529
近藤直司　2001　ひきこもりケースの家族援助・治療・予防　金剛出版
小崎武　1991　登校拒否児の性格と家庭環境　梅垣弘編　医師のための登校拒否119番　41-44　ヒューマンテイワイ
小崎武他　1986　登校拒否症についての検討　小児科診療　**11**　2159-2164
古関光一　1977　入院した登校拒否児の治療と教育　医療　**31**　1418-1420
久場川哲三　1994　シンポジウム「不登校をどう考え，どう対応するか」　児童青年精神医学　**35**（4）363-364
久保木富房　1994　心身症　治療　**76**（2）651-656
熊代永　1991　思春期における情緒障害の眼球運動について―抑うつと不安の影響及び登校拒否児と正常時の比較　厚生省精神疾患研究委託費　児童思春期における行動・情緒障害の成因と病態に関する研究　平成3年度研究報告書
栗栖暎子　1987　いわゆる「学校嫌い」による長期欠席の経年睡推移と社会的要因との関連について　社会精神医学　**10**（4）310-328
栗田広　1991　発達障害登校拒否　精神科治療学　**6**（10）1181-1186
栗田広　1997　精神遅滞の現在と展望　こころの科学　**73**　発達障害　57-60
栗田広他　1990　発達障害における登校拒否　厚生省精神神経疾患委託事業費　児童・思春期における行動情緒障害の成因と病態に関する研究　119-124
Lassers, E. etc　1973　Steps in its return to school of children with school phobia. *Am. J. of Psychiat*. Vol 130（3）265-268
Leventhal, 1964 Self-image in school phobia. *Am. J. Orthopsychiat*. **34**　685
牧原寛之　1988　登校拒否の成因と予後　現代のエスプリ　**250**　142-152
牧田清　1982　精神医学ノート　岩崎学術出版
眞仁田昭　1970　登校拒否症に関する研究―その行動様式を中心に　教育相談研究　9集　45
圓山一優　1989　「登校拒否」現象発現に関わる要因の社会医学的研究　公衆衛生誌　**6**　341-351
圓山一優　1992　登校拒否と自殺，家庭内暴力，いじめ・いじめられ及びその背景　社会精神医学　**15**（2）109-116
松林武之　1990　児童期における精神分裂病の特徴　小児の保健　**17**（1）18-22
松林武之他　1995　児童期における精神分裂病10例の経験　臨床精神医学　**24**（6）713-719
松本英夫　1986　わが国における登校拒否治療　社会精神医学　**9**（1）43-48

松本英夫　1988　児童期に発症した精神分裂病に関する臨床的研究　精神神経学雑誌　9　414-435
松本英夫　1990　精神分裂病　精神科治療学　5（2）1389-1397
松本英夫　1995　発達的観点からみた子どもの精神分裂病　児童青年精神医学とその近接領域　36（2）13-17
松本英夫他　1985　登校拒否における父親イメージの役割―父親欠損家庭への家族療法の経験から　臨床精神医学　14　1587-1592
松本雅彦他　1985　青年期強迫神経症　精神医学　27　1113-1122
三原龍介他　1986　登校拒否の臨床的研究―家庭内暴力による分類を中心に　児童青年精神医学とその近接領域　27（2）46-66
三木安正　1959　精神薄弱児を持つ親の態度　精神薄弱児研究　15号
Miller, D. L. 1972 School phobia : Diagnosis, emotional gensis and management. *New York J. of Meds.* **72**（10）1160-1165
宮島信子　1994　1993年教育に関する委員会セミナー「高校生のことばをつなぎながら保健室で考えること」　児童青年精神医学とその近接領域　35（2）53-88
宮本洋他　1986　登校拒否症における短期入院療法の予後調査　思春期学　4（1）107-115
水谷秀子他　1990　登校拒否の診断と鑑別診断　梅垣弘編　医師のための登校拒否119番　ヒューマンティワイ　13-18
文部省　1981　生徒指導の手引き
文部省　1983　生徒の健全育成をめぐる諸問題―登校問題を中心に　生徒指導資料　第18集
文部省　1990　登校拒否児童生徒に関する調査
文部省　1990　学校不適応対策調査研究協力者会議　登校拒否について―中間まとめ
文部省　1991　登校拒否（不登校）問題について―児童生徒の「心の居場所」を目指して　登校拒否のすべて　第2部事例編　2-81　第1法規
文部省　1997　生徒指導資料　第22集　登校拒否への取組について―小学校・中学校編
文部省，いじめ問題研究会編　1997　いじめ問題から学校を変える―いじめ問題質疑応答
文科省　2002　学習障害（LD）への教育的支援―全国モデル事業の実際　ぎょうせい
文科省　2003　不登校への対応の在り方について
文科省・不登校問題に関する調査研究協力者会議　2003　今後の不登校への対応について
森永良子　1992　学習障害（LD）―診断と治療　臨床精神医学　21（1）47-55
森田寛之　1999　子どものアートセラピー　金剛出版
森田祥子　1986　高校生の不登校―その予後解析と臨床的考察　横浜医学　36　133-151
森田洋司　1991　「不登校」現象の社会学　学文社
森田洋司　1994　学校社会空間におけるプライベート・スペースと不登校気分　児童青年精神医学とその近接領域　35（4）15-23
森田洋司　2001　不登校に関する実態調査―平成5年度不登校生徒追跡調査報告書　現代教育研究会
森田洋司編　1989　「不登校」問題に関する社会学的研究　大阪市立大学社会学研究室
森田洋司他　1986　いじめ―教室の病い　金子書房

森脇要他　1966　登校拒否の研究　日本愛育研究所紀要　第2集　141-156
村田豊久　1988　児童思春期の抑うつ状態に関する研究　厚生省精神神経疾患研究委託費　児童思春期精神障害の成因及び治療に関する研究　昭和63年度報告書　69-74
村田豊久　1992　若年発病の内因性精神疾患　精神医学　**34**（9）930-944
村田豊久　1993　小児期のうつ病　臨床精神医学　**22**（5）557-563
村田豊久　1998　小児・思春期のうつ病　臨床精神医学講座　気分障害　501-515　医学書院
村山正治　1972　登校拒否児　黎明書房
室田洋子　1997　登校拒否の長期追跡調査　心理臨床学研究　**14**（4）497-502
なだいなだ　1993　登校拒否の背後の脅迫通学　山崎晃資編　不登校　こころの科学　**51**　88-91
永井洋子　1994　学校嫌いから見た思春期の精神保健　児童青年医学とその近接領域　**35**（3）272-285
長岡利貞　1995　欠席と欠席率　第1部理論編　1-1-2　1-30　第一法規
永田俊彦　1997　精神分裂病とひきこもり　臨床精神医学　**26**（9）1189
中村敬他　1997　対人恐怖とひきこもり　臨床精神医学　**26**（9）1169-1176
中根晃　1988　登校拒否，その治療経過からみた精神病理と家族病理　児童青年精神医学とその近接領域　**29**（6）367-303
中根晃　1990　微細脳機能障害をモデルにした情緒と行動の障害　厚生省「精神神経疾患研究委託費」児童思春期にをける行動・情緒障害の病態に関する研究　平成2年度研究報告書　113-11
中根晃　1991a　心因性精神疾患の臨床的研究（1）登校拒否の精神病理と診断分類　厚生省精神疾患研究委託費　児童思春期における行動・情緒障害の病態に関する研究　平成3年度研究報告書　93-98
中根晃　1991b　登校拒否―精神分裂病および感情障害　精神科治療学　**6**（10）1173-1179
中根晃他　1995　学習障害・注意欠陥障害・高機能自閉症の病態と相違点ならびに病態変遷に関する臨床的研究―K-ABCからの解析　厚生省「精疾患研究委託費」児童・思春期における行動情緒障害の病態解析及び治療に関する研究　平成7年度研究報告書
中根充文他　1993　小児期の精神分裂病　臨床精神医学　**22**（5）565-574
中西信男　1994　生徒指導の基本原理　山崎武編　生徒指導　29-44　ぎょうせい
中野武房　1988　登校拒否の早期発見と予防―早期発見のためのチェックリスト作成　神保編　現代のエスプリ　学校に行けない子供たち
中山和子　1980　登校拒否の予後をめぐって　小泉英二編　続登校拒否―治療の再検討　146-165　学事出版
根岸敬矩他　1999　児童思春期精神医入門　医学出版社
西君子　1998　登校拒否の理解と学校対応　教育出版
西川瑞穂　1997　不登校を主訴とした児童のひきこもりについて　児童青年精神医学とその近接領域　**38**（1）28-29
西尾朋子　1988　登校拒否―誘因と予後　小児科　**29**（13）37-44
納富恵子　2000　患児と家族のアプローチ―医療関係での学習障害への対応を中心に　石川

元編　LD（学習障害）の臨床，その背景理論と実際　現代のエスプリ　**398**　173-183
小田孝他　1994　児童思春期精神外来における不登校の現状と課題―専門外来を開設して
　　　児童青年精神医学とその近接領域　**35**（1）15-16
緒方明　1994　知能障害児における不登校の調査研究　小児の精神と神経　**34**（B）151-156
小川一雄他　1968　徳島県における登校拒否の実態調査　今泉恭二郎教授開講10　記念論文集　301-312
岡田隆介他　1981　登校拒否児の発達的類型化　精神医学　**23**　713-719
岡崎哲也　1980　登校拒否症における疫学的接近―昭和53年島根県内小，中，高　全校調査にもとづいて　児童精神医学とその近接領域　**21**　333-342
岡崎祐士　1995a　小児発症の分裂病の診断基準をめぐって　児童青年精神医学とその近接領域　**36**（2）11-13
岡崎祐士　1995b　子供の精神分裂病，その理解と治療的関与について　児童青年精神医学とその近接領域　**36**（2）10-18
小野修　1972　登校拒否児の基礎研究―香川県における一調査　児童精神医学とその近接領域　**13**（4）250-259
小野修　1985　親と教師が助ける登校拒否児の成長　黎明書房
小野修　1988　登校拒否児の回復過程の検討―変化のプロセス促進の援助　現代のエスプリ　学校に行けない子供たち　登校拒否再考　153-160
大原健士郎　1996　「心の病」，その精神病理　講談社
大井正己　1978　若年者のうつ状態に関する臨床的研究―年齢と病像の変遷との関連を中心に　精神神経学雑誌　**80**　431-469
大井正己　1983　児童期うつ状態をめぐって―精神病理的立場から児童青年精神医学とその近接領域　**24**（1）6-9
大森健一　1997　うつ病とひきこもり　臨床精神医学　**26**（9）1179-1183
大里収他　1984　義務教育を終えた登校拒否児の予後調査　児童青年精神医学とその近接領域　**25**（1）53-54
大沢多美子　1991　不登校を主訴に来院し，分裂病と診断された児童の特徴について　児童青年精神医学とその近接領域　**32**（3）232-240
太田昌孝他　1990　学校不適応からみた精神保健と精神障害　厚生省，精神神経疾患研究委託費　児童・思春期における行動情緒障害の成因と病態に関する研究　平成２年度研究報告書
太田智子他　1994　学校不適応問題にたいする適応指導の全国実態調査　生徒指導研究　**5**　85-95
大高一則　1986　登校拒否の追跡研究について　児童青年精神医学とその近接領域　**27**（4）213-229
大高一則　1991　外来治療　精神科治療学　**6**（10）1149-1157
太田原俊輔他　1968　微細脳障害症候群の脳波学的研究　小児科治療　**31**（9）
小沢勲　1979　集春期登校拒否児童の処遇をめぐって（第19回児童精神医学会シンポジウム）　児童精神医学とその近接領域　**20**（1）48-50

小沢勲　1984　登校拒否論の変遷と＜家庭内暴力＞　児童精神医学とその近接領域　**25**（2）27-30

西条隆繁　1988　父母の会としての取り組み　現代のエスプリ　**250**　学校に行けない子供たち　132-142

斉藤久美子　1967　学校恐怖症の収容治療―状態像および治療的変化に関する要因の検討　**6**（3）166-181

斉藤万比古　1987　登校拒否の下位分類と精神療法　臨床精神医学　**16**（6）809-814

斉藤万比古　1990　登校拒否の成因および病態について（1）調査対象に見る登校拒否という現象　厚生省「精神・神経疾患研究委託費」児童・思春期における行動・情緒障害の成因と病態に関する研究　67-75

斉藤万比古　1993　登校拒否の長期経過について―児童精神科病棟入院症例の調査から　児童青年精神医学とその近接領域　**34**（1）59-60

斉藤万比古　1997　発達障害としてみた不登校　太田編　こころの科学　**73**　61-65

斉藤万比古　1998　児童思春期における非社会的な行動・情緒障害としての登校拒否の病態及び治療に関する研究　厚生省「精神神経疾患研究　平成10年度報告書

斉藤万比古　2000　不登校の病院内学級中学校卒業10年間の追跡研究　児童青年医学とその近接領域　**41**（4）377-399

斉藤万比古他　1988　登校拒否児の予後について―当病院内学級卒業児の長期予後調査から　厚生省「精神神経疾患研究委託費」　昭和63年度報告　児童・思春期世親障害の成因及び治療に関する研究　175-185

斉藤万比古他　1990　登校拒否児の追跡調査―当病院内学級卒業児の動向および意識について　厚生省「精神・疾患研究委託費」児童・思春期における行動・情緒障害の成因と病態に関する研究　183-192

斉藤環　2002　社会的ひきこもり―終わらない思春期　PHP新書

坂口正道　1985　青年期に発症した精神分裂病の病像と予後―特に初期薬物療法との関連について　精神医学　**27**　399-408

坂口正道　1997　児童期発症の分裂病　臨床精神医学講座　3　精神分裂　93-109

佐野勝徳他　1984　生育暦からみた登校拒否の発症要因とその予防法について　児童精神医学とその近接領域　**25**（5）285-295

佐々木正美　1992　学習障害とは何か（シンポジウム）こころの科学　**42**　14-36

佐々木正美　1996　不登校児への初期の対応　小児内科　**28**（5）662-665

佐藤喜一郎　1985　学校生活上の問題が誘因と考えられた小中学生の神経症児―不登校と身体症状を主訴とした神経症などを中心に　児童青年精神医学とその近接領域　**26**（1）24-25

佐藤喜一郎　1987　いじめられっ子と神経症，心身症―その特徴と学校側と連携上の問題点　児童精神医学とその近接領域　**25**（2）32-37

佐藤信幸他　1982　思春期登校拒否の治療―親に対する治療的働きかけの意義　小児内科　**14**（5）625-628

佐藤修策　1959　神経症的登校拒否行動の研究―ケース分析による　岡山県中央児童相談所

紀要 **4** 1-15 再出 佐藤修策 1996 登校拒否ノート—いま，むかし，そしてこれから 2-31 北大路書房

佐藤修策 1961 学校恐怖症の事例的考察 岡山県中央児童相談所紀要 **5** 67-84

佐藤修策 1966 学校恐怖症について—治療効果を中心に 臨床心理学の進歩 206-220 再出佐藤修策 1996 登校拒否ノート—いま，むかし，そしてこれから 46-57 北大路書房

佐藤修策 1967 登校拒否児 国土社

佐藤修策 1969a 分離不安を基底とした学校恐怖症の一例 高知大学教育学部紀要 **18** 43-57

佐藤修策 1969b 登校拒否の子 鈴木清他編 例解教育相談事例事典 136-142 第一法規出版

佐藤修策 1979 登園・登校拒否 内山喜久雄編 教育障害の治療と指導 57-104 岩崎学術出版

佐藤修策 1981a 家庭内暴力の臨床的研究 兵庫教育大学紀要 **1** 35-58 再出 佐藤修策 登校拒否ノート 82-113 北大路書房

佐藤修策 1981b 生徒指導 北大路書房

佐藤修策 1983 情緒障害児の理解と指導 非行問題 6-15

佐藤修策 1984 登校拒否の海外論文 サイコロジー **42** 60-63

佐藤修策 1985 登校拒否症の心理臨床的研究 学位論文（広島大学）

佐藤修策 1986a 生徒指導における問題行動観 佐藤修策他編 学校心理学 74-79 東進堂

佐藤修策 1986b 生徒指導における治療観 佐藤修策他編 学校心理学 85-92 東信堂

佐藤修策 1987a 思春期登校拒否児への訪問治療 生徒指導（兵庫教育大学刊）**1** 59-100

佐藤修策 1987b 「登校拒否」再考 教育心理特集 学校を拒否する子供 **35**（5）5-11 再出 佐藤修策 1996 登校拒否ノート 158-167 北大路書房

佐藤修策 1988a 現代の学校と登校拒否—登校拒否症における学校の役割 神保信一他編 学校に行けない子どもたち—登校拒否再考 現代のエスプリ **250** 24-31

佐藤修策 1988b 登校拒否はなおる 山陽新聞社

佐藤修策 1990 あらためて登校拒否を考える リレー討論 登校拒否 教育心理 **38**（4）66-71 再出 佐藤修策 登校拒否ノート 198-205 北大路書房

佐藤修策 1991 精神の健康性と心理臨床 上田吉一編 最高人格への道 211-224 再出 佐藤修策編 登校拒否ノート 246-261 北大路書房

佐藤修策 1992a どの子にも起こりうる登校拒否 総合教育技術 178-183 再出 佐藤修策編 登校拒否ノート 270-276 北大路書房

佐藤修策 1992b 登校拒否のタイプ分け—どのように分けられるか 教育心理別冊 登校拒否が分かる本 14-15

佐藤修策 1993 登校拒否相談の初めの頃 全国児童相談所心理判定員協議会報—100号記念特集号 10-12

佐藤修策 1994a 生徒指導における家庭訪問の意義とあり方 生徒指導研究 **5** 3-10

佐藤修策他　1994b　あらためて登校拒否への教育的支援を考える　北大路書房
佐藤修策他　1994c　マンガ登校拒否をのり超えて　三心堂
佐藤修策　1994d　登校拒否の本態は変わったといえるか―心理臨床的立場から　児童心理　臨時増刊号　**631**　178-181
佐藤修策　1996a　終章　登校拒否ノート―きのう，きょう，そしてあした　304-322　北大路書房
佐藤修策　1996b　登校拒否ノート―いま，むかし，そしてこれから　北大路書房
佐藤修策　1996c　担任教師による教育的支援　佐藤修策　登校拒否ノート　284-301　北大路書房
佐藤修策　1998　私の心理臨床経験をふりかえって　兵庫教育大学心理臨床研究会紀要　3-16
佐藤修策他　2000　不登校（登校拒否）の子供とその親への教育的心理的支援について考える―学校に行けない子供と共に歩む父母の会「愛和会」の10年間の実践から　日本教育心理学会第41回総会シンポジウム
佐藤修策　2003　登校拒否の変遷とその臨床からみた家庭・学校における2，3の教育課題　21世紀ヒューマンケア研究機構　研究年報　**9**　13-25
佐藤哲哉　1997　躁うつ病（双極性障害）と人格　こころの科学　**76**　68-72
Schulhofer. E.　1967　Adolescent school and college refual. Am. J. of Orthopsychiat. **37**（2）201-202
星加明徳　1987　心身症としての頭痛腹痛―第一線医療施設での取り扱い　日本維持新報　**3313**　29-34
星加明徳　1988　小児科における不登校児―初期の症状について　小児の精神と神経　**28**（3）55-58
仙崎武　1994　生徒指導　ぎょうせい
小児心身症研究班　1988　登校拒否症216についての検討　IRYO　**42**（8）711-716
清水将之　1979　思春期不登校の社会学　児童精神医学とその近接領域　**20**（1）41
清水将之　1991　渡航拒否に関する疫学的研究―ICD 10　1988年草稿よりみたいわゆる登校拒否の位置　児童青年医学とその近接領域　**32**（3）241-248
清水将之　1992　不登校問題再考―不登校をどう考え，どう対応するか　児童青年精神医学とその近接領域　**33**（5）1-13
清水将之　1994　精神科医は養護教諭に何を期待するか　児童青年精神医学とその近接領域　**35**（5）69-72
清水里美他　1993　京都市児童相談所における登校拒否児の追跡調査　京都市児童福祉センター紀要　**2**　5-23
篠原清彦他　1964　いわゆる学校恐怖症について―その予後を中心として　児童精神医学とその近接領域　**5**（1）43-44
塩倉裕　1999　引きこもる若者たち　ビレッジセンター出版局
宍戸州美　1994　養護教諭をめぐって―その現場の問題と対応　児童青年精神医学とその近接領域　**35**（5）72-76

白橋宏一郎　1982-5　登校拒否の背景—家庭的，社会的要因　小児内科　**14**（5）21-25
十亀史朗　1965　学校恐怖症の研究（2）—発生状況の機制および入院治療について　児童精神医学とその近接領域　**6**（3）157-165
十亀史朗　1979　思春期登校拒否治療の臨床経験から—診断のための参考として　第19回日本児童精神医学会シンポジウム　思春期登校拒否児童の治療処遇をめぐって　児童精神医学とその近接領域　**20**　**1**　36-38
相馬誠一他　1998　適応指導教室—よみがえる「登校拒否」の子どもたち　学事出版
園田順一　1971　学校恐怖症に関する臨床心理的研究—行動理論からのアプローチ　鹿児島大学医学雑誌　**23**　581-619
園田順一　1977　登校拒否への行動療法的アプローチ　季刊　精神療法　**3**　243-250
園田順一　1983　行動療法の立場から　内山喜久雄編　登校拒否　66-117　金剛出版
菅俊夫　1972　登校拒否の予後調査　小児の神経と精神　**12**（1）30-34
杉山信作　1988　情緒障害　問題行動の発現率とその年齢による推移—山陽4県のスクリーニング調査から　小児の精神と神経　**28**　103-115
杉山信作　1996a　登校拒否と家庭内暴力　新興医学出版
杉山信作　1996b　不登校の病理と精神発達　杉山信作編著　登校拒否と家庭内暴力　73-89　新興医学出版
鈴木美智子　1991　身体的疾病と登校拒否　登校拒否のすべて　1-1-8　1-16　第一法規
田川瑞穂他　1997　不登校を主訴とした児童のひきこもりについて　児童青年精神医学とその近接領域　**38**（1）28-29
高木隆郎　1963　学校恐怖症　小児科診療　**26**（4）35-40
Takagi, T.　1963　Mental mechanisms of school phobia and its prevention. Acta Paedopsychiatrica　**30**　135-140
高木隆郎　1965　学校恐怖症の典型像（1）児童精神医学とその近接領域　**6**（3）146-156
高木隆郎　1980　児童期躁うつ病　現代精神医学大系　第17巻B　児童精神医学　39-51　中山書房
高木隆郎　1983　児童のうつ病の概念と診断について　第23回児童精神医学学総会シンポジウム　＜児童期のうつ状態をめぐって＞　児童精神医学とその近接領域　**24**（1）1-6
高木隆郎　1984　登校拒否と現代社会　児童精神医学とその近接領域　**25**（2）1-15
高橋隆一他　1987　不登校の類型・分類　児童青年精神医学とその近接領域　**28**　299-311
高橋義人他　1981　家庭内暴力に関する全国調査の結果　月刊　生徒指導　**12**　2高階玲治編　1996　登校拒否指導マニュアル　教育開発研究所　1-29
高田公子　1991　登校拒否を予防する保健室のあり方　登校拒否のすべて　**1-8-5**　1-12　第一法規出版
竹川郁雄　1989　現代の私事化傾向とその問題点　青少年問題研究　**38**　49-61
滝川一廣　1990a　児童青年期臨床の基礎—精神医学的にみた学校—学校状況論をふまえて　杉山信作編著　1990　登校拒否と家庭内暴力　19-25　新興医学出版
滝川一廣　1990b　昼夜逆転の生活をどう考えるか　梅垣弘編　1990　登校拒否119番　106-109　ヒューマンテイワイ

滝川一廣　1990c　生活の立ち直りをどう見守るか　梅垣弘編　1990　登校拒否119番　206-208　ヒューマンテイワイ

滝川一廣　1998　不登校を解く—「なぜ？」を考える（成因論）門真一郎他　1998　不登校を解く　1-52　ミネルヴァ書房

武井陽一他　1987　登校拒否における「いじめ」について　児童精神医学とその近接領域　**28**　55-56

玉井収介他　1964　いわゆる学校恐怖に関する研究　精神衛生研究　**13**　41-48

田村三保子　1990　家庭内暴力と登校拒否　登校拒否のすべて　**1-1-7**　1-16　第一法規

田中千穂子　2000　ひきこもり—「対話する関係」をとり戻すために　サイエンス社

田中太郎　1966　学校恐怖症の家族研究—その父親像を中心に　児童精神医学とその近接領域　**7**（2）121-131

田中太郎　1977　登校拒否の研究　第2報—治療効果の検討　帝国学園紀要　**2**　63-74

田中稔郎　1988　登校拒否児治療の失敗例をめぐる諸問題　現代のエスプリ　学校に行けない子供たち登校拒否再考　161-170

丹治光浩　1990　入院治療を行った登校拒否児の性格と予後に関する研究　臨床精神医学　**19**（2）271-276

鑪幹八郎　1963　学校恐怖症の研究（1）—症状形成に関する分析的研究　児童精神医学とその近接領域　**4**（4）221-235

鑪幹八郎　1964　学校恐怖症の研究（Ⅱ）—心理治療の結果の分析　児童精神医学とその近接領域　**5**（2）79-89

鑪幹八郎　1988　登校拒否と不登校の臨床心理学的一考察　広島大学教育学部紀要　第37号　191-195

鑪幹八郎　1989　登校拒否と不登校—神経症的発現から境界例および登校無関心型へ　児童精神医学とその近接領域　**30**（3）260-264

鑪幹八郎他　1992　登校拒否に関する社会的態度の時代的変遷—登校拒否の予後研究（1）　広島大学教育学部紀要Ⅰ部（心理学）**41**

富田和己　1981　医原性登校拒否の35例　日本小児科学会雑誌　**85**（4）408-417

富田和己　1982　小児科医からみた登校拒否　小児科診療　**45**（1）11-15

富田和己　1989　登校拒否症　小児科診療増刊号　533-535

富田克己　1990　登校拒否の小児科・内科への受診　梅垣弘編　医師のための登校拒否110番　19-23　ヒューマンテイワイ

辻川昌登　1999　不登校（登校拒否）の子供とその親への教育的・心理的支援を考える—学校に行けない子供と共に歩む父母の会「愛和会」の活動を中心に　日本教育心理学会第41回総会シンポジウム

堤啓　1982　登校拒否の症状—状態像の把握　小児内科　**14**（5）609-614

堤啓　1984　登校拒否と現代社会　児童青年精神医学とその近接領域　**25**（2）93-95

堤龍喜　1990　小児期のうつ病　精神科治療学　**5**（11）1359-1368

内田良子　1990　自分らしく生きたい子供たちの反乱　リレー討論　登校拒否　教育心理　**38**

内山喜久雄　1972　登校拒否の行動療法的アプローチ—継時近接法の臨床的教育相談研究

12　再出　佐治守夫他編　1979　登校拒否　現代のエスプリ　**139**　104-122
内山喜久雄他　1970　登校拒否症の発症における家庭要因の分析―男子の分析を中心に　東京教育大学　教育相談研究　**9**　再出　佐治守夫編　1979　登校拒否　現代のエスプリ　**139**　81-110
上林靖子　1990　不登校と非行　社会精神医学　**13**（1）11-18
上野一彦　1997　学習障害の発達と心理　こころの科学　**73**　発達障害　48-51
上野一彦編　1992　学習障害　こころの科学　**42**　日本評論社
梅垣弘　1966　学校恐怖症に関する研究（1）―学校恐怖症の予後　児童精神医学とその近接領域　**7**（4）231-24
梅垣弘　1970　登校拒否の臨床的研究―登校再開に関する経過良否を中心に（学校恐怖症に関する研究（2））名古屋医学　**93**（1）72-98
梅垣弘　1984　登校拒否の子どもたち　学事出版
梅垣弘　1990a　登校拒否とは何か　梅垣弘編　登校拒否119番　73-80　ヒューマンテイワイ
梅垣弘　1990b　親は登校拒否児にどうつき合ったらよいか　梅垣弘編　医師のための登校拒否119番　82-88　ヒューマンテイワイ
梅垣弘　1990c　学校復帰をどう働きかけるか　梅垣弘編　医師のための登校拒否119番　209-215　ヒューマンテイワイ
梅垣弘　1991　登校拒否の回復期と学校復帰　小児科診療　**31**（2）157-162
梅垣弘　1996　登校拒否の相談指導　糧出版
梅垣弘編　1990　医師のための登校拒否119番　ヒューマンテイワイ
梅垣弘他　1974　登校拒否児への処遇に関する検討　小児の精神と神経　**14**　149-159
梅沢要一　1984　治療例の追跡調査　児童青年精神医学とその近接領域　**25**（2）23-27
牛島定信　1997　非精神病のひきこもりの精神力動　臨床精神医学　**26**（9）1151-1156
和田慶治　1979　無気力型不登校の特徴と背景　少年補導　**24**（6）20-26
若林慎一郎　1964　児童強迫神経症についての一考察　名古屋医学　**87**　245-296
若林慎一郎　1980　登校拒否症　医薬出版
若林慎一郎　1982a　登校拒否と社会状況の関連についての考察　児童精神医学とその近接領域　**23**　160-180
若林慎一郎　1982b　登校拒否の予後　小児内科　**14**（5）641-645
若林慎一郎　1983a　登校拒否の現況と背景　臨床精神医学　**12**（7）815-823
若林慎一郎　1983b　登校拒否の長期予後についての研究―安田生命事業団助成論文集　**19**　177-189
若林慎一郎　1986a　児童青年期の精神障害　10　登校拒否　臨床精神医学　**15**（6）963-966
若林慎一郎　1986b　登校拒否の実態　社会精神医学　**9**（1）9-14
若林慎一郎　1988　社会病理としての登校拒否　神保信一他編　学校に行けない子どもたち―登校拒否再考　現代のエスプリ　**250**　36-48
若林慎一郎　1992　うつ状態の臨床（その2）厚生省精神神経疾患研究委託費　児童・思春期における行動・情緒障害の成因と病態に関する研究　平成3年度研究報告書　25-31

264

若林慎一郎　1992　登校拒否の社会病理　登校拒否の病理　登校拒否のすべて　第一部理論編　**1-3-6**　1-16　第一法規

若林慎一郎　1998　登校拒否と教育について　小児の精神と神経　**38**（1）3-19

若林慎一郎他　1965　学校恐怖症または登校拒否児童の実態調査　児童精神医学とその近接領域　**6**（2）77-89

若林慎一郎他　1991　うつ状態の臨床（そのⅠ）厚生省精神神経疾患研究委託費　児童・思春期における行動・情緒障害の成因と病態に関する研究　平成2年度研究報告書　3-12

Warnecke, R. 1964 School phobia and its treatment. British *J of Med. Psychol.* **37** 71-79

鷲見たえ子他　1960　学校恐怖症の研究　精神衛生研究　**8**　27-56

鷲見たえ子他　1962　学校恐怖症の研究　児童精神医学とその近接領域　**3**　41

渡辺位　1976　青春期の登校拒否　臨床精神医学　**5**（1）61-66

渡辺位　1979a　思春期登校拒否児童の治療処遇をめぐって　第19回日本児童精神医学会シンポジウム　児童精神医学とその近接領域　**20**（1）38-41

渡辺位　1979b　登校拒否のメカニズム（発現のメカニズム）とその対応　地域保健　5月号　26-38

渡辺位　1981　学校教育の病理と登校拒否　学校保健研究　**23**　261-264

渡辺位　1983　登校拒否の予後　臨床精神医学　**12**（7）851-856

渡辺位　1986　登校拒否の長期間を経たその後の状態―入院を経験した子どもについて　社会精神医学　**9**（1）36-41

渡辺位　1992a　不登校のこころ　教育資料出版会

渡辺位　1992b　登校拒否の子と親から教えられたこと　自然に学ぶ子育て　教育資料出版

渡辺位　1994　これでよいのか登校拒否への対応―常識化した登校正常論を疑う　児童心理　**6**　110-116

Weiner, I. B. 1970 School phobia. in Weiner, I. B.（ed）*Psychological disturbance in adolescence* 203-243 Sans. New York:John Wiely& Sans

World Health Organization　1992　*The ICD-10 classification of mental and diagnostic disorder-clinical description and diagnostic guidance lines*（融道男他訳　ICD-10-臨床記述と診断ガイドライン　医学書院）

山本誠一　1998　児童生徒の問題行動と現代社会　宮下一博他編　現場に根ざした生徒指導　52-66　北樹出版

山本昭二郎　1966　学校恐怖症の収容治療　臨床心理学の進歩　283-293　誠心書房

山本由子　1964　いわゆる学校恐怖症の成因について　精神神経学雑誌　**66**（7）558-583

山本由子　1965　登校拒否児の予後について　児童精神医学とその近接領域　**6**（1）56-57

山中康裕　1978　思春期内閉（Juvenile Sedusion―治療的実践論よりみた内閉神経症）いわゆる学校恐怖症の精神病理　中井久夫他編　思春期の精神病理と治療　17-62　岩崎学術出版社

山中康裕　1993　登校拒否と日本文化　精神科治療学　**8**（11）1305-1311

山中康裕　2000　不登校児の「内閉論」からみたひきこもり　清心療法　**26**（6）557-563

山崎晃資　1992　児童・思春期の感情障害　精神科治療学　**7**（8）823-828
山崎晃資　1993　「学習障害」概念の変遷　児童精神医学とその近接領域　**34**（4）325-330
山崎晃資　1994a　子どものうつ病　小児科　**35**（19）1593-1600
山崎晃資　1994b　不登校（登校拒否）治療　**76**（2）861-865
山崎晃資　1995　座談会　子どもの精神保健—今，子どもたちは　日本医学雑誌　**113**（9）1383-1389
山崎道子　1971　学校恐怖症の研究（1）—慢性重症例の経過と現在の状況　精神衛生研究　**20**　121-143
山崎道子　1972　学校恐怖症（2）—慢性重症例の社会化の発達を阻害する家族力動に関する研究—父親像を軸として　精神衛生研究　**21**　29-48
山崎道子他　1965　学校恐怖症の家族研究　精神衛生研究　**14**　59-84
山登敬之　1996　不登校と鑑別すべき疾患　小児内科　**28**（5）640-644
吉田延他　1984　不登校児（登校拒否児）の追跡調査　小児の保健　**11**（1）36-43
吉沢勇他　1984　脳障害型登校拒否—臨床症候群としての理解・対策の試み　児童青年医学とその近接領域　**25**（1）33-34

■著者略歴

佐藤修策（さとう しゅうさく）

1953年　広島文理科大学教育学科心理学専攻卒
　　　　岡山県中央児童相談所判定課長，高知大学教育学部教授，
　　　　兵庫教育大学学長を経て，
現　在　湊川短期大学長　教育学博士，臨床心理士
主　著　『登校拒否児』（単著）国土社
　　　　『遊戯療法』（編著）福村出版
　　　　『現代教育臨床心理学要説』（編著）北大路書房
　　　　『あらためて登校拒否への教育的支援を考える』
　　　　　　（共著）北大路書房
　　　　『登校拒否ノート―いま，むかし，そしてこれから』
　　　　　　（単著）北大路書房

不登校（登校拒否）の教育・心理的理解と支援

2005年3月1日　初版第1刷印刷　　＊定価はカバーに表示して
2005年3月10日　初版第1刷発行　　　あります。

　　　著　者　　佐　藤　修　策
　　　発行者　　小　森　公　明
　　　発行所　　（株）北大路書房

〒603-8303 京都市北区紫野十二坊町12-8
　　　　電　話　(075) 431-0361(代)
　　　　Ｆ Ａ Ｘ　(075) 431-9393
　　　　振　替　01050-4-2083

©2005　　制作：桃夭舎／印刷・製本：創栄図書印刷（株）
　　　検印省略　落丁・乱丁本はお取り替えいたします
　　　　ISBN 4-7628-2422-4　　Printed in Japan